교감국역 송남잡지 색인

An Encyclopedia of Songnam

지은이 조재삼(趙在三)은 1808년에 태어나서 1866년까지 생존하였다. 본관은 임천(林川)이고 호는 송남(松南)이며 자는 중기(仲璣)이다. 졸수재(拙修齋) 조성기(趙聖期)의 5대손이다. 저서로『송남잡지』외에도 유고 2권이 있다고 한다.

옮긴이 강민구(姜玟求)는 성균관대학교를 졸업(문학박사)하고 민족문화추진회 국역연수원을 졸업하였으며 연청(硏靑) 오호영(吳虎泳) 선생을 사사하였다. 현재 경북대학교 교수이다. 논문으로「영조대 문학론과 비평에 대한 연구」, 역서로『국역 낙재선생문집』외 다수가 있다.

교감국역校勘國譯 **송남잡지**松南雜識 **색인**

1판 1쇄 인쇄 2008년 10월 5일
1판 1쇄 발행 2008년 10월 10일

지은이 / 조재삼
옮긴이 / 강민구
펴낸이 / 박성모
펴낸곳 / 소명출판
등록 / 제13-522호
주소 / 137-878 서울시 서초구 서초동 1621-18 (란빌딩 1층)
대표전화 / (02) 585-7840
팩시밀리 / (02) 585-7848
somyong@korea.com / www.somyong.co.kr

값 24,000원

ISBN 978-89-5626-332-8 94810
ISBN 978-89-5626-319-9 (전13권)

교감 국역 송남잡지 색인

松南雜識

조재삼 지음
강민구 옮김

해제

『송남잡지(松南雜識)』는 조재삼(趙在三 : 1808~1866)이 1855년(哲宗 6년)에 저술한 백과전서적 성격의 유서(類書)이다. 조재삼은 재야의 사인(士人)으로 호가 송남(松南)이고 자는 중기(仲璣)이며 졸수재(拙修齋) 조성기(趙聖期)의 5대손이다.

현재 『송남잡지』는 세 가지 종류가 전해진다. 하나는 임기중(林基中) 교수가 편의상 '임씨본(林氏本)'으로 칭하는 것이고 하나는 규장각 소장본이고 나머지 하나는 청주에서 프린트본으로 발간된 것이다.

임씨본은 총 7책으로 비·파·귤·율·도·매·리(枇·杷·橘·栗·桃·梅·李)로 차례가 정해져 있다. 임기중 교수는 이 책만이 『임천조씨가보(林川趙氏家譜)』에서 "송남잡지 7권을 저술하여 세상에 행(行)하고 있다[著雜識七卷印行于世]"라고 한 기록에 부합되는 유일한 현존본이며 기타 두 종과 대조한 결과 임씨본이 초고본이라는 견해를 제시하였다. 즉 규장각본과 유인본(油印本)은 각각 임씨본을 필사하고 유인(油印)했다는 것이다. 그리고 그 근거로 후자의 두 책과 전자의 편차를 비교해 보면 권차(卷次)가 흐트러져 있는데, 제책(製冊) 후에도 보충이 계속되었다는 점을 제시하였다.

규장각본(奎章閣本)은 총 14권으로 되어 있는데, 비(枇)를 1·2로, 파(杷)를 11·12로, 귤(橘)을 3·4로, 률(栗)을 10·13으로, 도(桃)를 7·8로, 리(李)를 5·6으로 편차하였으니 이는 나무의 이름으로 편차를 정하는 방법이 일반적이지 않기 때문에 생긴 오류로 보인다.

청주의 유인본은 임형택(林熒澤) 교수가 조재삼의 방손(傍孫)인 조남식(趙南植) 옹으로부터 입수하여 아세아 문화사에서 1986년에 영인하였다. 이것은 해방 후 청주 지방에서 이광(李光 : 1887~1966)씨의 주선에 의해 상·중·하 세 책으로 약간부가 유인(油印)되었다고 한다.

유인본은 필경(筆耕)하여 유인(油印)한 것으로 임씨본과 큰 차이는 없다. 단 필경(筆耕)하는 과정에서 자구(字句)의 첨삭을 가하는 교정이 이루어졌을 가능성이 있다. 그러나 규장각본은 임씨본과 제책상(製冊上) 편차에서 차이를 보일 뿐만 아니라 항목의 구성에도 다소간의 차이를 보이고 있다. 규장각본은 임씨본에 있는 항목이 다수 누락되어 있다. 그런데 제책 후 누락된 내용은 원본을 보고 항목간의 빈 공간에 채워 넣은 것으로 보인다. 이는 마치 간주(間注)의 형식처럼 보이는데 사실은 누락된 항목의 보충에 불과하다. 그것의 글씨는 알아보기 어려울 정도로 조악한 것도 있다.

임씨본 역시 결락(缺落)된 글자가 어떤 이에 의하여 가필(加筆)된 흔적이 있다. 그런데 그것은 문맹자의 소위(所爲)로 보이는 바, 전혀 문리가 닿지 않는 글자뿐만 아니라 존재하지도 않는 글자를 그려 넣었기 때문이다.

『송남잡지』는 1,743장으로 이루어진 거질로 '백과전서적 유서'라고 할 만한데, 그 구성을 살펴보면 다음과 같다.

천문류(天文類) 70항목, 세시류(歲時類) 153항목, 지리류(地理類) 189항목, 국호류(國號類) 35항목, 역년류(歷年類), 외국류(外國類) 117항목, 인사류(人事類) 40항목, 가취류(嫁娶類) 75항목, 상제류(喪祭類) 139항목, 성명류(姓名類) 71항목, 과거류(科擧類) 41항목, 문방류(文房類) 85항목, 무비류(武備類) 114항목, 농정류(農政類) 64항목, 어렵류(漁獵類) 16항목, 실옥류(室屋類) 121항목, 의식류(衣食類) 244항목, 재보류(財寶類) 77항목, 집물류(什物類) 90항목, 음악류(音樂類) 94항목, 기술류(技術類) 151항목, 구기류(拘忌類) 80항목, 선불류(仙佛類) 117항목, 상이류(祥異類) 118항목, 계고류(稽古類) 407항목, 이기설(理氣說) 33항목, 인물류(人物類), 조시류(朝市類) 119항목, 방언류(方言類) 816항목, 화약류(花藥類) 180항목, 초목류(草木類) 179항목, 충수류(蟲獸類) 207항목, 어조류(魚鳥類) 187항목으로 상위 범주가 33류이고 하위 항목이 4432항이다.

위와 같이 『송남잡지』는 한문학 · 국문학 · 국어학 · 역사학 · 철학 · 민속학 · 종교학 · 천문학 · 지리학 · 농학 · 병학 · 건축학 · 동물학 · 식물학 · 한의학 · 복식사 · 음악사 · 과학사 · 외교사 · 제도사 등 다양한 분야의 지식을 담고 있다.

『송남잡지』의 '잡지(雜識)'라는 서명은 『성호사설(星湖僿說)』의 '사설(僿說)'이나 『반계수록(磻溪隨錄)』의 '수록(隨錄)'과 같은 의미이다. 이 책은 형식적 측면에서 유서의 전통적 양식을 충실히 계승하고 있을 뿐만 아니라 작가의 선명한 의식을 드러내고 있다.

조재삼은 『송남잡지』 자서에서 저작 동기와 저술 의식을 명화히 제시하고 있으니, 그는 추상물인 '태평(太平)'의 기록과 구체적 형상을 지니고 있는 '만물(萬物)'의 문자화를 자신의 책무로 자임하였다. 그 두 가지 중에서 조재삼의 주된 서술 의식은 전자에 맞춰져 있다. 즉 조재삼은 자서에서 "『송남잡지』는 태평(太平)의 기록으로 시작하여 태평(太平)의 기록으로 끝을 맺은 책"이라고 언명하고 있다. 과연 조재삼의 말대로 『송남잡지』의 첫 항목명은 '동방왈태평(東方曰太平)'이고 마지막 항목명은 '태평봉(太平鳳)'인데다가 '태평(太平)' 두 글자로 끝을 맺고 있다. 그런데 흥미로운 점은 조재삼의 강한 민족적 의식의 자각이다. 즉 '태평'은 우리나라의 태평에 다름 아니고 만물은 우리나라에 존재하는 만물에 다름 아니다. 조재삼은 우리나라를 '태평지역(太平之域)'이라고 명명하고 있으며, 우리나라가 천하에 존재하는 만물 가운데 절반을 보유하고 있다고 말하였다. 그러므로 『송남잡지』는 외우내환으로 나라가 병들어 가던 시기에 민족적 자존과 문화적 긍지를 고양하기 위한 의식의 소산이라고 할 수 있다. 그와 같이 선명한 의식이 백과전서적 형식 속에서 증명 분석되고 있다는 점이 기존의 유서와 다른 점이라고 할 수 있다.

그렇다면 『송남잡지』의 출현 동인은 무엇인가?

임형택(林熒澤) 교수는 『송남잡지』의 출현 동인으로, "새로운 지식에 대하여 경시하는 등 고루(固陋)와 고식(姑息)에 빠진 당대의 학풍을 반성하고 진작하려는 움직임"으로 파악하였다.

지금도 백과사전은 그것을 발행한 사회나 국가의 문화적 · 학술적 수준을 평가하는 하나의 척도가 될 수 있다. 『송남잡지』를 비록 '백과전서'라고 표현하고 있기는 하지만, 현대적 용어로 달리 대체할 만한 것이 없기 때문에 편의상 사용할 뿐이다. 현대적 의미의 백과사전은 중세의 유서들이 취하고 있는 분류 체계와는 전혀 다르기 때문이다. 즉 백과사전이 글자의 배열 순서에 입각해서 편찬된다면 유서는 작가의 가치관에 의해 차서(次序)가 정해진다. 그러므로 유서로서 『송남잡지』는 현재의 백과사전과 같이 다양한 정보를 제공하는 기능을 지니고 있는 동시에 당대인들의 가치관을 명확하게 볼 수 있는 유용한 자료라고 할 수 있다.

무엇보다 간과할 수 없는 점은 『송남잡지』가 문예미학적 특성을 갖추고 있다는 점이다. 이는 중국의 『운부군옥(韻府群玉)』·『사문류취(事文類聚)』 등이 문학 창작의 중요한 공구서(工具書)로 활용된 전통을 계승한 것이다. 그리고 또 하나의 중요한 사실은 『송남잡지』가 우리나라에서 발행된 『대동운부군옥(大東韻府群玉)』과 같은 운서류와 『지봉유설(芝峯類說)』·『성호사설(星湖僿說)』·『반계수록(磻溪隨錄)』과 같은 유서류의 전통을 충실히 계승하고 있다는 점이다. 조재삼은 중세의 막바지에서 유서라는 형식을 통하여 이전의 문화적 축적을 체계적으로 정리하려고 한 것이다.

참고문헌

임형택, 「송남잡지 해제」, 『松南雜識』, 아세아문화사, 1986.
임기중, 「송남잡지 해제」, 『松南雜識』, 동서문화원, 1987.

ㄱ

가(檟) 11-103
가(佳) 11-213
가(葭) 11-224
가(痂) 12-197
가(假) 4-149
가(柯) 4-166
가(笳) 6-43
가(可) 6-85
가(斝) 7-258
가(蛪) 12-32
가(迦) 11-212
가(麚) 12-132
가가(哥哥) 9-63
가가격격(架架格格) 12-291
가가도(佳可島) 2-97
가가례(家家禮) 10-313
가가호호(家家戶戶) 10-283
가감(加減) 7-243
가겸(家傔) 10-45
가경제(嘉慶帝) 3-162
가계(假髻) 2-286, 2-288
가곡(稼谷) ➪ 조정강(趙正綱)
가공언(賈公彦) 5-155, 8-35
가관(笳管) 6-27
가교(駕轎) 5-326
가국(假菊) 11-33
가궁궁[假芎藭] 11-141
가귀(可貴) 6-114
가규(賈逵) 3-264, 5-323
가나(伽那) 12-207
가나리(假羅里) 11-285
가녀(歌女) 12-49
가녀(賈女) 9-90
가는허리벌[細腰蜂] 12-38
가도(賈島) 1-135, 7-95, 10-36, 10-124, 10-210
가도(椵島) 2-102
가도(賈道) 3-135
가동가서(可東可西) 10-282
가등청정(加藤淸正) 2-158, 2-160, 2-163~165, 6-210
가라국(歌羅國) 2-267
가라지[稂莠] 11-142
가락(加絡) 5-138
가락국(伽洛國) 2-126, 2-143
가락국(駕洛國) 2-84, 2-116, 3-95
가람(伽藍) 7-73
가람기(伽藍記) 9-74
가래[可乃] 4-167
가래나무 4-28, 11-177~178, 11-181, 11-204
가렴주구(苛斂誅求) 6-79
가령(暇怜) 10-326
가례(嘉禮) 1-139
가례(家禮) 11-180
가례도본(家禮圖本) 4-155
가례마(嘉禮馬) 2-267
가례원류(家禮源流) 3-282
가루금[屑金] 1-50
가릉(迦陵) 12-288
가릉빈가(迦陵頻伽) 12-383
가리(可離) 11-76
가리(加利) 2-120
가리강(加里江) 1-251
가리개 4-197
가림백(嘉林伯) 3-101

가마(加痲) 2-354, 2-355
가마(駕馬) 5-326
가마우지 12-323
가매(假梅) 11-25
가매시(假梅詩) 5-288
가모시(假牡枲) 5-122
가무태나무 11-189
가문혁혁(家門赫奕) 10-264
가물치 7-171, 12-232~3, 12-262
가복(加服) 2-353
가부(葭莩) 10-209
가부간(可否間) 10-315
가비국(伽毗國) 2-214
가비라국왕(伽毘羅國王) 7-87
가빈(佳賓) 12-309
가빈친로(家貧親老) 10-262
가사(家事) 5-279, 10-256
가사(袈裟) 7-70
가사어(袈裟魚) 12-246
가사협(賈思勰) 4-148
가산(假山) 6-134
가산(賈山) 8-201, 9-247
가섭원(伽葉原) 1-201, 2-123
가소(嘉蔬) 10-187
가수(賈收) 2-233
가수(假首) 2-286
가수법(嫁樹法) 11-225
가숙(家塾) 8-188
가승(家僧) 10-63
가승언재(可勝言哉) 10-296
가시꿀[刺蜜] 5-165
가시나[假似那海] 9-90~91
가시나무[荊] 11-219, 11-320
가시모(嫁媤母) 2-231
가시부(嫁媤父) 2-231
가시지도(可施之道) 10-283
가식지물(可食之物) 10-272
가실(嘉悉) 6-25
가씨(賈氏) 6-270
가아(賈疋) 7-224
가야국(伽倻國) 9-73, 2-126, 4-267
가야사(伽倻寺) 1-239
가야산(伽倻山) 1-235, 2-126, 6-35, 7-34
가야진(伽倻津) 2-31
가양(家釀) 10-188
가양(假兩) 5-64
가어(嘉魚) 12-238
가오리(嘉五里) 12-214
가오리인(嘉五里人) 1-193, 12-214
가욕관(嘉峪關) 2-189
가위공(賈魏公) 9-116
가유라국(迦維羅國) 2-216
가을밀 5-184
가을아욱[秋葵] 11-270
가의(賈誼) 3-138, 3-259, 4-166, 5-102, 7-231, 7-249, 7-342, 9-82, 9-145, 10-198, 12-339
가의열전(賈誼列傳) 9-82, 10-139
가의전(賈誼傳) 4-225
가이마(加伊痲) 12-280
가이민(歌爾民) 1-249
가이민상견아린(歌爾民商堅阿隣) 1-249
가이민주돈(歌爾民朱敦) 1-249
가자(茄子) 11-302
가자(加資) 3-181
가자미 1-193, 12-214, 12-228
가자제(佳子弟) 10-316

가자체(加資帖) 7-90
가적(假的) 10-256
가정(苛政) 5-150
가정(嘉定) 8-74
가정(家丁) 9-95
가정(稼亭) ➪ 이곡(李穀)
가정오랑캐[家丁兀良介] 9-96
가좌성책(家座成冊) 4-189
가죽고깔[韋弁] 9-88
가죽나무[樗] 11-212
가죽장화[靴鞠] 5-63
가죽풀무[皮排] 4-165
가증(可憎) 10-320
가지 11-303, 5-182
가지 시집보내기 11-303
가지국(柯枝國) 2-207
가지나무[茄樹] 11-303
가지어(嘉支魚) 12-245
가짜떡[假餅] 5-176
가차(假借) 3-231
가첩(架疊) 9-138
가체(加髢) 12-106
가초산(賈超山) 11-322
가충(賈充) 5-92
가탐(賈耽) 2-60
가탐백(賈耽百) 8-160
가토(加土) 3-78
가판(歌板) 6-46
가평(嘉平) 1-130
가평(加平) 1-225
가평로(加平路) 1-201
가풍(家風) 7-80
가하돈(可賀敦) 10-253
가한(可汗) 10-51, 10-253
가해자(假蟹子) 12-268
가헌(稼軒) ➪ 신석형(申碩亨)
가화(嘉禾) 11-290, 3-222
가황(佳況) 9-91
가회(嘉會) 1-121
각(刻) 12-147
각(角) 1-30, 6-85, 6-116
각(各) 6-85
각(茖) 11-293
각계(角鷄) 12-377
각궁(角弓) 4-35, 1-112, 11-176
각궁반장(角弓反張) 10-273
각기병 6-21
각노선생(却老先生) 5-297
각노지(却老枝) 11-90
각단(角端) 12-102
각대(角帶) 3-24
각도필(角屠觱) 4-32
각라(覺羅) 2-131
각로(閣老) 8-209, 8-229, 10-251
각말(角襪) 5-99
각부(刻符) 3-231
각소기장(各其所長) 10-259
각수(蠼螋) 12-55
각수초(却睡草) 11-314
각야(閣夜) 1-135
각운(覺雲) 7-55
각응(角鷹) 4-197
각자도생(各自圖生) 10-265
각저(角觝) 6-136
각적호(脚跡好) 9-210
각전(覺田) 7-110
각치(角鴟) 12-334, 12-340
각파(脚婆) 5-274

ㄱ

각패(角佩) 5-88
각항(角亢) 1-29
각화도(覺華島) 2-88
각화작(却火雀) 12-329
각희(脚戲) 6-128
간(肝) 1-151, 6-177
간(艮) 1-30, 12-184
간(澗) 3-250
간(干) 6-70
간(葤) 11-134
간(鷴) 7-255
간·손·감·태·진·리 8-49
간가(諫珂) 12-341
간과(諫果) 11-253
간담초월(肝膽楚越) 9-251
간당(幹當) 9-124
간란(干闌) 2-195
간몰(乾沒) 9-186
간문제(簡文帝) 7-186, 10-133
간상탄로(奸狀綻露) 10-269
간성(杆城) 2-35, 2-37, 2-86, 4-274
간시궐(乾屎橛) 5-323, 10-77
간양록(看羊錄) 2-154, 8-163
간어제초(間於齊楚) 10-259
간엽(肝葉) 1-150, 1-151
간왕(簡王)➪대명충(大明忠)
간요(肝膋) 5-206
간월(間月) 2-357
간의(簡儀) 1-145
간의대(簡儀臺) 1-145
간이(簡易)➪최립(崔岦)
간이집(簡易集) 3-192
간자(簡子) 11-204
간자등(簡子藤) 11-204
간작(奸雀) 12-309
간작(乾鵲) 12-362
간작(鳱鵲) 12-361
간작대사(看作大事) 10-293
간장(干將) 12-171
간장병(肝臟病) 5-212
간정(乾淨) 10-321
간주자사(簡州刺史) 10-43
간지(干支) 8-156
간질(癎疾) 11-114, 11-140
간책(簡策) 3-173
간척무(干戚舞) 6-61
간첩(簡帖) 8-152
간택(簡擇) 2-261
갈(羯) 2-145, 12-176
갈(碣) 3-82
갈(葛) 9-34
갈(鞨) 6-48
갈가(竭伽) 12-207
갈가마귀[鴉] 12-336
갈거미 12-34
갈건(蹋毽) 6-129
갈고(羯鼓) 6-45
갈고록(羯鼓錄) 6-45
갈궐(蹋蹶) 10-325
갈급(渴急) 10-326
갈단(噶蛋) 12-378
갈대 11-224~225
갈도(喝道) 10-46
갈등(葛藤) 10-320
갈매기 12-185, 12-321
갈문왕(葛文王) 3-35, 9-199
갈병(蝎餠) 5-156
갈불(葛茀) 2-338

갈사왕(曷思王) 2-143
갈산(葛山) 2-56
갈석산(碣石山) 2-27, 2-34, 2-50
갈영(葛榮) 8-121
갈오(渴烏) 1-146
갈월(葛越) 5-118
갈작(鶡雀) 12-380
갈장(渴葬) 2-330
갈저(猲狙) 12-145
갈족(羯族) 10-255
갈천씨(葛天氏) 6-21
칼치[鱽] 12-266
갈퀴[葛箕] 4-168
갈포(葛布) 5-118
갈호(蝎虎) 1-181, 5-284, 12-72
갈홍(葛洪) 3-136, 11-149, 12-39, 12-45
감 11-241, 11-245
감(堿) 12-59
감(柑) 5-281, 11-256, 11-257, 11-258
감(甘) 3-235
감(鑑) 3-90, 5-313
감(蚶) 12-277
감결(甘結) 10-256
감곡(甘谷) 11-32
감곽(甘藿) 11-272, 11-273
감관사 1-225
감구서(甘口鼠) 12-152
감군(監軍) 2-157, 2-161, 5-34
감나무 11-205, 11-230
감람(橄欖) 11-253, 12-58
감례수(甘醴水) 2-64
감로당(甘露堂) 10-103
감로수(甘露水) 5-149, 11-81
감록(鑑錄) 6-227
감류(甘榴) 11-239
감목(甘木) 11-129
감목(監牧) 4-87
감문국(甘文國) 2-116
감밀(甘蜜) 11-263
감반(甘盤) 7-219
감사(監司) 2-61, 8-245, 8-253
감사좌상(監司坐床) 5-164
감사지졸(敢死之卒) 10-276
감서(堪抒) 12-250
감세중관(監稅中官) 7-44
감수기책(甘受其責) 10-306
감시(監試) 3-174, 3-178, 3-185
감씨(坎氏) 3-132
감악(紺岳) 1-214
감언이설(甘言利說) 10-278
감연수(甘延壽) 6-133
감영(監營) 4-175, 8-257
감우기(感遇記) 11-142
감자(甘蔗) 11-80
감재(柑製) 11-258
감정부(感精符) 7-254
감주(監州) 12-274
감주(甘酒) 5-168
감주(甘州) 6-95
감진괴(甘眞瓌) 8-54
감찰(監察) 11-264
감창(監倉) 7-141
감창사(監倉使) 7-142
감천부(甘泉賦) 6-265, 8-28
감초(甘蕉) 11-36
감초(甘草) 11-79
감투(甘套) 5-42
감합(蚶蛤) 12-276

감호(鑑湖) 2-36, 4-152, 4-273
감화사(感化寺) 12-302
감후(坎侯) 6-27
감흑로(甘黑露) 5-149
갑(甲) 1-30, 1-158, 3-235
갑각(甲角) 12-36
갑각류(甲殼類) 12-277
갑곶(甲串) 1-224, 1-237
갑마(甲馬) 9-201
갑사(岬寺) 7-91
갑산(甲山) 1-256, 2-111, 5-224, 11-227
갑유(甲糯) 4-47
갑자골(甲子骨) 6-114
갑주(甲冑) 4-48
갑향(甲香) 11-168
갓[笠子] 5-48, 5-49
갓끈(笠纓) 5-52
강(橿) 4-165
강(江) 1-255, 2-31
강(羌) 2-145, 2-146, 3-112, 6-44
강(杠) 4-102
강(罡) 4-22
강(杠) 4-245
강(綱) 6-219
강(剛) 6-85
강(康) 6-85
강(犺) 12-169
강(蘠) 11-123
강간하(康干河) 7-158
강감(綱鑑) 3-89, 9-233
강감찬(姜邯贊) 3-101, 3-190, 4-115, 6-231, 7-38, 8-201~202
강경(講經) 3-184, 10-323
강경(江景) 2-58, 9-44, 12-213
강계(江界) 1-241, 1-242, 1-244, 2-111, 5-252
강계삼(江界蔘) 11-84
강공(江公) 7-326
강공(江拱) 8-151
강광(康光) 3-47
강궁(强弓) 9-204
강극성(姜克誠) 1-93
강기(江記) 6-269
강남(江南) ➪ 이욱(李煜)
강남산(彊南山) 11-322
강남속(江南粟) 11-304
강남야사(江南野史) 2-306, 3-230, 5-303
강낭콩[江南豆] 11-304
강녀(姜女) 3-216
강녕현(康寧縣) 8-106
강노(强弩) 4-61
강달(江獺) 12-127
강도(江都) 11-139
강도(羌桃) 11-236
강돈(江豚) 7-243, 12-249
강동(岡桐) 11-209
강동(江東) 1-94, 5-98, 8-105, 11-66, 11-292, 11-316, 12-32, 12-49, 12-52
강두호자(弜頭虎子) 4-54
강랑(蜣蜋) 12-70
강랑(康筤) 10-126, 10-127
강랑어(康筤魚) 10-126
강량(彊梁) 6-264
강량치장(强梁鴟張) 9-241
강릉(江陵) 1-196, 1-198, 1-232, 1-244, 2-35, 2-38, 2-73, 2-79, 2-89, 2-110, 2-116, 2-122, 3-127, 3-129, 3-248,

4-270, 4-274, 5-180, 6-56, 6-59, 8-262, 11-92
강목(綱目) 2-146, 3-143, 3-234, 3-282, 5-309
강묘변(剛卯辨) 1-86
강무(姜撫) 11-63
강미(江米) 4-143
강백년(姜栢年) 6-223
강병(康駢) 11-48
강보 12-150
강복(降服) 2-353
강부(江賦) 12-28, 12-219, 12-230, 12-249, 12-281, 12-312
강부(江紑) 2-63
강분호(糨粉糊) 5-176
강비(江妃) 7-222
강산(剛山) 6-264
강삼(江蔘) 11-84
강생고(降省估) 9-46
강서(姜緖) 8-212
강서도원부(江西道院賦) 8-287
강선(絳仙) 9-128
강선대(降仙臺) 2-47
강성군(江城君) ➪문익점(文益漸)
강성집(江城集) 5-136
강소성(江蕭省) 11-54
강쇄(降殺) 2-358
강수(江水) 1-133, 4-198, 11-256, 12-73
강승(講僧) 7-73
강신(江神) 1-228, 6-215
강신례(降神禮) 2-367
강신제(降神祭) 2-367
강아지풀 11-319
강안(江岸) 1-210, 1-222, 1-237
강양(强蛘) 12-32
강어(彊圉) 1-158
강엄(江淹) 11-188, 11-232, 12-276
강오(强梧) 1-158
강왈광(姜曰廣) 8-43
강왕(康王) 2-138, 3-279, 7-198, 11-191, 12-77
강왕곡(康王谷) 2-60
강요주(江瑤柱) 12-235
강우(江右) 2-299
강운(强韻) 10-159
강원도(江原道) 1-197, 4-190, 4-192, 9-44, 11-128, 12-368
강월당(江月堂) ➪나옹선사(懶翁禪師)
강유(姜維) 11-78
강융(姜融) 7-112
강의(江疑) 12-145
강인(羌人) 4-32
강잠(殭蠶) 6-255
강저(降渚) 7-319
강절(康節) ➪소옹(邵雍)
강절경세서(康節經世書) 1-159
강정(絳飣) 5-164
강조(康兆) 4-83
강족(羌族) 4-206, 5-90, 10-253
강주(江州) 2-36
강주(江珠) 5-238
강주(康州) 7-128
강지(江贄) 7-226
강진(江津) 2-99
강진현(康津縣) 1-24, 3-42
강징(康澄) 7-342
강천(江蒨) 2-63
강철(强鐵) 1-184

강초(茵草) 11-312
강총(江總) 11-208
강취(羌鷲) 12-350
강태공(姜太公) 3-136, 10-59, 10-61
강통(江統) 5-142
강하(江夏) 10-55
강하(江河) 3-136
강하왕의공전(江夏王義恭傳) 4-88
강한(江漢) 7-190, 11-307
강항(姜沆) 1-53, 2-154, 8-163
강해(康海) 9-112
강호(江戶) 2-86, 4-294
강호(康瓠) 7-231
강호(江湖)➪김숙자(金淑滋) 8-181
강호기문(江湖記聞) 11-66
강혼(姜渾) 4-293
강홍립(姜弘立) 8-212
강화(講和) 4-291
강화도(江華島) 1-224
강회(江淮) 12-382
강회백(姜淮伯) 11-26
강후(絳侯) 5-290
강흘(糠覈) 5-175
강희(康熙) 1-247, 2-110, 12-78
강희맹(姜希孟) 2-295, 8-166, 8-192
강희자전(康熙字典) 1-149, 1-231, 2-186, 3-160, 4-100, 5-69, 5-172, 5-265, 6-30, 6-32, 6-183, 6-206, 6-263, 7-193, 7-246, 7-252, 7-266, 8-65, 8-153, 8-154, 8-188, 9-116, 9-255, 10-123, 10-230, 11-79, 11-113, 11-184, 11-206, 11-217, 11-228, 11-264, 11-295, 12-26, 12-59, 12-80, 12-156, 12-228, 12-287, 12-241, 12-290, 12-363, 12-370
강희황제(康熙皇帝) 2-114, 3-162, 7-154
갖옷 12-138
개 5-188, 5-207, 12-113, 12-185
개(愷) 3-90
개(盖) 5-294
거세된 개(犗) 12-176
개(蠐) 1-174
개가(改嫁) 9-101
개갈(犗羯) 2-146
개갈로(介葛盧) 12-284
개강(慨慷) 8-67
개고기 11-248
개골(皆骨) 2-71
개과천선(改過遷善) 10-274
개구리 2-124
개구리밥 1-120
개구초(開口椒) 11-264
개권일소(開卷一笑) 5-43, 7-175, 8-146, 9-141
개극계원(開極啓元) 5-257
개금(蓋金) 3-96
개기월식(皆旣月蝕) 1-37
개령(開寧) 2-116
개로방상(開路方相) 4-250
개로왕(盖鹵王) 6-99
개마국(盖馬國) 2-117
개마산(盖馬山) 1-245
개명(開明) 12-303
개미[螘] 12-44, 12-51
개밋둑 12-51
개보(開寶) 5-258
개보본초(開寶本草) 11-116

개봉부(開封府) 6-131
개부락(介夫落) 1-252
개산국(蓋山國) 11-210
개석(磕石) 5-140
개성(開城) 1-208, 1-211, 1-239, 5-65, 9-44
개성부(開城府) 2-105
개성천(開城川) 2-161
개소문(蓋蘇文) 3-96
개암[榛] 11-257
개양(開陽) 1-28
개오동나무 열매[檟實] 5-188
개운포(開雲浦) 6-62
개원(開元) 1-232, 2-143, 2-328, 3-84, 3-242, 4-95, 8-94, 8-246, 8-262, 12-66, 12-343
개원기년(開元紀年) 5-257
개원신무황제(開元神武皇帝) 2-137, 3-34
개원천보유사(開元天寶遺事) 5-164, 5-235, 5-236, 5-304, 6-121, 6-134, 9-219, 11-27, 12-59
개원통보(開元通寶) 5-256
개유(開牖) 5-288
개유문(開牖紋) 5-288
개자추(介子推) 1-97, 7-198, 9-77
개장국[羹獻] 2-78, 2-370
개좌어(鮒佐魚) 1-193, 7-150
개주(開州) 12-49
개지추(介之推)➪개자추(介子推)
개천(价川) 2-347
개천행도(開天行道) 3-34
개풍(凱風) 7-246
개화풍(開花風) 1-59
개황(開皇) 8-275
객(客) 6-85
객관(客舘) 1-210
객기(客氣) 9-120
객반위주(客反爲主) 10-286
객성(客星) 2-136, 3-111, 7-137, 12-85
객조(客曹) 8-236
갱(坑) 6 111
갱재가(賡載歌) 3-254
갱참(坑塹) 6-112
갱헌(羹獻) 5-197
갱화(賡和) 8-67
갱힐(羹頡) 7-234
갱힐후(羹頡侯) 7-234
거(鐻) 5-273
거(莒) 2-142
거(腒) 5-152
거(炬) 5-302
거(擧) 6-69
거(渠) 9-115
거(椐) 11-189
거(簴) 6-29, 12-268
거(鐻) 5-273
거(麮) 5-174
거(貗) 12-143
거가(車駕) 8-262
거가필용(居家必用) 1-104, 2-227, 2-268, 2-294, 2-336, 2-352, 4-224, 4-277, 5-130, 5-160, 5-161, 5-163, 8-260, 9-74, 9-110, 9-172, 9-175, 10-198, 10-24811-68, 11-134, 11-225, 11-269, 11-271, 12-365
거공(巨公) 3-281
거괴대특(巨魁大慝) 10-306

거답(渠答) 4-51
거대수(擧大數) 10-314
거둥[擧動] 9-109
거둥길[御路] 5-290
거둥꽃 11-310
거란(契丹) 1-241, 1-255, 2-107, 2-130, 2-181, 2-150, 3-117, 4-54, 4-55, 7-206, 7-313, 8-222, 12-92
거란(車欄) 4-100
거략(渠略) 12-35
거머리 12-51
거목성(居牧城) 1-229
거무패(巨無覇) 7-192
거문고[牙琴] 3-138
거문고곡 6-42
거미 12-34, 12-35
거미줄 12-35
거벽(巨擘) 9-239
거보(擧父) 12-178
거부(拒斧) 12-71
거북이 7-171, 7-184, 12-24, 12-37, 12-93, 12-117, 12-203, 12-210, 12-211, 12-212, 12-218
거북이 오줌[龜尿] 12-224
거비(去非) 3-154
거사(居寺) 7-122
거사(居士) 8-218
거사국(車師國) 2-192, 6-89
거사비(去思碑) 3-129
거산(柜山) 12-325
거상(居喪) 2-347, 3-27
거상(巨商) 9-187
거서간 2-131
거선패(巨善牌) 9-156
거수(渠叟) 12-137
거승(巨乘) 6-272
거승(苣藤) 11-149, 11-310
거아(倨牙) 12-92
거안제미(擧案齊眉) 2-259
거애(擧哀) 2-362
거여(粔籹) 5-157, 5-158
거원(蘧爰) 7-232
거월(去月) 1-144
거위 12-325, 12-330, 12-373
거이(莒夷) 2-133
거자(車子) 10-116
거자(擧子) 10-37
거자시(擧子試) 3-174
거재두량(車載斗量) 10-263
거저(籧篨) 10-240
거저(蝺蠩) 12-28
거저수(渠豬水) 12-253
거적[薦席] 5-114
거적자리[薦藉] 9-257
거정(居停) 10-175
거족(巨族) 2-101
거질(去疾) 3-217
거창(居昌) 11-241
거철(拒轍) 10-154
거충(渠衝) 4-71
거칠산국(居漆山國) 2-116
거탁(巨託) 8-222
거포(巨浦) 9-242
거하리(車下李) 11-259
거한기(車漢記) 7-187
거해지옥(鉅解地獄) 7-121
거핵(去核) 10-179
거허(駏驉) 7-151

거황(巨荒) 11-216
건(乾) 1-30
건(巾) 5-46
건강(建康) 8-105
건곤(乾坤) 9-185
건공(建功) 9-143
건기명(巾機銘) 3-253
건길지(鞬吉支) 2-134
건나보라(建那補羅) 11-56
건단(乾團) 1-112
건달산(乾達山) 5-227
건령지세(建瓴之勢) 10-298
건륭(乾隆) 7-92, 12-78
건륭황제(乾隆皇帝) 3-34, 3-162, 4-222, 5-37, 5-231, 8-181, 11-146
건망(健忘) 10-325
건명절(乾明節) 2-140
건모라(健牟羅) 1-229
건목(建木) 2-194
건목수생(乾木水生) 10-265
건무(建武) 2-143
건문제(建文帝) 7-196
건복(建福) 2-137
건산(乾山) 12-188
건소(建昭) 2-142
건수(篕樹) 12-59
건순노치(搴脣露齒) 10-267
건안(建安) 3-94
건안선생(建安先生) 7-226
건원(建元) 2-131, 2-137, 7-280
건장궁(建章宮) 6-243, 12-80
건주(建州) 2-109, 2-152, 5-179
건주위(建州衛) 2-109
건착도(乾鑿度) 7-254
건태(乾苔) 11-308
건평(建平) 12-32
건평산(建平山) 12-165
건화(乾化) 7-280
건흥(建興) 2-138
건흥절(乾興節) 2-139
걸(桀) 2-305, 6-235, 9-111, 9-247
걸걸중상(乞乞仲象) 2-127
걸두(乞頭) 6-117
걸력가(乞力伽) 11-100
걸령사(乞靈使) 1-220
걸레 5-329
걸보(桀步) 12-272
걸복국인(乞伏國仁) 3-97
걸불병행(乞不幷行) 10-280
걸사(乞士) 7-123
걸성(乞星) 1-168
걸신증 5-200
걸탁(乞託) 8-222
걸활(乞活) 9-139
검(芡) 11-60
검(檢) 3-206
검거(劍車) 4-83
검남(劍南) 5-202, 11-103
검뇌(黔雷) 3-90
검단선사(黔丹禪師) 7-33, 7-57
검산령(劍山嶺) 1-204
검수지옥(劍樹地獄) 7-121
검양(黔陽) 9-102
검영(黔嬴) 3-90
검은 개미 12-51
검은 벌 12-40
검은 사슴[玄鹿] 12-132
검은 소 12-192

검은 암소 7-170
검은 깨[黑荏子] 11-149
겁(刦) 4-148, 9-260, 10-54
겁(蜐) 12-276
겁구아(怯仇兒) 5-28
겁살(刦殺) 10-54
겁어위풍(怯於威風) 10-260
겁외록(刦外錄) 4-38
겁핍(鶪鴔) 12-291
겁화(刦火) 2-56
겉곡식 5-209
게 7-191, 7-277, 9-224, 12-49, 12-229,
12-233, 12-236, 12-269~271
게(偈) 7-74, 7-85, 7-87, 8-175
게송(偈頌) 10-34, 10-185, 12-382
게알젓 5-190
게첩(揭帖) 3-261
겨자[芥] 11-292
겨자장[芥醬] 5-196
격(檄) 3-261, 12-161
격(格) 6-85
격(鵙) 12-300
격(鬩) 12-156
격(鬲) 12-158
격격(嗝嗝) 12-368
격견(格堅) 3-161
격구(擊毬) 6-129, 9-210
격구(擊甌) 6-28
격기[役只] 4-171
격등(格蹬) 6-143
격문(檄文) 4-66
격병(隔幷) 8-125
격설인(鴃舌人) 2-146
격암(格巖) 6-169, 6-227
격암(格菴)➪남사고(南師古)
격양(擊壤) 6-44
격오(格五) 6-117
격운법(擊運法) 11-141
격자(隔子) 5-232
격잠(福褶) 3-209
격쟁(擊錚) 2-349
격전(格錢) 6-114
격조선론(擊朝鮮論) 2-157, 2-164
격지(格支) 6-149
격치총서(格致叢書) 1-64, 3-286, 5-90,
10-190, 12-362
격탁(擊柝) 4-33
격판(檄板) 3-204
격화선(擊火線) 4-39
견(甄) 1-196, 3-96, 12-50
견(鰹) 12-232
견(鵑) 12-357
견(犬) 3-109
견(筧) 4-168
견(繭) 5-172
견감(蠲減) 4-151
견곤국(堅昆國) 7-187
견권(堅權) 3-129
견기이작(見機而作) 10-307
견노(牽鸕) 4-50
견대(牽帒) 5-101
견마지충(犬馬之忠) 10-260
견문록(見聞錄) 12-118
견문발검(見蚊拔劍) 10-152, 10-278
견물생심(見物生心) 10-308
견백론(堅白論) 7-283
견봉국(犬封國) 2-213
견부(蠲符) 3-201

견분(蠲忿) 12-122
견삭(罥索) 6-133
견서(犬書) 3-225
견신검(甄神劍) 7-119
견씨(甄氏) 3-96
견여(肩輿) 5-326, 5-327
견융(犬戎) 6-232
견자(犬子) 3-152
견장(犬葬) 2-174
견지(繭紙) 3-200
견지(蠲紙) 3-201
견한록(遣閒錄) 8-163
견훤(甄萱) 1-226, 2-33, 2-83, 2-128, 2-143, 3-96, 4-276, 7-119, 7-149, 7-181, 8-200, 12-50, 12-194
견훤(甄萱)의 난(亂) 2-84
결(決) 4-63
결(臭) 12-147
결고(結誥) 12-297
결과삼(缺骻衫) 5-67
결리(結縭) 6-161
결명채(決明采) 11-59
결분(蒛葐) 11-260
결승문자(結繩文字) 2-200, 10-267
결승지정(結繩之政) 10-267
결연(結緣) 2-75, 10-53
결입안(決立案) 10-113
결자해지(結者解之) 10-291
결작미(結作米) 4-173
결전(結錢) 4-187
결전법(結錢法) 4-173
결제(潔祭) 1-102
결제(駃騠) 12-192
결하(結夏) 7-89
결혼 병풍[婚屛] 2-272
결혼도감(結婚都監) 2-293
결활(契活) 10-118
결흉국(結胸國) 2-214
겸(鰜) 12-227
겸(鶼) 7-150, 7-151, 12-310
겸괘(謙卦) 7-243
겸노상전(兼奴上典) 10-297
겸백(縑帛) 3-202
겸암(謙庵) 6-227
겸양(羬羊) 12-139
겸인지용(兼人之勇) 10-261
겸재(謙齋)⇨정선(鄭敾)
겸종(傔從) 10-45
겸현(謙玄) 3-245
겹 띠 5-46
겹(韐) 5-73
겹(袷) 5-68
겹방[複室] 4-212
경(磬) 6-69, 7-244, 7-282, 10-146
경(卿) 10-66
경(經) 1-30, 5-285
경(庚) 1-30, 1-158, 1-164, 1-167
경(黥) 5-326
경(瓊) 6-106, 6-107
경(更) 6-85
경(梗) 6-85
경(冏) 7-218
경(檾) 5-122
경(獍) 12-163, 12-338
경(麖) 12-132
경각화(頃刻花) 10-205
경감(耿弇) 3-136
경개골(脛盖骨) 9-227

경결(竟結) 10-248
경계(經界) 4-124, 10-323
경계(庚癸) 6-148
경계장(經界狀) 4-156
경공(景公) 9-230
경공(頃公) 6-156
경공(耿恭) 4-77, 8-103
경공(敬空) 8-33
경국대전(經國大典) 4-119, 4-154, 8-162, 8-242, 8-278
경국육전(經國六典) 5-285
경기(經紀) 9-174
경기도(京畿道) 1-197, 1-242, 2-56, 4-190, 4-192, 11-177
경기병사(京畿兵使) 4-112
경년열세(經年閱歲) 10-298
경대(鏡臺) 2-277
경덕왕(景德王) 2-349, 7-128
경도(京都) 8-262
경도희(競渡戲) 1-111
경돈(京飩) 1-125
경락(經絡) 6-195
경력(慶曆) 8-276
경련(痙攣) 11-114
경륜(經綸) 10-320
경릉왕(竟陵王) 5-61, 8-151
경면지(鏡面紙) 3-200
경문공(景文公) 3-228
경문왕(景文王) 7-132
경박(鏡泊) 2-109
경방(京房) 1-40, 2-351, 3-99, 3-134, 6-42, 6-166, 6-224, 7-295, 9-206, 12-365
경방(經方) 8-159
경방자(京幇子) 9-181
경배악(傾盃樂) 12-83
경법(頃法) 4-155
경복(景福) 2-143
경복(輕服) 2-353
경복궁(景福宮) 1-145, 1-218, 12-206
경비(經費) 9-186
경사(京司) 8-253
경산(景山) 11-286, 12-298
경산(耿山) 12-144
경산(徑山) 12-187
경산(慶山) 2-116
경산(瓊山) ➪구준(丘濬)
경상도(慶尙道) 1-197, 1-231, 4-190, 4-192, 9-44
경서(景書) 3-225
경석(磬石) 6-51, 6-69
경성당(敬聖堂) 7-55
경성왕(慶成王) 2-246
경소(京所) 8-263
경소대신(京所大臣) 8-263
경솔(輕率) 10-324
경쇠 2-78
경수(瓊樹) 11-93
경수(涇水) 9-252
경수궁(耿壽宮) 5-255
경순왕(敬順王) 2-123, 2-142, 8-213
경신제(庚申帝) 2-99
경씨(敬氏) 3-131
경씨역전(京氏易傳) 6-166
경애왕(景哀王) 4-276
경애해(瓊厓海) 2-152
경업(敬業) 8-178
경연(經筵) 2-332, 5-281, 8-241

경영(經營) 10-319
경영(敬嬴) 2-338
경왕(景王) 5-255
경원(慶源) 1-243
경원(涇原) 3-71
경원산(慶原山) 10-188
경의(經義) 3-170, 3-174
경의(敬義) 8-180
경일(庚日) 1-56, 1-115
경자관군(卿子冠軍) 10-66
경작연(磬作然) 7-244, 7-282
경장(慶長) 2-163~164, 7-262
경저(京邸) 4-171
경적(景跡) 12-54
경전(磬甸) 7-329
경전가(耕田歌) 4-147
경전석문(經典釋文) 11-218, 12-38
경전초(瓊田草) 11-143
경정(逕庭) 7-287
경정공주(慶貞公主) 9-94
경제(景帝) 3-144, 7-196, 7-279, 8-244, 10-150
경제(經濟) 8-162
경제육전(經濟六典) 8-162
경조(京兆) 7-316, 10-131
경조상문(慶弔相問) 10-275
경조윤(京兆尹) 3-100, 10-131, 10-301
경종(敬宗) 3-33
경종(景宗) 4-161
경주(慶州) 1-203, 2-120, 3-104, 3-126, 5-147, 6-51, 6-246, 7-107, 7-174, 8-263, 10-49, 10-229, 11-171
경주(瓊州) 9-59
경주(慶州)의 옥피리(玉笛) 7-208
경주선생안(慶州先生案) 3-127
경주설씨보(慶州薛氏譜) 8-176
경주읍지(慶州邑誌) 6-50
경중(輕重) 2-245
경중(敬仲) 7-226
경지(瓊枝) 11-93
경창(京倉) 4-177
경채(京債) 10-72
경천(更天) 1-26
경천사(敬天寺) 5-226, 7-111
경청(景淸) 7-196
경칩(驚蟄) 1-96, 4-29
경포(黥布) 4-116
경포대(鏡浦臺) 2-35, 4-274
경풍(景風) 1-58, 7-295
경풍(驚風) 6-262
경하(慶賀) 1-77
경헌(景憲) 7-62
경흥(慶興) 1-243, 5-224, 11-29
곁방[夾房] 4-215
계(薊) 11-325
계(癸) 1-30, 1-141, 1-158, 1-164, 1-167
계(啓) 3-261, 7-237
계(烓) 5-320
계(罽) 5-61, 5-111
계(契) 7-218, 8-259
계(稧) 1-102, 2-311
계(瀱) 12-354
계(脊) 2-199, 7-162
계간(鷄姦) 2-318
계개(罽鎧) 4-41
계고(稽古) 3-260
계곡(谿谷) ➪ 장유(張維)
계골향(鷄骨香) 11-154

계관(啓關) 9-179
계관화(鷄冠花) 11-72
계궁력진(計窮力盡) 10-277
계내금(鷄內金) 12-375
계달(溪獺) 12-127
계달(啓達) 5-89
계독(溪毒) 12-55, 12-324
계두(鷄頭) 11-60
계두곡(鷄頭鵠) 12-370
계등(溪藤) 3-203
계란유골(鷄卵有骨) 10-275
계람도(稽覽圖) 7-254
계력(季歷) 7-237, 7-238
계롱산(雞籠山) 3-41
계룡산(鷄龍山) 1-199, 7-91
계륵(鷄肋) 10-321
계륵집(鷄肋集) 3-212
계림(桂林) 2-148, 11-314, 11-325, 12-339
계림(鷄林) 2-123, 7-35, 8-195
계림군자국(鷄林君子國) 1-203
계림유사(鷄林類事) 4-30, 4-55, 5-121, 9-58, 9-226, 10-89, 10-130, 10-191
계림지(鷄林志) 5-76, 5-127
계만총소(溪蠻叢笑) 6-32
계몽(計蒙) 1-176
계무자(季武子) 10-207
계문란(季文蘭) 2-299
계방(桂榜) 3-189
계방(鷄坊) 6-126
계백(階伯) 2-83
계변(谿邊) 12-173
계불입량(計不入量) 10-300
계비(鷄碑) 7-317
계빈국(罽賓國) 2-173, 5-241, 5-262, 12-316
계사(繫辭) 7-242
계사(啓事) 9-194
계사(繫辭) 3-278
계사(楔事) 1-102
계생(桂生) 6-90
계서(鷄書) 3-225
계설(鷄舌) 11-155
계설향(鷄舌香) 11-156
계성(契聲) 6-42
계수(癸水) 7-264
계수(稽首) 8-272, 8-273
계수나무 11-96
계심(鷄心) 11-237
계씨(季氏) 6-126
계아(季雅) 5-286
계악(桂萼) 3-35
계안록(啓顔錄) 5-201
계연(計研) 3-256
계영(繫纓) 4-97
계영(戒盈) 5-284
계옥지간(桂玉之艱) 10-286
계옥지수(桂玉之愁) 10-286
계왕(稽王) 2-142
계운신무(啓運神武) 2-137
계원필경집(桂苑筆耕集) 8-86, 8-162
계인(鷄人) 7-259
계자(系子) 2-240
계자(季子) 2-53, 3-83
계자(階資) 8-247
계장(桂漿) 2-190
계장(計帳) 4-190, 8-280
계장채(鷄腸菜) 11-311

계저주면(鷄猪酒麪) 10-278
계정(鷄正)➪주심원(朱深源)
계제(鷄齊) 11-110
계주(桂酒) 5-182
계주광면(稧酒廣面) 10-273
계주생면(契酒生面) 10-273
계지(戒指) 2-280
계칭(鷄唱) 6-91
계척(鷄跖) 7-227
계척집(鷄跖集) 4-210, 5-282, 7-173
계출이(罽出伊) 5-120
계칩(啓蟄) 12-74
계탈(罽㲘) 5-121
계통(繼統) 3-32
계포(季布) 10-32
계피삼소(鷄皮三少) 7-170
계해(桂海) 12-379
계해공신 3-149
계해우형지(桂海虞衡志) 5-47, 5-281, 11-230, 11-255, 12-128, 12-173, 12-252, 12-379
계헌(桂軒)➪정초(鄭礎)
계호산(雞號山) 1-61
고(姑) 2-231
고(膏) 9-230
고(敲) 10-36
고(苦) 10-54
고(菰) 11-282
고(菰) 11-282
고(羖) 12-140
고(誥) 3-172, 3-253, 3-261, 7-285
고(橐) 4-63
고(酤) 5-142
고(糕) 5-159
고(袴) 5-95
고(臯) 7-218
고(睪) 7-221
고(鼓) 8-82
고(尻) 9-227
고(瞽) 2-243
곤(鯤) 2-243
고(栲)나무 11-198
고(藁) 5-196
고(餻) 5-159~160, 7-255, 7-559
고가(古歌) 11-202
고각(鼓角) 4-33
고각루(鼓角樓) 4-33
고간지(古干支) 1-157
고개지(顧愷之) 3-143, 3-245, 9-223
고결(高訣) 6-227
고경(高熲) 10-182
고경(孤卿) 8-265
고경명(高敬命) 11-31
고곡(鼓曲) 6-32
고공(高拱) 6-185
고공가(雇工歌) 6-71
고공기(考工記) 8-27, 8-100, 11-256, 12-24, 12-148, 12-314
고공답가(雇工答歌) 6-72
고관대작(高官大爵) 10-303
고교구랑(高橋九郎) 2-160~161
고구려(高句麗) 1-195, 1-197, 1-206, 2-126, 2-133, 2-142, 3-96, 3-214, 4-33, 4-57, 4-206, 5-27, 5-45, 5-280, 6-93, 8-198, 8-221
고구리(高句驪) 2-124
고국양왕(故國壤王) 7-134
고국원(故國原) 7-133

고국천왕(故國川王) 4-174
고귀(高貴) 12-379
고귀언(高歸彦) 5-39
고극겸(高克謙) 7-38
고금도(古今島) 2-95
고금부동(古今不同) 10-259
고금사문유취(古今事文類聚) 12-235
고금시화(古今詩話) 6-256, 9-170
고금운회(古今韻會) 1-30, 1-32, 1-48, 1-49, 1-148
고금이전(古今異傳) 12-346
고금주(古今注) 4-142, 5-57, 5-297, 6-180, 7-199, 7-287, 11-76, 11-126, 11-137, 11-178, 11-182, 11-184, 11-213, 11-262, 12-60, 12-135, 12-226, 12-238, 12-299, 12-336
고긍기(高緪妓) 6-136
고기(古記) 3-54, 3-58, 5-25, 7-145
고노(栲栳) 5-319
고노현(高奴縣) 5-189
고니 2-171, 12-324, 12-349
고담준론(高談峻論) 10-308
고당부(高唐賦) 7-223
고대산(孤大山) 7-55
고덕유(高德儒) 12-380
고도(古度) 11-204
고도(固道) 5-68
고요(皐陶) 7-232
고도나무 11-204
고도산(皐塗山) 12-129
고도산림(高蹈山林) 8-218
고독(蠱毒) 11-125
고동 6-67
고동문행(古東門行) 8-92
고두(榾斗) 5-309
고득종(高得宗) 2-136
고등신(高登神) 6-275
고라니[麋] 5-189, 5-207, 12-134, 12-136
고라니기름(麋膏) 5-189
고란정(皐蘭亭) 4-265
고래 5-188, 7-191
고량군(高涼郡) 12-195, 12-190
고량선씨(高涼冼氏) 2-307
고량지미(膏粱旨味) 10-291
고려 성종 8-200
고려 태조 1-230, 8-200, 12-183
고려(高麗) 1-197, 2-75, 2-76, 2-143, 2-145, 3-127, 3-128, 3-129, 3-142, 4-55, 4-59, 5-84, 5-87, 5-107, 8-226, 8-246, 11-194
고려공사(高麗公事) 10-293
고려공사삼일(高麗公事三日) 10-293
고려국사(高麗國師) 6-149
고려군(高麗郡) 1-222
고려기(高麗伎) 6-25
고려도경(高麗圖經) 2-29
고려무 6-63
고려병(高麗餅) 5-164
고려사(高麗史) 1-132, 1-204, 1-206, 1-213, 1-232, 2-128, 2-131, 2-135, 2-139, 2-151, 2-167, 2-173, 2-186, 2-247, 2-293~294, 2-301~302, 2-311, 3-57, 3-68, 3-118, 3-121~122, 3-166, 3-170~171, 3-174, 3-176, 3-178, 3-247, 4-65, 4-127, 4-155, 4-237, 4-245, 4-258, 4-276~277, 5-28, 5-30, 5-33, 5-50, 5-134, 5-137, 5-143, 5-239, 5-251, 5-253, 5-255, 6-52, 6-130, 7-60,

7-78, 7-92, 7-96, 7-100, 7-106, 7-136, 7-162, 7-191, 8-32, 8-161, 8-177~179, 8-189, 8-194, 8-202, 8-224~225, 8-228, 8-241, 8-258, 8-278, 8-281, 8-284, 9-101, 9-181, 10-160, 12-127, 12-210
고려악부(高麗樂府) 6-55~56, 6-59
고려전(高麗箭) 4-58
고려정(高麗井) 2-62
고려지(高麗紙) 3-202
고려청노장군(高麗淸盧將軍) 6-220
고려촌(高麗村) 1-222
고려포(高麗浦) 1-222
고련(苦楝) 11-73
고령(高靈) 2-116
고령가야국(古寧伽倻國) 2-116
고령선생(古靈先生) ➪ 진양(陳襄)
고로납와집(庫魯納窩集) 1-249
고루(孤陋) 9-123
고루거각(高樓巨閣) 10-263
고릉(觚棱) 4-210
고리(栲里) 5-319
고리떡(環餠) 5-157
고려취(高麗臭) 9-242
고마(固痲) 1-229, 1-230, 4-263
고마(蠱麼) 6-204
고만(高滿) 9-126
고말(高末) 9-126
고망국(古莽國) 7-163
고매사(古梅詞) 6-137
고명(糕銘) 5-157
고모[姑] 2-227~228
고모담(姑姆潭) 2-42
고목(槀木) 11-198
고무(高廡) 4-212
고문(古文) 3-231
고문상서(古文尙書) 3-286, 7-235
고문연감(古文淵鑑) 3-96
고문천부훤록(顧文薦負暄錄) 2-213
고미(糕糜) 5-160, 11-282
고밀(高密) 7-217
고바야가와 다카가케[小早川隆景] 8-206
고반룡(高攀龍) 7-44
고병(高駢) 8-50
고복(皐復) 2-338
고봉(菰葑) 11-282
고봉국(顧逢國) 5-146
고봉산(姑蓬山) 12-110
고부(古賦) 2-297, 5-315, 6-128, 6-243, 10-196, 11-82, 11-258, 12-71, 12-173, 12-236, 12-241
고분(叩盆) 2-290
고불(古佛) 9-70
고비(考妣) 2-325
고비(皐比) 9-135
고비[薇] 11-279
고빈(高彬) 7-59
고사(高斜) 11-133
고사고(古史考) 5-139
고사국(姑射國) 7-193
고사리[蕨] 11-279~281, 11-294
고사신서(攷事新書) 8-164
고사전(高士傳) 9-46
고산(苦山) 12-81
고산(孤山) ➪ 윤선도(尹善道) 6-174
고산대사원(固山大四員) 2-110
고산대천(高山大川) 8-216

ㄱ

고삼(苦蔘) 1-104
고삼(苦蔆) 11-83
고상(告喪) 9-106
고상용여(翱翔容與) 8-85
고선(姑洗) 1-101
고성(固城) 2-116, 12-368
고성(高城) 2-35, 2-56, 4-274, 7-31
고성현(固城縣) 3-70
고소(孤篠) 11-222
고소원(固所願) 10-313
고손(高孫) 2-229
고수부(枯樹賦) 8-79
고수풀[胡荽] 11-132~133
고습도치[蝟] 12-160~12-165
고습(鴣鸖) 12-359
고습(股褶) 5-76
고습황조찬(鴣鸖黃鳥贊) 12-359
고승(高昇) 2-160
고승전(高僧傳) 2-55, 7-89
고시(高柴) 3-134
고시(楛矢) 4-35
고시기(古詩記) 10-171
고시법(考試法) 8-255
고식(姑息) 7-265
고식지계(姑息之計) 10-306
고신(高辛) 5-128
고신(告身) 8-249
고신씨(高辛氏) 2-124, 2-129, 3-96, 7-184, 10-251
고씨(高氏) 2-124, 6-226, 6-276, 9-126
고씨보(高氏譜) 2-94
고씨산(高氏山) 6-195
고씨설략(顧氏說略) 12-217
고악(姑惡) 12-336
고악부(古樂府) 2-233, 2-312, 4-93, 6-30, 6-92, 8-77, 9-138, 10-147, 10-236
고안(孤鴈) 8-103
고안(高安) 9-172
고야(高耶) 2-120
고야왕(顧野王) 3-240
고약졸(高若拙) 3-152
고양(高陽) 1-225, 3-68
고양씨(高陽氏) 1-136, 6-200
고양이 12-150, 12-178, 12-179, 12-182
고양이 고기 7-203
고어(皐魚) 2-326
고언(古言) 3-278
고여금(古如今) 10-316
고역(皐易) 1-215
고역사(高力士) 12-117
고연(孤燕) 8-103
고영(顧榮) 7-213
고예(鼓隷) 3-225
고옥(古玉)➪정작(鄭碏)
고왕(高王) 2-126, 2-127, 7-54
고요(皐陶) 1-117, 3-49, 6-278, 6-290, 7-217, 7-285, 12-165
고요산(姑媱山) 11-88
고욤[高梧音] 11-242
고용(高春) 1-143
고운(孤雲)➪최치원(崔致遠)
고월(古月) 2-129
고윤(高允) 7-303
고을나(高乙那) 2-93, 3-111
고을태사(古乙太師) 3-118
고의(股衣) 5-96
고이왕(古爾王) 8-244

고일서(古逸書) 3-253
고자(告子) 8-169
고자(高子) 9-160
고장(菰蔣) 11-282
고장(苦杖) 5-126
고장난명(孤掌難鳴) 10-265
고저차(顧渚茶) 11-103
고적(高適) 10-142
고적법(考績法) 8-255
고정(考亭)➪주희(朱熹)
고제(高帝) 1-77, 1-154, 2-141, 2-246, 3-80, 3-144, 5-167, 8-248, 12-288, 12-306
고제(高弟) 4-136
고제(高第) 8-129
고조(蠱雕) 12-96
고조(高祖) 2-229, 3-22, 3-34, 3-52, 3-105, 3-159, 4-24, 5-65, 5-152, 5-257, 5-296, 7-234
고조(高祖) 무황제(武皇帝) 12-137
고조선 1-195, 1-197
고조왕고모(高祖王姑母) 2-228
고족상(高足床) 2-270
고종(高宗) 1-54, 1-232, 1-237, 2-98, 2-137, 2-143, 3-276, 4-279, 5-266, 6-197, 6-225, 9-233, 12-179
고종(姑從) 2-228
고종(古終) 5-135
고종산(鼓鍾山) 11-314
고종후(高從厚) 4-281, 12-374
고주(高州) 2-96, 11-168
고주(孤注) 6-118
고주(古註) 7-250
고죽(觚竹) 12-357
고죽국(孤竹國) 3-44
고죽성(孤竹城) 3-45
고지(固脂) 2-285
고지지(古地誌) 2-68
고진감래(苦盡甘來) 10-296
고집불통(固執不通) 10-260
고차국(高車國) 7-154
고창(賈昌) 6-126
고창국(高昌國) 5-121, 5-249
고창군(高昌郡) 5-193
고채(菰菜) 11-282
고채시(苦菜詩) 11-275
고천준(顧天埈) 8-42
고첩(誥牒) 3-193
고청(高淸) 2-136
고청(孤靑)➪서기(徐起)
고초(苦椒) 11-263
고초일(枯焦日) 6-237
고추(苦椒) 5-182, 5-190, 11-265
고축(告祝) 2-242
고취(鼓吹) 8-74
고취곡(鼓吹曲) 6-33
고취주로곡(鼓吹朱鷺曲) 12-327
고치극(高齒屐) 10-113
고침(藁砧) 2-234, 5-307
고침(顧琛) 2-307
고태필(高台弼) 5-281
고토(顧兎) 12-185
고퇴(敲推) 10-36
고패(古貝) 5-135
고패(轆轤) 4-136
고풍(古風) 6-96
고행주(高行周) 9-214
고허(高墟) 2-120

고형중(高瑩中) 3-247
고혹(蠱惑) 12-230
고확조(姑穫鳥) 12-342
고환(膏環) 5-158
고환(高歡) 5-278
고황(膏肓) 10-319
고황(顧況) 12-360
고황씨(古皇氏) 4-209
고황제(高皇帝) 2-130, 2-144, 5-45, 6-158, 7-59
고획조(姑獲鳥) 6-262
고효충(高孝冲) 3-275
고후(高厚) 2-136
곡(鵠) 12-380
곡(曲) 3-262, 6-30
곡(穀) 6-154, 11-214
곡(斛) 9-53
곡각(曲閣) 4-221
곡강연(曲江宴) 3-189
곡교천(曲橋川) 2-34
곡국(鵠國) 7-193
곡궐(谷闕) 4-129
곡나현(穀羅縣) 2-218
곡단(曲端) 3-277, 12-334
곡돌사신(曲突徙薪) 10-277
곡란암(鵠卵庵) 8-214
곡량전(穀梁傳) 6-289
곡렴천(谷簾泉) 2-60
곡령(鵠嶺) 1-209, 7-35, 8-195
곡례(曲禮) 4-86, 7-264, 7-326, 9-64, 9-81, 9-106, 9-119
곡부 공씨(曲阜孔氏) 3-46
곡부(曲阜) 3-99
곡사징(斛斯徵) 6-39
곡삭(告朔) 1-128
곡산(谷山) 11-241
곡성(曲城) 4-232
곡성(谷城) 4-251
곡수연(曲水宴) 1-103
곡승미(曲承美) 2-169
곡신(谷神) 7-170
곡영(谷永) 7-263
곡우(穀雨) 5-134, 11-278
곡유(谷遺) 12-173
곡율(曲律) 3-161
곡이하(斛二瘕) 6-188
곡자(曲尺) 3-250
곡자가(穀子茄) 11-303
곡절(曲節) 6-53, 10-134
곡정초(穀精草) 11-317
곡퇴(谷蓷) 4-184
곡패(穀牌) 4-168
곡홀(曲忽) 4-220
곡(鮌) 7-218
곤(鯤) 2-243, 12-286
곤(坤) 1-30, 1-51
곤(滾) 5-210
곤(袞) 5-35
곤(昆) 7-253
곤(鯀) 7-217, 7-218, 9-206, 10-138, 12-210
곤(蛔) 7-253
곤계(鵾鷄) 12-377
곤당동(袞堂洞) 1-221
곤대(緄帶) 5-83
곤도(騉駼) 12-192
곤돈(困敦) 1-158
곤령도(坤靈圖) 7-254

곤룡포 5-86
곤륜(崑崙) 2-216, 7-26, 8-73, 11-130
곤륜(昆侖) 4-53, 7-186
곤륜국(崑崙國) 11-155
곤륜노(崑崙奴) 2-185
곤륜산(崑崙山) 1-42, 1-176, 1-197, 1-255, 1-260, 2-55, 2-69, 2-197, 2-215, 3-92, 4-85, 4-129, 5-324, 11-38, 11-93, 12-89, 12-141, 12-285, 12-304
곤륜이(崑崙耳) 11-168
곤륜자과(崑崙紫瓜) 11-302
곤명지(昆明池) 2-55, 7-61
곤상(袞裳) 12-98
곤소대(昆昭臺) 5-114
곤수(梱帥) 8-257
곤여도(坤與圖) 2-178, 2-179
곤오(昆吾) 7-216
곤오도(昆吾刀) 5-275
곤오산(昆吾山) 12-171
곤왕(昆王) 6-103
곤쟁이젓 9-151
곤주(袞州) 3-52, 12-92, 12-226, 12-366
곤체(困嬋) 9-103
곤폐(崑蔽) 6-103
곤포(昆布) 11-273
골(滑) 7-229
골(骨) 9-239, 11-323
골(鶻) 12-350
골간 11-240
골개숙(滑介叔) 8-73
골골무가(汩汩無暇) 10-266
골굴(骨骴) 11-84
골독어(骨纛魚) 12-214
골돌(鶻突) 9-122
골동(骨董) 5-195
골동갱(骨董羹) 5-199
골동국➪골동갱(骨董羹)
골랑(骨浪) 6-32
골몰(汩沒) 9-132, 10-318
골무(骨冒) 5-117
골벌국(骨伐國) 2-116
골보(骨譜) 6-115, 6-116, 9-156, 10-164
골북(骨北) 9-30
골수(骨髓) 1-150, 10-319
골용(膏容) 11-68
골육상잔(骨肉相殘) 10-269
골자(骨子) 6-111
골정왕(骨正王) 2-132, 3-35, 9-199
골제실보야(鶻堤悉補野) 3-116
골조(骨爪) 6-24
골체(骨體) 6-69
골패(骨牌) 6-115
골품(骨品) 9-199
곰[熊] 5-178, 5-188, 12-128, 12-162, 12-210
공(蛩) 7-151
공(倥) 9-121
공(空) 6-38
공(毬) 5-292
공(筇) 6-24
공(笻) 11-220
공(鯕) 12-214
공·후·백·자·남(公·侯·伯·子·男) 8-48
공각(功角) 5-317
공검(恭儉) 2-33
공검지(恭儉池) 2-33, 7-144, 12-208
공고(共鼓) 5-329

공공(蛩蛩) 12-311
공공(龔工) 3-134
공공(共工) 6-200, 7-162, 7-210
공공거려(蛩蛩巨驢) 12-147
공공씨(共工氏) 1-129, 3-38, 7-186
공공여야(空空如也) 10-270
공과상반(功過相半) 10-271
공교(孔教) 7-45
공규(孔戣) 12-276
공극(孔劇) 10-319
공근(孔僅) 7-332
공금(公琴) 3-49
공기놀이 6-122
공단(貢緞) 5-38
공덕원(功德院) 7-79
공도(公道) 9-36
공동(空桐) 1-23
공동(倥侗) 9-121
공동(崆峒)➪이몽양(李夢陽)
공령(功令) 10-38
공리(孔鯉) 8-193
공림(涳淋) 5-144
공망(空亡) 6-263
공명도첩(空名度牒) 7-90
공명이전(孔明異傳) 4-104
공명조(共命鳥) 7-151
공문(空文) 5-266
공문십철(孔門十哲) 2-114
공물(貢物) 2-136, 4-177, 12-125, 12-133
공물원역(貢物員役) 4-171
공물주인(貢物主人) 4-169
공미(贑米) 11-134
공민왕(恭愍王) 1-187, 2-40, 2-64, 2-76, 2-303, 2-311, 3-40, 3-104, 3-146, 3-174, 4-277, 5-33, 5-134, 7-60, 7-101, 7-143, 7-162, 8-205, 8-206, 8-226
공백(共伯) 7-237
공번(孔璠) 10-176
공법(貢法) 4-171
공복(功服) 3-25
공복(公服) 5-68, 5-69
공봉관(供奉官) 3-101
공부(工夫) 10-38
공부(貢賦) 9-37
공부(邛部) 2-145
공부자(孔夫子)➪공자(孔子)
공불승사(公不勝私) 10-267
공사(龔舍) 12-35
공사(貢士) 3-177
공사(供辭) 3-263
공사(供詞) 9-133
공사양편(公私兩便) 10-270
공사천민(公私賤民) 4-119
공사호적(貢士戶籍) 4-156
공산(公山) 3-215, 6-157
공상산(空桑山) 12-111
공서(拱鼠) 7-249
공성신퇴(功成身退) 10-299
공세지(貢稅池) 2-34
공세호(貢稅湖) 9-44
공소(孔紹) 3-99
공손경(公孫慶) 6-195
공손대랑(公孫大娘) 6-61
공손봉(公孫鳳) 7-205
공손술(公孫述) 10-143
공손찬(公孫瓚) 9-131, 9-202
공손하(公孫夏) 3-80
공손홍(公孫弘) 5-288, 9-135, 10-197

공수(龔遂) 11-59
공수(拱手) 4-286
공수(空首) 8-272, 8-273
공수반(公輸般) 4-103, 4-226, 5-321, 5-329, 6-145
공수자(公輸子)⇨공수반(公輸般)
공순(孔恂) 9-181
공신(貢藎) 3-129
공씨(孔氏) 3-99
공안(貢案) 3-178, 5-120, 12-324
공안국(孔安國) 7-214, 12-290
공암서원(孔巖書院) 8-197
공야장(公冶長) 12-285
공양(供養) 9-191
공양왕(恭讓王) 2-144, 2-173, 3-196, 5-268
공양전(公羊傳) 7-239, 7-296
공영달(孔穎達) 7-244, 7-254, 9-88
공우애(公牛哀) 7-189
공융(孔融) 3-89, 5-321, 9-117
공자(孔子) 3-50, 3-51, 3-78, 3-83, 3-134, 4-35, 5-313, 6-170, 7-219, 8-48, 8-156, 8-183, 8-186, 8-188, 8-192~193, 9-23, 9-259, 11-179, 11-251, 11-282
공자가(公子家) 6-117
공자가어(孔子家語) 1-176, 2-245, 2-262, 2-359, 3-21, 5-191, 7-215, 7-263, 8-192, 10-57, 10-119, 10-130, 10-216, 11-251, 12-222, 12-309, 12-310, 12-313
공자봉왕변(孔子封王辯) 8-187
공자산(公字山) 1-205
공자세가(孔子世家) 7-220
공작(孔雀) 7-171, 7-202, 10-155
공작동남비(孔雀東南飛) 9-115
공작새 12-316~317
공장(工匠) 10-38
공전(公田) 4-158, 8-276
공정(功程) 3-249
공정(孔靖) 5-152
공제(公除) 2-347
공제국사(共濟國事) 10-294
공조니(空措泥) 10-255
공조사(功曹史) 5-300
공종(空鐘) 6-110
공주(公州) 1-205, 2-107, 8-197, 12-245
공주(贛州) 4-242
공주(公主) 4-261
공주강(公州江) 6-282
공지(拱地) 12-176
공청(空青) 5-126, 11-112, 11-193
공청(硿碃) 11-113
공초(供招) 7-175
공총자(孔叢子) 6-23, 12-230
공치규(孔稚珪) 9-176
공하(蚣蝦) 12-217
공해전(公廨田) 8-275
공행공반(空行空返) 10-270
공현군(功顯君) 2-348
공후(箜篌) 6-26
공후(公侯) 9-83
곶갑천(串岬遷) 10-48
과(果) 11-244
과(瓜) 11-299
과(戈) 4-45
과(撾) 6-30, 6-48
과갈(瓜葛) 10-209

과거(科擧) 3-166
과거종자(科擧種子) 3-167
과경(過更) 4-25, 4-26
과공(課工) 10-38
과공비례(過恭非禮) 10-299
과군(寡君) 10-207
과귀(果龜) 7-258
과두(科頭) 5-27
과두고문(蝌蚪古文) 3-223~224
과두체(蝌蚪體) 3-224
과라(蜾蠃) 7-277, 12-38~39
과로(瓜蘆) 11-103
과만(瓜滿) 8-256, 10-321
과만(瓜蔓) 1-57
과문불입(過門不入) 10-312
과방록(科榜錄) 3-182
과보(夸父) 12-250, 12-288
과부(孀婦) 3-277
과부선녀(寡婦善女) 2-309
과연(果然) 12-112
과의교위(果毅校尉) 2-307
과인(寡人) 9-83
과인무사(寡人無似) 10-138
과일고치[果繭] 5-164
과정(瓜亭) 6-58
과정가(瓜亭歌) 6-58
과조(跨竈) 7-329
과주(抓柱) 4-196
과천(果川) 4-258, 7-207, 11-244
과충(瓜蟲) 12-59
과치(科雉) 12-119
과편체(蠲蝙體) 3-227
과하마(果下馬) 12-194
과하우(果下牛) 12-190, 12-195
과호(菓蒿) 11-278
곽(藿) 11-272
곽거병(霍去病) 6-129, 7-312, 9-106
곽거병전(霍去病傳) 7-313
곽공(郭公) 12-318
곽과(郭猓) 12-188
곽광(霍光) 2-238, 3-197, 7-229, 9-223
곽광전(藿光傳) 4-254, 5-310, 9-97, 12-194
곽규(郭逵) 8-251
곽급(郭伋) 6-125
곽독(郭禿) 6-140
곽랑(郭郎) 6-140
곽박(郭璞) 1-62~63, 1-174, 1-183, 1-188, 2-148, 2-172, 2-198, 2-210, 4-144, 5-66, 5-219, 5-330, 6-161, 6-168, 6-224, 6-268, 6-280, 7-204, 7-222, 7-233, 11-129, 11-273, 12-26, 12-28, 12-105, 12-108, 12-110, 12-145, 12-153, 12-161, 12-227, 12-229, 12-249, 12-270, 12-278, 12-311, 12-330, 12-351, 12-359
곽방(郭榜) 9-63
곽사언(郭師偃) 6-141
곽사인(郭舍人) 7-349
곽삭(郭索)⇨게
곽산(霍山) 1-180, 12-340
곽상(郭象) 3-283, 10-149
곽상(郭尙) 8-215
곽소옥(霍小玉) 3-205
곽여(郭輿) 8-215
곽영공(郭令公) 9-71
곽옥(郭玉) 6-196
곽월(郭越) 9-159

곽위(郭威) 2-242
곽응향(郭應響) 4-36
곽임종(郭林宗) 5-47
곽자고(霍子高) 6-38
곽자의전(郭子儀傳) 7-341
곽재우(郭再祐) 4-40, 7-39, 8-207, 9-159
곽천(廓天) 1-26
곽촉(藿蠋) 2-241
곽태후(郭太后) 11-95
곽후(霍后) 5-96
관(棺) 11-181
관(冠) 5-40, 5-42
관가(官家) 9-72
관개(灌漑) 4-136, 4-151, 4-152
관계(觀稧) 1-102
관고(貫高) 9-254
관고판탕(官庫板蕩) 10-264
관곽(棺槨) 2-344, 2-357, 12-59
관관(灌灌) 12-312
관광(觀光) 9-119, 10-318
관괴(菅蒯) 11-315
관권(官券) 5-267
관귀(關鬼) 6-275
관기동정(觀其動靜) 10-306
관단마(款段馬) 10-203
관대(觀臺) 1-128
관대장자(寬大長者) 10-276
관도령(館陶令) 9-142
관도점(摜稌簟) 4-168
관동 11-67
관동(關東) 1-200, 4-168, 7-94, 11-261
관동별곡(關東別曲) 6-72
관동자별(冠童自別) 10-259
관두(官斗) 9-53
관둔(官屯) 4-164
관등(觀燈) 1-107, 2-252
관련(官聯) 8-252
관령(關令)➪윤희(尹喜)
관례(冠禮) 2-261
관로(管輅) 6-163, 12-33, 12-284
관맥(關脈) 10-37
관모(管帽) 3-211
관문(官門) 4-229
관문서(官文書) 3-252
관문전(觀文殿) 8-268
관물(官物) 1-229
관반(館伴) 8-40~41
관반명(盥盤銘) 10-236
관백(關伯) 2-86, 2-91, 4-294
관백(關白) 2-153, 8-279, 9-93
관변(冠弁) 2-121
관보요(冠步搖) 3-98
관부(冠覺) 12-320
관부(灌夫) 6-286
관산융마시(關山戎馬詩) 4-287
관상(觀象) 8-157
관상감(觀象監) 1-145
관색가(貫索價) 4-173
관서(關西) 1-239, 2-102, 5-95, 6-75, 6-87, 11-261, 11-267
관세음보문품경(觀世音普門品經) 5-51
관세음보살(觀世音菩薩) 7-88, 7-98
관숙(管叔) 7-211
관악(冠岳) 1-214
관악기(管樂器) 6-37
관영(寬永) 5-260
관왕(關王)➪관우(關羽)
관왕묘 3-42

관우(關羽) 3-41, 2-265, 9-171
관운(寬韻) 8-67
관월사(貫月査) 11-307
관윤자(關尹子) 12-60
관음각(觀音閣) 2-44
관음노인(觀音老人) 11-42
관음담(觀音潭) 2-46
관음대사(觀音大士) 8-50
관음보살(觀音菩薩) 1-107, 2-46
관음죽(觀音竹) 11-221
관일옥(觀日玉) 5-247
관자(貫子) 5-54~55
관자(管子) 1-116, 4-48, 4-235, 5-80, 6-85, 7-235, 7-308~309, 9-69, 12-91
관작(鸛雀) 12-332
관작(官爵) 3-162, 4-179
관저(關雎) 7-224
관저복통(官猪腹痛) 10-271
관절(關節) 10-37
관제(鸛薺) 11-125
관제산(灌題山) 12-119, 12-361
관중(關中) 1-180, 1-200, 7-309, 8-76, 11-158
관지보(管至父) 8-256
관질초천(官秩超遷) 10-161
권수(權修) 1-239
관창(官昌) 6-61
관포지교(管鮑之交) 9-118
관하(管蝦) 12-235
관하모(關下牡) 4-231
관향(貫鄕) 7-30
관혁(貫革) 4-63
관형찰색(觀形察色) 10-298
관흉국(貫胸國) 2-202, 12-235
괄(鴰) 12-313
괄(栝) 5-320
괄(刮) 9-208
괄록(鴰鹿) 12-312
괄목상대(刮目相對) 10-297
괄시(恝視) 9-208, 10-322
괄이지(括異志) 6-246
괄지도(括地圖) 2-201
괄지지(括地志) 7-234
경(檠) 7-218
광(獷) 12-167
광(廣) 3-99
광(狂) 6-188, 12-306
광견(狂狷) 3-154
광관(曠官) 5-150
광국(狂國) 2-61
광귀(狂鬼) 6-265
광기(廣記) 5-66
광기(彍騎) 4-187
광남(廣南) 5-229, 12-97
광녕(廣寧) 2-87
광노(狂奴) 9-96
광대(廣帶) 6-92
광덕(光德) 2-138
광동(廣東) 5-134, 11-264, 12-126
광동신어(廣東新語) 5-279, 11-224, 12-81, 12-175
광동통지(廣東通志) 9-59
광랑(桄榔) 5-186
광록경(光錄卿) 3-199
광록시(光祿寺) 8-237
광릉(廣陵) 8-96, 11-75
광릉산(廣陵散) 8-95, 10-153
광리왕(廣利王) 10-126

광막풍(廣莫風) 1-58, 12-88
광맥(礦脈) 10-306
광맥(穬麥) 4-146
광묘(礦苗) 10-306
광무군(廣武君) 5-71
광무제(光武帝) 1-200, 2-143, 3-26, 3-83, 4-37, 4-77, 6-184, 7-308, 8-283, 10-302
광문관(廣文館) 9-179
광미(廣微) 7-226
광박물지(廣博物志) 3-90, 7-184
광범문(光範門) 3-193
광산(光山) 1-176, 3-128
광상(廣桑) 2-216
광상(廣祥) 6-229
광성자(廣成子) 7-25
광아(廣雅) 1-130, 1-159, 2-289, 4-196, 5-15811-75, 11-297, 11-308, 12-155, 12-344, 12-361
광야(廣野) 2-216
광양(洸洋) 10-233
광어(廣魚) 12-233
광언망설(狂言妄說) 10-308
광여기(廣輿記) 11-126
광염(光焰) 5-223
광운(廣運) 2-222
광운(廣韻) 1-79, 1-116, 2-148, 2-196, 3-94, 4-91, 4-94, 4-225, 4-252, 5-78, 5-133, 5-178, 5-219, 5-307, 6-29, 6-182, 7-227, 8-65, 8-123, 8-132, 9-245, 10-26, 10-123, 11-134, 11-181, 11-193, 11-273, 12-39, 12-100, 12-111, 12-178, 12-230, 12-294, 12-305, 12-319, 12-341, 12-361~362, 12-378
광일지구(曠日持久) 10-261
광절교론(廣絶交論) 7-271
광정사(光政寺) 6-51
광정시(廣庭試) 3-182
광조(狂鳥) 12-307
광종(光宗) 2-138, 3-166, 3-168
광주(廣州) 1-204, 2-57, 2-211, 3-101, 3-102, 4-162, 5-281, 12-75, 12-128, 12-190
광주(光主) 2-318
광주(光州) 2-61, 2-82, 4-180, 6-91
광주기(廣州記) 6-202, 12-77
광중(廣中) 11-167
광지(廣志) 11-252, 12-229, 12-287, 12-378
광천(狂泉) 2-61, 6-188
광천(廣川) 9-44
광천왕(廣川王) 3-217
광평대군(廣平大君) 3-180, 6-161
광한(廣漢) 6-196
광한궁(廣寒宮) 3-272
광한부(廣韓賦) 2-129, 2-298, 6-94
광해군(光海君) 2-87, 2-102, 2-320, 4-171, 6-79, 8-233, 8-237, 8-270, 9-119, 11-57
광헌도(匡憲徒) 8-179
광형(匡衡) 6-28
광형전(匡衡傳) 5-82
광화 5-149
괘대(卦對) 8-69
괘면(掛麵) 5-186
괘서(掛書) 3-275
괘수(掛髓) 11-297
괘안(捱眼) 10-134

괘원괴납(掛猿壞衲) 10-178
괘효(掛孝) 2-334
괭이 4-167~168
괴(傀) 7-255
괴(魁) 1-28
괴(塊) 9-116
괴두(魁頭) 5-27
괴력난신(怪力亂神) 6-213
괴뢰희(傀儡戲) 6-141
괴룡(乖龍) 11-249
괴륙(魁蛙) 12-277
괴마(槐馬) 3-165
괴물부(怪物賦) 7-210
괴산(槐山) 2-52, 4-267, 11-142
괴산도(槐山島) 12-372
괴산읍지(槐山邑誌) 2-347
괴석(怪石) 5-226
괴석공(怪石供) 7-193
괴애(乖厓) 7-96
괴재(怪哉) 12-26
괴철(蒯徹) 3-160
괴철전(蒯徹傳) 10-217
괴탄(槐灘) 4-267
괴통전(蒯通傳) 7-29, 7-227, 10-179
괵국(虢國) 4-209
괵국(虢國) 부인 5-235
괵산(虢山) 12-319
굉사시(宏詞試) 3-182
굉성책(轟城策) 4-71
굉연(宏演) 7-103
각(榷) 4-245
교(狡) 1-188
교(蛟) 12-209
교(鮫) 12-221
교(餃) 5-164
교(驕) 7-248
교(茭) 11-282
교(蟜) 2-150, 7-162
교(鳥了) 12-338
교경국(交脛國) 2-214, 7-201
교관공(教官公) 2-362
교광(交廣) 6-204, 11-155, 11-164
교귀(鵁歸) 12-364
교달(蝺獺) 12-71
교령(交領) 5-68
교례종묘(郊禮宗廟) 11-251
교료(校衦) 5-95
교룡(蛟龍) 4-200, 7-171, 12-24, 12-209, 12-212
교룡(交龍) 4-27
교리(郊里) 4-247
교묘(郊廟) 5-84
교방(教坊) 8-96
교방기(教坊記) 6-134, 6-137
교배례(交拜禮) 2-270, 2-273
교변(繑邊) 5-117
교부멸(巧婦鸚) 12-364
교사(郊祀) 3-30
교사가(郊祀歌) 11-80
교산(驕山) 6-268
교상(交床) 5-307
교시(交市) 9-44, 10-64
교아(餃兒) 5-171
교양(蛟羊) 12-141
교양목(交讓木) 11-179
교언영색(巧言令色) 10-288
교위(校尉) 3-197
교유서(教諭書) 9-93

교은(郊隱) 8-289
교의(交椅) 5-115
교이(餃餌) 1-125
교인(鮫人) 6-257, 7-39, 12-221
교자(交子) 5-266
교자(轎子) 5-325, 5-327, 6-216
교자법(交子法) 5-261
교작명목(矯作名目) 10-273
교재(喬梓) 11-179
교절(巧節) 1-118
교정(交精) 12-329
교정복괘연(橋亭卜卦硯) 3-217
교제사(郊祭祀) 3-145
교주(交州) 11-154, 11-184
교주고슬(膠柱鼓瑟) 10-271
교주기(交州記) 12-91
교주지(交州志) 12-294
교중오경비서(校中五經秘書) 9-236
교지(郊阯)
교지(交趾) 2-169, 5-124, 5-134, 5-187, 6-37, 7-186~187, 10-215, 11-80, 11-153, 11-229, 11-258, 12-181, 12-294
교지현(交趾縣) 7-301
교청(鵁鶄) 12-326, 12-329
교체(郊堯) 3-145
교초(交鈔) 5-266
교칠지교(膠漆之交) 9-119
교하(交河) 1-225, 4-92, 5-165
교하질쉬(橋下叱倅) 10-272
교함(餃餡) 5-171
교화황(教化皇) 7-48
구(句) 2-128
구(蒟) 11-227
구(漚) 12-350
구(鳩) 7-248, 12-359
구(彀) 12-378
구(舅) 2-229, 2-231
구(溝) 3-250
구(謳) 3-262
구(仇) 7-248
구(區) 9-53
구(枸) 나무 11-227
구(具)씨 3-127
구(仇)씨 3-127
구(龜) 3-230, 12-218
구(桕) 11-206
구(斞) 5-317
구(縠) 12-115
구(䋝) 12-274
구가(九歌) 7-222
구각(晷刻) 10-205
구감(寇瑊) 5-265
구강(九江) 4-198
구거(鉤距) 9-46
구거속임(鉤袪續衽) 5-68
구견(蚼犬) 12-184
구경(九經) 3-286, 7-84, 8-176
구경하(具慶下) 2-225
구고(句股) 3-249
구곡(九穀) 4-138
구곡(狗曲) 7-326
구곡(龜谷) 7-55~56
구곡(鸜鵒) 5-248, 12-355
구곡보주(九曲寶珠) 5-234
구공라(九孔螺) 12-275
구관조 12-305, 12-314
구괘(姤卦) 11-146

구구(句瞿) 12-136
구구사(九九詞) 1-97
구국(狗國) 2-181, 7-188
구국지(九國志) 6-155
구군방진(九軍方陣) 4-115
구궁보(九宮譜) 6-31
구규(丘揆) 2-339
구규(九竅) 6-176
구극(鉤戟) 6-119
구근(久勤) 10-325
구기(拘忌) 10-321
구기(溝器) 1-146
구기(枸杞) 11-90~91, 11-148
구기(蚪其) 5-317
구기자나무 11-178
구나(驅儺) 1-138
구다국(句茶國) 2-117
구담(瞿曇) 7-66, 9-70
구당(勾當) 9-124
구당서(舊唐書), 본기(本紀), 현종(玄宗) 8-196
구당서(舊唐書), 봉상청전(封常淸傳) 10-45
구당서(舊唐書) 6-213, 9-133, 9-188
구대(龜帒) 5-87
구덕(九德) 6-268
구덕현(九德縣) 12-91
구데기 12-25
구도매(驅度寐) 1-250
구도매국(區度寐國) 7-191
구독당(劬禿當) 10-255
구두(句讀) 3-235, 8-155
구들[甌突] 4-220
구라파 2-195, 7-47
구라파주(歐羅巴州) 2-222
구란(句欄) 4-244
구랑성 9-83
구랑신(九狼神) 9-84
구럭[網] 10-61
구렁이 2-78
구려(句麗) 2-128
구려산(句麗山) 2-124
구령해(丘令楷) 8-151
구로(佉盧) 3-231
구룡동(九龍洞) 2-43
구룡산(九龍山) 7-145
구룡씨(句龍氏) 3-37
구루비(岣嶁碑) 3-232
구류(九流) 8-159
구륭(九隆) 3-114
구림(鳩林) 7-105
구마라십(鳩摩羅什) 7-156
구막한국(寇莫汗國) 2-215
구맥(瞿麥) 11-32
구멍가게[穴假家] 9-45
구명(丘明) 3-121, 3-134
구명(九命) 8-247
구명결(鉤命決) 7-254
구모(颶母) 1-63
구미국(拘彌國) 12-329
구미초(狗尾草) 11-319
구반차(鳩盤茶) 2-314, 7-349
구배(九擺) 8-272
구벽(驅辟) 7-322
구별(狗鼈) 12-68
구병지여(久病之餘) 10-281
구복(口腹) 9-214
구봉(九鳳) 6-267

구봉(龜峯)➪송익필(宋翼弼)

구부(狗夫) 2-181

구분전(口分田) 4-161

구사(狗砂) 11-107, 11-140

구사량(仇士良) 8-248

구사맹(具思孟) 9-26

구사야(歐絲野) 2-212

구사일생(九死一生) 10-294

구산(歐山) 3-132

구산지(龜山志) 11-49

구상유취(口尙乳臭) 10-282

구서(犰狳) 1-185

구석(龜石) 2-76

구석(九錫) 4-229, 7-349

구선(臞仙)➪주권(朱權)

구선신은서(臞仙神隱書) 11-100

구선집(求善集) 8-202

구성(龜城) 1-241, 8-208

구세동거(九世同居) 10-281

구수(窶藪) 5-314, 12-300

구수국(拘綏國) 2-215

구순(寇恂) 7-301

구승법(丘乘法) 4-186

구시국(鳩始國) 2-214

구씨(丘氏) 3-121

구아(狗牙) 11-237

구암(久庵)➪한백겸(韓百謙)

구액(九厄) 7-296

구야(九野) 2-219

구야자(歐冶子) 4-64

구양교(歐陽喬) 12-209

구양비(歐陽棐) 7-341

구양수(歐陽公)➪구양수(歐陽脩)

구양수(歐陽脩) 1-126, 1-175, 2-182, 3-132, 3-162, 3-186, 3-260, 3-278, 3-287, 4-87, 5-49, 5-101, 5-291, 6-155, 8-160, 8-257, 9-68, 10-210, 12-54, 12-194, 12-231, 12-318, 12-347

구양철(歐陽澈) 8-194

구양첨(歐陽詹) 3-192

구양현(歐陽玄) 8-41~42

구어(毬魚) 12 265

구어안사(拘於顔私) 10-262

구여(瞿如) 12-361

구여(句如) 2-128

구여(犰狳) 12-100

구연(枸櫞) 11-255

구연만두(龜蓮饅頭) 5-162

구연성(九連城) 1-49

구영(句纓) 2-202

구영배추[九英菘] 11-270

구오(句吳) 2-128

구오산(鉤吾山) 12-100

구외불출(口外不出) 10-311

구욕석(鴝鵒石) 3-216

구용현(勾容縣) 2-56

구우(瞿佑) 8-61

구우일모(九牛一毛) 10-290

구운몽(九雲夢) 8-59

구월(甌越) 5-26

구월산(九月山) 1-199, 1-201, 2-48, 3-43, 7-144

구유(甌臾) 7-283

구유(氍毹) 5-114, 5-249

구의산 4-272, 7-27, 11-65

구이(九夷) 1-202, 5-26

구익(鉤弋) 6-123

구인충(蚼蚓蟲) 12-49

ㄱ

구인후(具仁垕) 5-145
구자국(龜玆國) 1-34
구자왕(龜玆王) 6-24
구장(蒟醬) 11-227
구재(九齋) 8-178
구재삭시(九齋朔試) 3-174
구전(九轉) 11-112
구전(區田) 4-148
구절양장 1-225
구정(九井) 2-43
구정(龜亭)➪남겸(南謙)
구정(鼩鼱) 12-158
구정봉(九井峯) 1-231
구제궁(九梯宮) 4-239
구족계(具足戒) 12-280
구종(九種) 3-114
구종석(寇宗奭) 11-138
구주(鉤輈) 12-271
구주(九州) 2-156, 2-218, 3-38, 12-261
구주(九洲) 2-223
구주격책(鉤輈格磔) 12-371
구주서언왕묘비(衢州徐偃王廟碑) 9-132
구주요기(九州要記) 11-101
구준(寇準) 1-159, 4-181, 6-118, 8-251, 9-205
구준(丘濬) 1-159, 2-177, 2-354, 5-48, 5-134, 5-257, 5-265, 7-210
구중(丘仲) 6-42
구지(求只) 11-213
구지(九地) 12-285
구지(狗枳) 2-145
구지봉(龜旨峯) 2-126
구지필기(仇池筆記) 5-199, 10-173, 11-223, 12-343
구진(九眞) 12-294
구진(句陳) 7-315, 8-266
구진군(九眞郡) 11-165
구진성(句陳星) 8-266
구차(苟且) 9-139
구차소치(苟且所致) 10-293
구채(毬采) 6-110
구책열전(龜策列傳) 12-73, 12-219
구천(九天) 1-26, 12-285
구천(句踐) 3-119, 5-118, 7-41, 7-216
구철(鵃掇) 7-152
구초대(九超臺) 4-267
구초일(九焦日) 6-237
구추(九秋) 6-63
구충기수(苟充其數) 10-286
구칠(仇柒) 6-144
구태(仇台) 2-126
구토 9-244
구퇴(九退) 7-88
구품(九品) 8-247
구풍(颶風) 1-64
구해(九解) 6-176
구혈대(嘔血臺) 4-45
구협전(龜筴傳) 12-166
구환(狗獾) 12-148
구황(狗黃) 11-107
구황(救荒) 4-181
구회(歐回) 1-112, 11-73
국(蘜) 7-255
국간(國幹) 9-148
국국(鵴鵴) 12-297
국내성(國內城) 1-203
국량(局量) 10-139

국론(國論) 8-222
국보(菊譜) 8-160
국사보(國史補) 5-331, 7-232, 10-251, 12-112
국상(國喪) 3-26, 9-105
국선(國仙) 6-198
국성(鞠星) 1-95
국수(麴讐) 5-186
국씨(國氏) 3-139
국어(國語) 2-222, 2-232, 4-35, 5-237, 7-157, 7-167, 9-113, 10-152, 10-171, 12-322
국어(鯛魚) 12-220
국윤(麴允) 10-172
국의(國醫) 12-76
국의(鞠衣) 1-92
국자감시(國子監試) 3-171
국자생(國子生) 10-66
국장(國葬) 2-342, 3-27, 9-106
국장생(國長生) 7-91
국조보감(國朝寶鑑) 8-233
국조시산(國朝詩刪) 3-271, 6-275, 8-138, 8-162
국조오례(國朝五禮) 3-23
국조오례의(國朝五禮儀) 2-31, 3-62
국청사(國淸寺) 7-65
국태민안(國泰民安) 3-230
국통(鞠通) 12-30
국학(國學) 3-170, 8-189, 8-190, 8-194
국혼(國婚) 2-267, 10-57
국화(鞠花) 3-138, 11-91
국화석(菊花石) 3-216
국휼(國恤) 9-105
군(莙) 11-292
군기장(軍器匠) 4-42
군노(軍奴) 9-84
군달채(莙薘菜) 11-292
군대산(羣臺山) 2-52
군리(軍吏) 7-109
군명(君明) 3-92
군무(軍務) 3-283
군무색(軍務色) 4-112
군문(軍門) 5-53, 7-305
군문제조(軍門提調) 8-235
군방보(群芳譜) 1-148
군사마(軍司馬) 2-307
군산정(羣山亭) 2-95
군석(君奭) 7-334
군신복제장(君臣服制章) 3-24
군신좌사(君臣佐使) 9-119
군신청(君臣鯖) 5-200
군아(君牙) 7-218
군아(君雅) 7-218
군옥산(群玉山) 2-200
군요(裙腰) 5-94
군요추(裙腰縐) 5-94
군위(軍威) 11-223
군융(軍戎) 6-100
군자감(軍資監) 12-159
군자국(君子國) 2-215
군자우(君子芋) 11-286
군자하(君子河) 4-239, 4-293
군자호구(君子好仇) 7-248
군적세(軍糴稅) 4-189
군지(軍持) 5-308, 9-221
군지(軍志) 4-29
군탄(涒灘) 1-158
군포(軍布) 4-188

군향색(軍餉色) 4-112
군현(郡縣) 4-177
굴(䌼) 5-66
굴(屈) 12-278
굴거(鶌鶋) 12-295
굴건(屈巾) 2-334
굴김치[屈沈菜] 5-190
굴도(屈到) 11-59
굴억(屈億) 10-60
굴원(屈原) 1-39, 1-111~112, 2-338, 3-259, 8-159, 11-73
굴의(䌼衣) 5-66
굴장(屈醬) 5-190
굴지계일(屈指計日) 10-268
굴질(屈軼) 11-200
굴평(屈平) 12-278
굴현포(屈昫布) 7-70
굼벵이[蠐螬] 12-46
궁(宮) 2-134, 6-84, 6-85, 8-66
궁(弓) 4-55, 8-73
궁고(窮袴) 5-96
궁교빈족(窮交貧族) 10-302
궁궁(芎藭) 11-152
궁금(宮禁) 8-246
궁기(窮奇) 2-150, 7-162, 12-88
궁노 4-56
궁노루[宮麞] 11-166
궁동(宮東) 9-153
궁둥이[高登里] 9-228
궁려(穹廬) 5-112
궁로(穹廬) 2-271
궁마(弓馬) 9-35
궁사(宮詞) 8-126
궁상(窮桑) 2-217
궁상(宮商) 6-22
궁수(弓樹) 1-170
궁시(宮寺) 7-101
궁실(宮室) 4-206, 4-209, 4-215
궁예(弓裔) 2-127, 2-134, 2-138, 2-143, 3-65, 7-59
궁유기(窮幽記) 10-120
궁조대(窮措大) 9-167
궁천론(穹天論) 1-26
궁초색(宮綃色) 11-47
궁하(窮河) 2-176
궁합법(宮合法) 2-260
궁현(宮縣) 6-31
궁형(宮刑) 8-285
궁혜(弓鞋) 5-103
궉(鴌) 3-106, 3-107
권(權) 1-28,
권(券) 3-206
권계(券契) 8-35
권극중(權克中) 7-36
권극화(權克和) 12-73
권근(權近) 2-141, 3-151, 6-24
권단(權呾) 7-96
권덕여(權德輿) 9-257
권도(權道) 3-135
권람(權擥) 6-201
권마성(勸馬聲) 4-97
권만기전(權萬紀傳) 7-287
권모(權謀) 8-159
권무정(權務政) 8-227
권문해(權文海) 3-108, 8-162
권부(權溥) 7-96
권부인(拳夫人) 6-123
권상신(權尙愼) 3-151

권씨(權氏) 3-125~126
권여(權輿) 9-189
권영균(權永均) 3-199
권유록(倦遊錄) 3-243, 11-167
권응인(權應仁) 8-163
권의각(權依閣) 9-198
권인행(權仁幸) 3-142
권장유(權長孺) 7-204
권재족하(權在足下) 10-258
권정(權停) 3-85
권정례(權停禮) 10-314
권주가(勸酒歌) 6-71, 6-77
권진인(權眞人) 7-38
권징(權徵) 2-61
권탈(權頉) 4-149
권필(權韠) 3-278, 6-80, 8-42, 9-164
권행(權行) 3-118
권행(權幸) 3-142
권현(權現) 6-279, 6-280
권현당(權現堂) 2-156
궐(蕨) 11-279, 11-295
궐(蹶) 6-289
궐(蟨) 7-151
궐리(闕里) 3-51, 8-190
궐명(厥明) 10-204
궐설(闕洩) 12-119
궐주구(橛株拘) 12-203
궐토(蹶兎) 12-147
궤(麂) 12-134
궤(軌) 4-249
궤(櫃) 5-319
궤(蛫) 12-99
궤곡(机谷) 12-292
궤분(簣畚) 4-168
궤산(几山) 1-65
궤상육(几上肉) 10-317
궤세(饋歲) 1-130, 9-129
궤식(饋食) 11-247
궤안(几案) 5-307
궤연 2-331
귀 밝히고 눈 밝히는 좨주[聰明祭酒]
1-88
귀(鬼) 1-30
귀(蟡) 12-27
귀갑(龜甲) 12-211
귀거(鬼車) 12-312, 12-338
귀거래사(歸去來辭) 8-26, 9-216,
11-220
귀검(鬼臉) 6-141
귀경(貴景) 9-119
귀계(貴界) 2-90
귀곡자(鬼谷子) 1-81
귀골(貴骨) 9-199
귀관(鬼關) 2-95
귀교(鬼橋) 4-242
귀구(鬼臼) 11-143
귀국(鬼國) 2-206
귀금(貴金) 2-39
귀금평(貴金坪) 2-39
귀달마(貴達馬) 9-155
귀담(龜潭) 2-44, 2-47
귀뚜라미 7-161, 12-36
귀롱나무[鬼弄木] 11-198
귀리짚(耳麥藁) 3-202
귀마개(耳掩) 5-82
귀맥(鬼麥) 4-145
귀문관(鬼門關) 10-215
귀방(鬼方) 7-313

귤록(橘錄) 11-296
귤사(橘祠) 3-47
귤수(橘叟) 5-234
귤중회진기(橘中會眞記) 8-58
그[渠] 9-116
그리마[期里馬] 12-55
그믐 1-140~141
극(極) 3-218
극(戟) 4-45
극검(郄儉) 12-219
극담록(劇談錄) 11-48
극락전(極樂殿) 7-81
극선(郤詵) 3-189
극성(棘城) 1-240, 6-284
극원(棘薳) 11-78
극진미신론(劇秦美新論) 7-225
극호씨(棘扈氏) 12-296
근(菫) 11-275
근(芹) 11-285
근(槿) 11-33
근강주(近江州) 5-315
근경(勤耕) 4-129
근공(謹空) 8-33
근근득생(僅僅得生) 10-266
근대(芹臺) 11-292
근리산(堇理山) 12-305
근묵자흑(近墨者黑) 10-307
근사남(近事男) 7-122
근사록(近思錄) 2-270, 10-41, 10-144, 10-324
근삭(根朔) 10-113
근식(勤息) 7-63
근왕(勤王) 6-120
근유부(近游賦) 5-71
근자득지(勤者得之) 10-291
근저(根柢) 10-323
근초고왕(近肖古王) 1-204, 1-224
근피지(謹避之) 10-314
근화초(菫花草) 1-193
근화향(槿花鄉) 1-194
금(金) 1-52, 1-156, 1-166~167, 5-35, 6-85
금간(金簡) 7-117
금갑도(金甲島) 2-95
금강(錦江) 1-212, 1-239, 8-243, 11-244
금강(金剛) 2-70~71, 2-73
금강경(金剛經) 6-225, 7-80, 8-51
금강굴(金剛窟) 2-70
금강록(金剛錄) 2-75
금강산(金剛山) 2-46, 2-69, 2-71, 2-75, 2-76, 4-273, 7-57, 7-94, 7-346, 11-217
금강삼장(金剛三藏) 5-289
금강석(金剛石) 12-139
금강역사 1-134
금강호종록(錦江扈從錄) 8-244
금거(金鐻) 5-273
금경(禽慶) 7-231
금경(禽經) 1-71, 7-171, 7-245, 8-160, 12-322, 12-325, 12-348, 12-349, 12-350, 12-382
금계(錦鷄) 12-315
금계(金鷄) 2-129
금계기(金溪記) 12-54
금계인(禁繫人) 4-66
금고(琴高) 7-32
금고산(琴鼓山) 12-122
금곡(金谷) 10-137
금곡원(金谷園) 5-190

ㄱ

금관(金官) 2-126, 3-56
금관조복(金冠朝服) 5-37, 5-39
금관지(金官志) 4-225
금구(金溝) 1-239, 3-161
금군(禁軍) 4-118
금궤(金几) 3-253
금궤론(金匱論) 6-180
금규(錦葵) 11-46
금기(禁忌) 1-85
금남(錦南)➪최부(崔溥)
금니(金泥) 3-206, 6-206
금대(金帶) 5-199
금대위(金帶圍) 11-75
금덕(金德) 1-214
금도전(金刀錢) 1-86
금련(禁臠) 9-65
금련화(金蓮花) 11-65
금령(衾領) 5-109
금령자(金鈴子) 11-73
금록(禽鹿) 12-121
금루자(金樓子) 9-124, 11-228
금릉(金陵) 1-55, 1-239, 4-286, 7-209, 8-98
금릉시어(金陵市語) 2-264, 5-216, 9-141, 10-148
금릉육원시어(金陵六院市語) 9-112
금릉춘(金陵春) 11-54
금린어(錦鱗魚) 12-252
금림왕릉(錦林王陵) 3-55
금마객 5-286
금마군(金馬郡) 1-201, 2-120, 3-57, 5-78
금마문(金馬門) 4-229
금맘(金鋄) 4-90
금면(金面) 4-93
금명지사(金明枝詞) 8-89
금문(金門) 8-215
금문시경(今文詩經) 7-258
금문우객(金門羽客) 8-215
금박(金箔) 5-63
금방(禁方) 6-202
금방(金榜) 6-162
금병매(金瓶梅) 8-59
금병산(錦屛山) 3-50
금봉화(金鳳花) 11-72
금부(金鳧) 2-345
금비 2-63, 5-295
금사(金沙) 4-273, 12-240
금사(金史), 예지(禮志) 1-250
금사(金史) 2-130, 8-222
금사슬[金鐺] 5-57
금사오죽(金絲烏竹) 11-223
금사화(禁蛇花) 11-43
금산(錦山) 3-71
금산(金山) 7-118
금산사(金山寺) 7-119
금산왕자(金山王子) 2-107
금상(金牀) 1-107
금석상약(金石相約) 10-262
금석지전(金石之典) 10-308
금선옥초 5-54
금선융(金線狨) 12-97
금성(錦城) 11-54
금성(金城) 1-203, 7-124~126
금성기(金城記) 11-235
금성만치(金城萬雉) 4-71
금성초(錦城草) 11-54
금성탕지(金城湯池) 1-201, 4-72
금세기(金世紀) 2-150

금수(金鐩) 4-42
금수굴 2-53
금수산(金水山) 2-218
금수하(金水河) 8-46
금슬(錦瑟) 6-34
금슬비파(琴瑟琵琶) 8-40
금시조(金翅鳥) 12-288
금시초견(今時初見) 10-259
금신(金神) 1-166
금싸라기[金米阿只] 10-122
금안향(金顔香) 11-153
금알수(金澖 水) 5-148
금알주(金澖 酒) 5-148
금압(禁壓) 8-282
금액단가(金液丹歌) 11-141
금양(禁養) 3-80
금양서(錦樣書) 5-185
금어자비(金魚紫緋) 5-88
금연(禁烟) 1-97
금오(金烏) 11-243
금오(金吾) 5-56
금오록(金鰲錄) 8-163
금오조(金吾鳥) 5-56
금와(金蛙) 2-124, 4-236, 7-185
금원지(金元志) 8-276
금위문(禁衛門) 6-132
금위영(禁衛營) 3-196, 4-118
금은교(金銀轎) 7-73
금은화(金銀花) 11-50
금의공자(金衣公子) 12-359
금의옥식(錦衣玉食) 10-310
금의환향(錦衣還鄕) 10-271
금일금일(今日今日) 10-295
금작(金雀) 4-210
금작서(金鵲書) 3-225
금잔은반(金盞銀盤) 11-43
금장미사(琴莊美事) 11-249
금전서(金剪書) 3-227
금전악(金殿樂) 6-59
금전화(金錢花) 11-50
금정(錦亭) 11-76
금제옥회(金虀玉膾) 11-287
금제품(禁制品) 10-317
금조(琴操) 3-262, 6-41, 8-135
금조(金蜩) 5-54
금종(金鏦) 4-91
금주위(錦州衛) 1-249
금죽(金竹) 11-310
금준(今俊) 3-55, 3-118
금지(金支) 4-34
금지옥엽(金枝玉葉) 9-200, 10-303
금차(錦車) 7-316
금착도(金錯刀) 8-80
금책전(金冊殿) 2-177
금처하기(今處下記) 6-96
금척총(金尺塚) 5-220
금천(金川) 3-161
금천강(金泉江) 1-251
금탁(金鐸) 4-31
금태(金蛻) 12-217
금팔찌[金條脫] 2-279
금패(金牌) 1-229, 2-101
금편(金片) 5-216
금포령(金布令) 9-173
금항(金缸) 4-216
금현(錦峴) 2-142
금화로(金化路) 1-201
금화자(金華子) 3-152, 5-229

급격물실(急擊勿失) 10-280
급고독(給孤獨) 9-70
급군(汲郡) 7-237
급급(急急) 9-183
급마(笈馬) 4-100
급수문(急水門) 1-210
급암초(芨巖草) 2-213
급어성화(急於星火) 10-269
급전(給傳) 4-95
급전도감(給田都監) 8-277
급제(及第) 3-189
급총고서(汲塚古書) 7-224
급총서(汲冢書) 2-305, 12-137
급총주서(汲冢周書) 12-79
급취장(急就章) 7-319
급취편(急就篇) 2-357, 4-166, 5-95, 5-98, 5-125, 5-175, 7-319, 8-132, 9-84
긍가(殑伽) 2-175, 7-72
기(倚) 4-245
기(齗) 12-78
기(己) 1-158, 1-164, 1-167
기(芰) 11-59, 11-60
기(琪) 1-194
기(麒) 12-77, 12-78
기(淇) 12-79
기(璣) 1-28
기(箕) 1-30
기(記) 3-262
기(旂) 4-27
기(旗) 4-27, 4-120
기(墍) 5-302
기(羈) 5-60
기(夔) 6-31, 6-258, 6-265, 12-87
기(綦) 6-289
기(棄) 7-217
기(寄) 8-249
기(奇) 8-272
기(獑) 12-184
기(錢) 4-203
기(犭几) 12-96
기갈(飢渴) 5-191
기강(耆羌) 2-148
기강소재(紀綱所在) 10-298
기거(寄居) 12-236
기거사인(起居舍人) 8-266
기건(奇虔) 2-344, 5-90
기결(碁訣) 6-99, 11-158
기경(碁經) 8-160
기굉국(奇肱國) 7-201
기교병(起膠餠) 5-155
기구불체(器具不逮) 10-298
기구지업(箕裘之業) 10-286
기국(飢國) 2-187
기군(旗軍) 4-164
기년(紀年) 1-163, 8-114, 8-141
기년복(朞年服) 3-25
기념(曁念) 10-322
기달(忮怛) 2-71
기대승(奇大升) 2-105
기도(鶀鵌) 12-289
기두성(箕斗星) 1-24
기러기 5-64, 5-207, 12-110
기려(踦閭) 7-290
기련(祈連) 10-252
기련곡(起輦谷) 3-55
기련산(祈連山) 8-121
기로회(耆老會) 3-247
기루(妓樓) 8-98

기류(奇類) 12-120
기린(麒麟) 2-144, 12-24, 12-77~78
기린각(麒麟閣) 7-106
기린굴(麒麟窟) 2-48
기린마(麒麟馬) 2-48, 3-58
기린면(麒麟面) 11-92
기린전(麒麟篆) 3-225
기린훤(麒麟楦) 6-142
기림왕(基臨王) 7-125
기마만(騎馬幕) 5-262
기망고(起亡膏) 6-182
기망량(夔魍魎) 7-157
기면(起麵) 5-155
기목(奇木) 7-41
기몽(記夢) 1-143
기문(記文) 3-259
기문(奇門) 6-225
기문(記聞) 8-162
기문단황(蘄門團黃) 11-106
기미(幾微) 10-324
기미성(箕尾星) 1-24, 1-31, 7-237
기배(奇拜) 8-273
기백학자(奇白鶴子) 8-119
기벌포(伎伐浦) 1-227
기벽두어(氣辟蠹魚) 12-263
기별(記別) 9-75, 9-196, 9-198
기별(記莂) 7-74
기병(畿兵) 4-118
기병(騎兵) 4-120
기병(奇兵) 6-119
기봉(岐峰) ➪ 백광훈(白光勳)
기사(岐蛇) 7-151, 12-27
기사체(記事體) 3-258
기사회생(起死回生) 10-300
기산(基山) 12-136, 12-292
기삼백(朞三百) 1-153
기상(奇相) 6-269
기생(妓生) 2-303, 2-305, 2-306
기생목[寓木] 11-217
기석(其石) 3-127
기설국(歧舌國) 2-203
기성(箕星) 1-25, 1-52, 7-236, 7-303, 11-213
기성안혼(技成眼昏) 10-305
기성자(紀渻子) 6-126
기수(起溲) 5-173, 5-174
기수(奇繡) 5-77
기슬(蟣蝨) 10-305
기습(氣習) 3-253
기시교(亓詩教) 3-127
기신(紀信) 6-157, 7-195, 8-48, 8-200
기실(記室) 10-28, 10-244
기아(箕雅) 6-67, 6-286, 7-144, 8-162
기악(妓樂) 6-73
기악온(奇渥溫) 3-117
기양(技癢) 6-149
기양소사(技癢所使) 10-283
기여(棊輿) 5-326
기옹(畸翁) ➪ 정홍명(鄭弘溟)
기와골[瓦谷] 4-211
기왕(冀王) 3-100
기왕(箕王) 3-133
기우(欺羽) 12-109
기우(寄寓) 12-115
기우(奇偶) 8-272
기우자(騎牛子) 2-59
기우제(祈雨祭) 2-81
기원략(紀元略) 1-142

기유니(機惟尼) 8-175
기의 어머니[氣母] 1-50
기의유재(其意有在) 10-273
기이록(紀異錄) 5-222
기이한 수[奇繡] 5-77
기일(期日) 2-268
기자(箕子) 1-199, 1-201~202, 2-108, 2-125, 2-142, 2-335, 3-44, 3-167, 5-34, 5-38, 5-42, 5-49, 7-236, 8-281
기자(奇字) 3-231
기자묘(箕子墓) 3-46
기자오(奇子敖) 3-122, 3-199, 7-172
기자전(箕子殿) 3-46
기자전(箕子田) 4-124
기자전(箕子錢) 5-254
기자정(箕子井) 4-124
기자조선(箕子朝鮮) 2-142
기자헌(奇自獻) 9-28, 9-30
기작(鴜雀) 12-320
기장(稷) 1-189, 2-211, 5-148, 5-168, 5-203
기장[粱] 4-138
기장[黍] 4-142
기재기이(企齋記異) 8-163
기절(機絶) 5-116
기제사(忌祭祀) 2-362
기종국(企踵國) 2-202
기주귀(蘄州鬼) 12-290
기주자사(冀州刺史) 9-50
기주호색(嗜酒好色) 10-277
기죽도(磯竹島) 2-90
기준(箕準) 1-196, 1-201, 2-120, 2-131, 2-142, 5-78
기직(機織) 5-250
기창(奇鶬) 12-312
기천요람(綦天要覽) 6-100
기철(奇轍) 6-59
기첨(紀瞻) 7-213
기청문(祈晴文) 1-180
기초(蕢草) 11-314
기총(氣銃) 4-39
기추(騎芻) 4-67
기축(機軸) 12-173
기칙불원(其則不遠) 10-312
기퇴 12-320
기패관(旗牌官) 4-26
기협(夔峽) 8-22
기호(畿湖) 6-87, 11-118
기화이초(琪花異草) 10-284
기황후(奇皇后) 6-59
기회부진(期會不進) 10-288
기효신서(紀效新書) 4-31, 4-110, 4-120, 6-130
기휘(忌諱) 2-361, 4-181
긴 꼬리 원숭이[禺] 12-82, 12-99, 12-109
긴 눈썹[壽毫] 8-26
긴 저고리(長襦) 5-75
길건(吉建) 4-241
길계(吉笄) 2-280
길굴(狤猸) 12-145
길달(吉達) 6-246, 10-220
길량(吉量) 2-213
길례(吉禮) 1-139
길료(吉了) 12-344
길리량(吉里良) 11-315
길림군(吉林軍) 2-150
길마(吉馬) 4-100
길배(吉拜) 8-272, 8-273

길성현(吉城縣) 1-234, 10-190
길쌈질 1-121
길재(吉再) 2-320, 6-82, 8-181
길제(吉祭) 2-359
길조(吉弔) 11-136
길패(吉貝) 5-135
길협무개인(吉挾無改印) 8-36
길흉영향록(吉凶影響錄) 12-66
김가기(金可紀) 2-97, 3-198, 7-34~36, 7-38
김경손(金慶孫) 8-204
김경신(金敬信) 7-129
김경징(金慶徵) 1-237
김계휘(金繼輝) 3-24
김관의(金寬毅) 1-207, 7-146, 7-148
김광욱(金光煜) 9-153
김굉필(金宏弼) 8-182~183
김구령(金九齡) 6-252
김극수(金克守) 3-118
김기서(金基敍) 6-220
김기종(金起宗) 5-75, 5-255
김대유(金大有) 7-297
김덕령(金德齡) 6-80
김덕함(金德諴) 8-164, 9-155
김돈중(金敦中) 4-62
김득배(金得培) 8-205
김락(金樂) 7-195
김류(金瑬) 8-43
김류(金留) 3-95
김류(金瑬) 4-254, 7-274
김만기(金萬基) 6-289, 9-31
김명원(金命元) 6-90
김문량(金文亮) 7-117
김방경(金方慶) 2-165, 4-94, 4-153, 5-251, 8-204
김부(金傅) 5-84, 8-228
김부식(金富軾) 6-286~287, 8-161
김사양(金斜陽) 8-149
김사형(金士衡) 2-103
김산(金山) 3-161
김상보(金尙保) 6-260
김상빈(金尙賓) 8-179
김상헌(金尙憲) 3-75, 3-163, 7-96, 8-149
김생면(金生面) 3-220
김서현(金舒玄) 3-148
김석주(金錫胄) 2-298, 6-174, 8-46, 9-31, 9-78
김선평(金宣平) 3-107
김성일(金誠一) 2-156, 8-263, 9-34
김성탄(金聖歎) 3-260
김세렴(金世濂) 3-118
김수(金晬) 3-157
김수온(金守溫) 7-96
김수항(金壽恒) 8-218, 8-282, 9-31
김수흥(金壽興) 9-31
김숙자(金淑滋) 8-181
김숭겸(金崇謙) 3-154
김시습(金時習) 3-164, 7-37~38, 7-114, 8-163, 8-217
김시혁(金始爀) 1-237
김신국(金藎國) 9-30
김악(金渥) 3-198
김안국(金安國) 2-71, 4-154, 7-347, 8-44
김안로(金安老) 6-74
김암(金巖) 6-213
김양감(金良鑑) 5-286
김양행(金亮行) 8-184
김언승(金彦昇) 7-130

김영(金瑛) 2-310
김용겸(金用謙) 5-89
김우명(金佑明) 2-345, 8-235
김우옹(金宇顒) 9-25
김운경(金雲卿) 3-197
김원술(金元述) 8-198
김위제(金謂磾) 1-213
김유립(金柔立) 2-90
김유신(金庾信) 1-88, 2-83, 2-298, 3-149, 6-147, 6-198, 7-107, 7-127, 8-198, 8-259
김유신묘(金庾信墓) 7-129
김육(金堉) 4-171
김윤(金允) 7-60
김윤중(金允中) 12-193
김윤후(金允厚) 2-168
김이교(金履喬) 2-92
김이도(金履度) 3-221
김이상(金履祥) 2-355
김이어(金夷魚) 3-198, 8-86
김인후(金麟厚) 8-217
김일경(金一鏡) 2-318
김일제(金日磾) 3-95
김자점(金自點) 3-241
김장생(金長生) 2-359, 8-182
김재로(金在魯) 9-33
김재황(金在璜) 6-181
김적이적(金的李的) 10-269
김정(金定) 8-95
김정국(金正國) 8-163
김조순(金祖淳) 3-210, 3-213, 6-115, 12-369
김종서(金宗瑞) 1-248, 8-162
김종수(金鍾秀) 8-143, 9-35
김종직(金宗直) 2-310, 3-277, 7-96, 7-156, 8-182, 9-231
김주원(金周元) 7-129
김지경(金之鏡) 8-225
김진(金秦) 3-107
김진(金縝) 5-143
김창업(金昌業) 2-256
김창협(金昌協) 1-135, 2-256, 3-261, 4-238, 5-46
김창흡(金昌翕) 4-268, 6-171, 7-194, 8-184, 8-218, 9-100, 10-218
김천씨(金天氏) 3-95
김천일(金千鎰) 4-281
김춘추(金春秋) 3-31, 6-93
김춘택(金春澤) 8-59
김충희(金忠喜) 3-102
김취려(金就礪) 8-203
김치 5-184, 5-194
김치(金緻) 6-150, 12-208
김치일(金致一) 7-162
김품석(金品釋) 1-226
김학(金鶴) 3-107
김해(金海) 2-32, 2-116, 2-121, 3-96, 3-161, 6-132
김해(金海) 허씨(許氏) 6-216
김행(金行) 3-103
김행(金幸) 3-118
김헌창(金憲昌) 7-130
김현성(金玄成) 7-248
김홍도(金弘道) 3-244
김황원(金黃元) 4-286
김효원(金孝元) 9-25
김후직 3-63
김희(金喜) 8-142

깁[紗]　5-300
까끄라기　1-106
까마귀　12-369
까마귀 쓸개　1-150
까마귀 정신[烏精神]　9-111
까마귀[烏鳥]　12-335
까마귀머루(蘡薁)　11-260
까치(鵲)　3-93, 11-195, 12-223, 12-335, 12-342, 12-362
깍지(殼萁)　5-181
깍지[角指]　4-63
깨[荏]　5-188, 11-261
깨참새[荏雀]　11-261
깻묵　5-176
꼬끼오　12-379
꼭두서니(曲塗仙里)　5-126
꼽등이　1-136
꽃　12-192
꽃게[巨漆魚]　12-272
꽃게[蝤蛑]　12-274
꽃다지　1-169
꽃목욕[花沐浴]　1-59
꽃소[花牛]　12-192
꽃소식바람[花信風]　1-59
꽃풀무부채[花鞴扇]　1-59
꽃형벌[花刑]　1-59
꾀꼬리　2-315, 12-366
꾸릿대　5-138
꿀　5-182, 11-281
꿀떡[蜜餌]　5-158
꿀물　5-184
꿀밥[蜜飯]　5-209
꿩　1-152, 2-78, 5-64, 5-207, 12-372
꿰맨 옷[紩衣]　5-77
꿰맴[縫]　5-77
끌[鑿]　12-90

ㄴ

나(儺)　1-133
나(蘿)　11-278
나(羅)　5-48
나(觼)　12-116
나가(那伽)　12-207
나갑향　11-168
나강구(羅江狗)　12-184
나공(囉嗊)　8-98
나공곡(囉嗊曲)　8-98
나공루(囉嗊樓)　8-98
나공원(羅公遠)　5-289, 6-214
나관중(羅貫中)　8-58
나국(倮國)　2-193
나귀[驢]　1-151, 12-81, 12-202
나나(儺儺)　2-342
나fk(羅羅)　12-95
나나니벌[羅羅蜂]　2-240, 7-166, 12-38
나단(羅端)　10-189
나단산(羅端山)　10-189
나대장동(羅大將洞)　1-218
나도(羅闍)　5-193
나례(儺禮)　4-62
나리달번두(喇里達蕃頭)　4-196
나마(喇嘛)　7-49
나마(蘿摩)　11-90
나마(奈麻)　1-163
나막신[屐]　5-103
나만갑(羅萬甲)　8-54
나무 접붙이기　11-225

나무(南無) 7-82
나무등걸 11-307
나무벌[木蜂] 5-166
나무사자(木獅子) 2-89
나무아미타불[南無阿彌陀佛] 7-81
나물밭[菜田] 4-127
나박채(蘿葍菜) 5-194
나방 12-43
나벽(羅璧) 7-260
나복(蘿葍) 11-264, 11-268
나부(那父) 12-119
나부(懶婦) 12-37, 12-82
나부(羅浮) 5-199
나부(羅敷) 7-263
나부산(羅浮山) 11-193, 12-344
나부산기(羅浮山記) 11-274
나부산소(羅浮山疏) 12-294
나부잠(懶婦箴) 11-314
나부저(懶婦杼) 12-82
나생(羅生) 11-274
나성(羅星) 1-237
나소위(羅紹威) 10-249
나시포(羅市浦) 8-54
나식(羅湜) 1-134
나실명(那悉茗) 11-48
나씨(羅氏) 5-169
나어(羸魚) 1-175
나어(鱺魚) 12-240
나옹(懶翁) 5-278, 6-168, 7-57, 7-110, 7-208
나옹선사(懶翁禪師) 7-55
나위(騾衛) 12-202
나은(羅隱) 3-148, 8-150
나인(內人) 2-300, 2-310, 9-76
나잔(懶殘) 10-38
나장(羅將) 8-54, 9-89, 10-169
나전소함(螺鈿梳函) 5-294
나점(羅點) 6-253
나정(螺亭) 12-282
나정(羅井) 3-143
나제립(羅濟笠) 5-50
나주(羅州) 2-27, 8-54, 9-44
나주면(羅州麪) 5-186
나주산(羅州山) 12-316
나지묘비(羅池廟碑) 6-278
나지비(羅池碑) 6-223
나찰국(羅魀國) 2-207
나팔 4-32, 8-54
나필(羅泌) 7-216
나하추(納哈出) 2-108
나한(羅漢) 9-96
나해(那海) 9-90
나홍곡(囉嗊曲) 6-56
나홍좌(羅弘佐) 1-218
나후계도(羅睺計都) 6-149
나홍유(羅興儒) 2-155
낙(落) 11-204
낙(酪) 5-191
낙고기(諾皐記) 3-92
낙규(落葵) 11-111
낙노(酪奴) 11-107
낙당(洛黨) 9-24
낙도교거집(樂道郊居集) 8-202
낙동(洛東) 2-26
낙동강(洛東江) 1-212, 1-255, 2-32, 6-83, 6-90
낙랑(樂浪) 1-198, 2-121, 2-145, 4-33
낙랑군(樂浪郡) 2-113

낙랑반국(樂浪潘國) 12-220
낙랑왕(樂浪王) 4-33
낙랑인(樂浪人) 9-254
낙랑태수(樂浪太守) 6-61
낙랑현 1-259
낙려(落藜) 11-321
낙론(洛論) 8-169, 9-34
낙루(落漏) 10-324
낙마산(樂馬山) 12-160
낙명(駱明) 7-152
낙모(酪母) 5-149
낙물혼(落勿渾) 10-255
낙미지액(落眉之厄) 10-309
낙봉파(落鳳坡) 4-282
낙빈왕(駱賓王) 3-113
낙사구(絡絲狗) 12-184
낙사기영(洛社耆英) 3-247
낙산사(洛山寺) 1-209
낙상(雒常) 11-199
낙석(絡石) 11-311
낙성연(落成宴) 4-226
낙성전(洛城殿) 3-177
낙수(落酥) 11-302
낙수(洛水) 1-213, 12-127, 12-225
낙시료(樂時了) 7-200
낙신부(洛神賦) 2-316, 5-100, 9-227
낙신부(絡新婦) 12-35
낙양(洛陽) 1-96, 1-103, 1-200, 1-213, 3-69, 11-207, 12-186
낙양(洛陽) 남궁(南宮) 8-120
낙양춘(洛陽春) 6-59
낙어(鱳魚) 12-220
낙역부절(絡繹不絶) 10-309
낙엽 7-35
낙위(絡緯) 12-37
낙유(樂遊) 1-85
낙이망반(樂而忘返) 10-294
낙장(酪漿) 5-191
낙재기중(樂在其中) 10-258
낙제(落滐) 2-86
낙제(絡鞮) 5-63
낙주(洛酒) 5-185
낙지 12-242
낙천근(駱千斤) 4-208
낙추(落帚) 11-316, 11-321
낙타 2-245, 4-237, 12-183, 12-189, 12-191, 12-202
낙타우유 5-191
낙포(洛浦) 9-185
낙핵산(落翮山) 7-28
낙화암(落花巖) 4-265, 6-83
낙화희(落火戲) 6-132
난(蘭) 1-128, 6-147, 11-30
난(鸞) 4-89, 6-145, 12-380
난(欒) 10-35
난(蘭) 11-262
난(欄) 5-209
난간세포(蘭干細布) 5-123
난경(難經) 6-196
난계(蘭桂) 11-77
난계(蘭溪) 3-129
난계(蘭溪)⇨박연(朴堧)
난금니(蘭金泥) 6-206
난기(蘭錡) 7-315
난당(難當) 9-130
난당적(難當賊) 9-130
난대(欒大) 6-103
난득지물(難得之物) 10-310

난로(攔路) 9-102
난로회(煖鑪會) 5-200
난릉(蘭陵) 12-276
난릉왕(蘭陵王) 6-141
난만(爛熳/爛漫) 10-318
난망지은(難忘之恩) 10-275
난매(暖昧) 9-133
난민국(卵民國) 2-204
난봉(鸞蜂) 2-208
난부(嬾婦) 12-173
난사(蘭奢) 7-63
난산(卵蒜) 11-262
난삼(襴衫) 5-70
난상(煗床) 4-220
난새[鸞] 12-374, 12-380, 11-206, 12-316
난설(灓囓) 3-27
난수(欒水) 2-114
난순(欄楯) 4-46
난액(煖額) 5-91
난양두(爛羊頭) 5-211
난옥배(煖玉盃) 5-236
난옥안(煖玉鞍) 5-236
난왈(亂曰) 10-147
난왕(赧王) 7-221
난이(煖耳) 5-57
난자(亂子) 11-262
난저(鸞豬) 12-174
난전(亂廛) 9-45
난정(蘭亭) 10-33, 10-137
난정기(蘭亭記) 1-102
난차(鸞釵) 2-281
난초뿌리 5-191
난패(攔牌) 4-203
난향(煖香) 11-155
난형난제(難兄難弟) 10-301
난훈(難訓) 12-89
날(涅) 10-223
날로 9-102
날미채(辣米菜) 11-280
날치[飛魚] 12-248
남(楠) 11-178
남(籃) 4-168
남강기(南康記) 12-282
남견대(藍牽帒) 4-64
남겸(南謙) 3-150
남경(南京) 1-206, 1-213, 1-232
남계(楠溪)➪이중호(李仲虎)
남계예설(南溪禮說) 8-162
남곤(南袞) 7-343, 9-151
남과(南瓜) 11-300
남곽선생(南郭先生) 6-37
남광수(南廣水) 2-220
남교(南郊) 11-323
남구만(南九萬) 3-72, 9-32
남굴(南窟) 2-49
남궁(南宮) 1-52, 3-139
남궁괄(南宮适) 8-41
남궁두(南宮斗) 7-36
남궁성(南宮誠) 3-171
남귀(南龜) 7-258
남극관(南克寬) 3-157
남기(南箕) 1-25
남녀노소(男女老少) 10-284
남녀유별(男女有別) 10-308
남노성(南老星) 1-34, 9-226
남다(南茶) 11-104
남당(南唐) 5-154, 8-215
남당근사(南唐近事) 12-331

남당사(南唐史) 5-296
남당서(南唐書) 5-173
남대문 4-233
남대지(南大池) 2-33, 11-65
남도부(南都賦) 1-100, 4-143, 11-76
남독(南瀆) 2-31
남려(南閭) 2-122
남령(南嶺) 7-71
남령초(南靈草) 11-57, 11-266
남루(藍縷) 10-178
남루(鷗鸚) 12-318
남릉(南陵) 8-79
남만(南蠻) 2-146, 2-245, 2-267, 2-276, 4-134, 4-210, 5-32, 7-199, 7-291, 9-116, 12-256
남만국(南蠻國) 6-68
남만군(南蠻軍) 2-165
남만기(南蠻記) 5-238
남만인(南蠻人) 2-165
남만전(南蠻傳) 7-186, 7-187, 11-220
남명(南冥)➪조식(曺植)
남모(南膜) 7-72
남묘(南廟) 3-41
남문성(南門星) 1-108, 1-127
남방(南方) 6-85, 11-198, 11-220, 11-201, 11-243, 12-55
남방(藍方) 7-166
남방산(南方産) 5-136
남방초목상(南方草木狀) 11-100, 11-111, 11-165
남별궁(南別宮) 9-94
남부(南部) 9-23
남부여(南扶餘) 1-205
남부여대(男負女戴) 10-263
남북사(南北史) 3-258
남북조(南北朝) 7-89
남사(南史), 송본기(宋本紀) 5-259
남사(南史), 유묘전(劉杳傳) 5-146
남사(南史), 장표전(張彪傳) 8-78
남사(南史), 제화제기(齊和帝紀) 5-64
남사(南史) 1-229, 2-54, 3-42, 3-177, 3-204, 3-255, 4-64, 5-133, 5-152, 5-310, 6-109, 6-243, 7-205, 7-300, 7-314, 9-92, 9-199, 11-134, 11-308, 12-212
남사(藍蛇) 12-70
남사고(南師古) 2-80, 6-171, 7-39, 8-212
남산(南山) 1-215, 2-49, 3-133, 11-227, 12-95, 12-112
남산도(南山徒) 8-179
남산사(南山寺) 6-144
남색(男色) 2-317
남생이[南生] 12-37, 12-219
남서(南徐) 7-168
남서주(南徐州) 6-212
남석(南石) 7-31, 7-38
남석교(南石橋) 4-40
남석행(南石行) 4-270, 7-31
남송(南宋) 2-97, 6-186, 9-40
남수문(南秀文) 9-265
남씨(南氏) 3-102
남씨(欖氏) 3-132
남씨보(南氏譜) 3-102
남아(南衙) 4-236
남악(南嶽) 2-31, 3-91
남약(藍藥) 11-149, 12-70
남양(南陽) 3-103, 6-69, 11-32
남양인(南陽人) 7-307

남여(藍輿) 5-327
남여진 2-151
남옥저(南沃沮) 1-245, 2-117, 7-125
남용익(南龍翼) 8-162
남우(濫竽) 6-37
남원(南原) 1-206, 2-116, 3-42
남원성(南原城) 2-163
남월(南越) 3-131, 6-27, 11-51, 12-180, 12-371, 12-377
남월왕(南越王) 5-167
남월지(南越志) 1-125, 11-154, 4-56, 5-192, 7-203, 12-228, 12-28, 12-320, 12-322
남유(南維) 1-30
남이(南怡) 3-276, 6-201
남이공(南以恭) 9-30
남인(南人) 3-26, 9-28
남재(南在) 2-103
남저여(南藷萸) 11-286
남전(藍田) 7-257
남제(南齊) 5-61, 6-127, 8-90
남제(南齊)➪소예명(蕭叡明)
남제서(南齊書) 5-155~156, 8-97, 9-86, 10-131
효무제(孝武帝) 1-162
남조(南詔) 8-222
남종(南宗) 7-81
남종현(南鍾玄) 1-113, 3-273, 11-238
남주(南趎) 7-33, 7-38
남주객조(南主客曹) 8-236
남지(南至) 1-129
남진(男陳) 9-91
남창(南窓)➪김현성(金玄成)
남창국(南昌國) 2-218
남천(南遷) 4-277
남천(南川) 7-131
남천촉(南天燭) 5-141
남천축국(南天竺國) 3-95
남청(男靑) 11-193
남초(南楚) 11-60
남촉(南蜀) 11-69
남촉수(南燭樹) 11-191
남치근(南致勤) 9-144
남편(男偏) 9-91
남평양(南平壤) 1-213
남평양성(南平壤城) 1-205
남포(藍浦) 3-216
남풍(男風) 2-318
남풍(南豊) 8-256
남피실(南皮室) 8-222
남하정(南夏正) 3-153, 8-164
남한(南漢) 1-224
남한산성(南漢山城) 4-73, 8-210
남한산성도적입조(南漢山城盜賊入操) 6-24
남항(南行) 9-73
남해(南海) 3-242, 5-119, 5-165, 11-51, 11-169, 11-185, 11-196
남해선인(南海仙人) 7-39
남해시(南陔詩) 12-335
남해왕(南解王) 2-132
남행산(南行山) 1-214
남헌(南軒)➪장식(張栻)
남혼여가(男婚女嫁) 10-299
남회와(南晦窩) 3-45
남회인(南懷仁) 6-190
남효렴(南孝廉) 5-195
남효온(南孝溫) 2-75, 8-148, 8-163,

8-217
납(臘) 1-131
납(衲) 5-76
납(納) 5-77
납(蠟) 5-167
납가새(蒺藜) 1-169, 11-212, 11-216, 11-218, 12-155
납기평(臘嘉平) 1-131
납계(納界) 3-210
납고(臘鼓) 1-134
납량(納涼) 4-143
납록와집(納祿窩集) 1-249
납박(納朴) 10-113
납속(納粟) 2-295
납앵(蠟櫻) 11-235
납일(臘日) 1-130, 1-132~133, 6-124
납작 곶감[蹲柹] 5-169
납절(臘節) 6-44
납제(臘祭) 1-119
납조면(拉條麵) 5-186
납채(納采) 2-267, 2-268
납천장(蠟川場) 9-163
납촉(蠟燭) 5-301
납치(納徵) 2-267
납폐(納幣) 2-267, 2-268, 5-133
납폐(納陛) 7-350
낫자루 4-166
낭(狼) 12-147, 12-161
낭(蓈) 11-317
낭가(囊家) 6-117
낭간(琅玕) 5-239
낭군(郎君) 9-260
낭당(郎當) 9-129
낭당(琅鐺) 4-65
낭당(琅當) 9-129
낭당(鋃鐺) 9-130
낭당역(琅瑺驛) 9-130
낭도(郎徒) 6-198
낭도사(浪淘沙) 5-210
낭비(浪費) 9-186
낭사(囊沙) 4-115
낭산(狼山) 2-51
낭서(狼書) 3-225
낭선(狼筅) 4-36
낭성(狼星) 7-140
낭야대명(瑯琊臺銘) 3-254
낭유(稂莠) 4-146
낭의(狼螘) 12-273
낭의(郎顗) 8-124
낭자(狼藉) 10-321
낭자군진(娘子軍陳) 2-307
낭잠(郎潛) 8-256
낭장(郎將) 3-128
낭중(郎中) 10-60, 12-315
낭지법사(朗智法師) 7-58
낭천(狼川) 12-368
낭태길(狼台吉) 2-112
낭파(郎罷) 9-62
낭패(狼狽) 10-202
낭핍일전(囊乏一錢) 10-271
낭황(狼慌) 7-291
내(乃) 6-70
내간(內艱) 2-326
내고(內庫) 6-39
내관(內棺) 3-36
내금(來禽) 11-233
내금강 2-73
내단비결(內丹秘訣) 7-35

내대자(褦襶子) 10-237
내동(乃東) 1-149
내등(內登) 5-117
내라(來羅) 8-98
내사복(內司服) 5-71
내삼청(內三廳) 10-45
내선(奶先) 12-176
내성외왕(內聖外王) 3-258
내안대왕(乃顏大王) 2-107
내암(耐菴) 8-57
내영(內營) 4-112
내외학(內外學) 3-286
내우(內憂) 2-326
내원(內院) 6-90
내원(柰院) 7-174
내의녀(內醫女) 5-92
내인사(內人斜) 2-305, 9-76
내정돌입(內庭突入) 10-287
내조(內朝) 8-248
내종(內從) 2-228
내주(萊州) 12-241, 12-275
내천가(勑天歌) 3-266
내칙(內則) 9-61, 11-93, 12-375
내포(內浦) 1-186, 1-235, 2-218, 2-234, 5-224, 7-193, 9-44, 11-281, 12-191, 12-197
내한내서(耐寒耐暑) 10-282
내형제(內兄弟) 2-228
내흡(來歙) 1-143
냉겸(冷謙) 6-217
냉도(冷淘) 1-113
냉산(冷山) 1-178, 1-248, 2-67
냉소(冷笑) 10-322
냉수광(冷壽光) 7-170
냉약(冷藥) 4-40
냉이 1-169, 11-274
냉이꽃(薺花) 1-102
냉재야화(冷齋夜話) 8-72
냉절(冷節) 1-97
냉정(冷井) 2-62
냉천(冷泉) 2-57
냉태(冷菭) 12-186
너도밤나무 11-245
네 기둥 나무[四柱木] 4-246
네이빨써래 4-166
년(年) 1-157
념(念) 1-142
노 양공(魯襄公) 7-220
노(蘆) 11-224
노(盧) 1-249, 6-111
노(魯) 3-120, 3-133, 5-95, 8-192, 11-267, 11-279
노(櫓) 6-67
노(老) 8-280, 10-54
노(棹) 5-330
노(露) 11-83
노(鱸) 12-259
노(砮) 4-35
노가보(魯家洑) 4-151
노가재(老稼齋) ➪ 김창업(金昌業)
노갑이을(怒甲移乙) 10-312
노견(露犬) 12-137
노경량(盧景亮) 7-297
노경유(盧景裕) 10-213
노계(魯啓) 5-77, 5-78
노계(魯雞) 12-374
노고초(老姑草) 11-122
노공(魯公) 3-30

노과국(老撾國) 2-214
노관(盧綰) 1-257, 2-108
노광계(盧光啓) 8-28
노교서(魯校書) 3-75
노구솥 5-199, 5-200
노국(魯國) 3-99
노국(奴國) 8-222
노국공(潞國公) 5-110
노국대장공주(魯國大長公主) 3-40, 6-136
노균(盧鈞) 3-237
노귤(盧橘) 11-231
노근묘(露筋廟) 12-53
노금(露禽) 12-331
노기산(盧其山) 12-319
노기실(盧記室) 12-54
노노(老奴) 9-96
노단(盧旦) 8-179
노단(盧端) 7-330
노담(老聃) 4-76, 11-202
노덕연(路德延) 6-146, 11-36
노도부(老饕賦) 8-26
노동(盧仝) 1-39, 5-39, 8-124, 11-106
노란 개미 12-51
노래기[百足蟲] 12-70
노래당(老來堂) 1-224
노래자(老萊子) 2-225, 7-299
노량(鷺梁) 4-245
노력(努力) 8-130
노련자(魯連子) 12-70
노령(蘆嶺) 4-152
노론(老論) 9-31~,32, 9-34
노룡(盧龍) 1-249
노룡현(盧龍縣) 10-189
노루 5-204, 5-207, 12-134, 12-135
노루뿔[麞茸] 12-135
노류장화(路柳牆花) 9-200, 10-280
노릉성(盧陵城) 5-192
노린재[蠨] 12-59
노말지세(弩末之勢) 10-310
노망(老妄) 10-319
노목궤(櫨木樻) 10-75, 10-76
노문기(盧文紀) 8-221
노민국(勞民國) 2-215
노반(魯班)➪공수반(公輸般)
노반문(魯斑門) 4-229
노백(老白) 2-148
노복(蘆菔) 11-269
노복궁(奴僕宮) 6-150
노본(撈本) 6-118
노부(鹵簿) 10-47
노부인(老婦人) 9-75
노사(路史) 4-125, 5-78, 7-217, 7-241
노사(路史), 선통기(禪通紀) 5-324
노사(鷺鷥) 12-327
노사담(鷺鷥餤) 5-154
노사도(盧思道) 5-271
노사분석(路史分釋) 3-213
노사숙유(老士宿儒) 10-266
노사신(盧思愼) 8-161
노산(盧山) 8-93
노상백활(路上白活) 10-308
노상인(路上人) 10-316
노새 12-202
노서(魯西)➪윤선거(尹宣擧)
노성(老城) 2-110
노성(盧城) 2-213
노성(魯城) 2-269, 3-125

노성(盧成) 3-276
노성지인(老成之人) 10-259
노송(老松) 7-108, 11-174
노송당(老松堂) 7-56
노수(瀘水) 5-173
노수신(盧守愼) 2-339, 3-24, 10-75
노숙(老宿) 9-102
노숙(老熟) 10-319
노승발검(怒蠅拔劍) 10-278
노승장 7-94
노실색시(怒室色市) 10-277
노씨성기도(老氏聖紀圖) 7-25
노씨세보(魯氏世譜) 5-77
노씨잡설(盧氏雜說) 2-279
노아각씨(蠦阿閣氏) 12-60
노아합적(奴兒哈赤) 6-191
노야(老爺) 9-69, 9-71
노양(魯陽) 7-198
노양산(魯陽山) 2-34
노어(鱸魚) 12-220
노연손(盧延遜) 12-291
노오(盧敖) 12-279
노왕(潞王) 2-142
노원공주(魯元公主) 7-307
노육(盧毓) 10-181
노을 1-42
노이(鸕伊) 4-50
노인(玃人) 4-211
노인성(老人星) 1-34, 2-69, 7-140
노자(路資) 10-146
노자(老子) 3-115, 5-314, 9-69, 10-211, 10-235, 10-293, 12-31
노자(鸕鶿) 7-164
노자(鸕鷀) 12-326
노자잔 5-281
노작(鹵斫) 4-168
노장용(盧藏用) 9-246
노재(魯齋)➪허형(許衡)
노적(露積) 10-121
노정기(路程記) 4-256
노조궁(老祖宮) 8-56
노좌리(魯佐里) 3-126
노주지분(奴主之分) 10-275
노중련(魯仲連) 4-219, 5-77, 7-278
노증씨(魯曾氏) 5-312
노직당상(老職堂上) 8-252
노창(老蒼) 10-318
노천(老泉)➪소순(蘇洵)
노춘(盧椿) 2-71
노충(盧充) 7-167
노포(魯褒) 10-115
노포(老圃) 3-268
노포(露布) 3-261, 4-66
노포별(盧蒲嫳) 2-251
노하(蘆蝦) 12-235
노하(鋭劝) 5-260
노학암필기(老學庵筆記) 9-69
노호(虜扈) 9-241
노호씨(老扈氏) 12-296
노화치[魯花赤] 3-161
노회신(盧懷愼) 5-290, 10-115
녹각(鹿角) 12-231
녹각거(鹿角車) 4-84
녹각채(鹿角菜) 11-308
녹경(鹿璚) 12-132
녹과(祿科) 8-278, 8-279
녹곽(鹿藿) 11-110
녹구(鹿韭) 11-27

녹단(甪端) 7-200
녹대산(鹿臺山) 12-321
녹도자(錄圖子) 7-25
녹두(綠豆 / 菉豆) 1-189, 4-141
녹두묵[靑泡] 5-195
녹려(綠綟) 5-125
녹로운(轆轤韻) 8-67
녹로조(轆轤棗) 11-237
녹록(碌碌) 10-326
녹린부(綠麟符) 4-23
녹명기(錄名記) 6-191
녹반현(綠礬峴) 1-223
녹부청(綠膚靑) 11-114
녹사(錄事) 6-73, 6-117, 8-144,
8-215~216, 8-220, 8-247
녹사항(錄事巷) 6-73
녹살풍(綠殺風) 1-61
녹색 머릿수건[綠幘] 5-74
녹악(綠萼) 11-23
녹오산(鹿吳山) 12-96
녹요(綠腰) 9-126
녹위(鹿痿) 7-206
녹음방초(綠陰芳草) 11-75
녹의홍상(綠衣紅裳) 10-288
녹자(綠字) 12-30
녹주정(綠珠井) 2-61
녹진(祿眞) 8-223
녹질(祿秩) 8-229
녹채시(鹿柴詩) 8-76
녹청(綠靑) 11-114
녹청(录聽) 12-39
녹촉(鹿蜀) 12-130
녹탁(祿託) 8-222
녹패(祿牌) 8-278
녹포 8-91
논가(論可)➪논개
논개 2-321, 4-281
논보리 4-143
논불골표(論佛骨表) 6-199, 7-82
논어(論語) 1-139, 3-285, 5-42, 5-70,
5-132, 6-70, 7-270, 8-23, 8-35, 9-61,
9-69, 9-85, 9-236, 9-259, 10-51,
10-107, 10-135, 10-173, 12-48
논어집주서설(論語集註序說) 10-185
논이십팔초서(論李十八草書) 12-344
논차(論茶) 11-103
논형(論衡) 1-47, 1-63, 2-30, 7-66,
12-164, 12-182, 12-279
놈[奴] 9-96
놋다리 밟기[路橋踏] 1-93
농(儂) 9-115, 9-116
농(穠) 5-95
농가갈도(籠街喝道) 10-46
농가성진(弄假成眞) 10-277
농강천표(瀧岡阡表) 8-257
농관(農官) 4-139
농담옷[譂衣] 2-302
농동(籠侗) 9-121
농락(籠絡) 10-319
농리(穠李) 5-305
농리(醲梨) 11-241
농봉(蠪蜂) 12-58
농부(農夫) 10-38
농서(壟西) 10-92
농서(隴西) 3-101
농암(籠巖) 1-222
농암(農巖)➪김창협(金昌協)
농암(聾巖)➪이현보(李賢輔)

농어(農魚) 12-133
농어[鱸] 12-259
농요(農謠) 1-82, 6-83
농우(隴右) 4-87, 12-343
농전(農田) 4-182
농지고(儂智高) 4-52
농직(農稷) 8-158
농질(蠪蛭) 12-96
농참군(弄參軍) 9-142
농탈(籠脫) 7-261
농탕(弄婸) 10-172
농투아(弄鬪兒) 12-324
농판(弄判) 9-142
농호(嚨胡) 8-82
놜(貀) 11-138, 12-168
뇌(惱) 10-54
뇌(雷) 1-48
뇌(藾) 11-278
뇌골(腦骨) 5-86
뇌공(雷公) 12-346
뇌구(牢九) 5-171, 5-173
뇌동(雷同) 9-113, 10-317
뇌람(雷覽) 8-152
뇌문(腦門) 2-235
뇌문(誄文) 3-261
뇌물[關節] 10-37
뇌봉(雷封) 8-197
뇌불가파(牢不可破) 10-280
뇌선(賴先) 3-119
뇌선정(頿先井) 3-119
뇌소(藾蕭) 7-251
뇌수(雷獸) 6-31
뇌의(雷義) 9-118
뇌자(腦子) 11-165
뇌정(賴井) 3-119
뇌정벽력(雷霆霹靂) 10-306
뇌주(雷州) 2-96
뇌주인(雷州人) 1-45
뇌포(腦包) 10-256
뇌환(牢丸) 5-172
뇌환(雷煥) 7-207
누(蔞) 11-278
누(婁) 12-203
누(艛) 5-104
누갈(氀毼) 5-113
누견(獳犬) 12-178
누관본기(樓觀本紀) 7-42
누구(婁勾) 12-203
누루(累累) 10-246
누대(樓臺) 1-222, 5-105
누두(螻兜) 4-94
누라(樓羅) 9-174
누로(漏蘆) 1-62
누루중총(累累衆塚) 10-262
누룩[麯] 5-149, 5-186
누르하치[奴兒哈赤] 4-45
누리[蝗] 12-62
누린내풀[蕕草] 11-152
누사덕(婁師德) 5-59, 9-211
누성(婁星) 1-32
누에 2-212, 5-178, 7-160, 12-25, 12-28, 12-50
누에시렁 5-139
누에치기 1-104
누열(褸裂) 10-178
누자백(婁子伯) 4-73
누작(漏汋) 2-29
누조(纍祖) 2-340

누천(漏天) 2-220
누탄경(樓炭經) 2-127
누호(樓護) 5-200
눈 1-73
눈가루 5-186
눈동자 9-220
눈에놀이 12-44~45
눌(豽) 12-168
눌어(訥魚) 12-266
눌제(訥堤) 4-152
눌지왕(訥祇王) 2-132, 6-54, 7-64, 7-118, 7-126
뉴(杻) 11-211
뉴(狃) 12-119
뉴(妞) 3-112
뉴각(杻閣) 4-235
뉴양산(杻陽山) 12-130
뉴회(紐檜) 11-238
느릅나무 1-189, 11-198, 11-217, 11-275
늑필국(勒畢國) 2-196
늠군(廩君) 3-112
능(能) 12-210
능(陵) 5-294, 8-201
능가사(楞迦寺) 7-97
능개재만록(能改齋漫錄) 4-87
능견난사(能見難思) 10-295
능국(陵菊) 11-31
능금(林檎) 7-173, 11-233
능긍(凌兢) 8-29
능대능소(能大能小) 10-284
능묘(陵墓) 3-49
능소화 2-305
능식(能寔) 3-129
능엄경(楞嚴經) 2-368, 5-233, 7-76, 10-65, 11-136, 12-199, 12-288
능연각(凌煙閣) 7-106
능운대(凌雲臺) 7-189
능인(凌人) 5-313
능침(陵寢) 3-61
능파말(凌波襪) 5-100
능행(陵幸) 8-244
능행파(凌行婆) 9-178
능호(陵號) 3-55
능화(菱花) 5-245
능화경(菱花鏡) 5-245
늦벼[晩稻] 10-114
니(泥) 1-256, 6-85, 12-240
니(尼) 7-163, 9-98
니(秜) 4-144
니리지옥(泥犁地獄) 7-63
니보(尼父) 8-186
니빈(泥蘋) 5-164
니파유국(尼波維國) 11-304
니활활(泥滑滑) 12-371

ㄷ

다(茶) 11-103, 11-107
다가(茶歌) 5-39
다경(茶經) 5-316, 8-160, 11-102
다다량(多多良) 3-139
다다량포(多多良浦) 3-139
다다익선(多多益善) 10-273
다라니(陀羅尼) 7-88
다라수(多羅樹) 11-56
다랑어[鮪] 12-229, 12-249, 12-253
다례(茶禮) 1-129
다루가치[達魯化赤] 9-79

다루왕(多婁王) 4-133
다리 밟기 1-93
다리미[熨斗] 5-312
다목[丹木] 11-185
다벌국(多伐國) 2-117
다보(茶譜) 11-105
다북쑥 1-169
다비(茶毗) 7-84
다식(茶食) 5-164
다전선고(多錢善賈) 10-282, 10-285
다파나국(多婆那國) 3-93
다홍(茶紅) 10-176
닥나무 11-214
닥나무 껍질 11-213
닥나무 잎[楮葉] 5-288
단[糰] 5-170
단 이슬 1-71
단(丹) 3-91
단(緞) 5-48
단(彖) 6-204
단(團) 7-74
단(鰕) 12-374
단(猯) 12-167
단(簞) 5-330
단간목(段干木) 3-137
단강주(檀江州) 8-111
단게(短偈) 7-74
단결(丹訣) 9-230
단계(丹桂) 11-96
단계심법(丹溪心法) 1-152
단골(單骨) 9-190
단구(丹丘) 5-241
단구자(丹丘子) 6-158
단국사주기(段國沙州記) 4-244
단군(檀君) 1-201, 1-238, 2-77, 2-123, 3-43, 3-111, 4-205, 5-25, 7-38
단군조선(檀君朝鮮) 2-141
단궁(檀弓) 3-184, 6-235, 7-265, 7-339, 9-107, 10-50, 10-122
단규(檀珪) 9-86
단기(單騎) 4-87
단기명(段起明) 3-65
단꼭지[甘蔕] 2-172
단나(檀那) 7-81
단녹로(單轆轤) 8-67
단도제(檀道濟) 4-78, 8-111, 10-91, 10-153
단독일신(單獨一身) 10-301
단동(斷橦) 12-216
단란(團欒) 10-35
단란(檀欒) 10-35
단란조보(斷爛朝報) 3-258, 9-196
단량(丹良) 12-61
단려장(丹藜杖) 11-321
단령(團領) 5-53, 5-62, 10-256
단마(但馬) 4-88
단마(鞋馬) 12-192
단마(韃馬) 4-88
단면(袒緜) 2-334
단명광(段明光) 2-316
단목(丹木) 11-209
단문(端門) 4-234
단문창(段文昌) 10-25
단박[甘朴] 11-302
단백(單白) 9-156
단벽(端甓) 5-117
단보(單父) 9-207, 12-222
단본당정자(端本堂正字) 3-104

단불요대(斷不饒貸) 10-301
단사(丹沙) 2-264
단사(丹砂) 2-284, 2-302, 5-219, 5-222, 5-275, 7-108, 12-346
단사(團司) 9-89
단삼(丹蔘) 11-83
단상(短喪) 2-348
단서암(丹書巖) 7-31
단설(單設) 2-362
단성식(段成式) 3-92, 5-171, 5-238, 11-169
단속사(斷俗寺) 11-26
단순호치(丹脣皓齒) 10-288
단시(斷時) 6-165
단시(檀施) 7-81
단심가(丹心歌) 6-66
단안(亶安) 1-158
단알(單閼) 1-158
단약(丹藥) 5-274, 8-56, 12-29
단양(丹陽) 2-46, 6-164, 8-178
단어(丹魚) 5-100, 12-264
단연(丹淵) 12-264
단연록(丹鉛錄) 4-226, 4-228, 6-204, 8-35, 11-136, 12-216, 12-291
단엽(端葉) 11-35
단영(段穎) 4-30
단오(端午) 1-109, 2-302, 6-132
단오시(端午詩) 1-105
단원산(亶爰山) 12-120
단월(檀越) 7-81
단유(叚猶) 3-35
단인(蛋人) 5-279
단장(丹粧) 2-263
단장산(單張山) 12-122, 12-294
단장초(斷腸草) 11-62
단장취의(斷章取義) 10-298
단정(短亭) 4-249
단종(端宗) 4-44, 4-270, 4-271, 6-274
단주(端州) 3-216, 12-117
단주(亶洲) 2-152, 4-39
단주(丹朱) 6-98, 7-167, 7-268
단주(匰主) 2-365
단지(丹智) 5-141
단지충(段志冲) 4-227
단천(端川) 10-189
단추(端錘) 5-70
단출(丹秫) 5-125
단풍나무[楓] 11-185, 11-186, 11-217
단학(丹學) 7-36
단향목(檀香木) 7-68
단혈(丹穴) 1-23
단호(短狐) 12-67
단회종(段會宗) 10-162
단훈산(丹熏山) 12-153
단휘(段暉) 6-125
달고(達苦) 9-140
달공화상(達空和尙) 7-55
달기(妲己) 5-107, 6-71
달단(韃靼) 2-146, 3-117, 4-243, 7-153, 7-313, 12-192
달단족(韃靼族) 2-113, 10-63
달도(怛忉) 1-85
달래[達乃] 11-293
달마(達磨) 7-54, 7-64, 7-85, 8-63, 9-219
달마진성송(摩眞性頌) 7-83
달성(達城) 4-179
달수(撻水) 2-59
달자(撻子) 1-250

달천(㺚川) 2-59
달팽이[蝸牛] 12-31, 12-49, 12-55
달화주(達化主) 9-79
담(膽) 9-240
담(曇) 3-111
담(潭) 11-309
담(賧) 5-110
담(餤) 5-154
담(韂) 4-93
담곽(曇霍) 9-99
담동(膽銅) 5-223
담로(檐魯) 1-229
담록(談錄) 8-123
담릉(淡凌) 8-198
담무갈보살(曇無竭菩薩) 2-71
담박고(淡珀姑) 11-266
담배 11-144, 11-265
담복(薝蔔) 11-70
담복(禫服) 2-339
담부(潭夫) 12-146
담부지역(擔負之役) 10-305
담비 12-131, 12-148, 12-151, 12-185
담빈록(譚賓錄) 5-256, 6-173
담석(儋石) 3-255
담선(談選) 2-244
담소(曇宵) 11-234
담소자약(談笑自若) 10-306
담수(談藪) 4-142
담양대사(曇陽大師)➪도정(燾貞)
담원(談苑) 1-180, 6-30, 6-48
담이(儋耳) 2-145, 11-51
담이인(儋耳人) 7-186
담자소(譚紫霄) 8-215
담자화서(譚子化書) 11-123
담적증(痰積症) 12-167
담제(禫祭) 2-357, 2-359
담주(潭州) 12-67
담채(淡菜) 12-276
담초(譚峭) 11-186
담파고(淡巴姑) 11-266
담포(毯布) 5-124
담회(談會) 3-91
답답(沓沓) 10-326
답리(踏犁) 4-135
답요낭(踏謠娘) 6-134
답자불화(答剌不花) 12-149
답활(踏滑) 4-94
당 일행(唐一行) 3-141, 6-168, 7-105
당 태종(唐太宗) 2-329, 4-104, 7-319, 10-164, 11-219
당 현종(唐玄宗) 2-352, 3-34, 12-59
당 후주(唐後主)➪종가(從珂)
당(棠) 11-240
당(螳) 12-71
당(糖) 4-144
당(幢) 4-27, 7-142
당(鐺) 5-272, 5-330
당(堂) 9-131
당(黨) 7-296, 9-23
당(欓) 11-263
당(餹) 12-156
당(氃) 5-48
당강(當康) 12-164
당개(唐介) 8-63
당거(唐擧) 6-154
당검(唐儉) 3-141
당경(唐庚) 1-136
당계(唐鷄) 12-374

당고(唐股) 5-96
당고(唐皐) 8-40, 8-43
당곡(唐曲) 6-50
당공방(唐公房) 12-156
당구내(當句內) 10-315
당국(唐菊) 11-33
당국사보(唐國史補) 1-45, 1-145, 3-204, 11-103, 11-160, 12-52
당국자미(當局者迷) 10-299
당귀(當歸) 5-182, 11-78, 11-84
당근(唐根) 11-269
당나라 고종(高宗) 8-187
당나라 무종(武宗) 8-95, 11-174
당나라 선종(宣宗) 8-118, 8-139
당등(唐登) 12-209
당로(當盧) 11-217
당로(棠櫓) 11-38
당도격(鶶鷵鷩) 12-363
당돌(唐突) 10-170
당로(堂老) 10-251
당리(棠梨) 11-37
당문수(唐文粹) 5-245
당반(唐班) 3-74
당보기(唐寶記) 5-227
당사(唐史) 1-256, 2-171, 2-182, 3-71, 4-41, 4-46, 4-54, 5-59, 5-145, 5-156
당사시보감(唐四時寶鑑) 1-136
당상관(堂上官) 9-71
당새아(唐賽兒) 2-308~309
당서(唐鼠) 12-156
당서(唐書), 남만전(南蠻傳) 4-53
당서(唐書), 동이전(東夷傳) 9-199
당서(唐書), 무후기(武侯記) 8-267
당서(唐書), 백관지(百官志) 3-263
당서(唐書), 선거지(選擧志) 3-171, 8-249
당서(唐書), 설등전(薛登傳) 5-112
당서(唐書), 식화지(食貨志) 4-187, 7-90, 9-42
당서(唐書), 신라전(新羅傳) 4-205
당서(唐書), 악지(樂志) 6-35
당서(唐書), 양관전(楊綰傳) 10-251
당서(唐書), 여복지(輿服志) 5-71, 5-87, 5-95
당서(唐書), 예문지(藝文志) 4-21
당서(唐書), 예악지(禮樂志) 1-144
당서(唐書), 장작전(張鷟傳) 3-256
당서(唐書), 지리지(地理志) 1-256, 3-188
당서(唐書), 현종기(玄宗紀) 2-352
당서(唐書), 회흘전(廻紇傳) 5-122
당서(唐書) 1-33~34, 1-146, 1-165, 1-206, 2-121, 2-145, 2-153, 2-176, 2-224, 3-22, 3-78, 3-117, 3-169, 3-172, 3-175, 3-177, 3-189, 3-191, 3-196, 3-227, 3-237, 4-33, 4-61, 4-111, 4-206, 4-210, 4-222, 5-37, 5-193, 5-272, 6-29, 6-31, 6-162, 6-197, 6-208, 7-297, 7-301, 7-341, 7-344, 8-222, 8-240, 8-248, 8-262, 9-176, 9-257, 9-261, 10-37, 10-46, 10-66, 10-123, 10-225, 10-239, 11-63, 11-74, 11-84, 12-75, 12-149, 12-186
당서고(糖萘藁) 4-145
당석죽화(唐石竹花) 11-34
당선(唐扇) 5-299
당성(唐城) 3-104, 3-130
당성군(唐城君) 1-220, 3-103

당순지(唐順之) 3-142
당시품휘(唐詩品彙) 3-271
당시화(唐詩話) 2-225
당실록(唐實錄) 5-39
당양위(唐陽尉) 3-85
당언겸(唐彦謙) 3-130
당외(煻煨) 2-32
당요(唐堯) 2-144
당용(糖茸) 11-148
당우(𤘽牛) 12-188
당운(唐韻) 3-127, 8-65, 11-88, 11-102, 11-124, 11-317, 12-234
당육전(唐六典) 4-22
당은현(唐恩縣) 7-131
당의(唐衣) 5-92
당이(唐已) 12-177
당이(毦毦) 5-48
당인(唐寅) 1-114
당장경(唐莊京) 2-142
당저(螗蠩) 12-28
당조명화록(唐朝名畵錄) 12-317
당지(唐志) 11-164
당창(唐瘡) 7-153
당창관(唐昌觀) 11-48
당척(唐尺) 8-73
당청화(唐靑花) 11-47
당체(棠棣) 11-66
당초(欓椒) 11-263
당파경(唐婆鏡) 11-143
당해바라기[唐向日花] 11-46
당혜(唐鞋) 5-103
당홍(唐洪) 3-103
당환왕전(唐環王傳) 5-136
대(帶) 1-260, 5-83
대(對) 3-263
대(隊) 4-120
대(臺) 5-280, 7-251
대(敦) 5-272
대(歹) 9-116
대(襶) 5-51
대가(大家) 9-72
대가마(竹篌) 5-326
대가야 2-116, 2-143, 3-55, 6-25
대각(臺閣) 3-260, 8-230
대간(大簡) 10-28
대갈(代葛) 4-94
대감(大監) 9-72, 9-73
대감마누라[大監抹樓] 9-75
대개(大芥) 11-267
대개지(戴凱之) 11-220
대거(對擧) 3-182
대견(鴱鵑) 4-196
대경(大經) 3-172
대경대법(大經大法) 10-292
대경소괴(大驚小怪) 10-285
대고(大故) 9-107
대고(擡估) 9-45
대곡길융(大谷吉隆) 2-158
대공복(大功服) 2-351
대공복[大紅服] 2-351
대공포(大功布) 2-351
대관(大管) 4-49
대관(臺官) 9-194
대관령(大關嶺) 2-110
대관절(大關節) 10-314
대광(大匡) 8-228
대교(大撓) 1-157
대구(大口) 12-228, 12-245

대구(大邱) 4-179, 5-127, 8-154
대구(帶鉤) 5-85
대궁밥[食餘] 10-43
대귀산(大魑山) 11-317
대규(臺葵) 11-272
대기(大機) 10-62
대나무 11-219, 11-222~223
대내전(大內殿) 3-139
대당서역기(大唐西域記) 12-301
대당신화(大唐新話) 11-58
대당중흥송(大唐中興頌) 7-310
대대례기(大戴禮記) 1-165, 2-235, 7-160, 12-24, 12-93, 12-205, 12-255
대도회(大都會) 9-45
대동(大同) 1-55, 2-137
대동강(大同江) 1-202, 1-242, 2-41, 2-186, 4-286, 9-44
대동목(大同木) 5-137
대동법(大同法) 4-171
대동세(大同稅) 4-173, 4-186
대동소이(大同小異) 10-297
대동운부군옥(大東韻府群玉) 3-108, 5-281, 6-231, 8-162
대동지역(大同之役) 10-269
대두(大豆) 1-189, 10-122
대둔산(大芚山) 5-270, 7-112
대라천(大羅天) 2-323
대력(大曆) 2-306
대련(大連) 2-347
대렴(大廉) 2-195, 11-104
대로(大輅) 7-350
대루천(大漏天) 2-220
대류성(大流星) 1-32
대리(大理) 6-290
대리소관(大利所關) 10-297
대립(臺笠) 5-49
대마(大麻) 5-122
대마(大馬) 5-323
대마도(對馬島) 2-28, 2-86, 2-110, 2-118, 2-153, 2-166, 3-47, 4-293
대맥(大貉) 2-122
대머리거사[禿居士] 7-121
대면(大面) 6-141
대명(大明) 1-162, 2-131
대명력(大明曆) 1-162
대명률(大明律) 3-79
대명문(大明門) 6-230
대명일통지(大明一統誌) 1-215, 1-246, 2-95, 3-44
대명충(大明忠) 2-138
대모(玳瑁 / 瑇瑁) 5-52, 5-295, 12-211, 12-275
대모성(大耗星) 9-83
대모죽(大毛竹) 4-36
대무수(大無愁) 11-269
대무신왕(大武神王) 4-33
대무예(大武藝) 2-138
대무왕(大武王) 2-142
대문(對文) 3-263
대문(戴文) 7-199
대문하(大問何) 9-178
대반(大班) 11-297
대반열반경(大般涅槃經) 1-107
대방(帶方) 1-206, 2-116, 2-126
대방가(大方家) 10-315
대범노자(大范老子) 9-69
대법흥(戴法興) 10-244
대보단(大報壇) 3-39, 5-37, 5-38

대보잠(大寶箴) 5-206
대복고(戴復古) 7-336, 7-337
대복자(大腹子) 11-87
대복호(大腹瓠) 11-300
대부(貸付) 4-179
대부도(大阜島) 4-202, 12-258
대부장자(大富長者) 9-70
대분투(大分套) 5-102
대붕(大鵬) 12-285, 12-332
대비(大椑) 11-243
대비(大費) 2-195
대비(大比) 3-170
대비달자(大鼻㺚子) 2-110, 2-113
대빙(待聘) 8-178
대사(大蜡) 1-131
대사(帶絲) 12-327
대사(大捨) 7-76
대사기(大事記) 6-205
대사도(大司徒) 4-163
대사례(大射禮) 5-81
대삭주(大朔州) 1-241
대산(臺山) 11-184
대산(帶山) 12-80, 12-289
대산(大山) 8-83
대상(大祥) 2-357
대상부동(大相不同) 10-259
대서특서(大書特書) 10-310
대설산(大雪山) 1-255
대성(臺城) 6-145, 11-308
대성(大城) 7-117
대성(大聖) 8-48
대성악(大晟樂) 6-52
대성전(大成殿) 8-193
대성지성문선왕(大成至聖文宣王) 8-187
대성초(戴星草) 11-317
대소(帶素) 2-142, 7-132, 12-194
대소부적(大小不敵) 10-259
대수(大數) 1-159
대수(帶水) 1-212, 1-258
대수(大樹) 2-120
대수(帶穗) 5-84
대수수(大垂手) 6-63
대수화상(大隋和尙) 5-318
대순(大順) 2-143
대숭(戴嵩) 11-274
대숭린(大嵩璘) 2-138
대승(戴勝) 12-291, 12-297
대승선(大乘禪) 7-91
대승왕(大勝王) 2-169
대식(對食) 2-300
대식국(大食國) 2-177, 2-187, 11-152~153, 11-156, 11-163
대쌀[竹米] 11-256
대아(大雅) 8-83
대아포(大牙浦) 8-204
대악(碓樂) 6-52
대악국(大樂國) 2-214
대안화상(大安和尙) 6-211, 7-100
대야(大耶) 5-280
대야(大野)씨 3-123
대언산(大言山) 1-42
대언의(大言義) 2-138
대업(大業) 8-188
대연(岱連) 4-94
대연림(大延琳) 2-138
대연헌(大淵獻) 1-158
대영해(大瀛海) 2-218

대옹(戴顒) 5-281
대완(大宛) 11-277
대완구(大碗口) 4-42
대완국(大宛國) 5-218
대왕(代王) 4-75
대왕암(大王巖) 4-264
대왕포(大王浦) 4-265
대왜(大倭) 2-147
대용(大用) 10-62
대우문(對偶文) 3-181
대운(大韻) 8-68
대웅전(大雄殿) 7-81
대원군(大院君) 3-32~33
대원문(大元門) 6-230
대원유(大元瑜) 2-138
대월지[大月氏] 5-262, 7-62, 7-188
대유구(大琉球) 2-167
대유국(大幽國) 2-215
대유령(大庾嶺) 7-71
대율(大律) 1-158
대응산(大凝山) 5-248
대이진(大彝震) 2-138
대인국(大人國) 2-197, 7-192
대인난(待人難) 10-315
대인부(大人賦) 1-182, 7-240, 7-310
대인선생가(大人先生歌) 8-117
대인선왕(大諲譔王) 2-143
대인수(大仁秀) 2-138, 3-223, 7-268, 7-320
대자(帶子) 9-160
대자사(大慈寺) 4-108
대작(大雀) 12-287
대장(大腸) 6-177
대장간(大長干) 8-105
대장경(大藏經) 9-167
대장공주(大長公主) 3-99
대장사또[大將使道] 4-112
대전(大篆) 3-223, 3-231
대전(代田) 4-128
대전(大錢) 5-255, 8-80
대전통편(大典通編) 8-255
대정(大政) 8-227
대정리(大井里) 3-60
대제(大祭) 10-156
대제(大薺) 11-125
대제관(待制官) 8-254
대제배(大除拜) 9-178
대조(待詔) 6-213
대조(大朝) 8-270
대조근(大朝覲) 8-267
대조영(大祚榮) 2-126, 2-138, 2-143, 7-54
대종(代宗) 3-196
대종국(大踵國) 2-212
대중(大中) 8-178
대진(大秦) 2-194
대진(大津) 6-281
대진국(大秦國) 1-146, 2-194, 4-209, 5-105, 5-218, 5-241, 7-156, 11-83, 12-99
대질려(大蒺藜) 11-218
대차(大次) 9-108
대창(大昌) 2-137
대처분(大處分) 9-178
대천오백(大泉五百) 5-256
대천입지(戴天立地) 10-281
대철전(大鐵錢) 5-260
대청(大淸) 3-39, 6-229

ㄷ

대청도(大青島) 2-99, 7-109
대체(大體) 9-224
대체작물(代替作物) 4-145
대추[棗] 11-237, 11-239, 11-241, 11-249, 12-301
대추나무 1-189, 11-238
대충장(大蟲杖) 5-126
대태시(大太始) 2-138
대택(大澤) 6-257
대통강(大統江) 2-111
대팽(大彭) 7-216
대하(大蝦) 5-281
대학(大學) 3-250, 3-279, 7-275, 8-142, 8-258, 9-212
대합(大蛤) 5-182, 5-190
대향사(大饗射) 8-267
대호가(大胡笳) 6-42
대혼(大昏) 10-57
대홈통 7-114
대홍(大紅) 10-256
대화(大和) 8-178
대화서(大華嶼) 2-138
대화성(大火星) 1-122, 12-62
대확 12-112
대황(大荒) 1-41, 2-172, 11-201
대황(大黃) 6-178
대황락(大荒落) 1-158
대흠무(大欽武) 2-138
대흥(大興) 2-138
대흥동(大興洞) 1-207
댑싸리[箒沙里] 11-316
댕기[毦毦] 5-61
더위팔기 1-89
덕만(德曼) 3-147
덕복(德福) 1-163
덕색(德色) 9-193, 10-325
덕원(德原) 12-244
덕유산(德裕山) 2-76
덕종(德宗) 2-208, 3-171, 4-169, 6-213, 6-232, 12-317
덕진(德津) 2-31
덕천가강(德川家康) 8-279
덕흥군(德興君)➪왕혜(王譓)
덩굴풀[藟] 11-216
도(塗) 5-111
도(桃) 5-172
도(淘) 5-210
도(導) 5-296
도(度) 6-179
도(敦) 5-272
도(筡) 11-224
도(荼) 4-146
도(蒤) 5-126
도(檮) 12-201
도가(道家) 5-204, 8-157, 9-260, 11-63, 11-94, 11-127, 11-132
도가(棹歌) 6-65
도간(陶侃) 10-139, 12-268, 12-303
도감(都監) 8-235
도갑사(道岬寺) 7-91
도강(徒杠) 4-246
도강(都講) 5-63
도강부(道江鳧) 12-320, 12-354
도강시(渡江詩) 5-331
도경(掉磬) 7-287
도경(圖經) 1-102, 5-128
도경화종(刀耕火種) 4-130
도고(都沽) 9-48

도곡(陶穀) 3-130, 10-55, 10-180, 12-274
도과(島夸) 2-188
도과산(禱過山) 12-361
도곽(都郭) 12-109
도관(都官) 10-125
도관(纛官) 4-149
도광제(道光帝) 2-348, 3-162, 6-229, 9-47
도괘자(倒掛子) 12-344, 12-376
도구표(屠狗表) 12-185
도규(刀圭) 7-321
도금(鍍金) 12-138
도기(屠耆) 10-252
도기(桃旗) 4-168
도깨비[獨脚鬼] 6-264, 6-275, 7-157
도꼬마리 11-326, 11-319
도담(島潭) 2-46
도당씨(陶唐氏) 6-21
도덕군자(道德君子) 6-163
도덕랍(道德臘) 1-131
도도(桃都) 4-227
도도(騊駼) 12-192
도도국(陶塗國) 12-192
도도산(桃都山) 6-245
도도평장아 8-152
도돈(倒頓) 5-95
도두야(都頭邪) 7-67
도라지(桔梗) 11-278
도랑[溝] 4-127
도량(都梁) 11-164
도량[都梁香] 11-164
도량향(都梁香) 11-164
도량형(度量衡) 9-41
도령공(都令公) 9-75
도로(都盧) 6-136, 6-139
도로무익(徒勞無益) 10-307
도롱뇽[魶] 12-246
도롱이[蓑薜] 5-79, 11-231, 12-144
도룡기(屠龍技) 10-84
도루묵 12-245
도리(闍梨) 7-64
도리깨[枷子] 4-167
도리천(忉利天) 7-68
도리파왕(闍利婆王) 4-210
도림(道琳) 6-99
도림국(塗林國) 11-239
도마(徒馬) 4-88
도마뱀 2-302, 12-33, 12-39, 12-69, 12-71
도망종(稻芒種) 1-106
도명(道明) 9-203
도모(圖謀) 7-314
도목(都目) 8-227
도문(都門) 6-132
도미(荼蘼) 11-40
도미[禿尾] 12-266
도미국수[禿尾麵] 5-185
도미주(酴醾酒) 1-97
도미화(酴醾花) 1-97
도미화(荼蘼花) 11-41, 11-47
도발(桃拔) 12-86
도배(桃盃) 5-286, 5-287
도복(道服) 5-70
도봉(道峯) 1-214
도부(道副) 8-63
도부(桃符) 1-82
도부동(道不同) 10-317
도불습유(道不拾遺) 10-305
도비불수향(塗肌拂手香) 11-165

ㄷ

도빈견(犗牝犬) 9-245
도빈우(犗牝牛) 9-245
도삭산(度朔山) 1-80
도산(塗山) 5-58
도산(陶山) 8-183
도산지옥(刀山地獄) 7-120
도삼(道杉) 5-70
도서(道書) 5-204, 12-226
도선(道詵) 1-206~207, 1-215, 1-218, 1-224, 4-258, 6-149, 6-151, 6-227, 6-275, 7-57, 7-91, 7-105
도선답산가(道詵踏山歌) 1-213
도선대사(道詵大師) 11-297
도선비기(道詵秘記) 1-213, 5-33, 7-61
도선전(道詵傳) 7-103
도성덕립(道成德立) 10-275
도소(屠蘇) 1-78
도소주(屠蘇酒) 1-79, 1-137
도손(稻孫) 4-140
도솔가(兜率歌) 6-53
도솔천(兜率天) 2-314
도순검(都巡檢)➪임원(林願)
도승(道僧) 7-85, 7-115
도승법(度僧法) 7-90
도시과(都試科) 3-197
도시왕전(都市王殿) 7-121
도신(道信) 3-140
도씨(島氏) 3-132
도씨(荼氏) 3-132
도안(道安) 3-140~141
도암(島岩) 2-42
도압운(倒押韻) 8-67
도연명(陶淵明)➪도잠(陶潛)
도오화상(道吾和尙) 11-150
도올(檮杌) 12-88, 12-89
도옹(陶雍) 12-328
도원(桃源) 2-79
도위(圖緯) 7-254
도위(都尉) 9-65
도유(屠維) 1-158
도유(徒維) 1-158
도육(道育) 8-64
도을(塗乙) 9-122
도의국사(道義國師) 7-55
도인(都人) 2-301
도인이목(塗人耳目) 10-302
도자기관[瓦棺] 2-344
도잠(陶潛) 3-162, 3-163, 6-23, 7-231, 7-246, 7-298, 8-78, 8-93, 8-143, 8-151, 11-210, 12-83
도잠전(陶潛傳) 5-327
도장(道場) 3-262
도장(道藏) 6-205
도장경(道藏經) 1-119
도장사(都壯士) 5-309
도전(度展) 7-217
도전법(稻田法) 4-133
도정(擣精) 5-209, 5-210
도정(燾貞) 7-42
도정(陶正) 6-216
도제조(都提調) 4-110
도조법(賭租法) 9-163
도종(度宗) 2-301
도주공(陶朱公) 3-124, 11-190
도지장(桃枝杖) 11-220
도지죽(桃枝竹) 11-220
도진(擣珍) 5-206
도참(圖讖) 6-226

도참사상(圖讖思想) 1-218
도창사(道昌寺) 11-56
도책대(逃責臺) 8-120
도척(盜跖) 5-169, 7-204, 9-145
도천(道薦) 3-170
도철(饕餮) 12-89, 12-100, 12-217
도청도설(道聽塗說) 10-282
도치[闍赤] 10-45
도침(刀枮) 5-320
도토리 11-246
도통(道統) 7-55
도판(跳板) 5-330
도포(道袍) 5-68, 5-75
도피안(到彼岸) 2-191
도필(刀筆) 8-27
도필리(刀筆吏) 10-313
도필아전(刀筆衙前) 10-313
도하(淘河) 12-349
도하조(淘河鳥) 12-298
도학(道學) 6-74, 8-180
도해서(倒薤書) 3-225
도해전(倒薤篆) 3-223
도행(道行) 7-56
도행장(桃杏腸) 9-203, 10-314
도헌국사(道憲國師) 7-55
도혜왕(悼惠王) 7-294
도홍경(陶弘景) 2-214, 5-140, 10-257, 11-183, 12-37
도홍대(桃紅帶) 5-87
도화(桃花) 1-57
도화낭(桃花娘) 4-240, 4-241
도화부(桃花賦) 7-315
도화산(桃花酸) 5-188
도화원기(桃花源記) 8-78
도회지(都會地) 9-44
도효(桃梟) 11-250
도휴피(稻畦帔) 7-70
독(毒) 7-281
독(獨) 12-116
독(瀆) 2-31
독(纛) 4-27, 4-29
독(犢) 6-111
독(牘) 6-46
독각귀(獨脚鬼)➪도깨비
독각서(禿角犀) 8-74
독거(犢車) 5-328
독고급(獨孤及) 8-131, 10-37
독고씨(獨孤氏) 6-170
독고영업(獨孤永業) 4-78
독고타(獨孤陀) 6-210
독곡가(讀曲歌) 11-207
독군모(督君謨) 2-254
독단(獨斷) 4-91
독두나무 11-197
독로강(禿老江) 3-198
독륜거(獨輪車) 5-328
독맥(督脈) 7-178
독모(毒冒) 12-218
독목교(獨木橋) 4-246
독발(禿髮) 3-98
독발리록고(禿髮利鹿孤) 3-116
독발씨(禿髮氏) 3-98
독발오고(禿髮烏孤) 3-98
독비(犢鼻) 5-98
독비곤(犢鼻褌) 5-81
독사당(毒蛇堂) 8-233
독사수필(讀史隨筆) 7-223
독사지옥(毒蛇地獄) 7-121

ㄷ

독산(獨山) 1-183
독서(蝳蜍) 12-33
독서(猷 鼠) 12-116
독서당(讀書堂) 4-283, 8-233
독서출신법(讀書出身法) 3-168
독선안지(獨先安之) 10-291
독수수(獨垂手) 6-63
독욕(獨浴) 12-116
독욕향(篤耨香) 11-163
독자(獨子) 7-46
독전(獨廛) 9-48
독제(纛祭) 4-29
독종(毒腫) 11-118
독좌상(獨坐床) 2-269
독추(禿秋) 12-299
독추거(獨推車) 4-103
독축(讀祝) 2-362
독충(毒蟲) 7-141, 12-57
돈(頓) 3-109
돈(魨) 12-259
돈(鱉) 12-350
돈구(頓丘) 11-197
돈대(墩臺) 1-237
돈수(頓首) 8-272, 8-273
돈어(豚魚) 7-243
돈우(蜳蝺) 12-260
돈자전(撴子箭) 4-63
돈장(敦牂) 1-158
돈황(燉煌) 11-299
돌(咄) 10-243
돌[石] 3-216
돌구유 12-335
돌궐(突厥) 1-149, 3-116, 4-29, 4-87, 5-86, 7-188, 7-313, 10-253, 12-198
돌궐염(突闕鹽) 6-50
돌돌괴사(咄咄怪事) 10-243
돌리(突利) 7-344
돌배[檎] 11-240
돌벼[稆] 4-144
돌변(突弁) 9-248
돌산 1-199
돌의 진[石汁] 5-241
돌제(突梯) 7-293
돌제비[石燕] 1-179
돌천(咄泉) 2-63
돌하(突何) 5-40
돌할미 5-188
돌할아범 5-188
돌화살촉 11-198
동(動) 1-51
동(同) 9-113
동(侗) 9-121
동(佟) 3-107
동(戙) 5-330
동(絅) 5-118
동(鮦) 12-232
동각잡기(東閣雜記) 8-164
동갑(同甲) 10-163
동갑회(同甲會) 10-163
동강시화(桐江詩話) 10-237
동강진(東江鎭) 2-102
동거(蝺渠) 12-295
동경(同庚) 10-163
동경(東京) 1-206, 2-109, 5-122, 12-186
동경몽화록(東京夢華錄) 1-130, 1-136, 2-230, 6-131
동경부(東京賦) 1-82, 11-199
동경이[東京一] 12-186

동고(東皐) 3-69~70
동고자(東皐子) 3-163
동공일체(同功一體) 10-298
동관(東觀) 10-63
동관(彤管) 7-247
동관(冬官) 5-125
동관기(東觀記) 4-37, 7-308, 8-80
동교(東郊) 1-225
동구왕(東甌王) 3-119
동구하갈(冬裘夏葛) 10-302
동국문헌비고(東國文獻備考) 5-179, 5-188
동국삼도부(東國三都賦) 3-268
동국여지승람(東國輿地勝覽) 1-230, 1-240, 1-246, 1-258, 2-50, 3-56~57, 4-240, 4-251, 4-255, 4-294, 6-56~57, 7-59, 7-167, 8-161, 8-202, 8-220, 10-220, 11-115, 11-183, 11-245, 12-73, 12-186
동국중보(東國重寶) 5-254
동국통감(東國通鑑) 8-161~162
동국통보(東國通寶) 5-254
동군(桐君) 11-214
동군(東郡) 7-192
동귀(東龜) 7-258
동규(冬葵) 11-271
동남동녀(童男童女) 1-180
동녕(動鈴) 9-262
동녕부(東寧府) 2-101
동노구(銅罏口) 4-69
동노아(銅弩牙) 4-56
동당(東堂) 3-184
동대문(東大門) 4-232
동대서걸(東貸西乞) 10-263
동도(東屠) 2-145
동도배절의론(東都排節義論) 3-282
동도부(東都賦) 7-309, 12-216
동도사략(東都事略) 11-252
동동(同同) 6-114
동동(辣辣) 12-142
동동곡(鼕鼕曲) 6-93, 6-223
동동서립(東動西立) 10-175
동동촉촉(洞洞屬屬) 10-268
동두(銅斗) 12-103
동두란(佟豆蘭) 3-107
동라(銅鑼) 4-31
동래(東萊) 2-52, 2-56, 2-90, 2-116, 2-183, 4-81, 4-176, 4-282, 4-293, 5-279, 6-58, 9-44
동래접빈관(東萊接賓官) 6-51
동려(彤旅) 7-350
동루(東樓) 7-129
동류(同類) 2-364, 6-40, 12-316
동류대(同類對) 8-69
동릉(東陵) 3-61, 5-64, 11-297
동림(東林) 8-196
동림조담서(洞林照膽書) 6-168
동마법(銅馬法) 4-229
동마주(挏馬酒) 5-191
동만(佟萬) 3-107
동말갈(東靺鞨) 2-50
동명(東明) 2-126
동명(東溟)➪이지굉(李志宏)
동명기(洞冥記) 2-188, 2-196, 11-59, 11-187, 11-202, 11-249, 11-314, 12-272, 12-377
동명왕(東明王) 1-203, 2-48, 2-142, 2-249, 3-58, 7-38

동명왕편(東明王篇) 4-57
동몽선습(童蒙先習) 1-194, 3-283
동묘(東廟) 3-41
동무(同舞) 10-47
동문경(東門京) 4-229
동문서답(東問西答) 10-282
동미지(洞微志) 10-229
동방삭(東方朔) 1-170, 2-55, 5-314, 6-241, 7-61, 7-236, 8-41, 9-227, 10-235, 11-151, 11-202, 12-26, 12-80, 12-300
동방삭전(東方朔傳) 9-61, 9-63, 10-120, 12-72, 12-158
동방이학(東方理學) 8-180
동백(冬栢) 5-188
동병상련(同病相憐) 10-271
동복현(同福縣) 6-260
동부(洞府) 8-85
동부(罿罦) 4-198
동부여(東扶餘) 1-201, 2-123
동부여왕(東夫餘王) 2-142
동북면 병마사(東北面兵馬使) 8-259
동분서주(東奔西走) 10-292
동분이장(同墳異葬) 3-73
동비(童婢) 6-83
동사(東寺) 7-92
동사(凍死) 8-121
동사(東史) 2-119~120, 2-122, 2-124, 2-131, 2-248, 4-174, 7-54, 7-149, 7-181, 7-185
동산처사(東山處士) 8-215
동상례(東床禮) 2-276
동서대취(東西貸取) 10-263
동서분주(東西奔走) 10-292
동서양반(東西兩班) 9-73
동선(銅仙) 1-239
동선(童瑄) 7-158
동소만록(桐巢謾錄) 3-153, 8-164
동시산(東始山) 12-239
동시현(東廳縣) 1-198
동심결(同心結) 5-292
동아수(東阿水) 12-258
동악(東嶽) 2-31, 3-91~92
동악국(洞樂國) 2-214
동안(同安) 8-288
동안거사(動安居士) 2-81
동양(東陽) 11-131
동양(董養) 8-194
동어부(銅魚符) 4-23~24, 9-102
동언(董偃) 5-74
동여국(東女國) 1-165, 2-172
동여진(東女眞) 2-151
동연명(桐硯銘) 3-216
동오(東吳) 2-156
동오(童烏) 3-29
동오경(董五經) 7-219, 10-26
동옥저(東沃沮) 1-245, 2-117, 7-191
동완(東莞) 7-307
동왕공(東王公) 3-92, 3-93, 12-285
동우(董遇) 7-333
동원(東原) 1-206
동원(東園) 3-37
동원군(東原君) 3-129
동월(董越) 1-207, 2-249, 2-287, 4-72, 5-154
동위(東魏) 7-228, 12-51
동유(東維) 1-30
동의(同衣) 5-75, 5-76, 5-92

동의보감(東醫寶鑑) 2-57, 6-175, 11-119
동이(東夷) 1-195, 2-146, 10-252, 11-119, 11-244
동이(佟李) 3-107
동이잡어(同異雜語) 11-78
동이전(東夷傳) 5-27, 7-100
동이족(東夷族) 2-347
동인(銅人) 6-195
동인(東人) 9-25, 9-28
동일심장(同一心腸) 10-263
동작대(銅雀臺) 2-345
동재기(東齋記) 11-320
동재기사(東齋記事) 12-246
동정(東政) 5-78
동정(東井) 7-304
동정산(洞庭山) 7-222
동정성(東井星) 4-214
동정호(洞庭湖) 4-287, 11-222, 11-257
동제기사(東齊記事) 2-236
동제인(東鯷人) 2-149, 12-257
동조(銅銚) 5-318
동조(鶇鳥) 12-294
동조대권현(東照大權現) 2-155
동족방닉(凍足放溺) 10-284
동중서(董仲舒) 3-138, 3-259, 4-159, 10-26, 11-67, 12-205
동지(同知) 8-251
동지사(冬至使) 8-270
동지하표(冬至賀表) 1-127
동진(東眞) 2-107, 8-203
동진(東晉) 8-56
동짓날 1-189
동창공(同昌公) 5-85
동창공주(同昌公主) 2-281
동척(銅尺) 9-52
동천성주(洞天聖酒) 5-145
동천왕(東川王) 1-203, 3-60, 3-145
동천청록(洞天淸錄) 5-246
동철(銅鐵) 4-48
동첨서(同簽書) 8-251
동청(冬青) 11-210
동청수(冬青樹) 12-382
동청행(冬青行) 8-114
동총(東葱) 11-294
동추서대(東推西貸) 10-263
동취서대(東取西貸) 10-263
동치서주(東馳西走) 10-285
동치제(同治帝) 3-162
동탁(董卓) 4-117, 4-144, 5-312
동태(冬太) 12-244
동태사(同泰寺) 7-76
동택(董澤) 11-306
동파(東坡)➪소식(蘇軾)
동파관(東坡冠) 5-43, 5-44
동파별집(東坡別集) 8-92
동파서벽(東破西劈) 10-304
동파시집(東坡詩集) 3-186
동파지림(東坡志林) 11-105, 12-193, 5-215, 5-326, 6-91, 7-313, 7-324
동파집(東坡集) 2-45, 2-152, 3-244
동평군(東平郡) 3-54
동평위(東平尉)➪정재륜(鄭載崙)
동하(銅荷) 5-305
동학(東學) 7-45
동한(東漢) 5-54, 7-225
동합(東閤) 9-172
동해(東海) 2-27~28, 2-208, 6-93,

11-264, 12-125, 12-225
동해군(東海郡) 3-194
동해부인(東海夫人) 12-277
동헌(東軒) 9-172
동헌장노(東軒長老) 9-172
동헌필록(東軒筆錄) 5-187
동현(董賢) 7-225
동협(東峽) 7-40
동호(東胡) 1-191, 2-150, 4-219, 5-27, 5-86
동호씨(冬扈氏) 12-296
동혼 2-324
동혼후(東昏侯) 2-209, 2-247, 2-323
동화(橦花) 12-276
동화문(東華門) 6-238
동환(銅鍰) 4-231
동황(黈黃) 11-108
동황성(東黃城) 1-203
동훈(董勛) 1-79
돼지 5-188, 5-207, 12-108~109, 12-142, 12-145, 12-164, 12-167, 12-175, 12-177, 12-232
돼지이[豕虱] 12-68
되[胡] 5-309
되바람[胡風] 1-61
두(餖) 5-172
두(杜) 11-240
두(斗) 1-30, 9-41, 9-53
두(豆) 9-53
두(篼) 4-168
두대중(杜大中) 2-313
두강(杜康) 5-142, 6-233
두건(頭巾) 5-47
두건덕(竇建德) 7-280
두견(杜鵑) 7-199, 11-210, 12-271, 12-356, 12-371
두견화(杜鵑花) 11-34, 11-70
두경(杜瓊) 8-236
두경검(杜景儉) 11-74
두계(杜溪)➪홍우정(洪宇定)
두공(竇鞏) 10-33
두공(竇公) 7-30
두곽엽(豆藿葉) 5-184
두관(斗冠) 5-44
두관초(豆蔻草) 11-52
두관화 11-52
두광국(竇廣國) 7-146
두괴(斗魁) 11-287
두기(杜畿) 2-297, 12-196
두기(斗皮) 5-319
두꺼비 기름 12-128
두꺼비[蝦蟆] 7-164, 7-166, 7-184, 12-47, 12-55, 12-182
두꺼비선사[蝦蟆禪] 7-121
두대가한(豆代可汗) 10-253
두더지[鼢] 12-152, 12-300
두도(杜度) 3-158
두도(竇滔) 3-271
두두리(豆豆里) 4-241, 6-246
두드림[叩] 12-184
두락 4-126
두레박틀[桔槹] 4-168
두루마기 5-75
두루미[杜雨尾] 12-322, 12-332
두류산(頭流山) 2-68, 7-40
두류산기(頭流山記) 8-216
두릅나물[木頭菜] 11-280
두만(頭曼) 10-253

두만강(豆滿江) 1-192, 1-243, 1-245, 1-248, 2-111, 2-117, 3-53
두매[豆麻] 10-49
두모(抖毛) 4-196
두목(杜牧) 2-290, 3-143, 4-116, 4-142, 7-211, 8-98, 10-226, 11-52, 11-107, 11-258, 12-328
두목지(杜牧之)➪두목(杜牧)
두무(竇武) 7-182
두무(兜鍪) 4-48, 5-86
두문동(杜門洞) 2-349
두문불출(杜門不出) 10-312
두미천(斗尾遷) 12-117
두보(杜甫) 1-28, 1-54, 1-71, 1-74, 1-82~83, 1-124, 1-135, 1-147, 2-27, 2-57, 2-69, 2-140, 2-246, 3-77, 3-84, 3-162~163, 3-259, 4-34, 4-78, 4-96, 4-110, 4-112, 4-165, 4-238, 5-43, 5-58, 5-69, 5-77, 5-104, 5-147, 5-149, 5-158, 5-176, 5-185, 5-194, 5-198, 5-249, 5-270, 5-296, 5-310, 5-312, 5-329~330, 6-24, 6-77, 6-100, 6-230, 7-32, 7-151 7-298, 8-21, 8-29, 8-70, 8-80, 8-130, 8-150, 8-173, 9-110, 9-116, 9-132~134, 10-42, 10-128, 10-139, 10-157~158, 10-198, 10-206, 10-227, 10-248, 11-51, 11-113, 11-174, 11-178, 11-199, 11-246, 11-250, 11-282, 11-288, 11-291, 12-150, 12-190, 12-239, 12-240, 12-298, 12-307, 12-323, 12-354, 12-360, 12-369
두부한(豆腐干) 10-51
두비(蠹髭) 12-304
두빈(杜彬) 6-37
두사랑(杜四郎) 3-153
두사례(杜師禮) 3-198
두서(豆鼠) 12-158
두석(杜錫) 10-234
두성(斗星) 12-212
두소(斗筲) 5-279
두순학(杜荀鶴) 3-153, 8-134
두시(杜詩) 4-165
두시언해(杜詩諺解) 3-238
두신(竇申) 12-306
두아(豆芽) 11-95
두약(杜若) 11-205
두양잡편(杜陽雜編) 2-176, 2-208, 2-281, 2-282, 5-105, 5-128, 5-236, 5-249, 11-94, 11-157, 11-174, 12-328
두양편(杜陽編) 7-104, 7-209
두어(杜禦) 10-222, 12-106
두억(斗億) 9-152
두여회(杜如晦) 3-22
두영(竇嬰) 6-286
두예(杜預) 5-270, 5-322, 7-182
두예전(杜預傳) 5-320
두우(杜佑) 2-120, 4-123
두우(杜宇) 12-356
두우성(斗牛星) 2-256
두유(竇攸) 12-154
두유(豆乳) 5-176
두율우주(杜律虞註) 2-167
두의(竇儀) 3-189
두자(頭子) 4-89
두자미(杜子微)➪두보(杜甫)
두전(頭錢) 6-114
두정(餖飣) 10-123

ㄷ

두정륜(杜正倫) 2-224
두조(杜操) 3-158, 3-223, 3-228
두종(杜悰) 8-74
두주(竇州) 2-96, 11-168
두주(杜周) 7-332
두진(痘疹) 11-65
두창(頭瘡) 11-75
두창(痘瘡) 6-183
두체(杜棣) 11-227
두타(頭陀) 7-60
두타비(頭陀碑) 7-67
두타산(頭陀山) 2-34
두풍(頭風) 5-46
두필(杜弼) 7-228, 7-318, 8-172
두헌(竇憲) 8-98
두헌전(竇憲傳) 4-105
두형(杜衡) 11-142, 11-205
두형(荰蘅) 6-182
두화(頭花) 1-57
두화우(豆花雨) 1-56
두회(頭盔) 10-256
두회(杜回) 6-143
둔(腖) 6-187
둔갑개산도(遁甲開山圖) 7-27
둔갑개천도(遁甲開川天圖) 1-180
둔갑서(遁甲書) 1-148
둔병(屯兵) 4-164
둔재한람(遯齋閑覽) 1-59, 8-44, 12-57
둔전(屯田) 4-164, 4-185
둘(乧) 9-246
둘쭉[頭乙粥] 11-227
둥글부채[團扇] 5-297
뒷전[後殿] 10-113
드렁허리[鱓] 12-213, 12-254, 12-266
득롱망촉(得隴望蜀) 10-302
득모암(得母庵) 7-112
득불보실(得不補失) 10-266
득신점(得辛占) 1-165
득윤면(得尹面) 3-125
들까치 7-164
들누에(野繭) 5-131
들보리 4-144
들소(犦) 5-56
들완두[野豌豆] 11-279
들파[野葱] 11-293
등(橙) 11-256, 11-257
등(藤) 2-153, 5-145, 11-215
등(鐙) 4-90
등(滕) 5-101
등(簦) 5-294
등(橙) 5-83
등가(登假) 9-106
등개(登塏) 7-55~56
등기름 11-206
등기지물(等棄之物) 10-311
등나무 11-216, 11-264
등래(登萊) 11-138
등래성(登萊城) 2-157
등롱 5-302
등롱과(燈籠果) 11-228
등만(鄧曼) 3-147
등목(登木) 11-184
등문고(登聞鼓) 9-56
등보산(登葆山) 2-212
등부인(鄧夫人) 2-284
등사(騰蛇) 12-73
등사(螣蛇) 7-171
등산질욕(登山叱辱) 10-302

등상(藤床) 5-307
등성(登成) 5-132
등성마루 12-217
등씨(鐙氏) 2-271
등애(登磑) 12-53
등애[虻] 12-53
등양(騰揚) 10-318
등왕각서(滕王閣書) 8-116
등용(騰踊) 9-189
등우(鄧禹) 3-155, 5-294
등원(騰遠) 11-206
등자(橙子) 11-235, 11-257
등자계(鐙子髻) 2-287
등자장(橙子醬) 12-243
등잔병곡(燈盞柄曲) 3-240
등전고지(謄傳故紙) 10-290
등조(謄詔) 3-204
등주(登州) 2-88, 4-194, 12-126, 12-241, 12-275
등준시(登俊試) 3-182
등지(鄧芝) 7-304
등지느러미[鬐] 12-267
등진은결(登眞隱訣) 5-140
등책(藤策) 4-64
등통(鄧通) 6-161, 8-80
등통전(鄧通傳) 10-248
등판(等版) 4-102
등하불명(燈下不明) 10-265
등한지사(等閒之事) 10-293
등황(謄黃) 3-204
따오기 7-184, 7-193
딱따구리[啄木] 12-346~347
딱따기[柝] 4-68
딸기[莓] 11-260
땅거미[土鼅鼊] 12-33
땅누에[地蠶] 12-46
땅벌 5-165, 12-38, 12-40
땅움[地窖] 4-207
땔감[椎柴] 11-322
떡[餠餌] 4-149
떡국모임(湯餠會) 1-77
또아리[道阿里] 5-315
똥 5-323
똥구멍[九竅] 12-147
뜨물[滫瀡] 10-122
뜸[篷] 4-263, 5-330
뜸부기[鷃北入] 12-354

ㄹ

라(贏) 7-255
락(烙) 5-117
란(鸞) 12-380
란(闌) 8-86
랍(蠟) 5-301
랑(蜋) 12-71
래(萊) 5-136
량(良) 2-238
량(兩) 4-38
러시아[羅禪] 1-251
려(盭) 7-259
려(蠡) 7-273, 10-129
려(糲) 4-144, 5-210
려(綟) 5-125
려(荔) 1-128
려(蜧) 1-179
려(驢) 9-34
력(歷) 6-85

련(蓮) 7-252
렬(鴷) 12-346, 12-347
령(寧) 6-85
령(鈴) 4-89
령(苓) 5-323, 7-252
령(麢) 12-129, 12-139
령령(軨軨) 12-111
로(鹵) 5-178
로(輅) 5-324
로(穭) 4-144
록(簏) 4-203
록(祿) 5-157
록(簶) 4-63
뢰(儡) 7-218
뢰(賴) 3-119
뢰(獵) 6-271
료(獠) 2-148
료(蓼) 4-146
료(橑) 11-247
루(婁) 1-30, 12-135
루(壘) 1-80
루(膢) 1-119
루(鷜) 12-353
류(柳) 8-44
류(榴) 11-240
류(鶹) 12-351
류(類) 7-106, 7-181
류(留) 7-250
류(梳) 5-158
륜(蜦) 12-230
률(栗) 8-44
륵(勒) 5-101
륵(鰳) 12-251
릉(菱) 11-60
릉(綾) 12-213
리(梨) 11-240
리(貍) 7-255, 12-131
리(离) 12-209
리(螭) 12-209
리(釐) 4-156
리(里) 4-249, 8-73
리(鯉) 12-227
리(鵹) 12-308
리수(灕水) 12-252
리호(履鎬) 1-21
린(麟) 12-77
린(獜) 12-78
린(隣) 4-249
린작(藺鵲) 12-305
립(笠) 7-251

ㅁ

마(麻) 1-189, 3-202, 4-139, 11-276
마(馬) 6-113, 9-34
마(禡) 1-126
마가(摩伽) 12-108
마가도륵(摩訶兜勒) 6-43
마가목(馬價木) 2-185, 11-135
마가타국(摩伽他國) 11-55
마간석(馬肝石) 2-190
마갈(磨蝎) 6-151
마갈괴(磨蝎壞) 6-151
마감법(磨勘法) 9-174
마갑주(馬甲柱) 12-235
마고(魔鼓) 1-134
마고(麻姑) 12-332
마고단(麻姑壇) 11-65

마고주(麻姑酒) 6-221
마권찰장(磨拳擦掌) 10-278
마귀(麻貴) 3-105
마균(馬鈞) 1-68, 4-71
마균(馬均) 4-136
마근(馬芹) 11-284
마납(磨衲) 5-76
마노(瑪瑙) 4-97, 5-243
마뇌합(馬腦榼) 5-278
마누라[抹樓] 9-75
마늘[漫卵] 11-262
마늘[蒜] 11-132, 11-262
마니보주(摩尼寶珠) 8-172
마니산(摩尼山) 1-238
마니주(摩尼珠) 8-173
마도(魔道) 10-65
마도(馬刀) 12-279
마두(馬豆) 4-142
마두건(摩兜鞬) 7-327
마두견(磨兜堅) 7-327
마두납채(馬頭納采) 10-297
마두낭(馬頭娘) 1-92, 5-129
마두령(馬兜鈴) 4-89
마라(麻羅) 6-258
마라타(摩羅陀) 7-54
마란(馬蘭) 11-32
마랑부(馬郎婦) 2-307
마래기[抹額] 2-348, 8-209, 12-127
마량(麻兩) 10-130
마려(馬黎) 2-125
마련(磨鍊) 9-174
마렵봉(馬鬣封) 3-73
마류(馬留) 10-238
마류(馬柳) 12-203
마른천둥 1-181
마름 1-169
마릉(馬陵) 10-59
마리아(Maria) 7-46~47
마린노발살(磨隣老勃薩) 11-235
마립간(麻立干) 2-132, 10-51
마마(蟆蟆) 12-360
마미군(馬尾裙) 5-67
마미초(馬尾草) 11-319
마반(馬絆) 4-55
마발(馬勃) 7-291
마백(麻魄) 5-176
마병(麻餠) 5-156
마복군(馬服君) 3-132
마부대(馬夫大) 3-199
마비(馬疕) 7-291
마사(馬沙) 4-142
마사(摩挲) 10-247
마사가유(馬思哥油) 5-191
마상선(亇尙船) 1-248
마상총(馬上銃) 4-39
마성(磨城) 5-321
마성산(馬成山) 12-295
마세(磨洗) 5-76
마씨(馬氏) 3-130, 10-42, 10-59
마야씨(摩耶氏) 7-66
마왕(馬王) 12-195
마운두성(劘雲頭城) 1-243
마원(馬援) 2-186, 3-132, 5-210, 6-184, 7-199, 7-308, 8-48, 10-143, 10-212, 11-133, 12-65
마원전(馬援傳) 4-229, 10-203
마유(馬蚰) 12-70
마유포도(馬乳葡萄) 11-234

ㅁ

마융(馬融) 3-33, 4-90
마융(馬隆) 4-68, 4-84
마은(馬殷) 1-69
마읍(馬邑) 1-215
마읍산(馬邑山) 2-121
마의왕자(麻衣王子) 8-213
마이산 2-82
마이천(摩夷天) 10-56
마인절(麻仁節) 4-54
마자부(麻子賦) 6-185
마자수(馬訾水) 1-256
마작(馬勺) 5-317
마장니(馬障泥) 12-207
마장초(馬腸草) 12-142
마전현(麻田縣) 3-46
마정송(摩頂松) 11-58
마제(魔帝) 3-41
마제금(馬蹄金) 5-215
마제별(馬蹄鼈) 5-203
마조(馬藻) 11-292
마조(馬祖) 4-242, 6-205
마조(馬弔) 6-113
마조암(馬祖巖) 4-242
마주(馬周) 5-67, 6-155, 7-301
마죽동(馬竹洞) 1-234
마진(摩震) 2-127
마진(馬臻) 2-36, 4-152
마찰도(麻札刀) 4-50
마천령(摩天嶺) 10-189
마천리(馬千里) 8-51
마철(馬鐵) 4-94
마초(馬超) 4-73
마추(麻秋) 9-158
마츤(麻襯) 5-176
마치(馬齒) 11-79
마침(磨針) 10-38
마탁(馬鐸) 8-45
마태(馬太) 4-142, 10-122
마태성(馬胎星) 9-83
마테오 릿치(利馬竇) 1-146, 1-162, 1-163, 2-70, 2-195, 3-286, 5-247, 7-44, 7-47, 7-181, 12-120
마파람[馬風] 1-62
마포(麻布) 5-78, 5-68
마포(麻浦) 1-222, 9-44
마하가섭(摩訶迦葉) 7-71
마한(馬韓) 1-195, 1-196, 1-201, 2-120~121, 2-131, 2-138, 2-142, 7-135, 12-198, 12-377
마해(馬薤) 1-128
마혁(馬革) 4-99
마호(麻胡) 9-158
마호메트 7-45
마흔[麻漢] 10-130
막(莫) 2-170
막감수하(莫敢誰何) 10-279
막고[籬隔] 10-191
막관(幕官) 8-54
막길렬(邈佶烈) 2-242
막능당(莫能當) 10-314
막북(漠北) 2-113
막상막하(莫上莫下) 10-285
막수(莫愁) 8-88
막안(幕案) 8-265
막야(莫邪) 12-171
막야도(莫邪屠) 7-67
막지기고(莫知其故) 10-312
막차위심(莫此爲甚) 10-274

만(鸞) 7-151
만(蠻) 2-146
만(曼) 3-147
만(獌) 12-173
만경대(萬景臺) 1-223
만경창파(萬頃蒼波) 10-280
만고풍상(萬古風霜) 10-284
만구일담(萬口一談) 10-277
만국전도(萬國全圖) 2-222
만금태(蔓金苔) 11-309
만년력(萬年曆) 1-98
만년지(萬年枝) 11-210, 12-382
만년합(萬年蛤) 2-174
만두(饅頭) 5-162
만랄가국(滿剌加國) 5-246, 12-376
만랑수(漫浪叟) 3-163
만력(萬曆) 1-163, 1-234, 2-109, 2-169, 2-195, 5-260
만력제(萬曆帝) 10-104
만뢰구적(萬籟俱寂) 10-304
만리(鰻鱺) 12-263
만리동(萬里洞) 3-64
만리선(萬里船) 4-287
만마도(萬馬圖) 3-244
만마동(萬馬洞) 3-202
만만(蠻蠻) 12-310
만만(滿萬) 2-109
만명(萬明) 3-148
만무(萬舞) 1-100
만무시리(萬無是理) 10-305
만물초(萬物草) 2-73
만반진수(滿盤珍羞) 10-286
만병초(萬病草) 11-75
만부교(萬夫橋) 4-237, 12-183
만부당(萬不當) 10-315
만불근사(萬不近似) 10-295
만사무석(萬死無惜) 10-305
만사여생(萬死餘生) 10-261
만산장(漫山帳) 2-168
만산편야(漫山遍野) 10-281
만삼(蔓蔘) 11-85, 11-145, 11-278
만석(曼石) 9-152
만석군전(萬石君傳) 9-196
만석중(曼石衆) 9-152
만선두리(漫船杜裡) 5-59
만세교(萬歲橋) 4-239, 4-293
만세덕(萬世德) 3-105
만세지(萬歲枝) 11-211
만수성절(萬壽聖節) 2-140
만수시화(漫叟詩話) 10-222
만실우환(滿室憂患) 10-303
만씨(瞞氏) 3-119
만씨국(蠻氏國) 12-56
만안군(萬安軍) 12-376
만안산(萬安山) 3-78
만여(謾與) 8-85
만연(獌狿) 12-173
만연(蟃延) 6-128
만연어룡(曼延魚龍) 6-127
만옥(璊玉) 5-242
만우(蔓于) 11-152, 11-322
만월대(滿月臺) 1-207
만이(蠻夷) 5-329
만자(蠻子) 2-293
만적(萬積)의 난 8-281
만전(縵田) 4-129
만전(蠻蛑) 12-217
만전불패(萬全不敗) 10-297

ㅁ

만전춘(滿殿春) 6-59
만정(幔亭) 5-293
만정(縵亭) 6-273
만족(蠻族) 10-255
만주(滿洲) 2-131, 6-191
만주(滿住) 3-118
만주방략(滿洲方略) 12-306
만주족(滿洲族) 10-253
만죽정(萬竹亭) 3-164
만지(蠻紙) 3-202
만진남주이물지(萬震南州異物志) 6-110
만청(蔓菁) 11-268, 11-293
만파식적(萬波息笛) 6-50
만패불청(萬敗不聽) 10-280
만폭(萬瀑) 2-44
만폭동(萬瀑洞) 2-43
만호(璊瑚) 5-242
만호영(曼胡纓) 4-50
만화방석(萬花方席) 5-249
만화회(萬花會) 11-76
말[斗] 4-178, 4-186, 11-246
말(抹) 5-59
말(袹) 2-335
말갈(靺鞨) 1-249, 1-260, 2-28, 2-127, 2-128, 2-150, 3-54
말갈산 4-292
말개미 1-139
말거(抹去) 10-326
말거(末祛) 10-326
말거머리[馬䗪] 12-51
말건(鞨巾) 5-59
말건(濊巾) 5-111
말궐(末厥) 5-49
말귀[馬耳] 4-147
말노(末老) 2-136
말다국(末多國) 11-314
말도수(末塗水) 1-183
말두(袹頭) 2-335
말딸기[馬莓] 11-261
말똥구리[馬糞轉] 7-159, 12-70
말뚝 2-132
말릉령(秣陵令) 3-42
말리(茉莉) 11-163
말리화(茉莉花) 11-51
말말뚝[馬秣纛] 12-203
말매미[馬蜩] 12-61
말벌[馬蜂] 12-40
말벌집[馬蜂窠] 12-40
말복(末伏) 1-115
말비름(馬齒莧) 11-320
말소(抹消) 10-326
말신(末臣) 7-264
말액(抹額) 5-58, 5-59, 5-61
말작(襪雀) 12-364
말제(末帝) 7-280
말초(末梢) 10-322
말치 12-195
말하(末下) 5-180
맘(鋄) 4-90
맘은사건(鋄銀事件) 4-91
망(望) 1-140, 3-90
망강남사(望江南詞) 5-144
망건(網巾) 5-32, 5-48, 5-54, 10-256
망건편자(網巾編子) 5-49
망궐례(望闕禮) 8-265
망기경(望氣經) 1-68
망기본(忘其本) 10-316

망기자(望氣者) 11-35
망덕사(望德寺) 7-130
망량(魍魎) 6-264
망로(莽鹵) 8-67
망뢰적(亡賴賊) 9-130
망망대양(茫茫大洋) 10-283
망발(妄發) 10-325
망부가(望夫歌) 8-99
망부사(望夫詞) 8-99
망부산(望夫山) 8-99
망부석(望夫石) 7-158
망산(邙山) 1-213
망상(望床) 5-164
망씨(蟒氏) 3-110
망씨(罔氏) 3-139
망양정(望洋亭) 4-274
망양혹귀(魍魎蜮 鬼) 1-133
망어(亡魚) 12-228
망어(硭魚) 12-261
망우(蟒牛) 12-192
망우당(忘憂堂)➪곽재우(郭再祐)
망월사(望月寺) 2-310
망유기극(罔有紀極) 10-306
망자경(亡子鏡) 11-197
망자존대(妄自尊大) 10-297
망장곡(亡章曲) 6-92
망제(望帝) 7-199, 12-356
망조(望潮) 12-241
망종(芒種) 1-56, 1-106, 4-139
망주석(望柱石) 3-76
망지소조(罔知所措) 10-264
망충(蟒蟲) 12-28
망통(芒筒) 6-39
망포(蟒袍) 5-35
망해정(望海亭) 1-227
망호(網戶) 4-217
망황(莽煌) 11-312
매(昧) 11-295
매(梅) 1-56
매(霉) 1-56
매(酶) 5-144
매괴화(玫瑰花) 11-37
매근(梅根) 8-79
매매(浼浼) 10-323
매매여차(每每如此) 10-295
매몰태과(埋沒太過) 10-279
매미 7-160, 12-60
매백(梅伯) 8-21
매보(梅譜) 8-160, 11-23
매빙사(媒聘使) 2-293
매상(昧爽) 10-204
매성유(梅聖兪) 6-252, 8-110
매소성(賣蘇城) 8-199
매수(買水) 2-328
매순(梅詢) 10-200
매승(枚乘) 3-261
매시충문(罵尸蟲文) 6-187
매실(乾榛) 11-247
매어(痳魚) 12-231
매요신(梅堯臣) 3-281, 5-151, 10-50, 11-61, 12-308
매월당(梅月堂)➪김시습(金時習)
매주(梅州) 2-96
매죽당(梅竹堂) 7-69
매죽루(梅竹樓) 4-271
매추라기[鶉] 5-207
매하(梅蝦) 12-235
매혼(賣婚) 10-58

ㅁ

매화(梅花) 9-226, 11-231
매화강(梅花腔) 6-72
매화뇌(梅花腦) 11-162
매화부(梅花賦) 9-225
매화사(梅花詞) 12-344
매화시(梅花詩) 8-115
매화장(梅花粧) 2-285
매화타령(梅花打詠) 6-93
매화풍(梅花風) 1-59
맥(貘) 7-160, 12-171~172
맥(貊) 2-117
맥(麥) 4-139, 11-295
맥(陌) 5-263
맥(貉) 2-122, 2-232, 4-29
맥경(脈經) 6-196
맥계(麥鷄) 12-312
맥국(貊國) 1-200, 2-116, 12-146, 12-257
맥랑(麥浪) 9-103
맥망(脈望) 12-29
맥망(脉望) 12-30
맥병찬(貘屛贊) 12-171
맥복(貉服) 5-57
맥상상(陌上桑) 2-312
맥숙(麥熟) 12-308
맥예(貉隷) 12-284
맥읍(麥邑) 5-321
맥제(貉祭) 4-29
맥철장(麥鐵杖) 6-212
맥황(麥黃) 1-57
맹(蝱) 4-37, 11-98
맹(鍽) 4-37
맹가(孟軻) 3-279
맹가(孟嘉) 7-246
맹감사동(孟監司洞) 1-218
맹격(孟激) 8-193
맹고불(孟古佛) 9-71
맹광(孟光) 2-259, 8-100, 8-284
맹괴(孟槐) 12-100
맹교(孟郊) 3-142, 5-307, 7-185, 11-39
맹교묘지(孟郊墓誌) 10-247
맹극(孟極) 12-311
맹기일(孟紀日) 6-237
맹동(孟冬) 4-230
맹랑(孟浪) 9-103, 10-319
맹만택(孟萬澤) 1-218
맹모(孟母) 7-165
맹민(孟敏) 10-232
맹분(孟賁) 10-217
맹사성(孟思誠) 9-71
맹상군(孟嘗君) 5-250, 5-270, 6-77, 9-211, 12-138
맹서(盟書) 2-242
맹씨(猛氏) 12-162
맹약서(盟約書) 1-256
맹영(孟穎) 4-277
맹인직문(盲人直門) 10-275
맹(氓) 7-256
맹자(孟子) 2-50, 2-122, 2-157, 3-100, 3-134, 3-216, 3-278, 3-280, 3-285, 4-124, 4-203, 4-246, 5-153, 7-27, 7-216, 7-220, 7-271~272, 7-339, 8-49, 8-167~168, 8-158, 8-176, 9-76, 9-87, 9-187, 9-189, 9-190, 9-202, 9-208, 9-216, 9-239, 9-257, 10-129, 10-138, 10-141, 10-146, 10-161, 10-164, 10-195, 10-245, 11-242, 12-48, 12-246
맹자반(孟子反) 9-117
맹자전(孟子傳) 5-73

맹자제사(孟子題辭) 10-135
맹자집주(孟子集註) 12-89
맹재인(孟才人) 8-95
맹종(孟宗) 7-211, 8-103
맹중자(孟仲子) 7-221
맹창(孟昶) 1-149
맹청(孟靑) 11-194
맹청(盲廳) 9-191
맹타(孟佗) 11-234
맹파(孟婆) 1-63
맹호연(孟浩然) 2-225, 8-79, 8-80
머귀 11-263
머루 11-259
머리긁개[搔頭] 5-296
머리띠[帕頭] 5-42
머리싸개[纚] 5-40
머리쓰개 5-42
머릿수건[幘收] 5-56
먹줄나무[繩木] 11-178
먼지 12-134
먼지떨이[麈尾] 12-134
멀구슬나무[楝] 5-141
멍석[網席] 4-168
메기[鯷] 12-215, 12-237, 12-248
메뚜기 12-28
메밀 5-186
메주[幽豉] 5-180, 5-182
메주가루 5-182
메주물 5-193
메추라기[鶉] 1-103, 5-198, 12-353
멥쌀[粳米] 5-155
멧대추나무 11-230
멧돼지 5-188
면(鮸) 12-258
면(面) 6-35
면(麵) 12-61
면강(勉强) 8-130
면계관화(麵鷄冠花) 11-72
면누비(麵縷緋) 5-77
면만황조(綿蠻黃鳥) 7-246
면면부절(緜緜不絶) 10-309
면면상고(面面相顧) 10-267
면목가증(面目可憎) 10-265
면부작(免不作) 10-317
면색여토(面色如土) 10-283
면수(麵樹) 5-186
면악(面岳) 1-214
면악(綿岳) 3-55
면어(鮸魚) 12-257
면참박(面黲縛) 6-185
면포(綿布) 4-177, 5-68
면화(綿花) 4-177, 5-135, 11-213
멸곡(滅穀) 1-187
멸려치(滅麗鰦) 12-257
멸만경(滅蠻經) 6-168, 7-103, 8-288, 8-289
멸오(滅吳) 1-187
멸이가의(蔑以加矣) 10-300
멸조어(粝鰷魚) 12-238
멸치[滅麗治] 2-149
명(榠) 7-114
명 태조(明 太祖) 3-123, 7-270
명(名) 11-103, 11-107
명(銘) 3-253, 3-261, 12-106
명가(名家) 8-157
명가리(鳴珂里) 4-97
명가천리(命駕千里) 10-92
명경(明瓊) 6-107

ㅁ

명경(明鏡) 7-87
명경과(明經科) 3-167, 3-184
명경대(明鏡臺) 7-87
명경수(明鏡數) 6-158
명경시첩(明經試帖) 3-171
명경업(明經業) 3-168
명고가(鳴皐歌) 3-254
명공거경(名公巨卿) 10-266
명교(鳴骹) 3-243
명궁(命宮) 6-151
명금조(命琴操) 8-192
명기위적(明其爲賊) 10-276
명당(明堂) 4-235, 9-23
명당위(明堂位) 7-259
명도(命刀) 5-225
명란(明卵) 12-244
명랑(鳴榔) 5-330
명려(熐蠡) 5-143
명령(冥靈) 11-201
명령(螟蛉) 2-240, 7-166, 7-277, 12-38, 12-39
명륜당(明倫堂) 8-192~193
명륜대전(明倫大典) 3-36
명망(明亡) 12-367
명맥소관(命脈所關) 10-268
명면각지(名面各知) 10-262
명목장담(明目張膽) 10-278
명문(命門) 6-178
명물지(名物志) 11-236
명백(冥伯) 8-73
명법업(明法業) 3-168
명부(螟蚹) 12-241
명불허득(名不虛得) 10-311
명비(明妃) 3-159
명사(鳴沙) 7-208, 11-38, 11-95
명사(明史) 2-112~113, 2-149, 2-167, 2-190, 2-227, 2-256, 2-301, 2-309, 3-41, 3-71, 3-105, 3-108, 3-126, 3-172, 3-199, 3-209, 4-38, 4-40~41, 4-71, 4-105, 4-170, 4-243, 5-40, 5-137, 7-44, 7-77, 7-196, 8-104, 8-187, 8-227, 8-229, 8-248, 8-254, 9-56, 9-157, 10-72
명사(榠樝) 11-229, 11-242
명사산(鳴沙山) 2-85
명산기(名山記) 2-46, 2-73, 2-76, 12-137
명산대천(名山大川) 10-272
명산업(明算業) 3-168
명서업(明書業) 3-168
명서풍(明庶風) 1-58
명성(明星) 7-66
명성성효(明聖成孝) 3-34
명소(明炤) 12-62
명수(明水) 5-243, 7-239
명숙공주(明淑公主) 3-85
명순옹주(明順翁主) 2-303
명승(明昇) 3-108
명시(明視) 12-147
명신록(名臣錄) 7-343
명심불망(銘心不忘) 10-297
명아자(蓂芽子) 11-321
명아주(藜) 5-201, 11-316
명약관화(明若觀火) 10-280
명양(螟養) 2-240
명엽초 1-111
명옥진(明玉珍) 3-108
명월(明月) 8-85
명월주(明月珠) 12-215

명월차(明月茶) 11-103
명월포(明月浦) 11-115
명의(命意) 10-322
명일통지(明一統志) 5-44, 5-147
명장경인(鳴將驚人) 10-276
명재(明齋) 5-46
명저국(明徂國) 2-214
멍정 2-343
명정언순(名正言順) 10-275
명제(明帝) 2-143, 3-131, 3-204, 5-54, 6-248, 7-62, 7-101, 7-122, 7-268, 10-181, 12-127
명조(鳴鳥) 12-303
명존실무(名存實無) 10-298
명종(明宗) 2-139, 2-143, 3-84, 3-23, 3-32~33, 3-161, 3-201, 4-108, 4-161, 8-229
명주(溟州) 6-56
명주가(溟州歌) 6-56
명지(名紙) 10-30
명천(明川) 1-243, 12-244
명철(明哲) 10-268
명충(明蟲) 7-253
명측괘일시(鳴側掛逸詩) 12-345
명타사(明駝使) 11-154
명태(明太) 12-244
명하사(名下士) 10-313
명하편(明河篇) 7-223
명함[名紙] 10-30
명현(瞑眩) 9-239
명협(蓂莢) 1-149, 1-157
명호주(名護州) 2-163
명화기(名畫記) 3-241
명화적(明火賊) 10-314
명황잡록(明皇雜錄) 3-242, 12-83, 12-343
모(模) 11-179
모(牡) 12-277
모(髦) 2-327, 5-208
모(旄) 4-27, 4-28, 4-34
모(帽) 5-39, 5-40
모(蕷) 11-326
모(鮪) 12-265
모가교(某家驕) 12-83
모간(毛茛) 12-270
모간초(毛茛草) 11-121
모개자지설(母改子之說) 7-268
모과(母寡) 7-241
모과(木瓜) 11-229
모관전(毛冠傳) 5-82
모기 12-45, 12-52~53
모기(暮起) 12-53
모기령(毛奇齡) 7-253
모년(冒年) 10-320
모단강(毛段江) 1-251
모당(慕堂)➪홍이상(洪履祥)
모도(栳桃) 11-250
모두(旄頭) 1-168
모두기(旄頭騎) 4-28
모두성(旄頭星) 1-35
모란 11-27, 11-207
모란등(牡丹燈) 5-304
모량리(牟梁里) 7-117
모려(牡蠣) 12-277
모릉(模稜) 7-293
모릉(毛稜) 9-137
모릉(毷綾) 5-113
모리원강(毛利元康) 2-160, 2-163

ㅁ

모리지배(牟利之輩) 10-296
모리휘원(毛利輝元) 8-279
모린위(毛獜衛) 2-109
모마(耗磨) 1-94
모막(侔莫) 8-130
모모(姆嫫) 7-210
모몰염치(冒沒廉耻) 10-293
모몽(茅濛) 7-29
모문룡(毛文龍) 2-101~102
모미(耗米) 4-180
모민국(毛民國) 7-201
모밀[木麥] 4-145
모배(膜拜) 7-72
모벌(矛伐) 7-283
모변지(毛邊紙) 3-203
모사(模寫) 3-244
모산유(茅山乳) 11-115
모서(毛犀) 6-204
모선(毛扇) 5-300
모수(茅蒐) 5-125
모수(毛遂) 7-304
모숙정(毛叔鄭) 7-239
모순(矛盾) 9-249
모시(牡臬) 7-161
모시[苧] 5-122
모시고훈전(毛詩詁訓傳) 8-273
모시베[毛施背] 5-121
모시전(毛詩傳) 7-247
모시조개(牡臬潮蚧) 12-280
모시초목조수충어소(毛詩草木鳥獸蟲魚疏) 12-330
모씨(毛氏) 7-250
모씨전(毛氏傳) 7-251
모악(母岳) 1-217
모악산(母岳山) 1-239
모어(毛魚) 12-231
모영(牟穎) 3-69
모용(慕容) 3-98
모용수(慕容垂) 4-196
모용씨(慕容氏) 3-98
모용언초(慕容彦超) 3-52, 9-214
모용외(慕容廆) 2-146, 3-61, 7-133
모용초(慕容超) 2-249, 9-212
모우(旄舞) 12-190
모우(旄牛) 4-27, 4-28, 12-190
모우(髦牛) 5-208
모우미성(毛羽未成) 10-274
모융(牟瀜) 7-267
모이(牟夷) 4-55
모이(冒耏) 2-180
모인(摹印) 3-231
모자(母子) 5-280
모자(毪子) 5-113
모자[布帽] 2-335
모장(毛萇) 3-135
모장(毛嬙) 7-169
모재(慕齋) ➪ 김안국(金安國)
모전(毛氈) 5-244
모조(帽罩) 5-50
모주(謀主) 2-157
모죽(母竹) 11-222
모지(母指) 9-202
모초성 7-29
모충(牟蟲) 9-187
모치(茅鴟) 12-306
모해(模楷) 11-180
모형(牡荊) 1-189, 3-125, 6-202
모호(模糊) 10-318

모화(牟禾) 4-146
모화관(慕華館) 4-234
모후(母猴) 12-113, 12-115
모휘(貘猸) 12-111
모흥혈(毛興穴) 2-93~94, 3-111
목(目) 9-235
목(楘) 10-129
목강(木强) 10-318
목강(穆姜) 11-181
목개(木介) 1-72
목객(木客) 7-41
목객조(木客鳥) 12-290
목거사(木居士) 6-273
목계(木鷄) 2-313
목계(木契) 4-24
목계가(木鷄歌) 6-58
목계수(木桂樹) 11-96
목골려(木骨閭) 3-115
목공(穆公) 3-76, 7-216, 7-224
목과국(木瓜國) 2-207
목구(木狗) 12-126
목권(牧棬) 12-189
목극등(穆克登) 1-246, 1-247, 2-117, 3-53
목기[杯圈] 5-272
목노(木奴) 8-74
목노(木狫) 2-148
목단(牧丹) 11-27, 11-29, 11-75
목단보(牧丹譜) 8-160
목도(木島) 6-54
목란(木蘭) 8-93
목란사(木蘭詞) 12-174
목란시(木蘭詩) 8-93, 8-101
목란화만(木蘭花慢) 6-72
목람(木藍) 11-47
목련비구(目連比丘) 1-120
목리(木李) 11-229
목멱(木覓) 1-213~215
목면(木棉) 5-133, 5-252, 7-71, 11-265
목명채(目明菜) 11-278
목밀(木蜜) 5-167
목불지서(目不知書) 10-282
목사향(木麝香) 11-167
목삼승(木三升) 5-112, 5-136
목서(木犀) 11-96, 11-211
목속미(木粟米) 11-277
목수(木手) 9-209
목숙(苜蓿) 4-217, 8-86, 11-277
목숙헌(苜蓿軒) 3-65
목신(木神) 6-242
목어(木魚) 7-79, 11-232, 12-245
목왕(穆王) 5-282, 6-139, 7-42, 7-237, 11-257
목우(木偶) 11-217
목우(木牛) 4-101
목은(牧隱) ➪ 이색(李穡)
목작약(木芍藥) 11-27
목장감목관(牧場監牧官) 4-88
목장식(頸飾) 5-51
목적(木賊) 11-285
목적초(木藏 草) 11-317
목제(穆帝) 6-236
목조(穆祖) 6-66
목종(穆宗) 2-139, 3-170, 5-251, 5-267, 7-137
목주(木主) 8-187
목주아(木周兒) 12-290
목지(木芝) 11-94

목책(木柵) 2-103
목천(木川) 3-109
목천(木薦) 4-46
목천자전(穆天子傳) 4-144, 7-72, 7-241, 12-189
목침(木枕) 5-105, 11-184
목탁(木鐸) 7-79
목포(木浦) 2-135
목필(鶩匹) 12-373
목필화(木筆花) 11-70
목화(木禾) 4-144
목후이관(沐猴而冠) 10-309
몰다승(沒多僧) 11-117
몰염치(沒廉恥) 10-255
몰운대(沒雲臺) 4-82
몰자(沒者) 10-43
몰자비(沒字碑) 3-187, 9-205
몰지각(沒知覺) 9-224, 10-317
몰풍경(沒風景) 10-226
몽(蒙) 4-57
몽(蠓) 1-177
몽검(蒙儉) 3-113
몽계필담(夢溪筆談) 1-46, 2-211, 5-263, 6-49, 6-244, 7-222, 8-22, 9-109
몽고(蒙古) 1-241, 1-250, 1-252, 1-255, 2-114, 2-124, 2-130, 2-149, 3-55, 3-117, 6-230, 7-313, 8-203
몽고군 2-165
몽고마(蒙古乜) 3-126
몽구(蒙鳩) 12-364
몽귀(蒙貴) 12-151, 12-179
몽달군(蒙㺚軍) 7-122, 10-64
몽달귀신(蒙㺚鬼神) 10-64
몽동(蒙鶇) 12-294
몽롱(朦朧) 10-317
몽매지외(夢寐之外) 10-299
몽송(蒙頌) 12-151, 12-152
몽송(霿凇) 1-70
몽수(濛水) 1-175
몽암거사(夢庵居士) 7-96
몽염(蒙恬) 3-210, 6-35
몽예(夢囈)➪남극관(南克寬)
몽전(蒙氈) 5-112
몽정차(蒙頂茶) 11-103
몽조(夢鳥) 12-307
몽촌(夢村)➪김수(金睟)
몽치 12-106
몽학(蒙學) 8-249
몽화록(夢華錄) 1-99, 6-263
묘(昴) 1-30
묘(卯) 1-30, 1-158
묘(猫) 2-148
묘(苗) 4-193
묘(藐) 9-208
묘(畝) 4-127, 4-171, 8-275
묘(晦) 4-128
묘군(卯君) 9-61
묘당(廟堂) 3-22, 4-136
묘대부(墓大夫) 8-288
묘두(猫頭) 11-223
묘두오(猫頭烏) 12-356
묘롱법(畝隴法) 4-125
묘릉(墓陵) 2-110
묘리(妙理) 10-139
묘리(猫貍) 12-131
묘맥(苗脈) 10-306
묘민(苗民) 2-147
묘방(卯方) 4-22

묘부(卯簿) 8-238
묘사유파(卯仕酉罷) 10-281
묘성(昴星) 1-34, 1-108
묘세(畝稅) 4-183
묘시(卯時) 2-25, 10-281
묘씨(妙氏) 3-132
묘유(卯酉) 2-222
묘유사(卯酉司) 8 238
묘음(妙音) 8-50
묘이(畎夷) 2-145
묘일(墓日) 1-132
묘저(貓豬) 6-204
묘전(畝田) 4-125
묘전필언(墓前畢言) 10-272
묘제(卯際) 1-155
묘제(墓祭) 3-83
묘조(廟祧) 3-29
묘진경(苗晉卿) 10-213
묘청(妙淸) 2-186, 6-213
묘청(妙淸)의 난 6-287
묘항현령(猫項懸鈴) 10-267
묘향(廟享) 3-56
묘향산(妙香山) 2-77, 7-93
묘호(廟號) 3-34
무(楙) 11-135
무(蕪) 1-126, 11-268
무(戊) 1-158, 1-164, 1-167
무(武) 2-136, 3-57, 8-247, 9-259, 11-268
무(誣) 6-174
무[蔔] 11-301
무가국(無暇國) 2-214
무가내하(無可奈何) 10-279
무강거(武剛車) 4-84
무강왕(武康王) 2-131, 3-57
무격(巫覡) 6-73, 6-174, 6-211
무경칠서(武經七書) 4-104
무계관(無係關) 10-314
무계민(無繼民) 12-261
무고(巫蠱) 6-210, 6-223
무고감(無辜疳) 6-261
무고작산(無故作散) 10-283
무곡(武曲) 6-43
무공주(無孔珠) 5-234
무과어차(無過於此) 10-290
무관(懋官)➪이덕무(李德懋) 1-210
무관(武冠) 12-315
무관메뚜기 1-185
무광(務光) 3-223
무구검(毌丘儉) 8-96
무근지언(無根之言) 10-272
무기(無忌) 2-260
무단(武斷) 9-260
무대(茂大) 9-149
무대소(無大小) 5-100
무덕(武德) 5-256
무두귀(無頭鬼) 10-314
무량사(無量寺) 7-37
무럼생선[勿嚴生鮮] 12-233
무렴(無廉) 10-323
무령왕(武寧王) 5-57
무령왕(武靈王) 5-62, 5-85
무로(武露) 1-71
무론시비(無論是非) 10-282
무뢰국(無雷國) 2-213
무뢰배(無賴輩) 10-317
무료뢰(無聊賴) 9-168
무료태심(無聊太甚) 10-279
무릇[物尤] 11-295

ㅁ

무릉교(武陵橋) 4-282
무릉기(武陵記) 5-245, 11-60
무릉왕(武陵王) 6-231
무리(無利) 9-186
무림구사(武林舊事) 5-170
무마기(巫馬期) 12-222
무마일(戊馬日) 1-126
무망지사(无妄之事) 10-294
무망차(毋望此) 9-121
무면(無麪) 9-185
무면불탁(無麪不乇 / 無麪不飥 / 無麪飦飥) 5-176, 9-185, 10-308
무명(文英) 5-137
무명씨(無名氏) 10-315
무명지(無名指) 6-119, 9-202
무명지물(無名之物) 10-125
무목(武穆) 8-283
무무(武舞) 6-64
무변(武弁) 5-57, 5-64, 9-88
무부(珷玞) 2-234, 11-142
무부여지(無復餘地) 10-289
무분(武賁) 3-57
무불통지(無不通知) 10-274
무비국(無臂國) 2-215
무빙가고(無憑可考) 10-282
무산(茂山) 1-243, 1-245, 2-50
무산(巫山) 1-52, 3-222
무산고(巫山高) 8-82
무산관(武散官) 8-247
무상(無狀) 10-138
무상무벌(無賞無罰) 10-287
무색계(無色界) 10-56
무성(武城) 5-165
무성무취(無聲無臭) 10-275
무성자(務成子) 4-60, 7-25
무성제(武成帝) 9-126
무성현(武成縣) 1-60
무세실(武世室) 3-30
무소 12-123~124, 12-207
무소기탄(無所忌憚) 10-272
무소부지(無所不至) 10-279
무소식(無消息) 10-317
무송(茂松) 3-130, 9-147
무수(無愁) 11-268
무수(無優樹) 7-66
무신탑(無信塔) 7-101
무쌍정(無雙亭) 11-49
무안갑(無顏帢) 9-218
무양(無蛘) 8-30
무엄(無嚴) 10-321
무열(無熱) 9-240
무열수(武列水) 2-114
무염(無鹽) 10-170
무염국사(無染國師) 7-55
무옥(巫玉) 6-78
무왕(武王) 2-38, 3-33, 3-57, 3-279, 4-35, 5-99, 6-104, 7-239, 7-335, 9-259, 10-167, 11-199
무왕(武王) ➪ 대무예(大武藝)
무용귀(毋庸歸) 7-326
무용지물(無用之物) 10-322
무우(無憂) 11-268
무우국(犂嵎國) 2-215
무원록(無冤錄) 8-289, 8-290
무원형(武元衡) 8-92
무위이화(無爲而化) 10-293
무위진인(無位眞人) 10-76
무위태수(武威太守) 4-60

무유서(武攸緖) 8-214
무윤성(武允成) 4-135
무의곡(舞衣曲) 5-117, 5-118
무의초(無義草) 11-30
무이(武夷) 2-35
무이군(武夷君) 5-293, 6-272
무이기(武夷記) 5-293, 6-272
무이산(武夷山) 6-272
무이정사(武夷精舍) 7-102
무익(無弋) 3-112
무인지경(無人之境) 10-267
무자(舞子) 6-32
무자맥질[水潛] 6-143
무자의(無者儀) 2-304
무장(武將) 2-334
무장공자(無腸公子) 12-273
무장국(無腸國) 2-206
무장주(武壯州) 1-222
무장주(武藏州) 4-294
무재(茂才) 9-82
무적수(無敵手) 10-314
무전(繆篆) 3-231
무전대풍(無前大豊) 10-274
무정(武丁) 7-25
무정물(無情物) 7-160, 11-186
무정하(無定河) 8-125
무제(武帝) 1-77, 1-212, 2-142, 2-247, 2-348, 3-42, 3-57, 3-80, 3-95, 3-144, 3-158, 3-160, 3-240, 4-185, 4-229, 5-41, 5-256, 6-38, 6-123, 6-133~134, 6-145, 6-241, 7-61, 7-76, 7-104, 7-237~238, 7-280, 9-117, 8-81, 9-168, 9-222, 10-244, 11-202, 12-103, 12-140, 12-316
무족가관(無足可觀) 6-289, 10-288
무족정(無足鼎) 10-313
무종(武宗) 3-161, 4-112, 5-236
무주(茂朱) 8-289
무주(婺州) 6-169
무주공산(無主空山) 10-259
무준선사(無準禪師) 7-55
무지개 1-50
무진(無盡) 1-171
무진등(無盡燈) 7-78
무진악(武珍岳) 2-82
무진의보살(無盡意菩薩) 5-51
무진주(武珍州) 7-130, 7-131, 7-181
무차대회(無遮大會) 7-106
무착도사(無着道師) 2-78
무창(茂昌) 1-244
무창(武昌) 4-135, 7-158
무창산(武昌山) 8-104
무처부당(無處不當) 10-261
무청(蕪菁) 11-267
무초(舞草) 11-325
무출기우(無出其右) 10-286
무측천(武則天) 3-110
무타(無他) 8-31
무타도리(無他道理) 10-306
무평(武平) 12-106
무풍(巫風) 6-73, 9-131
무피차(無彼此) 10-314
무학(無學) 1-216~217, 1-223, 6-227
무한량(武閑良) 4-204, 9-88
무함(巫咸) 2-172, 2-212, 6-211
무핵조(無核棗) 11-237
무현(巫賢) 6-211
무현금(無絃琴) 6-23

ㅁ

무협(巫峽) 12-117
무호(武虎) 3-192
무환(無患) 11-182
무환목 11-181
무환주(無患珠) 11-182
무회목(無灰木) 11-183
무후(武后) 2-137, 3-178, 8-141, 8-187, 12-180
무후(武侯)➪제갈량(諸葛亮) 6-160, 11-268
무후심서(武侯心書) 5-284
묵가(墨家) 7-48, 8-157
묵객휘서(墨客揮犀) 9-116, 9-159, 12-148
묵덕나국(默德那國) 12-102
묵사(墨寺) 1-218
묵사동(墨寺洞) 1-218
묵산(墨山) 11-101
묵와납니가주(墨瓦臘泥加州) 2-222
묵응이산(墨應耳山) 11-92
묵자(墨子) 11-101, 11-181
묵자(墨子) 4-103, 6-55
묵장만록(墨莊漫錄) 8-45, 11-323
묵적(墨翟) 7-30
묵죽(墨竹) 3-244
묵특(冒頓) 3-115, 5-27
묵호자(墨胡子) 7-64
문(蚊) 12-52
문(文) 3-91, 3-111, 3-172, 3-261, 4-189, 8-66, 8-247
문(們) 9-116
문견록(聞見錄) 2-288
문견록(聞見錄後) 11-161
문견후록(聞見後錄) 7-328
문경(聞慶) 10-48
문계(文契) 8-35
문고리[門環] 4-231, 12-217
문곡(文谷)➪김수항(金壽恒)
문곡성(文曲星) 8-203
문공(文公) 4-28, 5-136, 7-216, 9-73, 12-35
문관메뚜기 1-185
문구(文具) 10-232, 10-323
문구(文龜) 12-218
문권(文券) 4-89, 8-35
문기록(聞奇錄) 12-98
문덕황후(文德皇后) 5-257
문동(門冬) 11-79
문동(門蓼) 11-79
문동답서(問東答西) 10-158, 10-282
문란(文蘭) 2-299
문로(文露) 1-71
문룡(文龍) 3-192
문막(文莫) 8-130
문망(門望) 8-263
문명(問名) 2-267
문명왕후(文明王后) 2-298
문모(門牡) 4-231
문모(蚊母) 7-165, 12-307
문모조(蚊母鳥) 12-52
문무(文無) 11-78
문무(文舞) 6-64
문무겸전(文武兼全) 10-271
문무교체(文武交遞) 8-241
문무왕(文武王) 2-136, 2-345, 4-263
문무화(文武火) 7-325
문문(文文) 12-108, 12-311
문미(門楣) 2-332

문보(文父) 3-86
문부(文賦) 9-110, 10-140
문불(文佛) 9-70
문불가점(文不加點) 10-278
문비(文魮) 12-249
문산(汶山) 4-206
문산관(文散官) 8-247
문생(文生) 3-90
문서(文書) 6-178
문서(文犀) 6-47
문선(文選) 1-30, 2-252, 5-54, 7-87, 7-306, 7-339, 8-28, 11-256, 12-56
문선왕(文宣王) 8-187, 8-189
문성공(文成公)➪안유(安裕)
문성니보(文聖尼父) 8-186
문성왕(文聖王) 7-131
문성초(文星草) 11-317
문세실(文世室) 3-30
문소전(文昭殿) 3-21, 3-32
문수(汶水) 12-148
문숙(文叔) 10-134
문신(文臣) 5-32
문약(文弱) 5-30
문어(文魚) 12-229, 12-241
문언박(文彦博) 3-130, 5-110
문영(文穎) 2-218
문왕(文王) 2-138, 2-246, 2-286, 3-33, 3-279, 7-211, 7-237, 7-346, 8-221, 10-150, 11-306
문요어(文鰩魚) 12-248
문원(文苑) 6-148, 8-58, 8-98
문의(文義) 12-76
문익점(文益漸) 5-134, 5-137
문인(聞人)씨 3-120
문일지십(聞一知十) 10-312
문자(文子) 6-176, 9-54
문자나무[蚊子木] 11-160
문장(文章) 8-270
문재승(聞齋僧) 10-314
문절망둑 7-164
문정(門庭) 10-191
문정공(文定公) 2-241
문정공(文正公) 8-203
문정왕후(文定王后) 3-23
문제(文帝) 2-143, 3-166, 5-35, 5-87, 5-256, 6-170, 7-93, 7-279, 8-125, 8-186, 10-139, 11-141, 11-164
문조(文祖) 3-30
문종(文宗) 1-132, 1-240, 2-42, 2-99, 2-139, 2-140, 2-279, 3-176, 4-109, 4-127, 4-155, 6-135, 7-109, 7-137, 7-345, 8-178, 10-239
문주왕(文周王) 1-205, 6-99
문주청화(文酒淸話) 9-123
문중자(文中子) 3-86, 6-224, 9-202
문창잡록(文昌雜錄) 12-366
문채(文采) 5-57
문천(文川) 11-56
문천상(文天祥) 2-255
문충(文忠) 6-57
문필대(門必大) 3-128
문하성(門下省) 9-49
문하시중(門下侍中) 3-67, 8-277
문한서(文翰署) 8-230
문합(蚊蛤) 7-165, 11-161
문합목(蚊蛤木) 12-307
문헌고(文獻考) 6-275
문헌통고(文獻通考) 2-121, 2-134,

ㅁ

2-176, 3-173, 5-26, 8-275, 12-198
문형(文衡) 8-234, 9-153
문화(文化) 3-43, 11-241
문후(文侯) 7-30
문희(文姬) 2-298~299
물(物) 4-27
물경(物景) 9-114
물고(物故) 9-106
물구즉신(物久則神) 10-277
물길(勿吉) 2-150
물다후(勿多侯) 2-116
물레[文萊] 5-137
물류상감지(物類相感志) 5-247, 6-221, 6-255, 7-176, 11-302, 12-40, 12-53, 12-58
물리론(物理論) 4-138, 11-118
물마루[水宗] 2-26
물무부대(物無不對) 10-270
물상(物狀) 12-80
물소[水牛] 12-125
물수리[鶚] 12-349
물아욱 7-211
물억새 1-120, 11-313, 12-260
물여우 12-325
물오리[野鳧] 12-321
물외[水瓜] 11-297
물장구[水缶] 6-45
물주(物主) 6-117
물총새깃모자[鷸冠] 1-66
물푸레나무[水青木] 5-302, 11-194
물풀무[水排] 4-165
물한년(勿限年) 10-316
미(黴) 5-210
미(嬍) 7-255
미(髟) 6-265, 7-255
미(尾) 1-30, 10-143
미(媚) 11-273
미(薇) 11-279
미(糜) 12-82, 12-133
미(未) 1-30, 1-158
미(米) 5-209
미(美) 8-91
미(眛) 11-89
미(蝞) 12-230
미(髟) 6-265
미(麛) 12-132
미가영(米嘉榮) 8-132
미각해(糜角解) 11-147
미경사소년(未經事少年) 9-137
미골(尾骨) 놀이 6-116
미궐(迷蕨) 11-279
미꾸라지 12-213
미나리 5-194, 11-284
미뇌(米腦) 11-162
미달일간(未達一間) 10-269
미당(米糖) 5-209
미도(蝞道) 12-230
미라국(彌羅國) 5-128
미려(尾閭) 2-219, 2-220
미려혈(尾閭穴) 2-29, 2-219
미류(彌留) 2-76, 10-326
미륵(彌勒) 2-134, 7-99
미마(齸麾) 12-219~220
미무(蘼蕪) 11-142, 11-151, 12-239
미미청(彌尾青) 11-194
미방(未方) 4-22
미봉(彌縫) 10-162
미봉만환(彌縫漫漶) 10-269

미사감타아지(迷思監朶兒只) 3-146
미사흔(未斯欣) 6-54
미산(眉山) 6-89
미선(尾扇) 5-297
미성(尾星) 1-33, 7-303, 12-212
미수(眉叟)➪허목(許穆)
미수기언(眉叟記言) 8-164
미수포(米秀包) 2 159~160
미씨(羋氏) 7-165
미아(媚兒) 6-218
미안(未安) 9-220
미앙궁(未央宮) 4-220, 6-146, 6-241
미양(迷陽) 11-279
미어(鮇魚) 12-231
미역[甘藿] 11-184
미원성(微垣星) 1-35
미응(未應) 11-259
미인 무지개[美人虹] 1-45
미자(微子) 2-242~243, 5-34
미장도(迷藏圖) 6-125
미전보(美錢堡) 2-111
미죽(篃竹) 11-273
미질향(迷迭香) 11-164
미질향부(迷迭香賦) 11-164
미천석도안(彌天釋道安) 3-141
미추왕(味鄒王) 3-95
미추왕릉(味鄒王陵) 3-59
미추홀(彌鄒忽) 3-59
미추홀국(彌鄒忽國) 2-116
미추홀묘(彌鄒忽墓) 3-59
미투리 5-103~104
미함(尾銜) 10-143
미후(獼猴) 7-183, 11-237, 12-111, 12-115
미후도(獼猴桃) 11-260
미희(美姬) 6-139
민(閩) 1-125, 11-36, 11-262, 12-78, 12-235, 12-255, 12-280
민(閔) 1-173
민(敏) 3-102
민(民) 3-89
민(䲄) 12-330
민(鞶) 12-189
민강(岷江) 4-78
민공(閔公) 3-32
민공(閔貢) 9-213
민기세(閔起世) 8-282
민녕(旻寧) 3-162
민달천황(敏達天皇) 7-89
민둔(民屯) 4-164
민몽룡(閔夢龍) 3-156
민백상(閔百祥) 5-89
민백항(閔百恒) 9-157
민백흥(閔百興) 9-157
민사(民社) 6-273
민산(汶山) 11-287
민산(岷山) 11-179
민산(泯山) 1-256
민세랍(民歲臘) 1-131
민순(閔純) 3-24
민신(閔愼) 2-346
민씨(民氏) 3-132
민암(閔黯) 2-239
민어(民魚) 12-258
민왕(閩王)➪희(曦)
민월(閩越) 6-169
민유중(閔維重) 9-31
민자건(閔子騫) 3-134, 9-200

민자건(民字巾) 5-44
민장(民狀) 8-35
민점(閔點) 2-239
민정중(閔鼎重) 9-31
민제(閔帝) 2-143
민조(憫祖) 10-229
민중(閔中) 2-133
민중왕(閔中王) 2-133
민중해착소(閩中海錯疏) 12-262, 12-272
민초(蔄草) 11-224
민호(民戶) 9-37
민회태자(愍懷太子) 10-234
민훤(閔萱) 2-294
밀(密) 6-85, 8-44
밀(蜜) 5-301
밀[眞麥] 5-186
밀가루 5-169, 5-173, 5-186, 7-61
밀가루고치[麵繭] 5-164
밀기울[麥皮] 4-144
밀랍 5-166
밀랍나무[蠟樹] 5-166, 12-41
밀밀촉촉(密密簇簇) 10-301
밀부(密符) 5-47
밀산(峚山) 11-209
밀신(密身) 7-217
밀양(密陽) 3-130, 4-153, 4-276
밀즉(蜜喞) 7-206
밀통(密筩) 11-297
밀행(蜜杏) 11-248
밀향(樒香) 11-154
밀화(蜜花) 5-52

ㅂ

바곳[董] 11-99, 11-275
바구니[巴具里] 4-168
바늘방석[針方席] 10-235
바다 갈매기 12-322
바다 새우[海蝦] 12-235
바다 거미[海蛛] 5-293
바다 고니 2-171
바둑[碁] 6-98
바라문[婆羅門] 2-186
바라밀[波羅蜜] 2-190
바빌론 7-46
바퀴벌레 12-58
작(彴) 4-245
박(駮) 12-91~92
박(朴) 3-93, 11-301
박(舶) 5-329
박(璞) 7-321, 9-240
박(襮) 12-295
박경(博經) 6-106, 6-117
박고(雹袴) 5-95
박기(博記) 10-141
박나물 11-301
박다진(博多津) 2-155
박대(博帶) 12-273
박두(迫頭) 10-322
박등아(撲燈蛾) 12-44
박락(煿烙) 5-200
박랍(撲拉) 4-196
박로 12-300
박록(撲漉) 8-72
박륙(博陸) 6-105
박마(駮馬) 12-91

박만(撲滿) 5-288
박문수(朴文秀) 9-50
박물군자(博物君子) 10-304, 12-286
박물세고(薄物細故) 10-306
박물지(博物志) 1-40, 1-66, 1-68, 2-199, 2-204, 2-209, 2-221, 2-288, 3-203, 4-82, 4-208, 5-166, 5-189, 5-195, 5-238, 5-246, 5-315, 6-98, 6-181, 6-260, 7-39, 7-152, 7-157, 7-172, 7-176, 9-250, 11-86, 11-104, 11-111, 11-162, 11-195, 11-222, 11-319, 12-52, 12-65, 12-97, 12-103, 12-156, 12-217, 12-221, 12-287, 12-305, 12-321, 12-329, 12-365
박민헌(朴民獻) 4-280
박부(樸父) 7-99, 7-192
박부국(搏父國) 2-215
박부득이(迫不得已) 10-292
박분(樸坌) 2-196
박삭(撲朔) 12-174
박산로(博山鑪) 8-91
박상(舶上) 11-74
박상(搏桑) 2-217
박서(搏黍) 12-359
박서(朴犀) 1-241, 8-204
박세당(朴世堂) 2-358, 3-269, 7-267, 7-269
박세무(朴世茂) 3-283
박세채(朴世采) 8-162, 8-195
박순(朴淳) 3-24, 9-26
박순하(朴純嘏) 7-140
박승종(朴承宗) 9-28, 9-30
박씨(朴氏) 3-93
박아(博雅) 1-174, 4-144, 4-221, 5-271, 9-247, 11-89, 11-120, 11-246, 11-285, 12-177, 12-188
박어(薄魚) 12-255
박어(鮁魚) 12-247
박연(朴淵) 2-42~43, 6-69, 7-142
박연(朴堧) 6-68
박연시(朴淵詩) 8-139
빅엽(朴燁) 4-291, 6-288, 8-208~209, 11-260
박우(犦牛) 12-191
박원형(朴元亨) 8-144~145
박유(朴褕) 2-247
박율(朴繘) 2-144
박은(朴誾) 2-296
박은(朴誾) 4-263
박이불정(駁而不精) 10-267
박이서(朴彝敍) 2-87
박이지(博異志) 8-37
박인량(朴寅良) 7-346, 7-347
박인범(朴仁範) 3-198
박인전(朴仁荃) 12-249
박일(迫溢) 10-322
박장(剝匠) 10-44
박장대소(拍掌大笑) 10-284
박절(迫切) 10-185
박제가(朴齊家) 2-180, 6-144
박제상(朴堤上) 6-54
박주산채(薄酒山菜) 10-297
박쥐[蝙蝠] 7-184, 12-152, 12-340, 12-352~353
박쥐중[鳥鼠僧] 7-121
박지원(朴趾源) 1-162, 1-193, 1-220, 2-62, 2-113, 2-167, 2-309, 3-132, 3-161, 3-272, 3-278, 3-283, 4-196,

ㅂ

5-29, 5-45, 5-68, 5-132, 5-231, 5-249, 5-262, 5-293, 6-175, 6-228, 6-229, 7-43, 7-49, 7-92, 8-164, 8-181, 8-276, 9-111, 9-242, 9-256, 10-45, 10-252, 11-97, 11-118, 11-120, 11-146, 11-219, 11-233, 12-103, 12-105, 12-317, 12-334, 12-376
박지화(朴枝華) 7-32, 7-35, 7-39
박진(朴晉) 4-43
박찬신(朴纘新) 6-274
박천집(博川集) 1-200
박타 12-136
박탁(薄托) 5-173~174
박탁풍 1-60
박탄(拍彈) 6-29
박태보(朴泰輔) 9-32
박태한(朴泰翰) 2-358
박판(拍板) 6-47
박필몽(朴弼夢) 3-156
박학기(博學記) 1-50
박학시(博學試) 3-182
박혁거세(朴赫居世) 2-131, 2-142, 7-129
박현석(朴玄石) 2-296
박형(朴泂) 3-274
박호(朴胡) 3-94
박홍구(朴弘耉) 9-28
박후(薄后) 2-323
반(盼) 2-205
반(反) 3-233
반(班) 8-247
반(襻) 5-97
반개화(半開花) 8-118
반계(磻溪)➪유형원(柳馨遠)
반계수록(磻溪隨錄) 3-283, 4-126, 8-162, 10-146
반고(班固) 2-308, 2-317, 3-121, 3-264, 4-71, 4-216, 6-98, 7-287, 8-248
반고(盤古) 3-49
반고국(盤古國) 3-121
반고생신(盤古生辰) 1-126
반고선생(盤古先生) 7-25
반고씨➪반고(盤古)
반골(反骨) 8-213
반궁(泮宮) 8-190
반금련(潘金蓮) 9-149
반나마(半那麽) 6-72
반낭묘(鞶囊墓) 3-72
반낭주대(飯囊酒帒) 10-287
반담수(半淡水) 2-58
반당(伴當) 1-193
반대림(潘大臨) 8-141, 10-159
반도이폐(半途而廢) 10-299
반두(攀斗) 4-203
반딧불 12-61
반량전(半兩錢) 5-256
반령괴뢰(盤鈴傀儡) 6-140
반모(班茅) 11-137
반모(盤蝥) 12-57
반모(鵉鶅) 12-295
반묘(斑猫)➪반모(盤蝥)
반무(柈舞) 6-65
반문농부(班門弄斧) 10-154
반박(斑駁) 10-323
반백(斑白) 10-318
반백(班伯) 6-71
반복소인(反覆小人) 10-276
반비(潘妃) 2-209, 2-323

반비(半臂) 5-65
반상락하(半上落下) 10-292
반생반사(半生半死) 10-294
반선(斑禪) 2-114
반선(半仙) 6-133
반설(反舌) 12-360
반소(班昭) 2-252, 2-308
반소(反騷) 8-23
반시(班始) 2-259
반신불수(半身不遂) 10-42
반씨(盤氏) 3-132
반아(盤鴉) 2-263
반악(潘岳) 3-135, 7-311, 8-106, 10-206, 11-222, 11-237, 11-249
반야경(般若經) 7-178
반야경설의(般若經說義) 7-55
반야산(般若山) 7-99
반야탕(般若湯) 10-187
반약충(潘若冲) 3-187
반양(盤羊) 12-141
반열(班列) 5-39, 6-212
반영(潘榮) 7-226
반옹매(飯甕埋) 5-199
반월성(半月城) 1-228
반유반(盤游飯) 5-199
반이소(反離騷) 12-98
반자진시화(潘子眞詩話) 8-117
반장(斑杖) 5-126
반전(盤纏) 10-146
반절(反切) 3-234
반점(反坫) 3-25
반정(頒政) 8-227
반제(半除) 5-65
반조(返照) 8-76
반지화(斑枝花) 5-134
반첩여(班倢伃) 3-264, 5-298
반초(班超) 6-155, 9-87, 9-115
반초전(班超傳) 10-42, 12-79
반촌인(泮村人) 8-191
반추(飯帚) 5-279
반포(斑布) 5-124
반포조(反哺鳥) 12-336
반표(班彪) 9-253
반하(半夏) 1-149, 11-295
반함(飯含) 2-329, 5-235
반혜곡경(盤蹊曲徑) 10-267
반호(盤瓠) 7-154
반혼수(返魂樹) 11-131
반후산(潘侯山) 12-190
반희가(班姬歌) 8-109
발(魃) 1-182
발(跋) 3-117, 3-261, 9-232
발(勃) 7-289
발계(祓禊) 1-102
발구산(發鳩山) 12-345
발극렬(勃極烈) 8-222
발길(潑洁) 9-150
발도자(發棹子) 12-272
발라(哱囉) 4-31
발로구(潑艫口) 5-275
발리(渤泥) 11-162
발명(發明) 12-381
발사(拔舍) 2-328
발사(撥沙) 6-169
발석거(發石車) 4-70
발설지옥(拔舌地獄) 7-121
발심초(拔心草) 11-319
발연사(鉢淵寺) 4-273, 11-172

ㅂ

발이국(鈸耳國) 12-235
발인(發靷) 2-340
발지후(撥地猴) 12-150
발피(撥皮) 4-204, 9-101
발하(拔河) 6-127
발한호(潑寒胡) 6-128
발합(鵓鴿) 12-334
발해(渤海) 1-195, 1-206, 2-107, 2-117, 2-126, 2-143, 2-151, 2-219, 3-128, 5-160, 7-54, 11-59
발해국(渤海國)➪발해(渤海)
발해만(渤海灣) 2-34
발혜(勃谿) 7-289
발호장군(跋扈將軍) 9-240
발효(醱酵) 5-155
밤나무[栗] 11-217, 11-231
밤천자 6-159
방(枋) 7-255, 11-184
방(房) 1-30
방(尨) 3-89
방(蚌) 5-232
방거(髼車) 12-112
방게[螃巨] 12-269
방고산(放皐山) 12-108
방관(房琯) 10-226
방광요통(膀胱腰痛) 11-135
방기략(方技略) 8-159
방기전(方技傳) 7-170
방납(防納) 9-37
방낭(方囊) 4-102
방뉴(旁紐) 8-64
방당산(磅礴山) 2-217
방두전(房杜傳) 10-162
방령(方領) 5-66, 5-68
방로(穭穭) 5-113
방릉(房陵) 6-163
방리(坊里) 8-259
방리마합찰랄(芳噤馬哈札剌) 10-254
방면(方面) 8-259
방몽(逄蒙) 4-57, 4-58
방문중(房文仲) 2-58
방물기(方物記) 11-261
방방곡곡(坊坊曲曲) 10-283
방불(彷彿) 10-326
방사(方士) 9-116, 12-29
방상(方喪) 3-24
방상붕(龐尙鵬) 4-170
방상씨(方相氏) 1-133, 2-342
방색(方色) 9-84
방서(方書) 7-178, 7-264, 11-196
방석례(方席禮) 8-272
방선(防扇) 4-81
방성(房星) 1-82, 2-93, 6-234, 12-195
방쇄(旁殺) 8-119
방술기(方術記) 4-22
방아깨비[蟿螽] 12-36
방아타령(房阿打詠) 6-52
방안상(龐安常) 7-193
방야(放夜) 1-93
방약무인(傍若無人) 10-276
방어 12-223, 12-225~226, 12-231~232
방언(方言) 2-229, 3-50, 4-47, 4-94, 4-167, 5-59, 5-95, 5-104, 5-111, 5-298, 5-308, 7-334, 9-63, 9-139, 9-244~245, 10-178, 10-221, 10-223, 10-257, 11-261, 11-267, 12-28, 12-32~33, 12-50, 12-60, 12-186, 12-297, 12-320, 12-378

방여승략(方輿勝略) 5-246
방우(牥牛) 12-189
방우선(方于宣) 8-226
방울초[鈴兒草] 8-45
방이(方夷) 2-145
방장(方丈) 7-55
방장산(方丈山) 2-68, 2-69
방전(方田) 3-248
방정(方程) 3-249
방제(傍題) 2-363
방족(髭族) 4-206
방주(蚌珠) 5-237
방죽(篣竹) 11-220
방지(榜紙) 3-203
방차(防遮) 10-321
방천리(方千里) 8-50, 8-51
방초(芳草) 8-84
방촌(尨村)➪황희(黃喜)
방촌비(方寸匕) 7-321
방춘(旁春) 2-145
방춘화시(方春和時) 10-291
방태초(龐太初) 5-276
방패(防牌) 4-46
방패철릭[方牌天翼] 5-53
방풍(防風) 12-240
방풍씨(防風氏) 2-201, 7-192
방하표(芳賀表) 8-81
방합(蚌蛤) 5-232, 10-260, 12-233, 12-236, 12-269
방합(放鴿) 12-334
방향(方響) 6-39
방현령(房玄齡) 8-188
방황(彷徨) 10-318, 12-69
방후(房后) 7-167
방휼지세(蚌鷸之勢) 10-260
방흘(方訖) 4-91
밭도랑[甽] 4-128
밭두둑[田陌] 4-127
밭벼[田禾] 4-132
배(裵) 3-102
배(排) 3-206
배[梨] 5-190, 11-240~241
배[排] 4-165
배가경(拜家慶) 2-225
배감(裵監) 9-71
배갑(背甲) 4-51
배광정(裵光庭) 8-227
배구(裴矩) 6-284
배균(裴鈞) 5-314
배꼽 12-140
배널(船板) 5-330
배도(裵度) 5-85, 6-152, 6-212, 6-279, 7-182, 8-123, 9-195, 10-121
배도화상(盃渡和尙) 7-106
배떠가기[船浮去] 6-131
배띠[肚帶] 5-47
배례(拜禮) 8-274
배반낭자(杯盤狼藉) 10-286
배비장(裵裨將) 6-93
배사령(陪使令) 10-45
배산임류(背山臨流) 10-288
배수(拜手) 8-272
배수(裵秀) 9-235
배수진(背水陣) 4-115, 4-267
배시황(裵是愰) 1-252
배신(陪臣) 7-265
배신부(裴神符) 6-25
배쌍(倍雙) 6-105

배아(陪阿) 6-266
배아해롱(陪阿鮭蠪) 6-266
배알(拜謁) 11-315
배알초(拜謁草) 11-315
배연(裵淵) 12-77
배염(裵炎) 12-106
배외갑(背嵬甲) 4-50, 4-51
배우(排偶) 3-173, 6-73
배은망덕(背恩忘德) 10-273
배인범(裵仁範) 8-54
배자(褙子) 5-65
배적(裴迪) 6-115
배접(褙接) 3-209
배조(背竈) 12-333
배주(拜住) 3-121
배추[菘] 11-270, 11-293
배치(背馳) 10-323
배해(裴楷) 8-107
배행검(裴行儉) 4-79
배형(裴鉶) 8-159
배홍태(裴弘泰) 5-314
백(白) 1-155, 6-85, 12-268
백(帛)씨 3-140, 3-141
백(苩) 3-112
백각(百刻) 1-146, 6-179
백거이(白居易) 1-88, 1-138, 2-237, 3-152, 3-163, 3-204, 4-113, 4-145, 5-93, 5-103, 5-124, 6-91, 6-96, 6-115, 7-300, 7-336~337, 8-94, 8-118, 8-241, 9-76, 9-236~237, 10-137, 10-155, 11-39, 11-63, 11-69, 11-101, 11-216, 11-324, 12-171, 12-336
백거이육첩(白居易六帖) 1-80, 6-139
백결선생(百結先生) 6-52
백결화(百結花) 11-157
백경아(白頸鵞) 2-307
백곡(百穀) 3-38, 4-138
백곡기문록(栢谷記聞錄) 6-186
백공(白公) 10-194
백공육첩(白孔六帖) 2-212, 3-42, 4-73, 4-249, 5-245, 7-140, 7-315, 10-208, 11-235, 11-248, 12-101, 12-218, 12-285~286, 12-336
백공천창(百孔千瘡) 10-263
백과(白果) 11-226
백관(白冠) 2-339
백광훈(白光勳) 4-269, 6-75, 10-194
백교(白鵁) 12-362
백구(白灸) 11-121
백구(白鳩) 6-31
백귀년(白龜年) 12-285
백급 2-214
백급지(白芨紙) 2-213
백기(白騏) 12-226
백기(白起) 3-136
백기(百忌) 6-234
백기(伯奇) 6-285
백기어(白旂魚) 5-304
백기주(伯耆州) 2-91
백단(白團) 1-112
백담(白啖) 5-202
백대붕(白大鵬) 3-273
백대형(白大珩) 9-30
백도(白徒) 10-319
백도(伯度) 3-158
백도눌(白度訥) 2-110
백두견(白杜鵑) 11-71
백두공(白頭公) 12-318

백두산(白頭山) 1-192, 1-197, 1-234, 1-245~246, 1-256, 2-117, 10-171, 12-52
백두옹(白頭翁) 11-29
백락(伯樂) 8-160
백락천(白樂天) 3-163
백랍(白蠟) 5-302, 11-120
백랑산(白狼山) 12-103
백량대(柏梁臺) 6-243, 3-265
백량대시(柏梁臺詩) 7-349, 11-231
백련초(白蓮草) 11-75
백령도(白翎島) 2-105
백령백리(百伶百俐) 10-284
백로(白露) 1-106
백로(伯勞) 12-157, 12-300
백로(白鷺) 5-53, 7-171, 8-102, 12-327
백로주 4-257
백로지(白鷺紙) 3-203
백록담(白鹿潭) 2-70, 11-109
백록동(白鹿洞) 8-196
백룡(白龍) 1-166
백룡퇴(白龍堆) 8-121
백률사(栢栗寺) 7-208, 11-171
백리해(百里奚) 7-224
백림(伯林) 12-199
백립(白笠) 2-339
백마(白痲) 5-122
백마(白馬) 2-146, 7-102, 7-283
백마강(白馬江) 1-228, 12-239
백만(白蠻) 2-145
백망(白望) 4-199
백망중(百忙中) 10-313
백매(白梅) 11-23, 11-43
백면리(白面貍) 12-126
백면서생(白面書生) 10-266
백모시(白苧) 5-252
백문선(白文善) 9-152
백미고사(白眉故事) 9-48
백민국(白民國) 7-188
백박(白縛) 5-71
백반(白礬) 2-58, 5-222
백발백중(百發百中) 10-261
백방립(白方笠) 5-50
백변(白邊) 9-105
백본(白本) 3-209
백부구 8-111
백분(伯盆) 5-329
백분일이(百分一二) 10-285
백빈(白蘋) 1-57
백사(白沙) 8-206
백사한삼(白紗汗衫) 5-72
백상(伯庠) 11-39
백상(百祥) 7-142
백생(白眚) 7-142
백석탄(白石灘) 8-91
백선연(白善淵) 1-107
백선증(白癬症) 12-253
백설(百舌) 12-360, 12-361
백수(白獸) 12-85
백수(白水) 선생 2-231
백수양(白水洋) 1-259
백수잔년(白首殘年) 10-270
백수준(百獸樽) 5-285
백승(伯升) 6-223
백시(伯時) 3-245
백시(白兕) 5-285
백신이(白辛夷) 11-70
백씨공첩(白氏孔帖) 7-158

ㅂ

백씨집시(百氏集詩) 11-50
백아(伯雅) 5-286
백아강(百牙岡) 1-214
백악(白岳) 1-201
백악구비(白惡具備) 10-292
백안(白雁) 12-368
백안(伯顔) 9-101
백안첩목아(伯顔帖木兒) 3-146
백야(白鵺) 12-294
백약무효(百藥無效) 10-272
백양(白楊) 11-66
백양목(白楊木) 11-227
백양보(伯陽父) 7-320, 8-114
백양시(柏梁詩) 4-167
백어(白魚)➪뱅어
백엄(百嚴) 12-74
백연(白燕) 12-369
백엽(百葉) 5-205
백엽죽(百葉竹) 11-220
백영백리(百伶百俐) 10-160
백오(白烏) 12-368
백오동[白桐 11-208
백옥(白玉) 6-243
백옥루(白玉樓) 3-272, 6-221
백우선(白羽扇) 3-42
백운(白雲) 8-85
백운계(白雲稧) 2-311
백운교(白雲橋) 4-239
백운대(白雲臺) 1-223
백운동(白雲洞) 8-196
백운산(白雲山) 2-45
백운암(白雲庵) 7-112
백운탑(白雲塔) 7-92
백월(白月) 1-37
백월(百越) 2-368, 5-118, 5-119, 7-205
백위(白衛) 12-202
백은(白銀) 11-149
백읍고(伯邑考) 10-150
백이(伯夷) 1-48, 2-145, 2-255, 3-44~45, 7-273
백이사지(百爾思之) 10-281
백익(伯益) 2-60, 7-218
백익(白鷁) 7-171
백인등장(百人等狀) 10-264
백일승천(白日昇天) 10-272
백자(白瓷) 5-277
백자장(百子帳) 2-271
백작(白鵲) 12-368
백장선사(百丈禪師) 10-28
백장항화상(百丈恒和尙) 10-34
백저(白氐) 2-146
백저(白苧) 5-120
백저무(白紵舞) 8-108
백전노졸(百戰老卒) 10-276
백전단(白旃檀) 11-159
백접리(白接羅) 8-113
백정(白丁) 10-44
백제(白帝) 1-132
백제(百濟) 1-195, 1-197, 2-125, 2-142~143, 3-112, 3-139, 5-50, 5-62, 8-198, 8-220
백제(白題) 7-314
백제군(百濟郡) 1-222
백제본기(百濟本紀) 4-133
백제사(白帝辭) 8-69
백제사(百濟史) 1-258, 8-244
백제호(白題胡) 7-314
백조씨(伯趙氏) 12-300

백족산(白足山) 2-68
백족지충(百足之蟲) 10-260
백종(白踵) 1-119
백종(百種) 6-128
백종불공(百種佛供) 1-120
백주(白州) 2-61, 7-207
백지(白芷) 11-100, 11-152, 11-205
백지늑봉(白地勒捧) 10-261
백진(白稹) 10-28
백척간두(百尺竿頭) 10-262
백천(白川) 3-67, 3-101
백첩(白疊) 5-121
백첩포(白疊布) 5-121
백첩포(白㲲布) 5-249
백청(白靑) 11-113
백초(白草) 11-324
백치(白雉) 2-138, 12-368
백타(白打) 6-110, 6-109
백탁(白鵫) 12-368
백택(白澤) 7-200, 12-102~103
백택도(白澤圖) 11-102
백토(魄兎) 8-70
백판(白板) 9-104
백판천자(白板天子) 9-104
백편두(白扁豆) 11-304
백평(白萍) 12-238
백하(白下)➪윤순(尹淳)
백하거(白河車) 11-141
백학사(白鶴寺) 7-31, 7-180
백한(白鷳) 12-372
백한(白韓) 12-368
백한동(白鷳洞) 12-373
백합(白合) 11-70
백합경(百合經) 7-198
백합초(百合草) 11-123
백호(白湖)➪임제(林悌)
백호마(白胡麻) 4-141
백호신(白虎神) 7-240
백호통(白虎通)➪백호통의(白虎通義)
백호통의(白虎通義) 1-160, 1-166, 2-281, 2-337, 3-38, 3-149, 4-139, 5-187, 7-215, 7-350
백홍(白澒) 5-222
백화등(百花藤) 11-149
백화사(白花蛇) 11-119
백회(百會) 2-235
밴댕이 1-193, 12-259
뱀 7-166, 12-26~27, 12-47, 12-182, 12-206, 12-211~212, 12-218, 12-254, 12-263
뱀장어 12-263
뱀침[蛇針] 12-75
뱁새(鷦鷯) 5-98
뱅어[白魚] 12-239, 12-258
버드나무 11-238, 11-306
버들개지 1-170, 11-307
버선(襪跣) 5-99
버선목 5-100
번(蘩) 7-244, 11-278
번(蕃) 12-341
번(樊) 3-111
번(飜) 3-233
번(番) 4-173
번갈(蕃褐) 5-112
번경관(飜經館) 7-93
번계목(樊鷄木) 11-194
번국(藩國) 2-187
번국(蕃國) 2-216, 5-169

ㅂ

번국(番國) 7-49
번근(翻觔) 6-137
번금(翻金) 6-137
번방(藩邦) 3-133
번병(飜跰) 12-268
번상(番上) 4-118
번소(樊素) 6-115
번수승(樊修僧) 1-87
번승(番僧) 3-239
번아(樊阿) 11-111
번여(蕃茹) 11-285
번영(繁纓) 4-91, 4-98
번우(番禺) 1-143, 5-329, 7-122, 9-49
번우국(番禺國) 11-126
번우기(番禺記)➪번우잡록
번우잡기(番禺雜記)➪번우잡록
번우잡록(番禺雜錄) 1-67~68, 2-187, 4-140, 6-209
번익(樊嫕) 11-139
번인(蕃人) 12-193
번저(蕃藷) 11-285
번절모(飜切母) 3-233
번중(樊重) 3-73
번지(樊遲) 4-167
번지판(樊遲板) 4-167
번진(藩鎭) 2-106, 8-260
번초(番椒) 11-265
번화(繁華) 6-160
번회(番會) 2-189
벌 12-52, 12-108
벌성(伐星) 4-26
벌아령(伐兒嶺) 1-217
벌열(閥閱) 10-326
벌집(蜂窠) 7-166
벌채 3-52
벌휴왕(伐休王) 1-163, 7-125
범(梵) 3-231
범(范)씨 3-124
범간일용(凡干日用) 10-261
범강(范彊) 9-146
범뉴(犯紐) 8-64
범려(范蠡) 3-124, 4-70, 7-230, 8-160
범례(凡例) 9-198
범망(范望) 7-277
범목(凡目) 8-260
범미악(凡靡樂) 6-92
범발제(犯軷祭) 2-340
범방(范滂) 6-278
범백소여(凡百掃如) 10-270
범벽 5-176
범법물(犯法物) 10-317
범순인(范純仁) 10-246
범서(梵書) 12-207
범성대(范成大) 1-89, 1-133, 4-151, 5-168, 8-160, 11-31, 12-379
범승(氾勝) 4-147
범승(梵僧) 7-57
범승지(氾勝之) 4-140
범앙론(泛盎論) 5-144
범야(犯夜) 1-143
범양(范陽) 5-51, 10-124
범양립(范陽笠) 5-51
범어(梵語) 1-185, 2-149, 2-175, 3-233, 5-308, 6-149, 7-74, 7-81, 7-87, 9-59, 9-97, 9-221, 9-245
범엽(范曄) 3-138
범왈국사(梵曰國師) 7-55
범용(凡庸) 3-100

범월봉(范越鳳) 6-168
범음(梵音) 8-50
범자(梵字) 5-259
범장물(犯贓物) 10-317
범장법(犯贓法) 8-244
범저(范雎) 3-124, 7-224
범저전(范雎傳) 9-54
범조우(范祖禹) 3-28, 3-155, 3-157, 8-175, 9-24
범중엄(范仲淹) 3-124, 4-203, 7-210, 9-174, 11-295, 12-53
범지(梵志) 7-174, 10-52
범진(范鎭) 2-236, 11-320
범진(范縝) 6-153
범질(范質) 5-188
범천(梵天) 7-174
범충(范冲) 4-180
범칠(佩柒) 7-38
범패(梵貝) 6-67
범표(犯標) 4-159
법가(法家) 8-157
법견(法堅) 7-56
법고(法鼓) 6-46
법관(法冠) 5-36, 5-55
법당(法堂) 7-86
법랑(法朗) 6-231
법륜(法輪) 9-214
법문(法門) 7-78
법서원(法書苑) 3-224
법성포(法城浦) 9-44
법손(法孫) 7-56
법언(法言) 3-259, 9-121
법운왕(法雲王) 2-133
법원(法苑) 3-229
법원선사(法遠禪師) 6-99
법원주림(法苑珠林) 3-231, 5-76, 6-209, 7-74, 10-102
법임(法荏) 11-261
법주사(法住寺) 2-76
법지어록(法智語錄) 9-238
법진(法眞) 3-286
법창산(法昌山) 7-94
법화(法和) 12-74
법화경(法華經) 11-64, 12-84, 12-382
법화산(法華山) 11-64
법흥(法興) 9-193
법흥왕(法興王) 2-137, 2-143, 7-54, 7-156, 8-253
벙어리양중[啞羊僧] 7-121
베두건 2-333
베짱이[斯螽] 12-36
베트남[安南國] 11-85
베틀[機] 5-138
벵골보리수(榕) 11-198
벼[稻] 1-189, 4-138
벼락쐐기 1-46
벼루[硯] 3-216
벼룩 12-64~65
벼줄기 4-140
벽(䵷) 12-274
벽(鷿) 12-354
벽(壁) 1-30
벽간차(碧澗茶) 11-103
벽경(壁鏡) 12-317
벽계방(碧鷄坊) 5-286
벽계옹(碧繼翁) 12-327
벽골제(碧骨堤) 1-236, 4-152
벽금사(碧金絲) 5-128

ㅂ

벽당(璧瑺) 4-220
벽대(璧帶) 4-216
벽도화(碧桃花) 11-71
벽동(碧潼) 1-242
벽란도(碧瀾島) 8-148
벽란정(碧瀾亭) 1-210
벽력(辟歷) 1-48
벽력거(霹靂車) 4-70
벽력잠(霹靂碆) 5-307
벽력조(霹靂棗) 11-216
벽력주(霹靂酒) 5-148
벽사(碧寺) 7-130
벽사(辟邪) 12-86
벽사서린향(辟邪瑞麟香) 2-282
벽서(辟暑) 12-122
벽송(碧松) 7-55, 7-56
벽양(辟陽) 2-317
벽양후(辟陽侯) 2-317
벽옥 11-193
벽옹(辟雍) 7-260
벽운하(碧雲騢) 3-281~282
벽유리(璧流離) 5-241
벽의(璧衣) 5-114, 5-290
벽입재(闢入齋) 8-194
벽절(辟折) 1-48
벽제(鷿鵜) 12-354
벽제(辟除) 9-93
벽제관(碧蹄館) 2-160, 2-164
벽제령(碧蹄嶺) 1-210
벽진(辟塵) 12-122
벽진가야국(碧珍伽倻國) 2-116
벽진주(辟塵珠) 5-237
벽청(碧青) 11-114
벽체(鷿鷈) 12-354
벽파(僻派) 9-35
벽포도(碧葡萄) 11-235
벽한(辟寒) 12-122
벽한주(辟寒珠) 5-237
벽한채(辟寒釵) 12-315
벽항궁촌(僻巷窮村) 10-298
변(卞) 8-80
변(弁) 2-121, 9-88
변(汴) 11-72
변경(汴京) 4-43, 7-346
변국한(邊國翰) 8-257
변기(卞忌) 6-216
변대(邊對) 8-69
변둔(邊屯) 4-164
변모(弁髦) 10-322
변무(騈拇) 9-201, 9-202
변발(辮髮) 5-48
변빈(卞彬) 7-205
변산(卞山) 2-121
변산(邊山) 2-81, 2-121
변성왕전(變成王殿) 7-121
변아(匾兒) 5-256
변진(弁辰) 2-121
변진(邊鎭) 4-230
변천(變天) 1-26
변통무로(變通無路) 10-283
변폭(邊幅) 10-143, 10-144
변하(汴河) 5-184
변한(卞韓) 1-195~197, 2-120, 2-121, 2-142
변화(卞和) 3-137, 8-80
변화불측(變化不測) 10-310
별 1-50
별(鼈) 12-210

별(蒴) 7-74
별(鼈) 11-279
별가(別駕) 9-181
별감(別監) 8-267, 9-97
별도포(別刀浦) 6-84
별령(鱉靈) 12-356
별무반(別武班) 4-108
별사(別使) 6-228
별서(別墅) 9-208
별성(別星) 9-182
별세(別歲) 1-130
별속(別屬) 3-88
별시(別試) 3-182
별안간(瞥眼間) 10-315
별인(鼈人) 12-210
별인(鼈人) 4-201
별자(瞥子) 3-209
별제향(龞齊香) 11-170
별충(鱉忠) 12-66
별폐(鱉肺) 12-281
별포서(別鋪敍) 10-317
별해(別害) 1-243
별해보(別害堡) 2-67
볏짚단[稭稈] 4-140
병(幷) 1-30
병(丙) 1-30, 1-158, 1-164, 1-167, 12-267
병(瓶) 5-285, 5-308, 11-287
병[腊] 12-139
병가(兵家) 4-21
병가략(兵家略) 8-159
병거(兵車) 4-84
병거고(柄渠觚) 8-222
병곤모자(餠棍帽子) 5-49
병관(兵官) 2-307
병길(丙吉) 6-241, 7-177, 9-224
병길전(丙吉傳) 9-224
병담(餠餤) 5-171
병둔(兵屯) 4-164
병란(兵亂) 10-323
병략(兵略) 8-162
병려문(駢儷文) 3-253
병로(苪姥) 11-139
병록(丙鹿) 2-129
병부(餠賦) 5-173
배인범(裵仁範) 8-54
병성(屛星) 9-181
병소(餠蔬) 5-171
병시현(餠市峴) 1-217
병아(駢雅) 12-95, 12-142
병여반정(秉輿反正) 7-278
병엽(病葉) 5-150
병영지지(屛營之至) 9-175
병원(邴原) 6-199
병유(瓶乳) 11-156
병자호란 1-173, 1-216, 2-320, 4-45, 4-73, 4-84, 5-68, 8-139, 8-210, 8-217
병작(竝作) 4-149
병작법(竝作法) 9-163
병장(屛障) 9-72
병좌우(屛左右) 10-314
병주(竝州) 6-125, 8-113
병지(駢志) 12-311
병초(餠焦) 12-309
병치(駢齒) 7-184
병풍산(屛風山) 2-51
병풍상성(病風喪性) 10-267
병하(洴河) 6-263
병학지남(兵學指南) 4-37

ㅂ

병혈(丙穴) 12-238
보(堡) 1-234
보(譜) 2-225
보(洑) 4-151
보(步) 4-155, 4-249, 5-325
보(潽) 5-210
보(菩) 7-73
보(褒) 8-272
보가(莆家) 6-258
보고(寶高) 6-22
보골(輔骨) 9-227
보골지(補骨脂) 11-117
보구(寶龜) 5-253, 12-218
보굴(步屈) 12-38
보단(報壇) 5-38
보대(保大) 8-215
보덕(普德) 2-50
보덕굴(普德窟) 2-43
보덕화상(普德和尙) 7-55
보라매[甫羅鷹] 4-195
보력(寶曆) 6-156
보련(步輦) 2-282
보로(氆氌) 9-234
보리 4-139, 5-175, 11-294
보리(菩提) 7-87
보리떡[麥餠] 5-175
보리사(菩提寺) 7-89
보리수(菩提樹) 7-87
보리술[麥酒] 5-175
보리죽 5-176
보리풀 5-316
보망장(補亡章) 7-276
보모(寶母) 5-230
보모(寶毦) 11-182
보문품경(普門品經) 8-63
보배(褒拜) 8-273
보병목(保兵木) 5-137
보복(報服) 2-353
보부족(補不足) 10-317
보불(黼黻) 5-251
보삭(報朔) 10-113
보살(菩薩) 2-73, 7-73, 7-104, 9-98
보살승(菩薩乘) 7-90
보성(寶城) 3-129
보안독(普顏篤) 3-161
보요(步搖) 3-98, 5-91
보요계(步搖髻) 2-286
보우(普遇) 7-55
보우(普雨) 7-92
보운계(寶雲溪) 11-155
보위(保衛) 12-87
보육(寶育) 7-59, 7-145
보육성인(寶育聖人) 7-59
보육여(普六茹)씨 3-123
보은단동(報恩緞洞) 1-221
보의(黼扆) 5-292, 8-267
보장(步障) 5-290
보장(報狀) 9-179
보장론(寶藏論) 5-216
보장씨(保章氏) 1-170
보장왕(寶藏王) 2-143, 7-134, 8-199
보전(寶殿) 7-149
보전(莆田) 3-279
보제불(普濟佛) 9-98
보조(鴇鳥) 7-164
보조국사(普照國師) ➪ 지눌(知訥)
보주(寶廚) 8-269
보주류(寶珠榴) 11-239

보지(寶誌) 10-221
보진(葆眞) 8-155
보천욕일(補天浴日) 8-207
보초(寶鈔) 5-267
보춘추(補春秋) 11-30
보타(步打) 6-129
보타락가산(補陀落伽山) 11-42
보납실리(普搭失里) 3-146
보패(寶貝) 12-215
보필담(補筆談) 12-260
보허자(步虛子) 6-59
보화(寶花) 7-88
보희(寶姬) 2-298
복(鵩) 12-339
복(蝮) 12-73
복(濮) 4-30
복거(卜居) 10-73
복건(服虔) 1-192, 2-351, 3-283, 4-211, 10-168
복건(複巾) 5-46
복건(幅巾) 2-262
복검(伏劍) 9-74
복견읍(伏見邑) 2-163
복곡(僕谷) 10-255
복과재생(福過災生) 10-296
복괘(復卦) 11-146
복두(幞頭) 5-41, 5-42
복둔(腹屯) 4-164
복렵시랑(伏獵侍郎) 1-131
복령(茯苓) 5-238, 11-79, 11-101~102, 11-148
복룡간(伏龍肝) 6-270
복룡성(伏龍星) 9-83
복림(福臨) 3-162
복복(鵜鶔) 12-293
복분(覆盆) 11-260
복분자(覆盆子) 11-217, 11-227, 11-260
복분자꽃(覆盆花) 11-261
복분초(覆盆草) 11-261
복비(鶝鶔) 12-354
복사(卜師) 6-204
복사사(伏祠社) 1-98
복상(覆觴) 5-287
복생선(鰒生鮮) 12-260
복서(卜筮) 3-167, 7-48
복속(復屬) 10-301
복수(福手) 9-210
복수격(復讎檄) 12-374
복수복족(福手福足) 9-209
복수장(復讐狀) 8-289, 8-290
복숙사(伏宿舍) 4-219
복숭아[桃] 1-189, 11-201, 11-231, 11-241, 11-247, 11-250
복숭아나무도장[桃印] 1-105
복숭아탕[桃湯] 1-80
복어 12-82, 12-260, 12-266
복어알 5-190
복업(卜業) 3-168
복연(濮鉛) 2-221
복위(復位) 10-156
복유(服劉) 12-340
복의(濮議) 3-35
복익(服匿) 5-281
복자(樸子) 12-375
복자천(宓子賤) 12-222
복작(復爵) 10-156
복재(服齋)⇨기건(奇虔)
복저(伏猪) 4-144

ㅂ

복전(卜錢) 5-261
복전(福田) 7-70
복조(復糟) 1-57
복지기(福地記) 8-121
복진상(鰒進上) 12-260
복천사(福泉寺) 7-96
복청(福淸) 7-113
복합(鰒蛤) 12-275
복희씨(伏羲氏) 2-266, 3-219, 7-184, 7-214~215
복희씨(虙犧氏)➪복희씨(伏羲氏)
본비아물(本非我物) 10-278
본비아토(本非我土) 10-278
본색출(本色出) 10-317
본생(本生) 2-227
본생성모(本生聖母) 2-227
본생황고(本生皇考) 2-227
본연명물(本然命物) 8-168
본원(本院) 4-169, 5-260
본전(本錢) 9-189
본지부모(本枝父母) 2-227
본천(本泉) 9-189
본초(本草) 5-130
본초강목(本草綱目), 서례(序例) 11-88
본초강목(本草綱目) 1-62, 1-99, 1-149, 2-56, 2-180, 2-214, 3-211, 4-60, 4-89, 4-145, 4-197, 5-136, 5-147, 5-165, 5-181, 5-186~187, 5-193, 5-217, 5-221, 5-225, 5-239, 5-274, 6-186, 6-250, 6-256, 6-260, 7-183~184, 7-249, 7-321, 7-352, 8-25, 11-27, 11-34, 11-52, 11-60, 11-62, 11-75, 11-83, 11-85, 11-87, 11-90, 11-96~97, 11-101, 11-109~110, 11-113~115, 11-117, 11-121~122, 11-135, 11-138, 11-140, 11-143, 11-145, 11-155, 11-162, 11-168, 11-170, 11-191, 11-194, 11-217, 11-227, 11-229, 11-234, 11-236, 11-240, 11-244~245, 11-250~251, 11-254, 11-260~262, 11-265, 11-272~273, 11-280, 11-286, 11-288, 11-294, 11-299, 11-305, 11-317, 12-30, 12-32, 12-37~38, 12-49, 12-69, 12-149, 12-226, 12-236~237, 12-270, 12-275, 12-278, 12-282, 12-299, 12-342, 12-348, 12-364, 12-370
본초강목집해(本草綱目集解) 11-307
본초경(本草經) 12-57
본초도경(本草圖經) 11-229, 11-236, 12-242
본초몽전(本草蒙筌) 7-243
봄배추[春菘] 11-270
봄보리[春麥] 4-144
봉(鳶) 3-106
봉(蓬) 11-278
봉(封) 12-279
봉(鳳) 3-106, 12-380, 12-383
봉(烽) 4-69
봉(熢) 4-69
봉가이(鳳加伊) 2-303
봉계(鳳髻) 2-286
봉계현(封谿縣) 12-106
봉과위(蜂窠胃) 5-205
봉괴(蓬塊) 1-66
봉굉(鳳䉂) 6-41
봉군(烽軍) 10-169
봉급[廪給] 9-38

봉기주(鳳麒洲) 2-289
봉두돌빈(蓬頭突鬢) 9-223
봉랑(封狼) 12-172
봉래(蓬萊) 2-69
봉래(蓬萊)➪양사언(楊士彦)
봉래산(蓬萊山) 12-281
봉래향(蓬萊香) 11-164
봉록(俸祿) 4-177
봉루(蓬累) 5-315
봉명사(奉命使) 1-248
봉미법(封彌法) 3-176
봉부동(封不動) 9-125
봉분(封墳) 3-55
봉사(封事) 3-261
봉사(奉事) 8-54
봉산(鳳山) 5-136
봉상(鳳翔) 5-215, 7-90
봉상면(鳳翔面) 11-262
봉상시(奉常寺) 3-86, 8-54
봉서산(鳳棲山) 11-262
봉선서(封禪書) 6-103, 7-49, 7-343
봉시(封豕) 12-170, 12-175
봉시불행(逢時不幸) 10-282
봉심(奉審) 8-54
봉씨문견록(封氏聞見錄) 5-270
봉안(奉安) 8-257
봉암(蜂巖) 1-224
봉오(封敖) 7-351
봉요(蜂腰) 8-66
봉우(犎牛) 12-191
봉은사(奉恩寺) 7-84
봉의 골수[鳳髓] 5-207
봉인즉설(逢人則說) 10-308
봉일성(奉一誠) 8-54
봉자(鳳子) 12-43
봉자전(奉慈殿) 8-54
봉잠(鳳簪) 2-281
봉장(逢場) 10-325
봉장풍월(逢場風月) 10-325
봉전동(蓬田洞) 3-50
봉주(鳳州) 8-44
봉주(鳳咮) 3-216
봉천(奉天) 2-110
봉천부(奉天府) 1-249
봉천승운(奉天承運) 3-34
봉추(鳳雛) 2-237
봉추보(逢丑父) 6-156, 8-200
봉칙(奉勅) 6-266
봉혜(鳳鞋) 5-103
봉호(蓬壺) 2-69
봉호(封號) 9-61
봉화(烽火) 10-29
봉화수(烽火樹) 5-239
봉황 1-105, 12-24, 12-340, 12-365, 12-378, 12-381, 12-384
봉황(鳳皇) 12-379
봉황음(鳳凰吟) 6-68
봉희(封豨) 12-170
부(魖) 1-28
부(蔀) 1-159
부(鮒) 12-263
부(鳧) 12-350, 12-353, 12-354
부(麩) 4-144
부(釜) 5-270, 9-53
부(裒) 7-243
부(敷) 7-245
부(駙) 9-64
부(稃) 4-144

ㅂ

부(粰) 5-158
부(䴸) 5-269
부가옹(富家翁) 10-313
부각석명(罘刻石銘) 3-254
부거(副車) 9-81
부견(苻堅) 2-145, 3-271, 7-54, 9-265, 10-103
부계(簿契) 9-50
부계(副笄) 2-287
부관참시(剖棺斬屍) 7-157
부교(浮橋) 4-75, 4-79, 4-245
부구백(浮丘伯) 8-160
부군당(附君堂) 6-278, 9-164
부귀빈천(富貴貧賤) 10-273
부규(鳧葵) 11-284
부급산사(負笈山寺) 8-179
부급종사(負笈從師) 10-299
부남(扶南) 2-174, 11-220, 12-212, 12-247
부녕(富寧) 1-243
부니(付泥) 10-255
부니(浮泥) 10-255
부도(浮圖)➪부도(浮屠)
부도(浮屠) 4-206, 7-72, 7-100, 7-102, 8-214
부도(不道) 10-138
부도수(鳧桃樹) 5-139
부들[蒲] 11-307
부들풀 11-219
부뚜막 수리 6-271
부라호유(蚹蠃螔蝓) 12-55
부락국(阜落國) 7-163
부랑(苻朗) 5-322
부래산(浮來山) 1-215
부레[鰾] 12-258
부려산(鳧麗山) 12-96
부로(扶老) 11-220, 12-299
부로(鳧鷺) 12-327
부록(符籙) 6-202
부류(浮留) 11-227
부리(附麗) 10-322
부마(駙馬) 2-261, 5-99, 9-65
부마도위(駙馬都尉) 9-64
부반(負蟠) 12-32
부발(符拔) 12-79, 12-86
부방(夫防) 6-73
부배화상(浮杯和尙) 9-178
부벽루(浮碧樓) 2-48, 4-291
부병(府兵) 4-160
부병제(府兵制) 4-118
부부(負釜) 12-333
부비(浮費) 4-173, 9-186
부사산(富士山) 11-130
부산(釜山) 1-192
부산성 2-157
부산포(釜山浦) 2-86, 2-102, 2-157~158
부상(扶桑) 2-89, 2-172, 6-258, 11-213
부상(富商) 9-47, 9-187
부상국(扶桑國) 2-213
부상대고(富商大賈) 10-289
부생기하(浮生幾何) 10-279
부서(簿書) 8-260
부석(覆席) 2-332
부석(浮石) 11-116
부석사(浮石寺) 2-85, 4-284
부세(賦稅) 8-279
부소(扶蘇) 1-208, 1-214, 2-127, 11-206
부소산(扶蘇山) 7-111, 7-145

부수(鳧樹) 5-140
부수(夫須) 5-79
부수(涪水) 6-196
부수청령(俯首聽令) 10-268
부술(符術) 12-333
부시깃[茸] 5-140
부신(符信) 3-226
부실원수(不失元數) 10-286
부씨(富氏) 3-139
부씨(苻氏) 3-97
부아(鳧兒) 2-123
부아삼면(負兒三面) 10-273
부아암(負兒巖) 1-217
부안(扶安) 2-83
부안현(扶安縣) 2-121
부암(傅岩) 8-221
부압(鳧鴨) 5-52, 8-102
부엉이 12-339~340
부엉이불고기[鴞炙] 5-207
부여(扶餘) 1-85, 1-205, 1-227, 2-122, 2-125, 2-127, 2-143, 2-249, 2-330, 3-139, 8-222, 11-174, 12-168, 12-194
부여(傅异) 2-344
부여강 8-220
부여신(扶餘神) 6-275
부여씨(夫餘氏) 2-126, 2-348
부여왕(扶餘王) 7-132
부역(賦役) 4-171, 9-209
부연(婦椽) 4-214
부열(傅說) 7-237
부온(富媼) 3-37
부옹(涪翁) 6-196
부용(附庸) 10-161
부용(芙蓉) 7-56, 11-62
부용경(芙蓉鏡) 3-189
부용당(芙蓉堂) 3-215, 7-55
부용향(芙蓉香) 2-282
부우산(符禺山) 12-82, 12-330
부운종적(浮雲蹤迹) 10-304
부월당전(斧鉞當前) 10-311
부위(剖葦) 12-364
부위(府衛) 4-118
부위제(府衛制) 4-189
부유(扶留) 11-87
부유(蜉蝣) 12-35
부육(復育) 5-36, 12-61
부융(苻融) 10-103
부을나(夫乙那) 2-93, 3-111
부의(傅毅) 3-264
부이(鳧夷) 2-145
부익(裒益) 7-243
부인반(夫人幕) 5-262
부인여자(婦人女子) 10-311
부자(鳧茈) 1-149
부자(負玆) 7-239
부자(符子) 12-35, 12-281
부자청(父子鯖) 5-200
부장품(副葬品) 5-328
부재다언(不在多言) 10-286
부저(浮苴) 4-203
부전중납언(浮田中納言) 2-157, 2-159
부절(符節) 4-23, 4-28, 8-249
부젓가락[火箸] 5-319
부정농(負情儂) 8-98
부제(夫諸) 12-122
부제국(浮提國) 3-214
부조(復照) 8-76
부조(扶助) 10-322

부족책(不足責) 10-313
부주풍(不周風) 1-58
부죽(符竹) 11-224
부준(不準) 7-237
부즉다사(富則多事) 10-294
부지거처(不知去處) 10-282
부지깽이[火杖] 5-320
부지불각(不知不覺) 10-311
부지어천(付之於天) 10-272
부차(夫差) 7-216
부착흔(斧鑿痕) 10-142
부채여산(負債如山) 10-287
부철각(夫鐵脚) 9-152
부첩(符牒) 8-261
부체(夫栘) 11-67
부추 5-181, 5-183, 5-194, 11-132, 11-293, 11-305
부추(餢飳) 5-155
부침지려(浮沈之慮) 10-295
부타(負他) 4-100
부탁국(浮忻國) 6-206
부편례(副編禮) 2-287
부평초(浮萍草) 11-307
부평현(富平縣) 12-165
부표(浮標) 4-203
부피(浮皮) 11-75
부필(富弼) 8-63
부함(檝檻) 5-177
부혁(傅奕) 3-83, 5-228, 12-139
부현(傅玄) 3-263, 5-109
부혜(梟徯) 12-321
부화(浮火) 6-178
북[梭] 1-248, 11-252
북[杼] 5-132, 5-138
북강(北江) 1-210
북관(北關) 1-241, 5-325, 6-181
북궁(北宮) 1-52
북궁유(北宮黝) 8-41
북극천궤(北極天櫃) 6-267
북꽃[鼓子花] 8-45
북나무[栲] 11-212
북단(北壇) 3-39
북도(北道) 1-242, 1-243, 3-202, 3-210, 5-252, 6-87, 11-198, 11-246, 12-133, 12-148, 12-192
북도(北都) 8-145
북도유수(北都留守) 8-262
북독(北瀆) 1-212, 2-31
북두성 1-23, 1-49, 1-95, 4-21, 4-22, 12-138
북두성자루 1-120
북두칠성(北斗七星)➪북두성
북막(北漠) 1-249
북만(北蠻) 1-256
북명천지(北溟天地) 2-50
북몽쇄언(北夢瑣 言) 1-48
북배[梭船] 1-248
북부여(北扶餘) 2-123
북사(北史) 1-149, 2-195, 2-231, 3-110, 3-116, 4-114, 5-45, 5-277, 6-112, 6-122, 7-154, 9-92, 9-95, 9-121, 10-253, 12-92, 12-383
북산(北山) 2-345, 11-321
북산이문(北山移文) 7-298, 9-176
북산집(北山集) 11-28
북악(北嶽) 1-214, 2-31, 3-91~92
북어(北魚) 5-180, 12-244
북여진 2-151

북연(北燕) 10-223, 11-60, 12-378
북옥저 1-245, 2-116
북원(北原) 1-206
북원(北元) 3-122, 7-172
북원록(北轅錄) 5-148
북위(北魏) 2-363, 3-115, 3-120, 3-207, 5-52, 7-167, 8-102, 8-269
북유(北維) 1-30
북인(北人) 9-28, 9-29
북저여(北藷蕷) 11-286
북적(北狄) 1-191, 2-146, 2-247
북제(北齊) 3-242, 5-39, 5-271, 6-51, 7-319, 9-198, 10-151
북제서(北齊書) 7-330, 8-172, 9-126, 9-221, 11-278, 12-73
북종(北宗) 7-81
북주객조(北主客曹) 8-236
북지왕(北地王) 8-213
북참(北參) 3-46
북창(北窓)➪정렴(鄭磏)
북채[鼓策] 6-48
북천축 2-170
북청(北青) 2-117
북청문(北淸門) 4-234
북청성(北靑城) 2-63
북촌(北村) 1-221
북평(北平) 5-30
북피실(北皮室) 8-222
북한산(北漢山) 4-234
북해(北海) 2-27, 2-50, 2-119, 2-182, 12-95, 12-192
북헌(北軒)➪김춘택(金春澤)
북호록(北戶錄) 5-190, 12-307, 12-343
북호산(北號山) 12-145, 12-320
북황(北荒) 3-97
북효산(北囂山) 1-55, 12-115, 12-116, 12-294
분(粉) 11-275
분(噴) 12-197, 9-133
분(奮) 12-378
분(糞) 5-323
분(分) 9-133
분(忿) 9-133
분(豶) 12-176
분(鳻) 12-292
분각(粉角) 5-171
분개각주장(分開各主張) 8-168
분계(鶡鷄) 4-50
분계강(分界江) 1-246
분곤(粉昆) 9-65
분골쇄신(粉骨碎身) 10-277
분관(鶡冠) 4-50
분관(分官) 3-193
분궐(憤厥) 11-127
분당지(粉唐紙) 3-203
분랑(粉郎) 9-65
분류산(分流山) 11-248
분묵(分墨) 4-102
분미(黺黺) 7-251
분박(粉撲) 2-278
분반(粉盤) 3-209
분부퇴출(分付退出) 10-312
분서(鼢鼠) 12-264
분서갱유(焚書坑儒) 3-286
분서왕(汾西王) 6-61
분세(分歲) 1-130
분소의(糞掃衣) 5-76
분수(分數) 10-144

ㅂ

분수(分水) 12-267
분수령(分水嶺) 1-247, 1-249, 2-117
분앙(鱝鼇) 12-219
분야(分野) 2-93
분양(羵羊) 7-157
분양왕(汾陽王) 7-341
분쟁 10-233
분전(分田) 4-149
분접(粉蝶) 12-43
분지(分支) 8-71
분지장(分支帳) 9-50
분질(噴叱) 7-163
분첩(粉帖) 2-278
분토(粉土) 5-113
분통(噴筒) 4-43
분판(粉板) 3-209
분향례(焚香禮) 7-61
분황(焚黃) 8-257
불 때 밥하는 날[炊熟日] 1-96
불(不) 7-245
불(韍) 5-73
불(拂) 6-31, 12-166
불(佛) 7-63, 9-220
불가(不可) 10-225
불가형언(不可形言) 10-272
불간태길(不艮台吉) 2-112
불게(佛偈) 7-86
불고륜(佛庫倫) 12-306
불공자파(不攻自破) 10-280
불국기(佛國記) 5-175
불기이회(不期而會) 10-294
불나방[火蛾] 12-44
불도징(佛圖澄) 3-140~141, 6-214, 9-201, 10-255
불등(佛燈) 1-107, 5-303
불랑기(佛狼機) 2-184~185, 4-44
불려(拂廬) 2-271
불름국(拂菻國) 2-194, 4-222
불립문자(不立文字) 7-85, 8-180
불무(帗舞) 6-32
불무곡(拂舞曲) 6-31
불무활협(不無闊狹) 10-312
불문곡직(不問曲直) 10-289
불복일(不卜日) 10-316
불분(不忿) 9-133
불분명(不分明) 10-314
불불(狒狒) 10-222
불비지혜(不費之惠) 10-275
불사(不似) 10-138, 10-321
불사산(不死山) 11-130
불사수(不死樹) 11-129
불사약(不死藥) 11-130
불사초(不死草) 2-201
불상통섭(不相統攝) 10-297
불생불멸(不生不滅) 10-311
불생선(不生蟬) 11-152
불선거행(不善擧行) 10-265
불선불후(不先不後) 10-279
불성모양(不成貌樣) 10-264
불수다언(不須多言) 10-274
불순죽(不箏竹) 7-288
불승한심(不勝寒心) 10-278
불시이사(不是異事) 10-289
불식지공(不息之功) 10-260
불심상원(不甚相遠) 10-273
불심지책(不審之責) 10-306
불야주(不夜珠) 2-174
불약(不若) 7-258

불언가상(不言可想) 10-264
불여국(不與國) 2-211
불여귀(不如歸) 12-355
불여척(乀如尺) 3-128
불역지전(不易之典) 10-274
불우지비(不虞之備) 10-293
불원천리(不遠千里) 10-269
불유여력(不有餘力) 10-283
불율(不律) 10-29
불인(不仁) 10-323
불일기단(不一其端) 10-268
불정심경(佛頂心經) 7-88
불제(佛齊) 6-258
불짐승 12-160
불차(不借) 5-104
불차(不次) 10-161
불청객(不請客) 10-314
불취지돌(不炊之突) 10-288
불타(佛陀) 7-64, 7-72
불태자(佛太子) 7-156
불하(拂河) 12-349
불학무식(不學無識) 10-281
불함산(不咸山) 1-197, 1-249, 2-215, 12-51
불향(佛香) 8-286
불혼(佛婚) 2-275
불화(不花) 3-147, 6-186
불화(佛畵) 7-116
붉은 가사 7-72
붉은 개미 12-51
붉은 기운 1-155
붉은 능금 11-252
붉은 메추리[丹鶉] 1-105
붉은 산초 2-75
붉은 오얏 11-298
붕(鵬) 7-191, 12-286, 12-288
붕(棚) 6-134
붕(朋) 6-85
붕(掤) 4-63
붕당(朋黨) 8-231, 9-26
붕어[鮒] 12-239, 12-252, 12-263~264
붕우책선(朋友責善) 10-308
붕자(棚子) 5-330
비(砒) 11-110
비(蜚) 1-182, 1-184
비(羆) 12-172
비(痺) 12-325
비(翡) 12-373
비(碑) 3-82
비(比) 5-295
비(篦) 5-295
비(緋) 5-61
비(琵) 6-35
비(膍) 5-205
비(鼊) 5-190
비(狉) 12-146
비(鞞) 6-31
비(猆) 12-189
비(糩) 12-240
비각한담(秘閣閒談) 5-230
비간(比干) 8-21
비갑(比甲) 4-47
비견국(比肩國) 7-151
비고(鞞鼓) 6-28
비교(圯橋) 5-311
비구니 2-133
비기(碑記) 4-239
비기(秘記) 6-226

비노(飛奴) 12-334
비단보장(錦步障) 5-290
비담(毗曇) 7-127
비대(蜚大) 12-66
비두료(飛頭獠) 7-155
비둘기 5-207, 7-161, 12-339
비람원(毘藍園) 7-66
비루(飛鸓) 12-351
비류국(沸流國) 2-115
비류왕(沸流王) 3-59
비름[莧] 5-201, 12-211
비리(鄙俚) 2-367
비리호송(非理好訟) 10-295
비맹전(飛蝱箭) 4-37
비모(飛矛) 4-38
비목어(比目魚) 12-227
비문비무(非文非武) 10-282
비박(飛駮) 12-305
비방목(誹謗木) 9-57
비백(飛白) 8-232
비백산(鼻白山) 2-31
비백서(飛白書) 3-224~225
비백체(飛白體) 7-104
비벌(鼻罰) 3-187
비변사(備邊司) 8-230, 10-186
비보오백찰(裨補五百刹) 7-103
비봉(碑峯) 1-223
비부지(非不知) 10-313
비비(狒狒) 12-105
비비(丕丕) 12-354
비비(萬萬) 12-104
비사주석(飛沙走石) 10-306
비산(丕山) 12-89
비상(砒霜) 11-110
비상천(飛上天) 10-316
비생서(飛生鼠) 12-151, 12-152
비생조(飛生鳥) 12-153
비서(鼻犀) 12-124
비서감(秘書監) 9-71, 11-157
비석(脾析) 5-205
비성여뇌(鼻聲如雷) 10-283
비소(匪所) 10-50
비소가론(非所可論) 10-274
비속(卑屬) 2-353
비승비속(非僧非俗) 10-301
비식(鼻息) 2-148
비씨(卑氏) 3-132
비아(埤雅) 1-48, 1-56, 1-72, 1-150, 1-164, 4-213, 7-159, 7-161, 7-334, 11-240, 11-270, 12-25, 12-36, 12-50, 12-75, 12-112, 12-116, 12-225, 12-327, 12-333, 12-347
비안(比安) 4-154
비어(婢魚) 12-252
비여소지(非汝所知) 10-271
비연(飛燕) 6-71
비연외전(飛燕外傳) 11-153
비염사(悲染絲) 6-55
비오도(非吾徒) 10-315
비요(備要) 2-338, 11-37
비운리(飛雲履) 5-103
비읏[脾惡] 12-243
비위(脾胃) 5-205
비위(費褘) 8-284
비유(肥鱧) 1-183
비유(肥遺) 12-341
비율(悲篥) 6-27
비익조(比翼鳥) 12-310

비인(庇人) 3-199
비일비재(非一非再) 10-297
비자(榧子) 11-131, 11-230
비장(裨將) 4-79, 5-53
비장(脾臟) 6-70
비장방(費長房) 1-123, 6-212
비장병(脾臟病) 5-212
비조(鼻祖) 2-229, 8-180
비조즉석(非朝則夕) 10-310
비지국(比只國) 2-117
비지문(碑誌文) 8-150
비질(蜚蛭) 12-51
비책(秘策) 12-85
비천당(丕闡堂) 8-194
비첩(婢妾) 2-276, 5-65
비치(膍胵) 12-375
비탁(坯坼) 5-104
비태(否泰) 6-74
비파(枇杷) 11-160, 11-231, 11-255
비파(沸波) 12-348
비파(琵琶) 6-26, 6-40, 6-58,
11-230~231, 12-250, 12-255
비파곡(琵琶曲) 6-36
비파나무 11-96
비파록(琵琶錄) 9-126
비파부(枇杷賦) 11-230
비파어(琵琶魚) 12-250
비파행(琵琶行) 8-85, 8-118
비파호(琵琶湖) 2-36
비해(裨海) 2-218
비해(膍胲) 5-205
비행전(飛行殿) 4-223
비협(批頰) 12-291
비협조(批頰鳥) 12-291
비형(鼻荊) 4-241~242, 6-246, 7-167
비형랑(鼻荊郞) 10-220
비홍(蜚鴻) 12-45
비화경(悲花經) 7-82
비화창(飛火鎗) 4-44
비황(飛蝗) 1-165
비효선전(費孝先傳) 6-163
비후주(備後州) 2-163
비휴(豼貅) 12-146
비희(贔屓) 12-216
빈(賓) 1-139, 6-85
빈(嬪) 5-75
빈(臏) 9-227
빈(麏) 12-132
빈가조(頻伽鳥) 12-382
빈공과(賓貢科) 3-198
빈공진사(賓貢進士) 7-35
빈과(蘋果) 11-233
빈국(邠國) 2-221
빈궁초(貧窮草) 11-316
빈다야(儐荼夜) 7-74
빈다파(儐荼波) 7-74
빈랑(檳榔) 2-267, 11-87, 11-149
빈복(牝服) 4-100
빈왕(邠王) 1-175
빈우(牝牛) 6-257
빈원부(賓遠賦) 12-108
빈자소인(貧者小人) 10-294
빈철(賓鐵) 2-130
빈추(鬢推) 5-296
빈파(頻婆) 11-251
빈형(臏刑) 9-227
빈희안(貧希顔) 3-132
빈희헌(貧希憲) 3-132

ㅂ

빌미[祟] 6-286
빗물술(穦勿述) 12-143
빗치개(篦) 11-215
빙(氷) 4-63
빙고(氷庫) 5-313
빙공영사(憑公營私) 10-293
빙대(氷臺) 5-246
빙문(聘問) 2-268, 3-47, 5-37, 5-271
빙산(氷山) 2-51
빙서(氷鼠) 12-158
빙성(氷城) 4-73
빙소조(憑霄鳥) 12-302
빙씨(氷氏) 3-132
빙잠(氷蠶) 5-131
빙장(氷丈) 9-68
빙조(氷棗) 7-211
빙탄상반(氷炭相反) 10-270
빙혈(氷穴) 2-51
빼꾹질 6-124
뽕나무 벌레[桑虫] 12-38, 12-224
뽕나무 1-215, 11-97, 11-181, 11-213, 11-217, 11-227, 12-142
뿔 12-133, 12-141, 12-192

ㅅ

사(祀) 1-156~157
사(些) 8-22
사(衺) 7-255
사(篩) 5-318
사(死) 10-54
사(師) 12-184
사(鯊) 12-220
사(巳) 1-30, 1-132, 1-158, 1-171, 2-235
사(社) 1-97
사(斜) 2-242
사(赦) 3-261
사(辭) 3-261
사(社) 3-38
사(姒) 3-96
사(沙) 4-181
사(梭) 5-139
사(紗) 5-48
사(莎) 5-79
사(寺) 7-101
사(瀉) 9-244
사(士) 9-73
사(崽) 9-245
사(柌) 4-166
사(縰) 5-45
사(蒒) 11-86
사(虒) 12-94
사(鎈) 5-253
사가닐(柤稼櫃) 11-201
사가독서(賜暇讀書) 8-232
사가만록(四佳謾錄) 6-93, 8-44
사가조국(斯訶條國) 9-70
사각(四角) 6-116
사각(紗縠) 5-71
사각건(四脚巾) 2-335
사간원(司諫院) 5-56
사갈음(蛇蝎吟) 12-40
사거기(謝車騎) 10-195, 10-196
사거란시(使契丹詩) 10-254
사건(邪巾) 2-335
사건(士巾) 5-44
사경초(謝景初) 11-310
사계(沙鷄) 12-37

사계(沙溪) ➪ 김장생(金長生)
사계삼(四䙆衫) 5-67
사고(社餻) 1-99
사고려록(使高麗錄) 1-259
사고무친(四顧無親) 10-289
사고전서(四庫全書) 8-181
사공(射工) 12-45, 12-67
사공(社公) 1-99
사공(司空) 3-139
사공환활(司空桓豁) 12-314
사과(沙果) 5-164, 11-233
사과(沙瓜) 11-296
사과(詞科) 3-178
사과(司果) 8-250
사과반의(斯過半矣) 10-300
사관태사(司官大使) 4-279
사광(師曠) 1-169, 1-189, 6-22, 6-290, 8-160
사구일상(四口一賞) 10-268
사군(四郡) 1-198
사군(祠君) 2-264
사군(使君) 2-312, 6-91, 7-286, 9-62
사귀(蛇鬼) 12-73
사귀신속(事貴神速) 10-300
사규(四圭) 4-251
사귤(沙橘) 11-296
사극(四極) 2-221
사근취원(捨近取遠) 10-260
사금(師金) 9-230
사기(邪氣) 6-266
사기(史記), 고조본기(高祖本紀) 9-168
사기(史記), 소진열전(蘇秦列傳) 4-126, 5-138
사기(史記), 오종세가(五宗世家) 2-264
사기(史記), 일자열전(日者列傳) 6-262
사기(史記), 장승상열전(張丞相列傳) 9-143
사기(史記), 전단전(田單傳) 9-76
사기(史記), 진본기(秦本紀) 2-195
사기(史記), 진여전(陳餘傳) 4-64
사기(史記), 천관서(天官書) 1-130
사기(史記), 초세가(楚世家) 7-305
사기(史記), 항우본기(項羽本紀) 7-306
사기(史記), 화식전(貨殖傳) 1-167, 2-278
사기(史記) 1-147, 1-196, 2-218, 3-44, 3-160, 3-286, 4-208, 5-250, 6-127, 7-221~222, 7-230, 7-234, 7-239, 7-279, 7-294, 7-338, 8-153, 9-61~62, 9-73, 9-142, 9-154, 10-173, 11-227
사기, 흉노열전(匈奴列傳) 4-219
사기색은(史記索隱) 4-225, 7-221, 7-234
사기원(事紀原) 1-88
사나이[丈夫] 10-40
사냥개[山靈介] 4-199
사녀(思女) 2-172
사녀(士女) 2-301, 8-106
사노(寺奴) 4-113, 7-122
사다새 12-215, 12-298, 12-319, 12-322
사단(社壇) 4-139
사단(師丹) 4-159
사단(史丹) 6-28
사단(四端) 8-167
사답(咋答) 11-140
사당반(射糖盤) 5-321
사대(沙臺) 3-114
사대(四代) 7-215

ㅅ

사대교(四大敎)　7-45
사덕(四德)　8-48
사도(査道)　12-221
사도(司徒)　8-156
사도(四都)　8-246
사도시(司䆃寺)　4-149
사도장사(司徒長史)　7-153
사도호부(四都護府)　8-263
사돈(査頓)　2-233, 10-320
사라(紗羅)　5-186
사랑(思郞)　10-58
사랑(斜廊)　4-215
사랑니[齻]　7-262
사랑중(謝郞中)　8-99
사략(史略)　3-115, 7-238, 7-259, 9-97
사량부(沙梁部)　4-240, 7-126
사량좌(謝良佐)　11-41
사령(四靈)　12-383
사령(使令)　4-65
사령운(謝靈運)　2-213, 8-137, 10-140, 11-35, 11-254
사례(蜡禮)　12-179
사례(思禮)　8-176
사로(斯盧)　2-123
사류비요(事類備要)　5-248, 5-304, 8-22, 8-135
사륜(社崙)　10-253
사릉(蛇陵)　3-58
사리(舍利)　1-107, 7-85, 12-85
사리당연(事理當然)　10-270
사리불새　9-101
사리손(猞猁猻)　12-174
사리자(舍利子)　9-101
사립(莎笠)　5-79
사마(絲麻)　11-315
사마광(司馬光)　2-328, 2-365~366, 3-278, 5-106, 5-211, 6-112, 6-124, 7-194, 7-268, 7-275, 7-327, 9-23~24
사마귀[螳螂]　12-71, 12-254
사마륜(司馬倫)　12-340
사마법(司馬法)　4-104, 4-126, 5-325, 8-101
사마상여(司馬相如)　1-66, 3-152, 3-261, 5-81, 7-240, 7-316, 8-42, 8-85, 9-137, 9-248, 11-152, 11-230, 11-257
사마상여열전(司馬相如列傳)　11-34, 11-93, 11-204, 12-101, 12-350
사마선왕(司馬宣王)　8-49
사마소(司馬昭)　3-159
사마승정(司馬承禎)　3-227, 9-246
사마양저열전(司馬穰苴列傳)　9-61
사마의(司馬懿)　4-117, 5-90
사마자미(司馬子微)　12-285
사마천(司馬遷)　3-138, 3-160, 3-259, 3-286, 7-215, 7-230, 7-332, 7-338, 7-343, 8-56~57, 9-62, 9-73, 9-137
사마태부(司馬太傅)　10-195
사매(蛇莓)　11-261
사면(絲綿)　5-134
사면춘풍(四面春風)　10-259
사면충동(四面衝動)　10-262
사명(四溟)　6-216
사명광객(四明狂客)　3-163
사명당(四溟堂)　7-56
사명대사(四溟大師)　6-216
사모(紗帽)　3-190, 5-36, 5-39, 5-48, 5-65, 8-245
사모(社母)　1-99

사목(莎木) 5-187
사무송(使無訟) 10-313
사문결박(私門結縛) 10-274
사문유취(事文類聚) 3-171, 4-60, 5-54, 5-71, 5-294, 5-306, 6-116, 6-170, 9-162, 8-192, 10-33, 11-255
사문소학(四門小學) 8-190
사물기원(事物紀原) 3-80, 4-136, 5-173, 5-297, 6-136, 7-102, 7-41, 7-122, 12-357
사미(沙尾) 1-260
사미인(思美人) 2-297
사미인곡(思美人曲) 6-77
사민(四民) 7-342
사민월령(四民月令) 1-130
사밀(沙蜜) 11-296
사반(社飯) 1-100
사반공배(事半功倍) 10-298
사방대(四方對) 8-69
사방득(謝枋得) 3-217, 10-184
사방자(謝芳姿) 8-109
사방제(沙方濟) 7-49
사방지(舍方知) 2-309
사방풍(四方風) 1-63
사벌국(沙伐國) 2-116
사부(私夐) 12-320
사부달의(辭不達意) 10-300
사부양반(士夫兩班) 9-73
사분(俟汾) 3-97
사불범정(邪不犯正) 10-267
사불상(四不象) 11-146
사불여의(事不如意) 10-308
사비(闍毗) 7-84
사비(泗沘) 1-205
사비(師比) 5-85
사비우연(事非偶然) 10-270
사사(蛇師) 12-71
사사(思士) 2-172
사사망념(邪思妄念) 10-278
사사명(史思明) 4-46
사사언청(事事言聽) 10-267
사산(蛇山) 12-96
사삼(沙蔘) 11-83, 11-85, 11-278, 11-316
사삼(沙蔘)➪사삼(沙蔘)
사상(蛇狀) 11-142
사상(謝尙) 6-96
사상(私商) 9-45
사생관두(死生關頭) 10-301
사생동고(死生同苦) 10-263
사생존망(死生存亡) 10-261
사서통(四書通) 8-179
사선(四仙) 4-270, 4-275
사선(紗扇) 5-299, 5-300
사선정(四仙亭) 4-275
사설(蓑薛) 5-79
사성(四聲) 3-235, 8-65~66
사성(沙城) 4-73
사성절운(四聲切韻) 8-65
사성통해(四聲通解) 3-236, 3-240
사소(思紹) 2-168
사소절(士小節) 3-284, 8-162
사소지물(些少之物) 10-293
사속(斯速) 10-320
사손(獅孫) 2-232
사수(泗水) 3-50, 3-51
사수(四銖) 5-256
사수(寫手) 9-239
사수전(四銖錢) 5-256

ㅅ

사수현(泗水縣) 2-220
사슬(沙虱) 12-67
사슴 5-204, 5-207, 12-132, 12-134, 12-135, 12-141, 12-210
사슴가죽 2-266
사슴젓갈[鹿醢] 5-191
사승경(謝承卿) 2-170
사승습장(死僧習杖) 10-278
사시(蛇時) 2-25
사시(司示) 8-35
사시(四詩) 8-48
사시(司市) 9-48
사시보감(四詩寶鑑) 6-200
사시찬요(四時纂要) 1-78
사식(師食) 9-262, 9-263
사신(捨身) 7-76
사신난액지설(徙薪爛額之說) 7-280
사실(査實) 10-326
사실유원(事實類苑) 8-274
사씨남정기(謝氏南征記) 8-59
사안(四岸) 2-38
사안(謝安) 5-298, 7-169, 7-280, 8-25, 8-78, 8-84, 9-177, 9-208, 11-272
사안당(射鴈堂) 8-264
사암(思庵)⇨유숙(柳淑)
사액(賜額) 8-196
사양(斜陽) 8-149
사어(鯊魚) 12-220
사어(史魚) 3-135
사역(射蜮) 2-211
사엽(四葉) 6-177
사예(司隸) 8-245
사옹우(社翁雨) 1-99
사옹원(司饔院) 12-239
사위(四位) 8-48
사위(私尉) 9-65
사위국(舍衛國) 9-70
사위대성(舍衛大城) 7-80
사유(史游) 7-319, 9-84
사유국(思幽國) 2-172
사유수(思惟樹) 11-55
사의(蛇醫) 12-71
사의(思意) 6-107
사의(射義) 6-120
사이(四夷) 6-128
사인낭패(使人狼狽) 10-297
사인암(舍人巖) 8-178
사일(謝逸) 10-159
사일(社日) 1-99, 2-230, 4-157
사자(獅子) 10-238
사자(鰤子) 12-287
사자관체(寫字官體) 3-221
사자구(獅子狗) 12-184
사자사(獅子寺) 3-57
사자암(獅子岩) 2-44
사자연(謝自然) 11-148
사자하(泗泚河) 2-38, 2-123, 7-135
사자후(獅子吼) 2-314
사장(謝莊) 3-150
사장(謝章) 3-226
사재집(思齋集) 10-67
사재척언(思齋摭言) 8-163
사저(沙箸) 11-196
사전(蛇田) 12-75
사전(赦典) 3-181
사전(私田) 4-161
사전(祀典) 8-187
사절(絲絶) 5-116

사점(莎簟) 5-313
사정(賜井) 2-60
사정(私情) 9-36
사정(思亭)➪유숙(柳淑)
사정전훈의(思政殿訓義) 3-234
사제(蜡祭) 1-131
사제(賜第) 3-179
사제사(蜡祭祀) 3-30
사제현(虵題縣) 7-301
사조(謝眺) 1-118, 2-251, 6-33, 10-132, 11-210
사조(四曹) 8-236
사조(四祖)➪도신(道信)
사조국(斯條國) 11-202
사종(謝宗) 11-103
사종(斯螽) 12-37
사주(沙州) 11-296
사주(社酒) 1-99
사주(邪柱) 7-306
사주록(四柱錄) 9-237
사주편년(四柱編年) 6-152
사죽감(司竹監) 5-193
사중(四衆) 7-91
사중(謝重) 9-67
사중구생(死中求生) 10-266
사중옥(謝仲玉) 12-221
사진포(沙津浦) 9-44
사찰관(伺察官) 8-102
사찰미(謝察微) 4-181
사창(社倉) 4-183
사창법(社倉法) 4-179
사채(四采) 6-116
사책(射策) 3-173
사천(泗川) 1-220
사천(私賤) 9-37
사천감(司天監) 5-33
사첨(謝瞻) 10-191
사첩(四疊) 8-102
사추낭(謝秋娘) 8-96
사충(蛇虫) 8-154
사친(四親) 3-31
사탑(寺塔) 7 114
사탕(沙糖) 5-149, 11-81, 11-296
사탕수수[蔗] 5-169
사태(沙汰) 10-321
사통(四統) 4-109
사통평석(史通評釋) 10-57
사패(賜牌) 2-118
사패전(賜牌田) 4-184
사평도(沙平渡) 1-213
사표(謝豹) 12-356, 12-357
사풍세우(斜風細雨) 10-287
사필(史筆) 7-342
사학(四學) 8-190
사행군관(使行軍官) 1-193
사향(麝香) 1-112, 11-165, 11-167
사향노루 7-202, 11-148, 12-155, 12-368
사향서(麝香鼠) 12-155
사현(沙峴) 1-223
사현(謝玄) 9-208
사현부(思玄賦) 10-178
사혜자(謝惠子) 7-85
사호(邪蒿) 11-278
사호가(四皓歌) 9-127
사홍조(史弘肇) 6-118
사화(砂華) 6-258
사황씨(史皇氏) 3-219, 3-241, 7-216
사황후(謝皇后) 6-186

ㅅ

사회(謝晦) 10-191
사회방토(射會牓兎) 6-120
사흉(四凶) 2-202, 12-89
사희(柶戱) 6-113
삭(魁) 1-28
삭(朔) 1-139
삭(削) 8-27
삭당(朔黨) 9-24
삭두(索頭) 2-283
삭두부(索頭部) 5-60
삭래(朔來) 12-301
삭막(索莫) 10-324
삭면(索麪) 5-161
삭방군(朔方郡) 2-112
삭방절도사(朔方節度使) 9-179
삭일신묘(朔日辛卯) 7-246
삭주(朔州) 1-241, 1-242, 11-241
삭주주(朔州酒) 5-149
산(蒜) 11-262
산(汕) 1-260
산(山) 3-216
산(傘) 8-52
산가지 11-196
산간(山簡) 8-113
산강화(山薑花) 11-52
산개구리[山蛤] 12-47
산거(山車) 12-85
산거부(山居賦) 11-254
산거사요(山居四要) 5-211, 5-212
산걸(山乞) 7-80
산경(算經) 4-181
산계(山鷄) 12-315
산계야목(山鷄野鶩) 10-280
산고(山膏) 12-81
산곡(山谷)➪황정견(黃庭堅)
산곡집(山谷集) 8-27, 9-102, 9-255
산곽(産藿) 11-272
산관(散關) 7-26
산관(散官) 8-247
산구(山蚯) 11-123
산구(山龜) 12-218
산국(山菊) 11-33
산농(山農) 4-123
산니(霰尼) 7-122
산다기(山茶記) 12-355
산다화(山茶花) 10-176, 11-69
산달(山獺) 12-128
산대(算帒) 5-87
산대암(山臺巖) 4-259
산도(山都) 12-104
산도(山濤) 7-300, 9-67, 9-194
산도도감(山都都監) 6-134
산도전(山濤傳) 9-236
산돼지[山豬] 12-173
산란무통(散亂無統) 10-262
산뢰(山罍) 7-259
산릉도감(山陵都監) 3-72
산림경제(山林經濟) 1-186, 1-189, 4-122, 4-132, 4-141, 4-145, 4-148, 4-163, 6-237, 11-213, 11-225, 11-237, 11-240, 11-261, 11-271, 11-285, 11-297
산마(散馬) 4-88
산망막심(酸妄莫甚) 10-279
산매(山梅) 11-25
산반(山礬) 11-211
산반(散班) 9-74
산반화(山礬花) 11-42

산번(山樊) 1-57
산벼[山稻] 4-141
산붉은꿩 7-202
산붕(山棚) 6-131, 6-134, 8-59
산비파(山枇杷) 8-118
산뽕나무 11-213
산산(繖山) 11-81
산삼(山蔘) 7-39
산삼떡 5-154
산상왕(山上王) 1-203
산서(山犀) 12-124
산선(繖扇) 5-300
산소(山嘯) 1-176
산소(山笑) 12-81
산수가(山水歌) 3-246
산시(山尸) 6-266
산신(山神) 6-273
산약(山藥) 11-286
산양 12-139
산양왕(山陽王)➪유강(劉康)
산여(酸輿) 12-298
산예(狻猊) 12-103
산외지탄(山外之歎) 9-124
산용(山茸) 12-133
산원(散員) 4-109
산유화(山有花) 6-72, 6-82~83
산융(山戎) 7-312
산음공주(山陰公主) 2-317
산의생(散宜生) 5-250
산자(饊子) 5-158
산자고(山慈姑) 11-123
산자반(饊子飯) 5-158
산장(酸醬) 11-228
산전수전(山戰水戰) 10-274
산조(酸棗) 11-237
산중일석화(山中一夕話) 1-114, 2-324, 7-175, 7-235, 8-23, 9-182, 9-243, 12-234
산지니[山陳鷹] 4-195
산지사방(散之四方) 10-281
산진(山鎭) 1-194
산착목(山斲木) 12-346
산천지(山川志) 8-161
산철쭉[山躑躅] 11-70
산초(山椒) 1-78, 4-81, 5-188, 11-263
산초잣나무술(椒栢酒) 1-78
산칠(山柒) 11-109
산택(山澤) 7-167
산통점(算筒占) 6-165
산파[山葱] 11-293
산포도(山葡萄) 11-260
산해경(山海經) 1-41, 1-55, 1-61, 1-65, 1-175~176, 1-182~185, 1-188, 1-193, 1-197, 2-55, 2-57, 2-119, 2-148, 2-150, 2-170, 2-172~173, 2-179, 2-181, 2-192, 2-194, 2-196~199, 2-202~207, 2-210~213, 2-315, 3-49, 3-111, 4-137, 5-215, 5-219, 5-273, 5-329, 6-31, 6-195, 6-264, 6-267~268, 6-281, 7-150, 7-152, 7-154, 7-162, 7-164, 7-206, 7-222, 7-226, 7-240, 11-68, 11-88, 11-92, 11-113, 11-127, 11-129, 11-185, 11-209, 11-245, 11-285, 11-312, 11-314, 11-317, 11-322, 12-51, 12-69, 12-75, 12-79, 12-81, 12-83, 12-90~91, 12-95~96, 12-99, 12-104, 12-107, 12-109~110, 12-116, 12-118~122, 12-129~131, 12-136~137,

12-139, 12-141~142, 12-144~145, 12-153, 12-159~160, 12-164, 12-166, 12-173~174, 12-178, 12-183, 12-188~190, 12-192, 12-223, 12-231, 12-234, 12-237, 12-239, 12-249~250, 12-252~253, 12-255, 12-257, 12-262, 12-281, 12-288~289, 12-292~295, 12-298, 12-303~305, 12-307~308, 12-310~311, 12-319~321, 12-325, 12-330, 12-341, 12-345, 12-361, 12-380~381
산해관(山海關) 1-195, 2-28, 2-88, 4-59, 7-176
산호(珊瑚) 2-180
산호석(瑻瑚石) 4-42
산환(撒歡) 12-174
산휘(山猠) 12-104
살(薩) 7-73
살고(撒餻) 5-156
살구(殺狗) 1-149, 1-189, 11-248
살마국(薩摩國) 2-86
살마아한국(撒馬兒罕國) 5-283
살모사 12-317
살수(薩水) 1-258, 8-200
살옥발미(殺獄跋尾) 3-263
살전(撒𩕳) 6-149
살파가(娑婆訶) 8-22
살풍경(殺風景) 10-226, 10-315
삵[狸]➪삵괭이
삵괭이 1-120, 12-108, 12-131, 12-147, 12-172~173, 12-178
삼(蔘) 11-112
삼(杉) 11-180
삼(糝) 5-206
삼(參) 1-30
삼(檆) 11-180
삼(㠾) 12-161
삼가(三加) 2-261, 2-262
삼가현(三嘉縣) 11-239
삼각(三角) 1-214
삼각산(三角山) 1-199, 1-239, 2-31, 2-74, 2-80
삼강(三江) 6-282
삼계(杉鷄) 12-360
삼공(三公) 8-277
삼공형(三公兄) 9-80, 10-93
삼관(三關) 7-262
삼광(三光) 8-48
삼국사기(三國史記) 1-88, 2-125, 2-297, 3-63, 3-146, 4-174, 4-225, 6-144, 8-161, 10-148, 12-343
삼국유사(三國遺事) 2-121, 3-93~95, 7-55, 7-58, 7-117
삼국지(三國志), 위지(魏志) 2-234
삼국지(三國志) 1-257, 2-115, 2-150, 2-245, 2-265, 2-330, 5-289, 5-321, 6-93, 7-331, 7-343, 9-146, 9-171, 10-184, 10-225, 10-241
삼군(三郡) 1-170
삼군부(三軍府) 4-109
삼궁(三宮) 8-201
삼기길문(三奇吉門) 4-22
삼나무[杉] 11-207
삼노(三老) 5-330
삼농(三農) 4-123
삼뇌(杉腦) 11-162
삼단(三端) 10-151
삼대(三代) 2-362, 3-30, 5-99, 8-48,

8-190
삼대수(三大水) 1-255
삼대정(三大政) 4-189
삼도(三桃) 11-237
삼도(三島) 2-153
삼도부(三都賦) 6-65
삼도수군통제사(三道水軍統制使) 4-113
삼동(三冬) 1-213
삼동석(三動石) 2-84
삼등(三登) 1-240
삼등초(三登草) 10-63
삼등현(三登縣) 5-89
삼락(三洛) 6-119
삼랑(三郎) 9-130
삼랑성(三郎城) 1-238
삼략(三略) 4-104
삼령오신(三令五申) 10-269
삼례도(三禮圖) 2-366, 5-52
삼례업(三禮業) 3-168
삼로과(三老科) 3-166
삼롱(三弄) 6-40~41
삼마(三馬) 6-112
삼만위(三萬衛) 1-232
삼매경(三昧境) 4-284
삼맥종(彡麥宗) 3-145
삼모국(三毛國) 2-207
삼미(三微) 1-160
삼배박주(三盃薄酒) 10-286
삼별초(三別抄) 2-108
삼보(三寶) 7-64
삼보황도(三輔黃圖) 4-220
삼부연(三釜淵) 2-45
삼불제국(三佛齊國) 11-158, 11-160, 11-162
삼사(三司) 2-162, 4-190
삼삭(三朔) 1-161
삼산(三山)➪진공석(陳孔碩)
삼삼경(三三徑) 7-298
삼생(三生) 7-69, 7-90
삼선건(三仙巾) 5-58
삼성(三姓) 12-195
삼성사(三聖祠) 3-43
삼소도(三笑圖) 8-93
삼수(三水) 1-234, 2-67, 2-111
삼수(閭首) 5-78
삼수국(三首國) 2-214
삼수동수(三水洞水) 1-234
삼수항성(三受降城) 2-112
삼순구식(三旬九食) 10-290
삼시(三尸) 6-246
삼식(三式) 4-22
삼신국(三神國) 2-200
삼신국(三身國) 7-201
삼신산(三神山) 2-68
삼십 육궁(三十六宮) 7-69
삼십삼천(三十三天) 3-190, 6-54
삼십육책(三十六策) 10-153
삼십육천(三十六天) 7-69
삼십육황(三十六簧) 6-37
삼십이양(三十二陽) 4-106
삼십이음(三十二陰) 4-106
삼아(三雅) 5-285
삼암희(三暗喜) 10-151
삼양(三讓) 4-271
삼여췌필(三餘贅筆) 4-151
삼연(三淵)➪김창흡(金昌翕)
삼엽(三葉) 6-177

삼왕(三王) 7-215
삼우조(三偶竈) 5-320
삼운통고(三韻通考) 3-239, 3-240
삼원수(三元帥) 8-205
삼원읍(三原邑) 2-163
삼월삼일곡수시서(三月三日曲水詩序) 7-284
삼위군(三衛軍) 4-121
삼위산(三危山) 7-150, 12-144, 12-308
삼의(三衣) 5-76
삼이(三異) 4-278
삼일백(三日魄) 2-237
삼일복야(三日僕射) 10-131
삼일포(三日浦) 2-35, 4-270, 4-274
삼장(三章) 8-281
삼장법사(三藏法師) 6-212, 12-114
삼재(三災) 2-79
삼전도비(三田渡碑) 3-232
삼전삼배(三戰三北) 10-261
삼전어(三鱣魚) 5-63
삼전업(三傳業) 3-168
삼정(三正) 1-160
삼제기(三齊記) 11-318
삼족(三族) 3-47
삼족기(三足記) 7-297
삼족당(三足堂) 7-297
삼지(三至) 1-129
삼지확(三枝钁) 4-167
삼진(三辰) 1-157
삼진(三晉) 1-196
삼차수(三叉水) 2-84
삼척(三脊) 11-74
삼척(三陟) 2-30, 2-81, 2-116, 3-107, 4-274, 6-284, 9-52, 11-228
삼척퇴조비(三陟退潮碑) 6-257
삼천대천세계(三千大千世界) 7-68
삼천룡동(三泉龍洞) 3-228
삼청동(三淸洞) 1-221
삼청수(三靑獸) 12-311
삼초(三焦) 6-177
삼충(三蟲) 11-131
삼치(三鯔) 12-228
삼타수(三陀水) 2-59
삼태기[蔘駄] 4-168
삼파수(三派水) 2-44
삼파일(三破日) 6-236
삼판양승(三板兩勝) 10-268
삼팽충(三彭蟲) 11-132
삼풍(三豊) 2-80
삼학사전(三學士傳) 3-71
삼한(三旱) 1-181
삼한갑족(三韓甲族) 10-301
삼한공신(三韓功臣) 7-106
삼한림동(三翰林洞) 1-221
삼한중보(三韓重寶) 5-254
삼한통보(三韓通寶) 5-254
삼함구(三緘口) 7-327
삼혈총(三穴銃) 4-39
삼협(三峽) 1-28
삼화현(三和縣) 2-100
삼황(三皇) 7-215
삽(翣) 2-344
삽(鍤) 4-167
삽(箑) 5-298
삽(臿) 5-210
삽교(揷翹) 12-128
삽량주(歃良州) 7-130
삽살개[尨] 12-184

삽씨(霅氏) 2-209
삽주[朮] 11-325
삽체(澀滯) 8-70
삽현(霅縣) 1-198
삿갓[笠] 5-70, 5-79
삿갓가마[草轎子] 5-325
삿갓우산[笠蓋] 5-294
상(桑) 11-213
상(象) 8-249
상(相) 9-98
상(湘) 4-130, 9-245
상(常) 4-27
상(觴) 5-287
상(商) 5-99, 6-85, 7-221, 8-66, 12-89
상(爽) 8-52
상(尙) 3-109, 9-80
상(葙) 11-304
상([illegible]) 5-276
상간(桑間) 7-348
상감지(上監池) 9-73
상강(霜降) 1-57
상거초간(相距稍間) 10-307
상건(喪巾) 2-333
상고시행(相考施行) 10-311
상고좌(上高坐) 2-270
상고천진론(上古天眞論) 10-248
상공(商功) 3-249
상공(上供) 4-169
상관의(上官儀) 8-69
상교(象敎) 7-67
상군(湘君) 6-199, 7-222
상궁(尙宮) 2-301
상궁지조(傷弓之鳥) 10-264
상금(尙禽) 7-231
상기(象棋) 6-103
상낭주(桑郎酒) 3-138
상노(象奴) 12-181
상단전(上丹田) 7-332
상답(上畓) 4-186
상당군(上黨君)➪한명회(韓明澮)
상당산(上黨山) 1-212
상당현(上黨縣) 7-301
상대등(上大等) 8-223
상도무(桑道茂) 6-213, 6-232
상동왕(湘東王) 3-212, 7-318
상두(象豆) 11-215
상두(橡斗) 11-246
상둔(常屯) 4-118
상둔(商屯) 4-164
상락주(桑落酒) 10-58
상령(商嶺) 1-158
상례비요(喪禮比要) 4-155
상룡(常龍) 3-91
상륙(商陸) 11-80
상륙(薚蓫) 11-80
상륜(相輪) 7-100
상림부(上林賦) 12-88, 12-99, 12-162, 12-227, 12-326, 12-329, 12-351
상마경(相馬經) 8-160
상묘(上墓) 3-84
상문(桑門) 7-63
상미(上尾) 8-66
상미만(尙未晩) 10-315
상번승호(上番升戶) 4-118
상복(喪服) 2-226, 2-335
상부인(湘夫人) 7-222
상사(常思) 10-203
상사(相思) 11-252

상사마(相思馬) 7-169
상사목(相楒木) 11-191
상사별곡(相思別曲) 6-83
상사병(相思病) 12-336
상사사(相思蛇) 7-169, 12-76
상사수(相思樹) 11-191
상사일(上巳日) 1-101, 1-102
상사자(相思子) 11-191
상사편(上巳篇) 1-101
상산(常山) 11-122, 11-253, 12-27
상산(象山) ➪ 육구연(陸九淵)
상산사진(常山蛇陣) 4-107
상산야록(湘山野錄) 2-272, 4-232
상생상극(相生相剋) 6-152
상서(尙書) 3-126, 5-56, 8-229, 8-236, 8-268, 9-80, 10-239, 12-290
상서대전(尙書大傳) 1-134, 1-161
상서랑(尙書郎) 7-316
상서령(尙書令) 9-71
상서서(尙書序) 7-214
상서점기요(相書占氣要) 6-154
상서태부(尙書太傅) 4-212
상선(上仙) 2-47
상성(商聲) 6-42
상소(常蔬) 11-291
상수(象數) 3-257
상수리 11-245
상수리나무 11-246
상식(尙食) 5-193
상신(霜信) 1-71
상실(橡實) 11-245
상아(桑鵝) 11-289, 11-290
상암(上庵) 11-63
상암(上菴) 7-209
상앙(商鞅) 10-152
상야개(上野介) 2-160
상양(商羊) 1-71, 7-201
상양계(相讓髻) 2-278
상어(尙魚) 12-221, 12-250, 12-252, 12-258
상영(尙寧) 2-169
상영롱(商玲瓏) 6-92
상영롱가(商玲瓏歌) 6-91
상요(相繇) 7-163
상우(喪耦) 2-290
상우경(相牛經) 8-160
상원(上元) 1-159, 6-260
상원(祥原) 1-240
상원일(上元日) 5-164
상원현(上元縣) 7-175
상유(相攸) 2-258
상유한(桑維翰) 9-166, 12-92
상자(箱子) 4-216
상장(尙章) 1-158
상장(尙長) 7-231
상재상서(上宰相書) 3-193
상전(上田) 4-186
상전(上典) 9-79
상전벽해(桑田碧海) 10-280
상정(觴政) 8-56
상정승동(尙政丞洞) 1-218
상정일(上丁日) 8-191
상조(尙詔) 9-80
상조(鶬鶊) 12-294
상좌(相左) 10-321
상주(尙州) 2-32, 2-116, 3-50, 7-143
상주(湘州) 5-198
상준(相準) 8-36

상진(尙震) 1-218
상창(商倉) 12-359
상책(喪幘) 2-334
상청화(常靑花) 11-47
상체(常棣) 12-354
상촌(象村)➪신흠(申欽)
상촌비결(象村秘訣) 6-150
상추[萵苣] 11-293
상추[萵菜] 11-291
상춧대(萵苣臺) 11-291
상충(桑狆) 2-309
상치(象齒) 12-169
상탄(祥坦) 2-86, 6-72, 11-38
상투(象椎) 5-32
상평법(常平法) 4-184
상평창(常平倉) 4-179, 4-185, 4-189, 5-255
상평창법(常平倉法) 4-183
상평청(常平廳) 5-255
상평통보(常平通寶) 5-255
상표초(桑螵蛸) 11-97
상풍간(相風竿) 5-331
상풍패속(傷風敗俗) 10-277
상하현격(上下懸隔) 10-304
상학경(相鶴經) 7-184, 8-160, 12-331
상헌(尙憲) 8-149
상형패(祥刑牌) 8-238
상호씨(桑扈氏) 12-296
상홍양(桑弘羊) 3-256, 7-332
상황(上皇) 5-142
상흠(桑欽) 8-160
새(簺) 6-116, 6-117
새[升] 5-268
새경(簺經) 6-116
새그물 11-192
새끼[崽] 12-173
새로(塞路) 11-313
새박뿌리[蘲朴根] 11-128
새신(賽神) 6-281
새신령공(賽神令公) 6-281
새옹득실(塞翁得失) 10-265
새우 5-182, 12-155, 12-230, 12-234, 12-236
새점[鳥卜] 1-165
색가(索家) 2-145
색계(色界) 10-56
색대(色對) 8-69
색릉목(色綾木) 11-184
색리(色吏) 9-85
색목(色目) 9-40
색목인(色目人) 2-149
색목침(色木枕) 11-184
색부(索婦) 2-266
색설(濇雪) 1-72
색요기(色療飢) 9-128
색은(索隱) 1-76
색책(塞責) 10-197, 10-324
색초(蓑草) 4-72
샛서방 2-317
생(笙) 5-313, 6-37, 6-38
생(鼪) 3-211, 12-151
생강 5-190, 11-133, 11-257, 11-262, 11-263, 11-293, 11-294
생강나무[生薑樹] 11-105
생결향(生結香) 11-168
생골(生骨) 11-118
생광(生光) 10-324
생금수(生金樹) 11-187

생려(生黎) 2-152
생면목(生面目) 10-316
생부(笙賦) 11-222
생불여사(生不如死) 10-284
생사(生祠) 3-48
생사(生絲) 4-177
생사(笙師) 6-46
생사당(生祠堂) 3-43
생소(生餡) 5-162
생속향(生速香) 11-155
생신제(生辰祭) 2-359
생쌀[生米] 5-210
생애(生涯) 7-80, 10-118
생여진(生女眞) 2-109, 2-151~152
생원시(生員試) 3-174
생육신(生六臣) 8-217
생장팔(生張八) 9-159
생전사후(生前死後) 10-272
생정(生庭) 2-227
생증(生憎) 9-134
생지황(生地黃) 8-47
생팔(生八) 9-160
생환고토(生還故土) 10-293
서(芧) 11-245
서(胥) 4-74, 12-43
서(署) 3-171
서(黍) 3-250
서(糈) 6-204
서각(犀角) 12-169
서각(西閣) 5-324
서강(西江) 1-210~211, 1-242, 2-26
서강전(西羌傳) 3-112
서개(徐鍇) 4-32, 7-294
서거(犀渠) 12-123
서거정(徐居正) 8-44, 8-161, 8-162, 8-166
서경(西京) 1-206, 1-213, 2-34
서경(徐景) 5-83
서경(西坰) ➪유근(柳根)
서경(書經), 고명(顧命) 3-31, 8-267
서경(書經), 대우모(大禹謨) 8-170, 10-286
서경(書經), 순전(舜典) 3-30, 3-266
서경(書經), 열명(說命) 8-170
서경(書經), 우공(禹貢) 1-249, 2-27, 5-118, 5-135, 7-150
서경(書經), 이훈(伊訓) 9-259
서경(書經), 탕고(湯誥) 8-171
서경(書經), 홍범(洪範) 4-162
서경(西京) 11-322
서경(書經) 1-52, 1-152, 1-157, 1-161, 2-361, 3-286, 5-326, 6-73, 7-79, 7-221, 7-250, 7-257, 8-155, 8-283, 9-85, 9-178, 9-219, 12-196, 12-228, 12-375
서경기(西京記) 5-167
서경덕(徐敬德) 1-207, 2-35, 3-269, 7-38, 8-168, 8-181, 8-184
서경부(西京賦) 6-108, 6-138, 7-331, 10-35, 12-85, 12-166
서경잡기(西京雜記) 1-54, 1-121, 2-238, 3-217, 3-255, 4-199, 5-63, 5-322, 6-101, 10-119, 10-206, 11-174, 12-34
서계(西溪) ➪박세당(朴世堂)
서계총어(西溪叢語) 1-98, 11-76
서고(鼠姑) 11-27
서과(西瓜) 11-299
서광계(徐光啓) 1-162

서구(筮龜) 12-218
서국(西國) 1-257, 11-51
서군(徐君) 2-329
서긍(徐兢) 1-259
서기(序棊) 6-102
서기(徐起) 3-274, 8-197
서기성(徐箕成) 3-227
서기지망(庶幾之望) 10-283
서나국(西那國) 11-202
서남이국(西南夷國) 2-245
서남이전(西南夷傳) 4-92, 5-119, 5-123, 8-87
서내산(西奈山) 7-46
서다산(西多山) 2-82
서단(書斷) 3-228
서당(西堂)➪이덕수(李德壽)
서대(犀帶) 5-85
서대전(書大傳) 7-215
서대초(書帶草) 11-318
서도(鼠島) 6-280
서도(書刀) 8-27
서도부(西都賦) 4-71, 4-210, 4-213
서독(西瀆) 2-31
서돈립(徐敦立) 7-327
서라벌(徐羅伐) 2-123
서랑(鼠狼) 3-211, 12-151
서량기(西涼伎) 6-25
서례(敍例) 5-276
서로옹(瑞露甕) 5-283
서룡뇌(瑞龍腦) 11-153
서릉(徐陵) 3-135, 10-141
서릉(西陵) 2-345
서막(徐邈) 12-127
서만(西漫) 9-158
서명응(徐命膺) 8-164
서목(徐穆) 1-230
서목(瑞木) 7-75
서묘(鼠猫) 12-152
서문표(西門豹) 8-41
서미(胥靡) 4-65
서미(黍米) 9-53
서미대(鼠尾帶) 5-84
서방(書房) 9-71
서번(西蕃) 1-255, 5-114
서번(西藩) 2-114
서벌라(徐伐羅) 2-123
서복(徐福) 2-121, 2-152, 3-287, 7-280, 11-228
서부(鼠婦) 12-32
서부(鼠負) 12-32
서부(舒鳧) 12-348
서불(徐市) 3-252, 3-286, 7-84, 7-341, 11-130
서사(胥邪) 11-204
서사(筮仕) 9-197
서사달(徐思達) 11-223
서산 나귀[西山驢] 12-203
서산(瑞山) 2-99, 7-137
서산사(西山寺) 10-33
서상기(西廂記) 6-134
서상례(西廂禮) 2-276
서서(署書) 3-231
서석(犀石) 2-30
서석산(瑞石山) 2-82
서선(徐選) 2-295
서성(瑞星) 8-212
서성(徐渻) 5-144
서성국(鼠姓國) 2-215

ㅅ

서소문(西小門) 1-221
서수라(西水羅) 2-111, 4-35
서수라목(西水羅木) 1-236
서숙(徐淑) 3-182
서순(絮舜) 10-131
서승순(徐承淳) 3-28
서시(西施) 7-169, 9-230, 10-170
서시유(西施乳) 12-260
서악(西嶽) 2-31, 3-91~92
서악사(西岳寺) 3-42
서안(舒鴈) 12-324
서암(西菴) 3-128
서애(西厓)➪유성룡(柳誠龍)
서야벌(徐耶伐) 2-123
서양교(西洋教) 7-45
서양포(西洋布) 5-120
서언왕(徐偃王) 2-236
서여(薯蕷) 11-286
서여진(西女眞) 2-151
서역(西域) 2-55, 2-127, 2-180, 2-189, 2-216, 3-95, 7-74, 7-173, 9-168, 11-58, 11-100, 11-164, 11-209, 11-234, 11-236, 11-262, 12-87, 12-140, 12-145
서역기(西域記) 6-284
서역전(西域傳) 4-65, 4-129, 6-128, 6-136, 7-316, 10-254, 11-324, 12-286, 12-86
서연자(徐淵子) 5-285
서염(徐琰) 4-279
서예(署預) 11-285
서예(鉏麑) 8-53
서옥(鼠獄) 7-317
서올[西上]➪서울
서왕모(西王母) 3-92, 7-240, 11-257, 12-285, 12-307
서용(敍用) 2-295
서울 1-195, 1-242, 10-49
서울(徐鬱)➪서울
서울[圻甸]➪서울
서원(西原) 1-206
서원(書苑) 3-228
서원포(舒元褒) 10-46
서위(西魏) 12-51
서위(徐渭) 3-213
서위(書緯) 7-254
서유(西維) 1-30
서유대(徐有大) 11-151
서율(芧栗) 11-246
서융(西戎) 1-191, 2-146, 2-148, 5-40, 5-111, 5-282, 6-204
서응경(瑞應經) 2-216
서응도(瑞應圖) 1-70
서이(鼠耳) 11-195
서익(徐益) 3-164
서자(鼲子) 12-168
서장경(徐長卿) 11-204
서적(書滴) 3-217
서전(鼠篆) 3-225
서절구투(鼠竊狗偸) 10-286
서정부(西征賦) 7-311, 8-106
서제(噬臍) 7-202
서제소(書題所) 8-32, 8-224
서조(徐肇) 1-103, 2-368
서조(署調) 9-43
서주(西州) 2-157, 10-172
서주(徐州) 11-60
서주(西州)➪조하망(曺夏望)
서지(徐遲) 8-70

서지격기[徐池役只] 9-163
서지고(徐知誥) 5-296
서직(黍稷) 4-138
서천(西川) 2-64, 8-21
서천(舒川) 7-204
서천(西天) 7-67
서천왕(西川王) 7-133
서천왕릉(西川王陵) 3-61
서첩(鼠黏) 12-32
서첩첨(書帖簽) 3-206
서청시화(西淸詩話) 8-116
서초괴(瑞草魁) 11-107
서총(瑞葱) 4-253
서총대(瑞葱臺) 4-253
서축(西竺) 6-105
서침(徐沉) 4-179
서태위(徐太尉) 5-229
서파(西坡) 3-261
서파(西坡)➪오도일(吳道一)
서하(西夏) 1-103
서하(西河) 2-218
서하군(西河郡) 2-53
서학(西學) 7-45
서해(西海) 1-256, 4-273
서해문(誓海文) 2-87
서헌(犀軒) 5-328
서현전(徐鉉傳) 7-41
서형산(西兄山) 2-298
서형산성(西兄山城) 7-130
서호(西胡) 2-146
서호(西湖) 2-37, 6-208
서홍(徐洪) 8-70
서황(西荒) 2-147, 12-111
서흥(瑞興) 1-240
서희(徐熙) 8-203
서희순(徐憙淳) 4-112
석(鼫) 12-157
석(釋) 3-141, 7-100
석(錫) 4-89
석(舃) 5-102
석(淅) 5-210
석(螫) 12-39
석가(釋迦)➪석가모니(釋迦牟尼)
석가(石家) 8-94
석가모니(釋迦牟尼) 2-314, 3-141, 7-66, 7-100, 7-102, 7-164, 8-48, 8-155, 9-70, 9-101
석가산(石假山) 2-47
석가여래(釋迦如來) 7-81
석간(石磵)➪조운흘(趙云仡)
석강(石杠) 4-246
석겁(石蛣) 12-276
석견(石犬) 1-217
석결명(石決明) 12-275
석경당(石敬瑭) 3-130, 3-131
석경모시(石經毛詩) 7-258
석계(石鷄) 12-377
석고문(石鼓文) 12-133
석곽(石槨) 2-345
석교(釋敎) 7-45
석구초(蓆具草) 11-313
석굴(石窟) 2-78, 4-283, 7-92
석기(蓆萁) 11-313
석기렴(蓆萁簾) 11-313
석남(石楠) 7-160
석노(石砮) 1-236, 2-151
석담(石潭) 8-183
석담(石礑) 11-114

ㅅ

석동통(石動筩) 8-23
석등(石燈) 1-217
석등(昔登) 3-94
석란산국(錫蘭山國) 5-165
석랍(錫鑞) 2-167
석룡자(石龍子) 12-71, 12-279
석류(石榴) 11-70, 11-239~240
석륵(石勒) 2-145, 9-104, 9-158
석름봉(石廩峰) 1-169
석리(錫里) 3-117
석림(石淋) 11-114
석림연어(石林燕語) 7-344
석만두(石饅頭) 5-173
석말(石抹) 3-139
석말천구(石末天衢) 3-106
석멱자(菥蓂子) 11-125
석명(釋名), 석의(釋義) 4-26
석명(釋名) 2-359, 5-45, 5-81, 5-83, 5-125, 5-151, 5-156, 8-32, 9-244
석모(蓆帽) 5-40, 5-41
석모(席帽) 5-90
석목(析木) 1-24, 6-257
석묵(石墨) 3-214
석밀(石蜜) 5-167
석발(石髮) 11-308
석병(石屛)➪대복고(戴復古)
석봉(石峯)➪한호(韓濩)
석부(射覆) 6-147, 12-33
석북(石北)➪신광수(申光洙)
석불(石佛) 7-99
석빙(石聘) 9-142
석사(昔邪) 11-308
석상부담(席上腐談) 7-27
석석(措措) 12-109
석석염(昔昔鹽) 6-30, 6-50
석성(石星) 1-220
석성(石城) 8-88
석성(石城)➪장군동(藏軍洞)
석수(石首) 12-251
석수(石獸) 12-86
석수(石髓) 2-51
석숭(石崇) 5-183, 5-209, 5-290, 9-74, 10-243, 11-267
석승(石承) 4-212
석실(石室) 7-69
석실산인(石室山人) 3-164
석씨(昔氏) 3-94
석씨요람(釋氏要覽) 7-101
석압아(石押衙) 3-75
석애(石磑) 5-321
석양산로(夕陽山路) 10-312
석양정(石陽正)➪이정(李霆)
석어(石魚) 12-252
석연년(石延年) 3-265, 5-305
석염(石鹽) 5-179
석영(石英) 12-371
석옥(石屋) 7-55
석왕사(釋王寺) 7-98
석우(石牛) 3-106
석우풍(石尤風) 1-60
석웅황(石雄黃) 2-288, 6-207, 11-43
석웅황화(石雄黃花) 11-43
석유(石乳) 11-115
석유(石油) 5-189
석유묵(石隃墨) 3-214
석유황(石硫黃) 7-137
석의(石衣) 11-309
석의(釋義) 4-149, 6-208

석이(石耳) 11-290
석잠(石蠶) 1-180
석장(錫杖) 7-118
석전(釋奠) 8-188, 8-191
석전삼성(石田三城) 2-158~159
석정(石井) 2-81
석주(石洲)➪권필(權韠)
석지(石芝) 11-94
석창포(石菖蒲) 12-90
석척(蜥蜴) 2-302, 12-72
석청(石淸) 5-165, 5-167
석치(石癡)➪정필조(鄭弼祚)
석탄(石炭) 5-316
석탄(石灘)➪이신의(李愼儀)
석탈해(昔脫解) 7-164, 7-185
석혈(石穴) 2-64
석화(石華) 7-204, 12-278
석화성(石火星) 2-76
석화차(石花茶) 11-103
석획지신(石畫之臣) 7-314
선(騸) 12-176
선(璇) 1-28
선(筅) 4-36
선(鱻) 5-196, 7-255
선(獮) 4-193
선(茴) 11-323
선(鮔) 12-266
선가(仙家) 5-311, 11-237, 11-302
선각요람(善覺要覽) 7-63
선견지명(先見之明) 10-268
선경(仙境) 3-40
선경(仙經) 6-108
선공후사(先公後私) 10-305
선과(禪科) 7-92
선군공자(先君孔子) 9-61
선궁(旋宮) 8-65
선금(仙禽) 12-331
선금(善禁) 4-67
선달(先達) 9-86
선덕(宣德) 8-45
선덕루(宣德樓) 6-131
선덕여왕(善德女王) 2-133, 2-137, 2-307, 3-147, 7-127, 11-28
선덕왕(宣德王) 7-129
선도(仙桃) 6-220
선도(仙圖) 7-75
선도해(先道解) 6-93
선망후실(先忘後失) 10-306
선목(仙木) 1-80, 12-329
선무(宣武) 3-43
선물(詵物) 11-297
선미(船尾) 5-330
선민산(先民山) 12-109
선발제인(先發制人) 10-263
선방(禪傍) 11-181
선방(仙方) 11-214
선방조(善芳鳥) 12-289
선법사(禪法師) 5-76
선병자의(先病者醫) 10-307
선복화(旋覆花) 11-33
선부(膳夫) 6-70
선불선(善不善) 10-315
선비(鮮卑) 2-146, 2-150, 5-86
선비전(鮮卑傳) 12-168
선비족(鮮卑族) 7-188, 9-63
선사니보(先師尼父) 8-187
선산(善山) 1-178
선산(鮮山) 12-160

ㅅ

선산(仙山) 2-38
선산읍지(善山邑誌) 12-191
선산향낭전(善山香娘傳) 6-82
선삼단(善三短) 10-151
선생안(先生案) 2-306
선석(莦席) 11-323
선선국(鄯善國) 11-324
선성령(宣城令) 7-149
선수법(騸樹法) 11-225
선숙남(善宿男) 7-122
선식(仙食) 5-176
선실기도(先失其道) 10-283
선악상반(善惡相半) 10-270
선암(禪巖) 1-216
선암사(仙巖寺) 11-58, 11-221
선약(仙藥) 1-78
선양문(宣陽門) 5-83
선어(鮮魚) 12-257
선어국(善語國) 2-196
선연(嬋娟) 10-35
선연(䴀䴉) 5-175
선연동 2-305
선왕(宣王)➪대인수(大仁秀)
선우(單于) 2-49, 5-278, 7-313, 8-139, 10-252, 11-313
선우씨(鮮于氏) 3-46
선우지(善遇之) 10-314
선원보(璿源譜) 2-87, 2-151, 2-294, 3-36, 4-109, 4-173, 4-253, 7-75
선위주선(善爲周旋) 10-271
선유담(仙遊潭) 7-340
선의(禪衣) 5-98
선인우(善人芋) 11-287
선인장(仙人杖) 11-90
선입견(先入見) 10-272
선입관(先入觀) 10-272
선입지견(先入之見) 10-272
선장(僊掌) 11-105
선전소식(宣傳消息) 8-241
선제(琁題) 4-220
선제(宣帝) 4-239
선조(宣祖) 1-43, 2-254, 3-32, 3-33, 3-61, 4-256, 5-75, 5-96, 6-175
선종(宣宗) 1-211, 3-142, 3-171, 7-92, 9-103, 10-210
선종(禪宗) 8-33
선종기(禪宗記) 7-73
선주(宣州) 8-110
선죽교(善竹橋) 2-255, 4-238
선지(鮮支) 11-34
선참후계(先斬後啓) 10-298
선창(船廠) 2-110, 4-245
선추(扇墜) 5-299
선추성(璇樞星) 11-256
선춘령(先春嶺) 2-70, 2-117
선태후(宣太后) 9-187
선통기(禪通紀) 7-216
선풍도골(仙風道骨) 10-310
선학(仙鶴) 7-164, 9-103, 12-346
선학쇄시(仙鶴曬翅) 10-238
선한(扇汗) 4-99
선헌(宣憲) 3-129
선혜록(善惠錄) 8-175
선혜법(宣惠法) 4-171
선혜청(宣惠廳) 4-172, 12-159
선화(宣和) 2-252, 6-115, 7-179
선화국(善化國) 12-272
선화보(宣和譜) 6-115

선화부인(善花夫人) 3-57
선후(獮猴) 12-112, 12-115
선후도착(先後倒錯) 10-304
설(薛) 3-102, 7-226, 8-79
설(偰) 3-134
설(卨) 7-218
설(蔎) 11-103
설검(說劍) 4-50
설경(薛瓊) 5-218
설군(薛君) 6-80
설근(舌根) 11-64
설금조(屑金鳥) 12-314
설도(薛濤) 8-50
설도지(設道智) 2-143
설령지(薛令之) 4-217, 8-86
설리(薛里) 9-79
설모고(泄謨觚) 8-222
설문계전(說文繫傳) 4-32, 7-294, 10-59
설문해자(說文解字) 1-45, 1-55, 1-58, 1-97, 1-108, 1-119, 1-139~140, 1-144, 1-156, 1-185, 1-195, 1-256, 2-235, 2-237, 2-264, 2-280, 2-302, 2-338, 2-359, 2-367, 3-171, 3-231, 3-240, 3-249, 3-251, 4-31, 4-55, 4-68~69, 4-92, 4-99~100, 4-133, 4-139, 4-144, 4-199, 4-213, 4-219, 4-231, 4-244~245, 4-248, 5-27, 5-39, 5-47, 5-51, 5-63, 5-72, 5-97, 5-99, 5-111, 5-121, 5-123, 5-125, 5-129, 5-138, 5-149, 5-178, 5-205, 5-214, 5-222, 5-232, 5-239, 5-251, 5-276, 5-287, 5-296, 5-302, 6-28, 6-37, 6-88, 6-134, 6-265, 7-39, 7-201, 7-244, 7-248, 7-250, 7-334, 8-30, 8-153, 8-168, 8-249, 8-285, 9-47, 9-81, 9-88, 9-96, 9-98, 9-154, 9-193, 9-254, 10-129, 10-175, 10-180, 10-202, 11-59, 11-176, 11-177, 11-183, 11-224, 11-240, 11-245~246, 11-261, 11-278, 11-294, 11-321, 12-23, 12-43, 12-51, 12-56~57, 12-67, 12-72, 12-87, 12-94, 12-97, 12-114, 12-115~116, 12-123, 12-134, 12-146~147, 12-157~159, 12-161~162, 12-165, 12-176, 12-180, 12-182~184, 12-198, 12-202, 12-209~210, 12-218, 12-220, 12-225~226, 12-257, 12-262, 12-269, 12-274, 12-305, 12-314, 12-333, 12-354, 12-367, 12-372, 12-381~382, 12-384
설봉산(雪峯山) 12-379
설부(說郛), 통미지(洞微志) 3-75
설부(說郛) 1-106, 3-215, 3-222, 5-177, 5-280, 6-21, 6-141, 6-254~255, 7-220, 7-249, 7-282, 8-103, 8-174, 8-286, 9-58, 9-63, 10-128, 12-90, 12-240
설산화상(雪山和尙) 7-141
설상가상(雪上加霜) 10-266
설선(薛禪) 3-161
설선(薛宣) 9-176
설성(雪城) 1-215
설손(偰孫) 3-104
설송령(雪松嶺) 2-67
설시(雪詩) 4-201, 4-211
설악(雪岳) 2-46
설암(雪庵) 7-95
설암간(薛闇干) 2-85
설왕설래(說往說來) 10-312

설요영(薛瑤英) 5-153
설욕(雪辱) 10-164
설원(薛願) 1-44
설원(說苑) 7-305, 9-207, 12-119, 12-222, 12-341
설음(舌音) 2-150, 6-86
설의랑(雪衣娘) 12-343
설장수(薛長壽) 3-104
설전(薛田) 2-262, 5-265, 5-266
설제산(雪霽山) 12-155
설죽(雪竹) 3-244
설준(薛俊) 10-255
설진(薛震) 7-204
설철(齧鐵) 12-171
설청(設廳) 4-225
설촉(薛燭) 3-137, 8-80
설총(薛聰) 3-235, 8-176, 8-195, 10-324, 11-28
설치(雪耻) 10-325
설탕[雪糖 5-169, 5-184
설틈과문(說闖寡門) 9-112
설한령(薛罕嶺) 1-240
설화지(雪花紙) 3-202
섬[石] 4-176, 4-178
섬라(暹羅) 12-169
섬배차(蟾背茶) 11-103
섬섬옥수(纖纖玉手) 10-260
섬언(譫言) 10-326
섬하(陝河) 7-26
섭(鑷) 5-296
섭(涉) 9-232
섭(欇) 11-185
섭겸(篛箝) 5-296
섭구(攝龜) 12-218
섭마등(攝摩騰) 7-101, 7-102
섭몽득(葉夢得) 3-157, 7-344
섭섭(欇欇)나무 1-179
섭수(欇殳) 4-167
섭정(聶政) 3-134
섭제격(攝提格) 1-158
섭종인(葉宗人) 9-157
섭진주(攝津州) 1-222, 2-104
섭화(燮和) 10-199
성(粻) 5-210
성(腥) 12-176
성(箴) 5-138
성간(成侃) 10-41
성거산(聖居山) 2-42, 7-145
성경(盛京) 1-249, 2-109~110
성경통지(盛京通志) 1-258
성경현전(聖經賢傳) 10-309
성고산(成皐山) 11-264
성골(聖骨) 9-199
성골장군(聖骨將軍) 7-145
성공수(成公綏) 6-88
성균관(成均館) 8-190
성균관시(成均館試) 3-178
성균해(盛均解) 1-181
성기[腎頭] 10-223
성길사(成吉思) 3-161
성남보(城南譜) 2-224
성남연구(城南聯句) 8-112
성능(聖能) 7-119
성당리(聖堂里) 7-144
성덕왕(聖德王) 8-189, 12-193, 12-343
성덕태자(聖德太子) 7-88
성도(成都) 8-262
성동(聖童) 2-369

성두가(聖痘歌) 6-184, 11-144
성령(聖令) 3-185
성류(聲類) 8-65
성리대전(性里大全) 3-233
성림(聖林) 3-52
성만경(聖鬘經) 7-89
성명(誠明) 8-178
성명가(星命家) 6 263
성모묘(聖母廟) 6-283
성묘(聖廟) 8-187
성무제(成武帝) 3-112
성문다락[譙樓 4-261
성문승(聲聞乘) 7-90
성보(姓譜) 3-127
성보살(聖菩薩) 6-211, 6-212
성복(盛服) 5-250
성부마(成駙馬) 7-57
성산(盛山) 12-49
성삼문(成三問) 3-45, 3-234, 4-44
성상오요(城上烏謠) 8-108
성석린(成石磷) 2-72
성성이 5-124, 7-200, 12-105, 12-109, 12-147
성성이 입술(猩唇) 5-207~208
성소(省掃) 3-79
성소부부고(惺所覆瓿稿) 8-57
성수(聖壽) 8-275
성수도(星宿圖) 1-30
성수천추(聖壽千秋) 6-133
성수침(成守琛) 3-211, 8-182
성수해(星宿海) 1-255
성승(聖僧) 11-247
성신문무(聖神文武) 3-34
성언(盛彦) 12-46
성연(聖淵) 9-44
성예(成汭) 3-124
성옹(醒翁)➪김덕함(金德諴)
성옹지소록(醒翁識小錄) 8-164
성왕(成王) 1-103, 3-279, 5-70, 11-199, 12-77, 12-310
성왕(聖王) 1-205, 2-123
성왕(成王)➪대화서(大華嶼)
성요(星曜) 6-157
성우(胜遇) 12-304
성운(聲韻) 10-131
성운(成運) 3-81
성원(姓苑) 3-113
성위(姓偉) 3-89
성인지미(成人之美) 10-291
성자(聲子) 7-290
성장(盛裝) 6-284
성재(誠齋)➪양만리(楊萬里)
성전(星傳) 7-303
성정(性情) 6-89
성제(聖帝) 11-199
성제(成濟) 1-40
성제(成帝) 1-54, 2-143, 4-223, 6-71, 6-101, 7-204, 8-119, 8-236, 9-253
성제대(聖帝帶) 5-84
성조(成祖) 2-190, 2-308, 3-123, 3-199, 6-69, 9-157
성조(聖朝) 5-177
성조황고(聖祖皇姑) 2-133
성종(成宗) 2-60, 2-140, 3-23, 3-85, 3-161, 4-163, 5-255, 6-159, 7-75, 7-90, 8-242, 8-246
성주(星州) 2-116, 3-42
성주(星主) 2-136, 3-111

성주(星州) 소씨(푸氏) 3-106
성주득현신송(聖主得賢臣頌) 10-120
성주산(聖住山) 3-216
성지(城池) 8-207
성채(城砦) 4-243
성책(聖冊) 2-138
성천(成天) 1-26
성천(成川) 1-203, 1-240, 2-115, 4-291, 5-32, 5-243
성천가추(成川假椎) 5-32
성충(成忠) 1-227
성취초(醒醉草) 11-325
성태(聖胎) 7-166
성현(成俔) 8-163,10-41
성호(星湖)➪이익(李瀷)
성호사설(星湖僿說) 3-28, 8-164
성혼(成渾) 8-180, 8-182~183
성화(成化) 1-209, 5-67
성화(聖火) 2-54
성화(星火) 9-182, 9-183
성화독촉(星火督促) 9-182
성환역(成歡驛) 9-78, 9-158
성황(城隍) 4-182
성황신(城隍神) 4-251
세(齛) 12-199
세가락매추라기[鷚] 5-207
세거우(洗車雨) 1-117
세군(細君) 9-61
세답족백(洗踏足白) 10-305
세두분(洗頭盆) 2-51
세류(細柳) 8-125
세미(稅米) 4-176
세미계(細尾鷄) 12-377
세발 자라 12-210
세본(世本) 2-60, 5-329
세불양립(勢不兩立) 10-312
세사(世事) 10-119
세상투 5-60
세서성문(細書成文) 10-279
세설신어(世說新語) 1-42, 2-258, 2-334, 5-299, 6-251, 7-347, 8-25, 10-133, 10-170, 10-195, 10-243, 11-302, 12-204, 12-303,
세수화(洗手花) 11-72
세시기(歲時記) 1-59, 1-109, 1-110, 1-111, 1-123, 1-126, 3-191, 5-157, 11-112, 12-312
세신(細辛) 11-142
세신갈문왕(世神葛文王) 3-35
세아전(洗兒錢) 2-238
세오(細烏) 1-230
세요(細腰) 11-237, 11-302
세정(歲精) 7-236, 7-237
세조(世祖) 1-244, 2-58, 2-75, 2-77, 2-85, 2-107, 2-363, 3-161, 3-180, 4-47, 5-133, 6-226, 8-236, 12-154
세존(世尊) 7-80, 7-82
세종 3-36
세종(世宗) 1-42, 2-56, 2-58, 2-90, 2-227, 2-242, 3-26, 3-34, 3-62, 3-85, 4-162, 4-171, 4-178, 6-66, 6-68~69, 8-188, 8-232, 10-256, 10-315
세차법(歲差法) 1-163
세찬진봉(歲饌進奉) 9-129
세채당(世綵堂) 7-299
세초(歲杪) 9-184
세하증(歲下甑) 10-317
세현비(世賢妃) 3-199

세혼(世婚) 2-259
소(罕) 3-106
소 5-169, 5-188, 5-195, 5-207, 12-144, 12-189, 12-191, 12-196, 12-201, 12-203
소(疏) 3-261, 4-151, 4-166, 7-247, 8-260, 9-81, 11-180, 11-212, 11-227, 11-279, 11-293, 12-101
소(蘇) 1-78, 11-184, 11-206, 11-261
소(嗉) 12-375
소(巢) 6-37
소(昭) 7-217
소(韶) 9-259
소(櫯) 11-184
소(箾) 5-279
소가야국(小伽倻國) 2-116
소각사(小各司) 10-113
소강(少康) 4-48
소거(繅車) 5-136
소겁(小刦) 9-220
소경 지팡이[瞽相] 9-99
소경(蕭炅) 1-131
소경(宵鏡) 9-98
소고(小鼓) 1-125
소고산(小孤山) 6-283
소곡(小曲) 12-379
소곡절(小曲折) 10-317
소골다(蘇骨多) 5-45
소공(昭公) 2-292, 2-353, 4-87
소공복(小功服) 2-351
소공주동(小公主洞) 1-221
소공포(小功布) 2-351
소광(疏廣) 2-340
소광(踈廣) 3-131
소광(少廣) 3-248
소구(蕭丘) 2-54
소군원(昭君怨) 8-83
소금 메주 5-180
소금못[鹽澤] 5-180
소길(蕭吉) 6-170
소나무 11-171, 11-172, 11-174, 11-177, 11 180, 11 204, 11 217
소내(素奈) 11-239
소녀(素女) 6-34, 7-27
소당계(小唐鷄) 12-377
소덕가(蘇德哥) 2-368
소도(蘇塗) 7-100
소동(蘇桐) 5-188, 11-209
소두(小豆) 1-189, 4-141
소락(燒酪) 5-143
소련(小連) 2-347
소론(少論) 9-32
소루천(小漏天) 2-220
소륜(蕭綸) 12-266
소르쟁이 나물 11-319
소릉(邵陵) 12-266
소리로 치는 점 1-81
소리문(愬螭文) 12-209
소린(蘇隣) 7-26
소마(小馬) 5-323
소막릉(蘇摸棱) 10-199
소만(小滿) 1-106, 8-256
소만사(掃萬事) 10-314
소말뚝[牛秣纛] 12-204
소망지(蕭望之) 12-244
소망지전(蕭望之傳) 7-302, 9-173
소매평생(素昧平生) 10-294
소매향(小梅香) 2-303

ㅅ

소맥 1-189
소맥(小貊) 2-122
소맥요(小麥謠) 8-82
소명(昭明) 7-89, 8-151
소모성(小耗星) 9-83
소목(蘇木) 11-185
소무(蘇武) 2-49, 5-191, 5-281, 7-313, 10-57
소무아지씨(小巫阿只氏) 6-134
소무전(蘇武傳) 5-281
소문국(召文國) 2-116
소문쇄록(謏聞瑣錄) 8-163
소문염(蕭文琰) 8-151
소미(少微)➪강지(江贄)
소미도(蘇味道) 10-199
소미통감(少微通鑑) 7-226
소밀나화(蘇蜜那花) 11-261
소방제(蕭方諸) 5-61
소백산(小白山) 2-79
소백화산(小白花山) 11-42
소벌공(蘇伐公) 3-93
소범노자(小范老子) 9-69
소보(少保) 4-83
소보(邵寶) 8-239
소봉길(蘇逢吉) 6-118
소부(小㒟) 12-320
소부(少府) 4-149, 9-80
소부(嘯賦) 6-88
소부동념(少不動念) 10-285
소분(掃墳) 3-83
소분정사(掃墳政事) 3-78
소비(蕭妃) 12-179, 12-180
소사(小駟) 12-203
소사(素沙) 2-138, 5-71
소사(小祀) 2-82
소사(小捨) 7-76
소사(小史) 8-220
소사거(繅絲車) 5-137
소사교(素沙橋) 4-244
소사평(素沙坪) 9-78
소사하(素沙河) 2-34
소산(小山) 8-83
소산(巢山) 5-308
소상(昭詳) 2-339, 10-318
소상(塑像) 6-283, 8-187
소상강(瀟湘江) 4-213
소상록(瀟湘錄) 3-69
소서비(小西飛) 12-317
소서양(小西洋) 11-118
소서행장(小西行長) 2-157~159, 2-162~165
소석수어(小石首魚) 12-265
소선(少選) 10-205
소설(騷屑) 10-158
소설(小說) 2-67, 2-149, 2-302, 10-59, 10-146, 10-214, 11-269, 12-340
소설(掃雪) 12-184
소소반반(昭昭斑斑) 10-301
소손녕(蘇遜寧) 8-202
소송(蘇頌) 5-140
소수(紹修) 8-196
소수단(疏水牆) 1-113
소수림왕(小獸林王) 7-54
소수수(小垂手) 6-63
소숙비(蕭淑妃) 3-110
소순(蘇洵) 2-224
소순(蔬筍) 5-171
소순흠(蘇舜欽) 11-257

소승선(小乘禪) 7-91
소식(蘇軾) 1-50, 1-60, 1-79, 1-101, 1-110, 1-130, 1-138, 1-181, 2-233, 2-281, 2-314, 2-323, 2-343, 3-162, 3-188, 3-213, 3-216, 3-237~228, 3-246, 3-259, 4-100, 4-133, 4-135, 4-143, 4-200~201, 4-207, 4-209, 4-211, 4-215, 4-231, 4-242, 4-261, 5-76, 5-87, 5-98, 5-158, 5-165, 5-168, 5-171, 5-176, 5-180, 5-183, 5-185~186, 5-202, 5-225, 5-234, 5-284, 5-292~293, 5-296, 5-324, 5-331, 6-36, 6-46, 6-48, 6-63, 6-86, 6-129, 6-133, 6-143, 6-151, 6-207, 6-283, 7-193, 7-256, 7-262, 7-321, 7-340, 8-26, 8-29, 8-36, 8-48, 8-71, 8-73, 8-75, 8-85, 8-102, 8-135~136, 8-147, 8-150, 8-169, 8-250, 9-24, 9-61, 9-165, 9-172, 9-220, 9-257, 9-261, 10-53, 10-128, 10-140, 10-173, 10-186, 10-188, 10-200, 10-202, 10-234~235, 10-248, 10-250, 11-24~25, 11-35, 11-51, 11-68~69, 11-72, 11-74, 11-84, 11-91, 11-102~103, 11-106, 11-127, 11-131, 11-150, 11-186, 11-231~232, 11-247, 11-253, 11-258, 11-287, 11-290, 11-294, 12-33, 12-41, 12-44, 12-56~57, 12-66, 12-93, 12-150, 12-182, 12-231, 12-256, 12-259~260, 12-268, 12-273, 12-279, 12-285, 12-290, 12-297~298, 12-309, 12-336, 12-344, 12-363, 12-379
소신(蕭晨) 8-28
소실산(少室山) 7-338, 11-127
소씨연의(蘇氏演義) 2-270, 9-174, 10-125
소씨족보(蘇氏族譜) 2-224
소아(小雅) 8-83
소아귀(小兒鬼) 1-133
소아문(小兒門) 6-261
소아파(小兒坡) 10-121
소양(昭陽) 1-158
소양강(昭陽江) 1-200, 1-255, 3-54
소양공(昭陽公) 7-305
소양궁(昭陽宮) 4-216
소양산(少陽山) 2-57
소양지판(霄壤之判) 10-275
소어(蘇魚) 11-206, 12-259
소언(蘇彦) 11-82
소영해(小瀛海) 2-218
소예명(蕭叡明) 8-112
소오노(蘇五奴) 9-162
소옥자(小屋子) 10-223
소옹(邵雍) 3-87, 3-257, 6-125, 6-165, 6-176, 6-239, 7-341, 8-181, 9-85, 11-267, 12-40, 12-204
소왕(昭王) 1-103, 2-70, 3-40, 4-54, 5-297, 7-66, 7-167, 7-207, 7-217, 11-220
소요(蘇繇) 7-66
소요당(逍遙堂)➪박세무(朴世茂)
소용(昭容) 5-72
소우산(小虞山) 6-246
소운(小韻) 8-68
소위(蘇威) 8-259
소유(蘇猷) 7-195
소유구(小琉球) 2-167
소유선시(小遊仙詩) 11-310

ㅅ

소은(蘇隱) 12-64
소의(小衣) 5-98
소의(昭儀) 6-71
소의(少儀) 12-267
소이선생(昭夷先生) 3-86
소이아(小爾雅) 12-301
소이전(小二殿) 5-245
소인국(小人國) 2-171
소인문(召人文) 3-226
소일지탄(少一之嘆) 10-274
소자운(蕭子雲) 7-104, 11-203
소작(蘇綽) 4-180, 7-275
소장(所長) 10-73
소장간(小長干) 8-105
소재(蕭齋) 7-104
소재(蘇齋)➪노수신(盧守愼)
소적(素積) 5-94
소전(小篆) 3-221, 3-223, 3-231, 3-225
소전체(小篆體) 3-217
소정묘(少正卯) 3-120
소정방(蘇定方) 1-219, 1-227, 2-83, 2-99, 4-265, 7-105
소정전(蘇頲傳) 8-37
소정지(蕭靜之) 11-142
소제(昭帝) 1-198
소제(小帝) 7-168
소제지(蘇堤池) 11-285
소조(素朝) 1-144
소조(小朝) 8-270
소조천(小早川) 2-157
소존성(燒存性) 10-316
소종(昭宗) 2-143, 2-291, 3-122, 3-148, 7-172, 12-358
소종(蕭綜) 2-247
소종래(所從來) 10-315
소주(蘇州) 4-260, 6-185, 11-82
소주(燒酒) 3-21, 5-143, 5-145, 11-265
소주도(燒酒徒) 5-143
소죽(掃竹) 1-33
소지(邵篪) 10-238
소지(所志) 3-263
소지(小指) 6-119, 9-202
소지(蹠趾) 12-367
소지왕(炤知王) 1-87, 4-95, 9-41
소진(蘇秦) 3-137, 3-280, 4-87, 11-99
소진열전(蘇秦列傳) 5-127
소차(疏箚) 3-259
소차(小次) 9-108
소찰(蕭詧) 7-179
소창적독(小倉赤牘) 3-255
소채(巢菜) 11-279
소천역도(紹天繹道) 3-34
소천호(所千戶) 4-38
소철(蘇轍) 7-215, 9-61, 9-172, 11-244, 12-126
소철나무(蘇鐵木) 11-188
소청(小青) 11-297
소청도(小青島) 2-99
소초(芣草) 8-25
소촉(宵燭) 12-61
소추장(小酋長) 3-47
소춘(小春) 1-126
소충전(小蟲篆) 3-228
소침(蕭琛) 8-133
소탈(踈脫) 10-322
소탐(蘇耽) 7-29
소탐대실(小貪大失) 10-303
소통(疏通) 10-317

소평(邵平) 3-138, 11-297
소피(小避) 5-323
소하(蕭何) 7-294, 9-135
소하강(蘇下江) 1-246
소학(小學) 2-320, 2-347, 3-284, 7-121, 8-183
소학해(小學解) 3-100
소합서직(蕭合黍稷) 11-165
소합유(蘇合油) 11-83
소합향(蘇合香) 11-163
소합환(蘇合丸) 11-83
소항(疏行) 4-105
소현(巢縣) 12-283
소현세자(昭顯世子) 3-25
소협재(小夾財) 11-115
소형화(素馨花) 11-51
소호(巢湖) 2-37, 7-215
소호(少昊) 7-214
소호가(小胡笳) 6-42
소호국(少昊國) 2-214
소호씨(宵扈氏) 12-296
소혼교(銷魂橋) 8-106
소화(昭華) 5-305
소화산(小華山) 12-189
소활(疎濶) 10-135
소효(蘇鴞) 4-221
소홍(紹興) 4-279, 5-261, 5-265, 8-276, 11-49
속고치[束古赤] 2-311
속곳 7-175
속공(屬公) 10-317
속뇌(速腦) 11-162
속리산(俗離山) 1-212, 2-44, 2-49, 2-59, 2-64, 2-76, 4-266, 7-107
속리산기(俗離山記) 2-63
속말(粟末) 1-249, 2-151
속미음(粟米飮) 11-112
속박물지(續博物志) 1-148, 1-171, 4-49, 6-145, 6-237, 11-291~292
속백(束帛) 5-133, 12-117
속빈 강정[中空絳飣] 10-127
속빈(速賓) 2-289
속사(續史) 6-107
속새(速莎) 11-317
속서(粟黍) 4-144
속석(束晳) 3-131, 5-71, 5-173, 5-186, 5-329, 7-238, 12-128, 12-156, 12-335
속석전(束晳傳) 5-282
속선전(續仙傳), 비승일십육인(飛昇一十六人) 7-35
속선전(續仙傳) 1-47, 11-91
속성질망(速成疾亡) 10-263
속세설신어(續世說新語) 9-204, 10-203
속수만필(俗數慢必) 3-184
속수무책(束手無策) 10-285
속수지례(束脩之禮) 10-296
제색군(諸色軍) 4-121
속오군(束伍軍) 4-119
속옥(屬玉) 12-327
속읍(屬邑) 6-55
속이담(續耳譚) 7-48
속자치통감장편(續資治通鑑長編) 9-205, 10-253
속전(贖錢) 9-242
속제어(續齊語) 7-207
속제해기(續齊諧記) 1-91, 1-123, 11-73, 12-127
속조(屬曹) 8-236

ㅅ

속지고각(束之高閣) 10-303
속천자(續千字) 3-284
속태(俗態) 10-325
속평강(速平江) 1-246, 1-248
속포(粟布) 3-248
속헐후(屬歇後) 9-261
속화(束火) 10-179
속화품(續畫品) 9-137
속후한서(續後漢書) 5-27
손(蓀) 7-352
손각(孫恪) 12-117
손곡(蓀谷)➪이달(李達)
손공담포(孫公談圃) 11-60
손공봉(孫供奉) 12-84
손광헌(孫光憲) 12-276
손권(孫權) 1-55, 2-265, 5-256
손노(孫弩) 4-56
손노야(孫老爺) 4-291
손돈국(遜頓國) 11-193
손돌[孫石] 6-282
손돌목[孫石項] 1-237, 6-282
손등(孫登) 6-23, 6-88
손랑(孫郎) 9-145
손면(孫緬) 11-262
손면(孫愐) 8-65
손목(孫穆) 10-191
손무(孫武) 2-157, 3-136
손비양(孫丕揚) 8-227
손빈(孫臏) 4-56, 8-210
손사막(孫思邈) 1-47, 1-78, 7-282
손산(孫山) 9-123
손상익하(損上益下) 10-280
손성(孫晟) 10-214
손성(孫盛) 1-53, 2-347, 11-78
손수(孫壽) 2-287, 2-304
손수렴(孫守廉) 2-160
손숙오(孫叔敖) 7-151, 12-27
손승종(孫承宗) 4-291
손승택(孫承澤) 5-30
손신노(孫莘老) 8-51
손실체면(損失體面) 10-273
손염(孫炎) 1-179
손우(孫愚) 2-347
손우산[手雨傘] 5-294
손자(孫子) 4-115, 9-227
손자병법(孫子兵法) 4-104, 4-120, 12-27
손작(孫綽) 7-300
손재한람(遜齋閑覽) 12-265
손제(孫濟) 10-171
손책(孫策) 9-145
손형옥(孫荊玉) 6-65
손호(孫皓) 8-111, 9-117~118
손화(孫和) 2-284
솔개 1-139, 12-163, 12-325, 12-333, 12-334, 12-341
솔거(率居) 3-243, 7-108
솔교(摔跤) 6-127
솔구야씨(窣穀野氏) 3-116
솔구이발(率口而發) 10-310
솔피(率皮) 12-215
솜방울 2-321
효종(孝宗) 3-131
송가라강(宋加羅江) 1-251
송강(松江)➪정철(鄭澈)
송경(松京) 1-211, 1-213
송경(宋璟) 6-45, 9-224
송경문(宋景文) 7-227

송경문필기(宋景文筆記) 8-71
송경선(宋景善) 7-198
송계만록(松溪謾錄) 8-163
송골매 12-333
송과산(松果山) 12-295
송광사(松廣寺) 11-159
송구영신(送舊迎新) 10-294
송구책서(送區冊序) 7-193
송궁문(送窮文) 1-136, 6-200
송균(宋均) 4-198
송기(宋祁) 2-288, 3-228, 5-159, 7-173, 10-245
송기떡 5-154
송낙(松絡) 5-59
송남(松南) 1-22
송덕상(宋德相) 2-78
송도(松都) 1-242, 4-258, 9-36
송동(宋洞) 7-209
송라(松蘿) 11-218
송렴(宋濂) 8-65
송매우(送梅雨) 1-56
송무기(宋無忌) 7-157
송무백열(松茂栢悅) 10-309
송문통(宋文通) 2-291
송밀노(送密老) 7-94
송박간지(宋亳間紙) 3-204
송방(松肪) 11-127
송번(宋翻) 11-194
송별시(送別詩) 8-132
송사(訟事) 10-295
송사(竦斯) 12-361
송사(宋史), 기숭례(綦崇禮) 10-134
송사(宋史), 유구전(琉球傳) 2-167
송사(宋史) 1-101, 1-207, 1-210, 2-301, 3-116, 3-178, 3-258, 4-52, 4-224, 4-228, 5-37, 5-54, 5-204, 5-266, 6-118, 6-217, 6-238, 6-277, 8-241, 9-122, 9-193~194, 9-196, 9-229, 10-96, 10-98, 10-135, 10-153, 10-212, 10-244, 11-66, 12-92, 12-216
송사리(宋沙里) 12-227
송서(宋書), 부서지(符瑞志) 11-199, 12-86
송서(宋書), 사첨전(謝瞻傳) 10-191
송섬(宋纖) 6-47
송성(松城) 1-213
송송정(宋松亭) 1-218
송수(松壽) 9-229
송순(宋純) 6-75
송시(宋詩) 5-212, 5-264, 9-120, 10-207, 12-230
송시기사(宋詩紀事) 5-197
송시열(宋時烈) 3-25, 3-40, 7-343, 8-195, 9-31, 10-165, 11-285
송아(鵞兒) 4-196
송아지[犢] 3-147, 12-195
송악(松岳) 1-206~209, 1-214, 1-217
송악산(松嶽山) 2-31, 7-143
송안공(宋安恭) 6-107
송양(松讓) 2-115
송양공(宋襄公) 7-216
송양국(松讓國) 4-291
송양지인(宋襄之仁) 10-277
송어 12-225, 12-246, 12-259
송엽점(松葉占) 6-165
송옥(宋玉) 2-338, 3-259, 5-158, 7-222~223
송와잡기(松窩雜記) 10-193

ㅅ

수(餿) 5-210
수(鱐) 5-152
수(鑄) 12-222
수가(水茄) 11-303
수가(樹稼) 1-72
수가(秀家) 2-157, 2-161
수각황란(手脚荒亂) 10-269
수간(水莨) 12-269
수간모옥(數間茅屋) 10-280
수갈(裋褐) 5-75, 5-112
수갑(袖甲) 5-74
수건벼랑(手巾崖) 2-46
수결(手訣) 3-207
수경(獸經) 12-311
수경(水經) 2-53, 5-320, 8-160, 9-252, 12-302
수경주(水經注) 2-113, 2-170, 2-192, 3-49, 5-189, 7-301, 12-310
수과(守瓜) 12-59
수괴석(水怪石) 5-226
수교(水鮫) 5-161
수구(水龜) 12-218
수군(水軍) 10-169
수굴(繡韷) 5-66
수궁(守宮) 2-302, 11-195, 12-71, 12-72
수궁회(守宮槐) 11-195
수규(水葵) 11-284
수근(水芹) 11-284
수기(守氣) 11-318
수나무 11-225, 11-226
수노(水弩) 6-254
수노전(垂露篆) 3-227
수다가속(數多家屬) 10-301
수단(水鍴) 1-113
수단(水團) 1-112
수단화 11-71
수달 1-150, 12-127, 12-149
수달의 쓸개 12-128
수담지(水譚池) 7-209
수대(數對) 8-69
수대(綉帶) 5-199
수대구(壽帶龜) 5-162
수덕(水德) 1-132, 1-214
수덕만세(水德萬世) 2-138
수도(隧道) 2-345
수도국(修塗國) 5-297
수라(水剌) 5-209, 9-79
수락선(酥酪蟬) 5-207
수락암(水落岩) 1-178
수련(睡蓮) 11-64
수렴(水簾) 2-59
수렴청정 8-271
수례(守禮) 1-175
수로(首露) 2-143
수로서(垂露書) 3-225
수로왕(首露王) 2-143, 3-95, 4-225, 7-164
수로왕릉(首露王陵) 3-56
수뢰(秀賴) 2-164
수룡음(水龍吟) 6-59
수류황(水硫黃) 11-60
수륙도량(水陸道場) 7-98, 7-112, 7-116, 10-64
수륙재(水陸齋) 6-46
수릉(綏陵) 4-255
수릉(壽陵) 3-78
수릉화(水稜花) 12-276
수리(水螭) 12-210

ㅅ

수리(水利) 4-152, 4-182
수마국(壽麻國) 2-214
수맥(水脈) 12-183
수면(水麵) 5-156
수면(愁眠) 8-93
수명송(受命頌) 8-125
수명증(羞明症) 8-116
수모(水母) 12-234, 12-251
수모(手母) 2-278
수모목간(水母木幹) 1-207
수모시(壽母詩) 7-312
수무촌철(手無寸鐵) 10-271
수문수답(隨問隨答) 10-312
수미산(須彌山) 11-201
수박 11-241
수박(水朴) 11-121, 11-299
수박포[西瓜砲] 4-43
수벽(手擘) 6-118
수벽어(脩辟魚) 12-257
수본(手本) 3-208
수분(守分) 10-320
수불석권(手不釋卷) 10-273
수사(水麝) 11-167
수사(修蛇) 12-170
수사(隋史) 2-268, 7-28, 7-93
수사자(水喳子) 12-354
수사해당(垂絲海棠) 11-37
수산(首山) 12-292
수산화(水蒜花) 11-43
수상(首相) 9-32
수상인(首象印) 12-247
수서(水犀) 12-124
수서(水鼠) 12-155
수서(殳書) 3-231
수서(隨書), 배구전(裵矩傳) 3-44
수서(隋書), 역지(曆志) 1-147
수서(隋書), 예의지(禮儀志) 5-296
수서(隋書), 이악전(李諤傳) 10-36
수서(隋書) 1-27, 2-167, 2-287, 3-117, 4-29, 4-183, 4-223, 5-35, 8-259, 8-268, 9-50, 10-128, 10-182, 11-323, 12-323
수서양단(首鼠兩端) 9-134
수석(水石) 7-157
수선(水仙) 6-281, 7-32, 7-33
수선원(首善院) 7-44
수성(壽星) 1-29
수성(邃成) 2-134, 3-31
수성지(愁城誌) 8-105
수세(守歲) 1-130
수세미외[絲瓜] 11-299
수소마(水蘇麻) 11-261
수쇄묘연(收殺杳然) 10-270
수수(濉水) 7-197
수숙(手熟) 9-212
수습(水濕) 11-156
수시(水兕) 12-125
수신(水神) 5-184, 6-264, 6-281
수신기(搜神記) 5-233, 5-264, 10-116, 12-187, 12-337
수신편(修身篇) 7-323
수심검(水心劍) 1-103
수심석(水心石) 3-216
수씨(首氏) 3-132
수아(需雅) 6-70, 9-79
수악(水鴞) 12-350
수안(遂安) 1-240
수암(守庵)➪박지화(朴枝華)
수약편(守約篇) 7-61

수양산(首陽山) 2-99, 3-44~45, 7-109
수어(秀魚) 12-259
수역(壽域) 1-32
수연(壽筵) 5-162
수영(水英) 11-284
수영(水營) 4-175, 4-263
수오(首伍) 4-105
수옥정(漱玉亭) 2-45
수요장단(壽夭長短) 10-273
수용산출(水湧山出) 10-288
수우(水牛) 12-193
수우(豎牛)의 일 7-61
수원(水原) 2-346, 4-52
수원절(壽元節) 2-139
수유(鏂由) 12-28
수유(茱萸) 5-188
수유불리(須臾不離) 10-289
수유주(茱萸酒) 1-123
수의(水衣) 11-308
수의어사(繡衣御史) 8-240
수인(燧人) 5-139, 7-215
수인병(水引餠) 5-156
수인사(修人事) 10-316
수인씨(燧人氏) 2-286, 4-193
수임(水荏) 11-261
수자(獸子) 5-323
수잡(守卡) 10-186
수장(水葬) 2-174
수장(壽藏) 3-78, 3-79
수장도(壽藏圖) 3-78
수장사(守藏史) 7-26
수저통(匙箸筒) 5-279
수전(水戰) 1-251
수전(水田) 7-70
수전(壽闐) 3-98
수전노(守錢虜) 9-151
수전마(水碾磨) 5-320
수정기(修井忌) 9-83
수정포도(水晶葡萄) 11-234
수제비[水鸗] 5-176
수주(樹州) 1-214
수주(嶲州) 2-220
수즉다욕(壽則多辱) 10-302
수지(秀支) 10-255
수지(樹脂) 11-202
수지(水志) 2-152
수지격기(廋旨格技) 6-149
수지니[水陳鷹] 4-195
수직(守直) 5-88
수진기(修眞記) 11-55
수짐(酥酖) 5-210
수차(水車) 4-136
수척(水尺) 2-304
수천(晬天) 1-26
수첩(須捷) 10-178
수청목공사(水青木公事) 11-194
수초(睡草) 11-314, 11-325
수초(水蕉) 11-36
수초(守初) 7-56
수총(水銃) 4-39
수추(秀秋) 2-163
수춘성(壽春城) 1-175
수충(水蟲) 12-275
수충(守忠) 8-189
수침전(垂鍼篆) 3-227
수키와[覆瓦] 4-211
수탉 12-321
수탐마(須耽摩) 8-175

ㅅ

수퇘지 5-203, 12-176
수판(手板) 5-89
수표교(水標橋) 9-52
수표석(水標石) 9-52
수학계몽(數學啓蒙) 3-248
수해(豎亥) 2-222
수향(睡香) 11-53
수험(搜驗) 6-284
수혜(水鞋) 5-102
수혜(綉鞋) 5-103
수호지(水滸志) 8-57, 9-147, 9-149, 9-169, 10-223, 10-223
수화(壽華) 12-90
수화냉도(水花冷淘) 5-185
수화상극(水火相克) 10-269
수활면(水滑麪) 5-161
수황(遂皇) 8-270, 9-40
수훼수보(隨毁隨補) 10-282
숙궁(稤宮) 4-131
숙균(叔均) 4-137
숙녕옹주(肅寧翁主) 2-303
숙대(宿對) 8-69
숙랑합(肅良哈) 3-122
숙량흘(叔梁紇) 8-193
숙려(熟黎) 2-152
숙맥불변(菽麥不辨) 10-274
숙묘보감(肅廟寶鑑) 1-240
숙배(肅拜) 3-29, 8-272~273
숙불환생(熟不還生) 10-266
숙사씨(夙沙氏) 5-179
숙상(鷫鷞) 12-381
숙성(夙成) 10-319
숙소(蟰蛸) 12-34
숙속다반(菽粟茶飯) 10-270
숙속향(熟速香) 11-155
숙손통(叔孫通) 9-175
숙손통전(叔孫通傳) 10-177
숙수(熟酥) 5-147
숙수단(熟手段) 10-316
숙습난방(熟習難防) 10-270
숙신(肅愼) 1-206, 1-250, 2-28, 2-127
숙신씨(肅愼氏) 1-236, 2-109, 2-150, 4-35, 11-198, 12-26
숙신씨국(肅愼氏國) 11-199
숙신족(肅愼族) 4-35
숙어(儵魚) 12-234
숙여진(熟女眞) 2-109, 2-151~152
숙연(宿緣) 10-255
숙원잡기(菽園雜記) 9-204
숙위(宿衛) 2-301, 4-187
숙유(叔鮪) 12-249
숙윤(菽潤) 1-168
숙전옹(宿田翁) 4-146
숙제(叔齊) 1-48, 3-44~45
숙조(菽鳥) 12-359
숙종(肅宗) 1-35, 1-213, 1-216, 1-224, 2-90, 2-139, 3-24, 3-39, 3-45, 4-108, 4-252, 5-177, 5-220, 5-253, 5-255, 7-198, 8-193, 11-238
숙헌(叔獻) 3-165
숙호충비(宿虎衝鼻) 10-293
순(筍) 5-193, 11-172, 12-268
순(蓴) 11-284
순(橓) 11-33
순(瞬) 1-142
순(珣) 1-194
순(純) 12-219
순(鶉) 12-352, 12-353

순(舜) 2-243, 3-104, 3-134, 3-148, 3-253, 5-272, 5-295, 7-214~215, 7-285, 8-190, 8-255, 9-106, 9-259, 11-222
순(笋) 11-273, 12-374
순간(純艮) 7-242
순거(筍簴) 6-29
순경(荀卿) 7-216, 8-159, 10-66
순경전(荀卿傳) 10-231
순곤(純坤) 7-241
순국공(郇國公) 5-190
순나물국 5-180
순도(順道) 7-54
순령(荀令) 11-41
순마소(巡馬所) 4-236
순모(淳母) 5-206
순보(筍譜) 11-126, 11-221
순산(洵山) 12-139
순설(旬設) 4-224
순수(巡狩) 6-123, 11-222
순압(荀鴨) 3-153
순열(荀悅) 5-262
순오(淳熬) 5-206
순오지(旬五志) 1-232, 3-163, 6-157, 7-38, 7-40, 7-56, 7-115, 8-56, 8-181, 8-183, 10-49, 10-67~68, 10-70, 10-73, 10-75, 10-79, 12-379
순우(錞于) 6-39
순우(錞釪) 6-39
순우곤(淳于髡) 10-232
순우지(淳于智) 6-166
순욱(荀勗) 8-245, 9-38
순유(淳維) 7-312
순육(純六) 6-106, 9-156
순음(純陰) 2-182
순음(脣音) 6-86
순자(荀子) 2-342, 8-169
순자(荀子), 정론(正論) 5-250
순자(荀子) 2-280, 4-71, 5-94, 5-129, 5-174, 6-176, 6-203, 6-205, 7-283, 8-124, 10-61, 10-192, 11-132, 11-205, 12-227, 12-364
순자격(循資格) 8-227
순제(順帝) 2-99, 2-113, 3-108, 3-122, 3-199, 7-109
순제(荀濟) 4-66
순조(純祖) 1-181, 2-92, 2-183, 2-349, 5-35, 5-224
순종(順宗) 12-329
순주(循州) 2-96
순지(筍志) 12-150
순창(順昌) 3-129
순창(淳昌) 궉씨(鴌氏) 3-106
순채(蓴菜) 5-194, 11-283
순천(順天) 4-243, 4-285
순치(順治) 3-34, 6-228
순치제(順治帝) 3-162
순화(鶉火) 1-103
순화(淳化) 4-135, 5-259, 8-232, 8-251
순화군(順和君) 2-158
순환지리(循環之理) 10-260
순황(荀況) 3-134
순흥(順興) 2-79, 3-102, 7-208
순흥부(順興府) 2-66
순흥안씨보(順興安氏譜) 3-66
순희(淳熙) 7-274
술(戌) 1-30, 1-158
술그릇[彝] 5-73

술랑(述郎) 4-270, 7-31, 7-38
술밑 5-144, 5-149
술사(術士) 2-76, 6-253, 12-68, 12-87
술삭(戌削) 8-126, 8-127
술삭(卹削) 8-127
술산가지[酒籌] 11-196
술수략(術數略) 8-159
술이기(述異記) 4-213, 7-199, 11-86, 11-169, 11-178, 11-313, 12-43, 12-67, 12-93, 12-125, 12-141, 12-233
술일(戌日) 1-132
술자루[酒袋] 10-42
술자지능(述者之能) 10-291
술제(戌際) 1-155
술지게미 1-136, 2-234, 11-226
숫구멍[顖] 5-60
숫굴 5-190
숫나귀 12-202
숫나무 11-240
숫나인 2-300
숫말 12-202
숫무소 12-124
숫사슴 12-132, 12-133
숫소 12-202
숫양[羘] 5-205
숭(菘) 11-270
숭(崇) 3-91, 3-92
숭고산기(嵩高山記) 11-248
숭덕제(崇德帝) 3-162
숭령전(崇靈殿) 3-44
숭산(崧山) 10-256
숭산(崇山) 11-306
숭산(嵩山) 2-216, 3-91, 7-190, 7-219, 11-55
숭소산(嵩小山) 3-91
숭수원(崇水院) 1-170
숭신천황(崇神天皇) 6-279
숭아(崧兒) 1-113
숭악산(嵩嶽山) 1-209, 7-143
숭어 4-202, 7-164, 12-127, 12-250, 12-258
숭오산(崇吾山) 12-178, 12-310
숭의전(崇義殿) 3-46, 3-130
숭정(崇禎) 2-101, 2-144, 7-44
숭효록(崇孝錄) 2-296
숯[獸] 5-316
쉬(倅) 9-81
쉬거(倅車) 9-81
쉬마(倅馬) 9-81
슬(瑟) 6-34, 6-35
슬갑(膝甲) 7-168, 9-217
슬갑도적(膝甲盜賊) 10-304
슬축(瑟縮) 10-318
습(習) 6-147, 12-367
습(啃) 12-197
습(鰼) 12-223
습기(習氣) 9-120
습독(濕毒) 11-134
습득(拾得) 5-317, 7-65
습붕(隰朋) 12-51
습생(濕生) 7-90, 8-51
습설(濕雪) 1-72
습어(鰼魚) 12-223
습요(熠燿) 12-61
습욱지(習郁池) 8-113
습유(拾遺) 3-237
습유기(拾遺記), 전한 상(前漢 上) 6-206

습유기(拾遺記) 1-80, 2-190, 2-210, 2-283, 4-223, 5-107, 5-114, 5-116, 5-131, 5-146, 5-235, 5-241, 5-244, 7-186, 11-39, 11-161, 11-307, 11-309, 11-312, 12-302, 12-376
습착치(習鑿齒) 3-141, 8-122, 12-90
습형(濕螢) 12-362
승(丞) 10-65
승(勝) 6-85, 12-297
승(升) 5-94, 5-132, 9-41, 9-53
승(騬) 12-176
승(鱦) 12-222
승(繩) 4-168
승가(僧伽) 7-64, 9-97
승가(僧家) 7-100
승가기(勝歌妓) 5-186
승가람(僧伽藍) 7-73
승가리(僧伽梨) 7-71
승경도(升卿圖) 6-120
승과(勝果) 11-64
승과(僧科) 7-92
승군(僧軍) 7-93
승기유행(乘氣流行) 8-168
승기자염(勝己者厭) 10-278
승냥이 12-161
승도(僧桃) 11-247
승두(蠅頭) 5-36
승두선(僧頭扇) 2-275
승로(承露) 5-27
승마제(乘馬制) 4-186
승만(勝曼) 3-147
승멱(乘冪) 3-248
승보시(陞補試) 3-170
승불(繩拂) 5-310
승상(繩床) 5-307
승상(丞相) 3-108, 5-78, 5-300, 8-219, 8-229
승상접하(承上接下) 10-280
승선(承宣) 8-224
승선교(昇仙橋) 7-316
승소(僧梳) 10-320
승소(僧笑) 5-155
승송락(僧松絡) 11-217
승아(僧牙) 11-228
승암(升庵)➪양신(楊愼)
승암집(升庵集) 4-22
승이기(乘異記) 5-93
승이도(承以道) 3-129
승재(僧齋) 10-228
승적(乘積) 3-248
승전곡(勝戰曲) 6-96
승전봉(勝戰峯) 4-76
승정원(承政院) 3-205, 5-284
승천입지(升天入地) 10-288
승천포(升天浦) 1-224, 1-237
승탑(僧塔) 7-100
승평문(昇平門) 12-138
승평일구(昇平日久) 10-281
승호(蠅虎) 6-103
승호충(蠅虎蟲) 12-55
승화목(勝火木) 11-183
승화융(承火戎) 5-140
승황(乘黃) 2-208
시(寺) 7-101
시(豺) 12-168
시(詩) 3-167, 3-262
시(匙) 5-279
시(兕) 5-285

ㅅ

시(示) 6-85
시(屎) 9-244
시(柿) 11-244
시감(寺監) 8-237
시견오(施肩吾) 6-49
시경(時梗) 1-241
시경(詩經), 규목(樛木) 11-216
시경(詩經), 동관(彤管) 2-279
시경(詩經), 시월지교(十月之交) 1-154
시경(詩經), 한변(韓變) 2-258
시경(詩經) 1-25, 1-45, 1-126, 1-139, 1-155~156, 1-165, 1-182, 2-240, 2-269, 2-282, 2-287, 2-301, 2-334, 2-367, 4-63, 4-99, 4-128, 4-129, 4-146, 4-166, 4-168, 4-203, 4-207, 4-225, 4-232, 4-245, 5-42, 5-73, 5-84, 5-98, 5-101, 5-104, 5-193, 5-208, 5-242, 5-248, 5-253, 5-295, 6-64, 6-76, 6-88, 7-152, 7-244, 7-250, 7-273, 7-277, 7-309, 7-333, 8-54, 8-91, 8-155, 8-282, 9-48, 9-60, 9-67, 9-129, 9-141, 9-219, 9-232, 9-239, 9-247, 10-40, 10-100, 10-121, 10-129, 10-146, 10-161, 10-198, 10-256, 11-33, 11-67, 11-76, 11-98, 11-124, 11-135, 11-177~178, 11-189, 11-212, 11-214, 11-217, 11-224, 11-227, 11-229, 11-259, 11-274~275, 11-279, 11-283, 11-300, 11-315, 11-319, 11-321, 11-325, 12-32, 12-35~37, 12-54, 12-60, 12-71, 12-101, 12-114, 12-125, 12-159, 12-163, 12-199, 12-212, 12-225, 12-238, 12-284, 12-300, 12-309, 12-334, 12-348
시경, 영대(靈臺) 7-260
시경대전(詩經大全) 12-101
시계(廝乩) 6-204
시관(試官) 3-176
시구(蓍龜) 8-159
시근종태(始勤終怠) 10-297
시기(諡紀) 7-215
시남(市南)➪웅의료(熊宜僚)
시남(市南)➪유계(兪棨)
시도민(施道民) 5-326
시동(尸童) 10-228
시두만(尸頭蠻) 7-155
시락료(時樂了) 12-342
시랑(犲狼) 12-96
시루갓[甑笠] 5-49
시루밑깔개[箅] 5-315
시림(始林) 3-94
시림(詩林) 7-95
시마고(兕馬觚) 8-222
시마복(緦麻服) 2-351, 2-353, 2-355, 3-25
시먀(廝乜) 3-126
시모충(豉母蟲) 12-45
시묘살이 3-51
시무이십팔조(時務二十八條) 8-200
시무책(時務策) 3-167
시법(諡法) 3-86
시병(詩病) 8-64
시부(詩賦) 3-170, 3-174
시부략(詩賦畧) 8-159
시불가실(時不可失) 10-311
시사(時祀) 2-362, 12-59
시사(市肆) 9-40
시산(犲山) 12-250

시서(詩序) 3-279
시세(始歲) 1-130
시소(柴紹) 2-307
시소(詩疏) 5-122
시시비비(是是非非) 10-310
시식(時食) 5-160
시신(侍臣) 5-54
시씨(翟氏) 4-198
시약심상(視若尋常) 10-262
시어(侍御) 5-208, 11-264
시어(鰣魚) 12-251
시어소(時御所) 9-108
시영(柴榮) 2-242
시원(柴原) 3-60
시원유격(詩苑類格) 8-64, 8-69
시위(豕韋) 7-216
시위(詩緯) 7-254
시위소찬(尸位素餐) 10-268
시유재(時遺在) 10-314
시육(視肉) 12-121
시읍(時揖) 8-271
시이사변(時異事變) 10-272
시자(尸子) 4-193, 4-246, 7-265
시전(視篆) 8-31
시정잡배(市井雜輩) 8-226
시종여일(始終如一) 10-310
시주국(始州國) 2-214
시중상서(侍中尚書) 8-238
시중최공도(侍中崔公徒) 8-178
시초(蓍草) 6-164
시충(尸蟲) 6-247
시타림(尸佗林) 3-55
시파(時派) 9-34
시하도리(是何道理) 10-289
시해(尸解) 7-37, 7-42
시헌력(時憲曆) 1-162
시헌서(時憲書) 1-162~163
시호(柴胡) 7-252
시화(詩話) 2-312, 3-123, 8-162
시화총구(詩話總龜) 5-276, 12-217
시황제(始皇帝) 3-125, 3-229, 4-185, 9-77
시흥군(始興郡) 8-202
식(息)나라 8-91
식가(式暇) 10-321
식계(食鷄) 12-377
식년(式年) 3-172
식년호적(式年戶籍) 8-280
식단(食團) 7-74
식대(食敦) 5-272
식록(食祿) 8-279
식록고(食祿餻) 5-157
식륜(食輪) 9-214
식본국(食本國) 2-214
식부중육(食不重肉) 10-273
식불감미(食不甘味) 10-291
식소(食疏) 5-212
식소사번(食少事煩) 10-272
식심(息心) 7-63
식암(息庵)➪김석주(金錫胄)
식양(息壤) 2-85, 5-315
식인충(食人蟲) 7-141
식지(食指) 9-202
식파정(息波亭) 1-211
식혜(食醯) 11-76
식화법(食貨法) 5-264
식화지(食貨志) 4-252, 7-332
신(愼)씨 3-131

ㅅ

신(蜃) 12-133
신(汛) 12-100, 12-178
신각(申恪) 1-234
신갈문왕(神葛文王) 2-132
신감채(辛甘菜) 11-78
신검(神劍) 2-83
신경기(神境記) 11-65
신경준(申景濬) 2-65, 4-107
신계(新溪) 11-241
신고제(申高濟) 6-105
신공(神功) 4-223
신광보살(神光菩薩) 2-134
신광사(神光寺) 2-99
신광수(申光洙) 2-74, 3-273, 4-287, 6-89
신광한(申光漢) 8-163
신구(信鷗) 12-323
신구(神龜) 12-218
신구상계(新舊相繼) 10-275
신궁(身宮) 6-151
신궁(新宮) 7-125
신근(辛勤) 9-137
신기(神奇) 9-136
신기(腎氣) 9-143
신기경(神氣經) 3-91
신기루(蜃氣樓) 1-44, 12-282
신녀총(神女塚) 7-169
신노(神弩) 4-56
신농서(神農書) 12-226
신농씨(神農氏) 1-55, 3-30, 3-37, 3-97, 5-139, 5-312, 6-22, 7-184, 7-214~215, 12-57
신단수(神檀樹) 2-77
신당(新塘) 1-212
신당(神堂) 9-131
신당(新堂)➪정붕(鄭鵬)
신당령(神堂令) 6-169
신당서(新唐書), 남만전(南蠻傳) 7-155
신당서(新唐書), 양수전(楊收傳) 8-65
신당서(新唐書), 오행지(五行志) 5-280
신당서(新唐書), 이강전(李綱傳) 10-32
신당서(新唐書) 2-248, 3-184, 4-114, 4-183, 4-189, 6-25, 12-179, 12-230
신대(新臺) 10-239
신덕왕비(神德王妃) 1-218
신도(神道) 2-369, 3-82, 3-214
신도(神荼) 1-80, 4-227
신도가전(申屠嘉傳) 9-61
신독국(身毒國) 2-170
신돈(辛旽) 5-107, 7-60, 7-95, 7-182
신라(新羅) 1-85, 1-195, 1-197, 2-70, 2-123, 2-142, 2-206, 5-50, 6-93, 6-198, 7-108, 8-176, 8-189, 8-223, 8-228, 9-199, 11-239
신라 문무왕(文武王) 1-163
신라 진평왕(眞平王) 5-84
신라 효성왕(孝成王) 11-175
신라본기(新羅本紀) 7-118
신라사(新羅史) 1-121, 3-270, 3-274, 7-83, 8-253
신라은(新羅銀) 5-216
신랑(愼郎) 6-215
신론(新論) 11-306
신류(申瀏) 1-251, 1-253
신륵사 4-269
신릉군(信陵君) 3-80, 6-104, 7-308
신립(申砬) 2-318, 4-53, 4-115, 4-267
신마(神馬) 12-124
신만(申曼) 6-174, 11-125, 11-281,

12-232
신목(神木) 2-210
신목웅부(信木熊浮) 10-287
신무제(神武帝) 9-221
신문(囟門) 2-235
신문고(申聞鼓) 9-56
신문왕(神文王) 4-264, 6-50, 7-57, 8-176, 11-28
신미대사(信眉大士) 7-96
신바닥[蹠] 5-167
신번서(信幡書) 3-225
신병(神兵) 7-109
신분(神濆) 2-64
신비궁(神臂弓) 4-61
신사(神祠) 2-81
신사복곡(身絲腹穀) 10-300
신사통(辛巳痛) 6-285
신상(神象) 7-108
신생(申生) 6-223
신서(愼書) 3-226
신석(信石) 11-110
신석형(申碩亨) 2-272
신선(神仙) 8-159, 12-29
신선로(神仙鑪) 5-200
신선전(神仙傳) 3-93, 6-212, 11-257, 11-306, 12-201
신성구(申性求) 6-197
신수(神守) 4-200
신수(神樹) 6-199
신수(神秀) 7-81
신수근(愼守勤) 6-104
신수어염(薪水魚鹽) 10-278
신수원(神水院) 1-170
신수장(新水瘴) 1-67
신숙주(申叔舟) 3-234, 7-88, 8-162
신숭겸(申崇謙) 1-238, 3-65, 3-67, 3-154, 4-251, 6-155, 6-157, 7-195, 8-200
신시용(申時用) 8-225
신신부탁(申申付託) 10-303
신씨(愼氏) 8-99
신씨보(申氏譜) 1-238
신안(新安)➪진사개(陳師凱)
신안수록(新安隨錄) 3-268
신안왕(新安王) 7-204
신야(新野) 12-155
신약(神藥) 11-75
신언서판(身言書判) 3-169, 10-289
신역(身役) 4-187
신옥(神屋) 4-209
신옹(申滃) 1-225, 4-138
신왕(辛王) 2-303
신우(辛禑) 2-303, 7-148
신유(辛有) 2-329
신유(申濡) 3-182
신유한(申維翰) 4-281
신음신음(呻吟呻吟) 10-282
신의군(神義軍) 2-108
신이경(神異經) 1-182, 2-147, 2-171, 2-204, 5-55, 5-119, 6-188, 6-245, 7-39, 8-30, 11-201, 11-222, 11-314, 12-58, 12-88, 12-89, 12-111, 12-121, 12-130, 12-143, 12-163, 12-164, 12-170, 12-285
신이기(神異記) 1-28, 1-172, 7-158, 8-104
신이루(新離膢) 1-119
신인(神人) 3-111, 4-56

신일(辰日) 1-132
신일(辛日) 1-165, 1-166
신일(愼日) 1-85
신임사화(辛壬士禍) 5-299
신입고출(新入故出) 10-287
신작(神鵲) 12-306
신작(神爵) 2-143, 12-380
신작염(神雀鹽) 6-30
신장(腎臟) 6-178
신장(神將) 6-222
신장병(腎臟病) 5-212
신장절공(申壯節公)➪신숭겸(申崇謙)
신정지초(新政之初) 10-281
신정하(申靖夏) 3-155
신조판삽(身操版鍤) 10-296
신종(神宗) 3-31, 3-39~40, 3-126, 3-218, 4-170, 7-185, 7-268, 7-345, 8-241, 8-246, 11-81
신주 2-363
신주(信州) 11-110
신주(神主) 2-365, 3-214
신주(新州) 2-96
신주(神主) 2-362
신증동국여지승람(新增東國輿地勝覽) 1-90
신지도(薪智島) 2-95, 2-344
신지무의(信之無疑) 10-300
신지비사(神誌秘詞) 1-214
신찬(臣瓚) 7-226
신창(新昌) 2-34
신채(神彩) 4-284
신천사(申天師) 7-35
신천옹(信天翁) 12-348
신출귀몰(神出鬼沒) 10-284
신출모귀(晨出暮歸) 10-304
신충(信忠) 11-175, 11-176
신치(神魑) 6-264
신침(神針) 6-197
신풍(晨風) 4-196
신풍(新豐) 9-158
신풍부원군(新豐府院君)➪장유(張維)
신필(神筆) 3-241
신학(腎學) 8-174
신해(辛亥) 1-128
신혈사(神穴寺) 7-59
신휼교(愼恤膠) 11-139
신흠(申欽) 3-260, 6-150, 6-171
신흥사(新興寺) 2-310, 7-106
신흥창(新興倉) 7-138
실(室) 1-30
실달다(悉達多) 7-66
실달모(悉怛謀) 3-47
실당명(室堂銘) 8-174
실록해니(失祿楷泥) 10-255
실리태길(失利台吉) 2-112
실마치구(失馬治廐) 10-286
실뱀 12-76
실사구(實事句) 10-315
실성왕(實聖王) 2-102, 7-125
실위(室韋) 1-250, 1-253
실절(失節) 6-55
실주실신(悉主悉臣) 9-258
실직국(悉直國) 2-116
심(尋) 5-133, 5-158
심(煁) 5-320
심가성(沈家聲) 6-42
심강(沈鋼) 11-173
심걸방석(心傑放席) 10-113

심경(心經) 3-230, 8-183
심경지(沈慶之) 5-133
심곡(深谷)⇨김치(金緻)
심곡비결(深谷秘訣) 6-150
심과(尋騍) 12-196
심괄(沈括) 8-22, 8-34
심두(沁頭) 12-197
심료집(沈遼集) 6-42
심류(沈鎏) 3-257
심망의촉(心忙意促) 10-269
심목(樳木) 11-194
심목국(深目國) 2-205, 2-206
심불재언(心不在焉) 10-271
심빈(沈彬) 5-303
심사정(沈師正) 3-245
심상규(沈象奎) 5-299
심서(心書) 4-85
심선(沈扇) 5-299
심수경(沈守慶) 2-244, 2-306, 8-163
심수공주(沁水公主) 8-98
심순문(沈順門) 8-271
심약(沈約) 3-236, 3-240, 8-65, 8-66, 8-78, 9-113, 10-131, 10-132
심양(瀋陽) 1-197, 2-87, 2-109, 2-299, 3-132, 4-84, 4-136, 5-37, 5-38, 10-48
심양기(潯陽記) 2-29
심언광(沈彦光) 2-35, 3-53
심연원(沈連源) 11-173
심온(沈溫) 2-296
심왕(瀋王) 2-135
심요(心要) 8-214
심유경(沈惟敬) 2-162, 5-247, 6-193
심의(深衣) 2-355, 5-68, 5-69, 5-70
심의겸(沈義謙) 9-25, 9-26
심의도(深衣圖) 5-68
심이기(審食其) 2-317
심장병(心臟病) 5-212
심장적구(尋章摘句) 10-282
심전기(沈佺期) 3-136, 5-62
심정(沈貞) 2-244, 9-151
심주(潯州) 12-188
심택(深澤) 12 262
심형(沈瑩) 2-152
심확(沈確) 7-161
심환지(沈煥之) 9-35
심황(深黃) 11-165
십간(十干) 1-157
십계(十戒) 7-46
십고일상(十瞽一相) 10-281
십구(十龜) 12-218
십구박(十九拍) 6-42
십모(十母) 1-157
십목소시(十目所視) 10-265
십무라(䰠武羅) 5-273
십사천(十四天) 10-56
십삼황(十三簧) 6-37
십상팔구(十常八九) 10-285
십생구사(十生九死) 10-294
십시일반(十匙一飯) 10-290
십악도(十惡道) 7-82
십오락(十五絡) 6-195
십왕(十王) 12-288
십운시(十韻詩) 3-171
십육원(十六院) 1-211, 7-147
십이시(十二時) 7-69
십이경(十二經) 6-195
십이목(十二牧) 8-246
십이인연(十二因緣) 10-54

십이자(十二子) 1-157
십이지(十二支) 1-157, 5-204
십이지신(十二支神) 1-103
십이천(十二天) 10-56
십이현금(十二絃琴) 6-25
십이회불상(十二會佛相) 7-111
십익건(什翼犍) 4-75
십인일시(十人一匙) 10-290
십일월령(十一月令) 11-147
십제(十濟) 2-125
십주기(十洲記) 2-289, 11-128
십지(十地) 1-26
십팔명(十八命) 8-247
십팔박(十八拍) 6-42
십팔사략(十八史略) 2-320, 8-61
싸락눈[米雪] 1-72
싸리나무[杻木] 5-179, 6-113
쌀가루 5-172, 5-184, 5-197
쌀겨 2-234
쌀누룩 5-168
쌀뜨물 5-177, 5-182
쌀밥 5-174
쌀죽[白粥] 5-192
쌍(雙) 4-134
쌍가마[雙轎] 5-326
쌍각(雙角) 6-43
쌍각초(雙脚草) 11-75
쌍감(雙柑) 5-281
쌍개(雙介) 10-190
쌍개암(雙介岩) 10-190
쌍계봉(雙髻峯) 11-224
쌍계사(雙溪寺) 7-34
쌍교(雙轎) 4-100
쌍기(雙冀) 3-166, 3-168
쌍녹로(雙轆轤) 8-67
쌍두계(雙頭鷄) 12-376
쌍두연(雙頭蓮) 11-66
쌍륙(雙六) 11-50
쌍릉(雙陵) 3-57
쌍매당(雙梅堂) 3-164
쌍명(雙明) 3-247
쌍봉(胡雙)➪호일계(胡一桂)
쌍부(雙阜) 4-260
쌍상투 5-60
쌍성(雙城) 1-232
쌍성(雙星) 4-234
쌍성(雙聲) 8-68
쌍성대(雙聲對) 8-69
쌍성첩운(雙聲疊韻) 8-68
쌍수(瀧水) 8-155
쌍수산성(雙樹山城) 4-261
쌍쌍(雙雙) 12-311
쌍쌍조(雙雙鳥) 12-311
쌍안(雙鴈) 8-103
쌍연(雙燕) 8-103
쌍의대(雙擬對) 8-69
쌍정(雙睛) 1-81
쌍주문(雙柱門) 4-234
쌍효자가(雙孝子街) 1-218
써래 4-166
썰매[雪馬] 4-194
썰물 2-27
쏘가리[鱖] 12-252
쑥 1-169, 11-320, 12-260
쑥떡[艾餻] 5-155
쓰르라미 1-120
쓴박 11-302
쓸개[膽] 6-177, 9-240, 12-200

씀바귀[荼] 1-120, 11-274~275
씨앗드리기[獻生子] 1-95
씨의(氏儀) 3-89
씹[濕] 9-78
씽씽매미 1-113

ㅇ

아(莪) 11-278
아(阿) 1-196, 8-90
아(鵝) 12-324
아(雅) 5-286, 6-46, 7-224, 7-285
아(我) 6-85
아(牙) 6-85
아(啙) 6-72
아(疋) 7-224
아가사창(我歌査唱) 10-303
아가위 11-259
아간(阿干) 9-63, 10-51
아간지(兒看之) 10-314
아객(衙客) 9-78
아경채(鵝頸菜) 11-277
아계(鵝溪)⇨이산해(李山海)
아골타(阿骨打) 2-130
아관전(兒寬傳) 10-32
아광모(砑光帽) 6-45
아교(阿膠) 12-258
아교(阿嬌) 8-90
아구(鴟舅) 11-206
아구(鴟桕) 11-206
아구나무 11-207
아궁불열(我躬不閱) 10-309
아귀(餓鬼) 6-201
아귀정(餓鬼旌) 2-161
아기(牙旗) 9-49
아기씨[阿只氏] 9-75
아난(阿難) 7-70
아노(雅魯) 10-255
아단(阿段) 3-110
아달라왕(阿達羅王) 1-226
아도(阿堵) 10-231
아도(阿道) 7-56, 7-88
아도리야(阿闍梨耶) 7-64
아도화상(阿道和尙) 7-118
아돈(牙豚) 12-164
아동주졸(兒童走卒) 10-311
아등(阿等) 3-110
아라한과(阿羅漢果) 6-211
아란(阿蘭) 12-133
아란타사(阿蘭陀寺) 7-110
아랄눌특실리(阿剌訥忒失里) 3-146
아람퇴(阿濫堆) 12-363
아랑(牙郞) 9-55
아리(鵝梨) 11-240
아린(阿隣) 1-249
아망위(阿望尉) 9-94
아매(阿每) 3-117
아매씨(阿每氏) 2-153
아명(阿明) 6-272
아모(阿母) 9-62
아모(阿暮) 3-110
아목(枒木) 11-212
아묵리가주(亞墨利加州) 2-222
아문(衙門) 4-236
아미(阿瓕) 9-62
아미타불(阿彌陀佛) 7-63
아반(亞飯) 6-70
아반(阿潘) 7-122

아방궁(阿房宮) 7-41
아방궁부(阿房宮賦) 4-214, 12-64
아보(阿父) 9-62, 9-70
아브라함(Abraham) 7-46
아사나(阿史那) 3-116, 4-29
아산(牙山) 7-203
아산포(牙山浦) 12-74
아산현(牙山縣) 2-34
아상(我相) 8-50
아세(亞歲) 1-128
아세아주(亞細亞州) 2-222
아송(雅頌) 7-224
아수가수(阿輸迦樹) 7-105
아수라(阿修羅) 2-149
아습향(亞濕香) 11-165
아신왕(阿莘王) 7-135
아아(我亞) 9-63
아아(阿兒) 9-63
아아(猅豣) 9-63
아아음(喏喏音) 6-72
아악(雅樂) 6-69, 12-380
아안전(鵝眼錢) 5-259
아야(阿爺) 9-62
아야고하(阿也苦河) 1-246
아양(啞羊) 10-216
아양승(啞羊僧) 10-216
아언각비(雅言覺非) 5-323
아오(雅烏) 12-322
아욱 5-194, 7-211
아욱국(葵羹) 5-160, 11-272
아위(阿魏) 11-86
아위성(鴉圍聲) 9-141
아유타국(阿隃陀國) 3-95
아이(阿姨) 3-110
아자개(阿慈介) 3-96, 7-149
아자국 2-191
아자침(亞字枕) 5-107
아작염(阿鵲鹽) 6-50
아잔(阿殘) 9-254
아장부(牙璋符) 4-23
아정(雅亭)➪이덕무(李德懋)
아주(雅州) 11-325
아지발도(阿只拔都) 7-197
아진포(阿珍浦) 3-93
아진함(阿珍含) 8-198
아차현(峨嵯峴) 6-225
아첨(牙籤) 3-209, 7-59
아첨통(牙簽筒) 5-297
아청(鴉靑) 5-127, 10-176, 10-256, 11-47
아침(俄寢) 9-217
아쾌(牙儈) 9-55
아패(牙牌) 6-115, 10-197
아편(鴉片) 2-115
아포(阿暑) 9-63
아피(鰹鮍) 12-169
아하(鏸鍜) 4-48
아함(阿咸) 9-66
아호(幱幠) 10-28
아호랑국(阿戶良國) 2-116
아호생(鵝湖生) 6-185
아황(蛾皇) 11-222
아희원람(兒戱原覽) 1-27, 1-29, 1-36, 1-42, 1-44, 1-74, 1-144, 1-154~155, 1-202, 2-146, 2-362, 2-369, 3-29, 3-133, 3-162, 3-215, 3-248, 4-48, 4-95, 4-193, 5-25, 5-142~143, 5-243, 5-255, 5-278, 5-301, 5-312, 5-321, 6-34, 6-104~105, 6-111~113, 6-184, 6-211,

7-171, 7-181, 7-195, 7-196, 7-200, 7-201, 7-202, 8-269, 8-270, 9-40
악(樂) 10-120
악(鶚) 12-348
악(嶽) 3-90
악(諤) 6-85
악(鄂) 7-245
악(蕚) 7-245
악계(惡筓) 2-280
악고(樂庫) 6-73
악공(樂工) 6-47, 10-172, 6-25, 6-27
악공(嶽公) 9-68
악광(樂廣) 7-337, 9-68, 10-73
악구(樂句) 6-47
악기(樂器) 6-131
악담(鱷潭) 5-223
악록화(蕚綠華) 2-279
악립(鶚立) 12-351
악마(惡魔) 10-65
악법(惡法) 4-185
악보(樂譜) 6-42, 8-88
악부(樂府) 6-25, 6-39, 6-47, 6-60, 10-134, 11-164
악부사(樂府詞) 10-218
악부잡록(樂府雜錄) 6-63, 9-142
악부해제(樂府解題) 6-26
악비(岳飛) 2-115, 3-107, 4-50, 7-211, 7-343, 8-283, 9-202
악사(樂師) 4-267
악사(樂詞) 5-97
악서(樂書) 1-125, 6-67, 6-73, 6-95
악성(樂聖) 8-178
악소년(惡少年) 9-168, 10-316
악실(堊室) 2-333
악야(嶽爺) 9-69
악어(鰐魚) 7-155, 12-116, 12-212~213
악와(渥洼) 12-124
악위(樂緯) 7-254
악의전(樂毅傳) 8-62
악장(樂章) 6-49, 6-95
악장(樂丈) 9-68
악전(偓佺) 11-203
악주(岳州) 7-31, 7-180
악질(惡疾) 8-147
악착(齷齪) 10-324
악창(惡瘡) 11-118
악칙(樂則) 7-350
안(犴) 8-282
안(鞌) 전투 6-157
안가시위(安駕侍衛) 9-107
안감망야(安敢望也) 10-292
안갑(顔韐) 9-218
안겸제(安兼濟) 8-59
안경공(安慶公)➪왕창(王淐)
안고수비(眼高手卑) 10-284
안국사(安國寺) 2-157, 2-161
안국제(安國堤) 4-154
안기생(安期生) 7-29, 11-237, 11-306
안남국(安南國) 3-236, 8-211, 8-234, 8-269, 11-137, 11-229
안남국기(安南國記) 12-125
안남일기(安南日記) 8-163
안노생(安魯生) 1-90
안당(安瑭) 9-152
안돈(安頓) 10-320
안동(眼同) 10-113
안동(安東) 1-93, 2-32, 2-79~80, 2-116, 3-42, 3-125, 4-277, 5-251, 6-132,

8-263, 10-88
안두(雁頭) 11-61
안라(矸螺) 12-275
안락사(安樂寺) 3-241
안래홍(雁來紅) 11-320
안록산(安祿山) 1-35, 4-116, 6-122, 7-149, 10-213, 11-154, 12-84, 12-181
안록산전(安祿山傳) 9-55
안롱(按籠) 10-47
안류(安榴) 11-239
안류요(晏類要) 3-50
안리왕(安釐王) 7-237
안맹담(安孟聃) 5-325, 9-94
안명수쾌(眼明手快) 10-277
안무요(顏無繇) 8-193
안문(雁門) 2-73
안문군(雁門郡) 2-73
안문사(安文思) 6-190
안문초(雁門草) 11-324
안변(安邊) 2-36, 4-294, 7-98, 11-241, 12-379
안변부(安邊府) 2-96
안보(安輔) 2-66
안부(安否) 9-197
안비막개(眼鼻莫開) 10-271
안빈낙도(安貧樂道) 10-283
안사고(顏師古) 2-191, 4-98, 4-211, 5-85, 6-138, 7-61, 7-253, 7-291, 9-106
안산(案山) 1-208
안상(安祥) 7-31
안색불변(顏色不變) 10-306
안석(安碩) 2-66
안석국(安石國) 11-239
안석류(安石榴) 5-241
안숙노(安淑老) 2-303
안숙원(晏叔原) 9-252
안시(鴈翅) 5-41
안시성(安市城) 8-199
안시회(鴈翅檜) 11-177
안식(安息) 5-262
안식(案息) 5-310
안식국(安息國) 12-286
안식향(安息香) 11-160
안씨(安氏) 3-102
안씨가훈(顏氏家訓) 6-140
안씨보(安氏譜) 3-101
안약(眼藥) 12-46
안양(安養) 7-48
안양(安陽) 공주 8-119
안연(顏淵) 8-188, 9-235
안연지(顏延之) 5-291, 8-136
안옥(岸獄) 8-282
안왕(安王) 7-221
안용복(安龍福) 2-90
안원왕(安元王) 2-50
안유(安裕) 8-177, 8-190, 8-196
안읍(安邑) 9-213
안이수지(安而受之) 10-281
안자(顏子) 10-130
안자(晏子) 9-188
안자국(安子國) 5-121
안자춘추(晏子春秋) 2-181, 10-157
안장왕(安藏王) 1-258
안전(安戩) 8-226
안전(案前) 9-78
안전막동(眼前莫童) 10-258
안정(安定) 2-243
안정관(安定館) 2-159

안정국(安定國) 2-116
안정책(安邊策) 1-243
안제(安帝) 1-49, 2-102, 6-241, 8-97
안제(顔題) 2-334
안족(雁足) 10-271
안종약(安從約) 3-66
안주(安州) 2-320, 9-44
안중패(安重覇) 10-43
안집(安輯) 2-66
안총(眼銃) 4-39
안축(安軸) 2-66
안출호(安出虎) 2-130
안토중천(安土重遷) 10-272
안풍군(安豊軍) 2-63
안하무인(眼下無人) 10-311
안함(顔含) 1-151
안항(雁行) 2-226, 7-279
안항(顔行) 7-279
안현(鞍峴) 4-76
안회(顔回) 2-226, 3-45, 8-211
안후(顔厚) 10-323
안흥곶(安興串) 1-228
안흥량(安興梁) 2-105
알국(鵠鵴) 12-297
알록(謁錄) 10-129
알매(黖昧) 9-132
알밀(遏密) 3-25
알봉(閼逢) 1-158
알성(謁聖) 3-181
알영(閼英) 3-143, 3-146
알유(窫窳) 12-170
알쟁(軋箏) 6-24
알지(閼氏) 8-123, 10-252
알지(閼智) 3-94, 10-122
암(暗) 11-24
암(鵪) 12-353
암(麢) 12-139
암곡(巖谷) 2-38
암구릿대[雌九里臺] 11-100
암그루 11-240
암나귀 12-202
암나무 11-225, 11-226
암나인 2-300
암노새 12-202
암라(菴羅) 11-240, 11-254
암려(菴閭) 11-321
암려(菴藺) 11-152
암마라가과(菴摩羅伽果) 11-254
암말 12-202
암매 7-172
암메추라기[痺] 12-325
암무지개 1-44
암사슴 12-133
암소 12-192, 12-202
암순(鵪鶉) 12-353
암양[羭] 12-82
암자(菴子) 4-242
암저(巖狙) 12-158
암중모색(暗中摸索) 10-132
암중순목(暗中瞬目) 10-79
암컷조정[牝朝] 2-309
암코끼리 12-181
암키와[仰瓦] 4-211
암탉 1-152, 7-172
암퇘지[牝豬] 5-203
압각수(鴨脚樹) 3-125, 11-226
압도일세(壓倒一世) 10-137
압량소국(押梁小國) 2-116

ㅇ

압록강(鴨綠江) 1-192, 1-234, 1-242, 1-244, 1-247, 1-255~256, 2-31, 6-228
압록수(鴨綠水) 1-256
압료(壓獠) 9-95
압승(壓勝) 6-243, 11-39
압승술(壓勝術) 6-166
압운(押韻) 3-238, 8-68
압축(壓軸) 10-325
앙(奮) 12-219
앙각(鞅角) 5-104
앙계(秧鷄) 12-370
앙마(秧馬) 4-135
앙마가(秧馬歌) 4-135
앙망불급(仰望不及) 10-312
앙부(仰釜) 1-145
앙자(昂剌) 12-267
앙장(仰帳) 12-133
앙천대소(仰天大笑) 10-302
앙토장(仰土匠) 4-212
애(崖) 3-113
애(艾) 11-278
애강남부(哀江南賦) 8-103
애공(哀公) 2-356, 7-220, 8-186, 11-251
애국(艾菊) 11-33
애납향[艾納香] 11-164
애뢰(哀誄) 7-333
애뢰이족(哀牢夷族) 3-114
애막리(愛莫離) 10-255
애막조(愛莫助) 9-237
애매(崖埋) 10-253
애매(曖昧) 10-323
애밀(崖密) 11-235
애밀(崖蜜) 5-165
애발(哀拔) 10-68
애사(哀辭) 3-261
애신(愛新) 2-131
애신각라(愛新覺羅) 2-124, 2-131, 3-117, 12-306
애여장(艾如張) 4-197
애유실리답랄(愛猷失里荅剌) 3-122
애자(睚眦) 12-217
애자잡설(艾子雜說) 12-47
애자지원(睚眦之怨) 10-273
애잔(哀殘) 9-254
애장왕(哀莊王) 7-83, 7-130
애제(哀帝) 2-137, 7-62, 7-173, 7-280
애종(哀宗) 3-39
애지중지(愛之重之) 10-291
애체(靉靆) 5-246
애학(厓鶴) 9-34
애호(艾滸) 2-110
액(額) 5-58
액라(厄羅) 2-113
액라사(額羅斯) 1-250
액엄(額掩) 5-60, 5-75
액우(液雨) 1-173
앵(罃) 5-308
앵(鸚) 12-343
앵가화(鸚哥花) 11-209
앵도(櫻桃) 5-241, 6-186, 11-236
앵무(鸚鵡) 11-235, 12-342, 12-344
앵무곡수(鸚鵡谷水) 2-52
앵무배 5-281
앵무새 피 2-302
앵무화 11-209
앵속(罌粟) 11-54
앵속각(罌粟角) 11-144
앵앵(鶯鶯) 8-59, 12-359

야(冶) 8-79
야(野) 8-79
야(鵺) 12-294
야간(射干) 1-128, 11-205
야간(野干) 12-84
야갈(冶葛) 11-111
야갈(野葛) 11-111
야견사(野繭絲) 5-131
야계(野鷄) 12-367
야관(冶官) 8-79
야광(夜光) 12-61
야광주(夜光珠) 5-237
야기요단(惹起鬧端) 10-268
야녀(野女) 7-39
야농(野農) 4-123
야동(冶洞) 3-68
야랑(夜郎) 6-198, 11-227
야랑국(夜郎國) 3-113
야마(野馬) 1-67
야명렴(夜明簾) 5-235
야명사(夜明砂) 12-353
야명태(夜明苔) 11-309
야무방(也無妨) 10-313
야박시속(野薄時俗) 10-168
야불담귀(夜不談鬼) 10-280
야불답백(夜不踏白) 10-305
야빈(野賓) 12-118
야사(野史) 3-61, 3-165, 7-162, 8-210, 11-172
야생코끼리 12-181
야소(耶蘇) 7-49
야소교 7-45
야소신 7-49
야시(夜市) 9-49
야용(野茸) 11-148
야유(揶揄) 6-149
야유(耶維) 7-84
야유녀(夜遊女) 12-338
야율(耶律) 3-117
야율초재(耶律楚材) 6-149, 6-178, 9-38, 10-211, 12-102
야은(冶隱)➪길재(吉再)
야인(野人) 1-244, 2-150
야자주부(椰子酒賦) 5-146
야전(野戰) 2-186
야중모색(夜中摸索) 10-133
야직(野稷) 11-295
야차(夜叉) 4-227
야치(野雉) 12-368
야파(野婆) 12-105
야파촌(野婆村) 10-50
야학(野鶴) 12-332
야호천(野狐泉) 5-185
약(爚) 5-211
약(龠) 9-53
약간건(若干件) 10-231
약개(若箇) 10-230
약고추장 5-182
약과(藥果) 5-164
약난(若蘭) 3-271
약닭[藥鷄] 12-377
약덕(若德) 7-225
약란(藥闌) 7-292
약령(藥嶺) 11-137
약록(藥錄) 5-212
약류(若榴) 11-239
약마복중(弱馬卜重) 10-261
약목(若木) 2-217

ㅇ

약목(叒木) 2-217
약반(藥飯) 1-129
약봉(藥峯)➪서성(徐渻)
약봉가(藥峯家) 5-144
약비(藥鼻) 9-242
약사(若士) 12-280
약삭(掠削) 8-127
약산춘(藥山春) 5-149
약수(若水) 1-133
약수(弱水) 1-228, 1-256, 2-55
약오씨(若敖氏) 6-201
약우(藥雨) 1-173
약운(畧韻) 3-239
약이인(若而人) 10-230
약자선수(弱者先手) 10-272
약자잔손(弱子殘孫) 10-275
약작(略彴) 4-246
약장(藥欌) 2-184
약제(藥劑) 6-195
약제(若鞮) 3-34, 10-252
약존약무(若存若無) 10-285
약주(藥酒) 5-144, 5-145
약천(藥泉) 3-72
약통(若統) 10-255
양(羊) 5-178, 6-151, 12-165
양(楊) 11-217
양(㺊) 12-163
양가(良家) 6-56
양각(羊角) 11-237
양각삼(羊角蔘) 3-201
양각초(羊角蕉) 11-36
양간(羊侃) 6-65
양간(楊簡) 7-226
양갑(陽甲) 7-25
양거산(梁渠山) 12-288
양견(楊堅) 3-123, 5-312
양경(兩京) 8-246
양경우(梁慶遇) 10-75
양고기 5-173, 5-201, 5-202
양곡(暘谷) 1-142, 2-216
양곰국 5-208
양공(襄公) 7-216, 10-277
양관(楊綰) 3-240
양관(陽關) 8-120
양관곡➪양관삼첩곡(陽關三疊曲)
양관삼첩(陽關三疊)➪양관삼첩곡(陽關三疊曲)
양관삼첩곡(陽關三疊曲) 8-102, 8-132
양광산(陽光山) 12-183
양광원(楊光遠) 9-219
양교(陽鱎) 12-222, 12-223
양구(羊溝) 12-375
양구(楊球) 3-220
양구(陽九) 7-296
양국(暘國) 2-214
양궁(兩弓) 2-76
양궁(兩宮) 5-55
양권(羊權) 2-279
양귀비(楊貴妃) 2-279, 6-121~122, 11-43, 11-154, 11-258, 12-59
양근(楊根) 2-107, 3-70, 10-48
양금(洋琴) 6-24
양기(陽氣) 12-133
양기(楊起) 3-108
양기(梁冀) 5-107, 5-119, 6-123, 9-240
양기전(梁冀傳) 2-304
양남(兩南) 5-252
양능(良能) 3-284

양단간(兩袒間) 9-134
양당(裲襠) 5-63
양당각(裲襠角) 5-63
양대안(楊大眼) 3-42
양덕(陽德) 1-240
양도(洋稻) 4-146
양도등(羊桃藤) 11-120
양돌(煬突) 8-165
양동(楊桐) 5-141
양등(羊鄧) 2-259
양락(羊酪) 5-191
양력서[洋曆] 1-162
양력설(洋曆說) 1-26
양례(襄禮) 2-343
양류동(楊柳洞) 1-218
양립(凉笠) 5-51
양마수(癢磨樹) 12-197
양만리(楊萬里) 5-72, 5-202, 7-298, 10-197, 11-37, 11-48, 11-60, 11-70, 11-226, 11-249, 12-270
양만세(楊萬世) 2-27, 4-136
양만춘(楊萬春) 8-199
양매(楊梅) 11-247
양매청(楊梅靑) 11-113
양맥국(梁貊國) 2-117
양명(陽明) 7-178
양목(洋木) 5-95
양목(欀木) 5-187
양무(羊無) 6-72
양무제(梁武帝) 7-215
양박(楊朴) 1-118
양박(羊駁) 11-297
양박(梁樸) 9-102
양반아곡(楊叛兒曲) 8-90
양방(楊方) 8-100
양백화(楊白華) 2-310
양별(楊鼈) 8-135
양복(羊卜) 6-204
양부(羊附) 12-32
양부하(梁敷河) 6-193
양부하전(梁敷河傳) 6-193
양붕(凉棚) 6 134
양비대담(攘臂大談) 10-284
양사복(楊嗣復) 2-225
양사언(楊士彦) 4-273
양삭(胖削) 12-198
양산(良傘) 5-294
양산(凉傘) 8-40
양산(陽山) 1-183, 12-136
양산(楊山) 2-120, 3-93
양산(梁山) 7-119
양산박(梁山泊) 9-169
양산백(梁山伯) 7-169
양산사비(陽山寺碑) 1-46
양산숙(梁山璹) 4-281
양산숙전(梁山璹傳) 3-62, 3-111, 4-281
양상(梁商) 3-37, 9-104
양상화매(兩相和賣) 10-295
양색단(兩色緞) 11-47
양생가(養生家) 5-217
양생론(養生論) 11-148
양생서(養生書) 7-27, 7-170, 7-270
양서(梁書) 2-63, 8-133, 10-159, 11-59
양서(兩西) 3-239, 4-192, 5-252, 9-35
양서(梁書), 유견오전(庾肩吾傳) 10-140
양선(楊宣) 12-284~285
양선은악(揚善隱惡) 10-308

ㅇ

양성(陽城) 2-171, 5-106
양세법(兩稅法) 4-188
양속(羊續) 5-108
양수(洋水) 1-260
양수(陽數) 2-351
양수(陽燧) 5-245
양수(羊琇) 5-316
양수레[羊車] 12-140
양수준(陽燧樽) 7-230
양수집병(兩手執餠) 10-277
양수척(楊水尺) 2-304
양순삼(兩旬三) 1-142
양승경(梁升卿) 3-218
양시(梁時) 4-186
양시조(羊矢棗) 11-242
양신(楊愼) 1-144, 2-173, 2-199, 2-264, 2-315, 3-282, 5-109, 5-134, 6-267, 7-70, 7-219, 7-256, 7-265, 8-79, 11-27, 11-228, 11-295, 12-210, 12-216, 12-276, 12-383
양심(養心)➪오씨(吳氏)
양씨(穰氏) 3-132
양아(兩衙) 12-42
양아(陽阿) 6-136
양아무(陽阿舞) 6-136, 8-137
양아후(陽阿侯) 3-127
양암(楊愔) 5-323
양액(陽厄) 7-296
양약부지(佯若不知) 10-290
양양(襄陽) 2-35, 4-274, 12-231, 8-113
양양자득(揚揚自得) 10-273
양양전(襄陽傳) 5-281
양어지(養魚池) 6-56
양억(楊億) 6-140
양언이결(兩言而決) 10-304
양여사(楊汝士) 10-137
양염(楊炎) 4-188
양염(陽啖) 1-67
양옥(良玉) 5-243
양왕(襄王) 7-222, 7-237
양우년(梁右年) 6-53
양운(楊惲) 5-181
양운국(養雲國) 2-215
양운전(楊惲傳) 5-314
양웅(揚雄) 2-229, 3-50, 3-134, 3-259, 3-264, 4-47, 4-94, 4-167, 5-59, 5-95, 5-104, 5-111, 5-298, 5-308, 6-200, 7-225, 7-230, 7-323, 8-159, 8-169, 8-251, 9-63, 9-121, 9-139, 9-175, 9-177, 9-208, 9-244~245, 10-178, 10-221, 10-223, 10-257, 11-261, 11-267, 12-32~33, 12-50, 12-60, 12-98, 12-186, 12-297, 12-320
양웅전(揚雄傳) 10-47, 12-177
양원(羊元) 11-174
양원(楊元) 2-161
양원군(羊元群) 5-323
양월(揚粵) 2-245
양유정(楊維禎) 8-61
양을나(梁乙那) 2-93, 3-111
양음(楊愔) 9-198
양이(陽夷) 2-145
양이(揚旆) 8-126
양이차야(良以此也) 10-281
양인(洋人) 2-27
양입위출(量入爲出) 10-307
양자(養子) 2-242
양자(蛘子) 12-32

양자강 3-236
양자방언(揚子方言)➪방언(方言)
양자화(楊子華) 3-242
양장(颺場) 4-167
양재사(楊再思) 6-63
양전(良田) 4-155
양전(様田) 4-164
양전사(量田使) 3-56
양젖 5-191
양제(煬帝) 3-178, 3-189, 8-200, 8-268, 9-128, 11-302
양조(陽鳥) 12-301
양주 주씨(楊州朱氏) 11-76
양주(楊州) 1-213, 1-214, 1-225, 11-244, 11-247, 12-92
양주(揚州) 2-246, 8-96, 9-244, 11-49, 12-112
양주(陽晝) 12-222, 12-223
양주(凉州) 11-234, 12-290
양주(梁州) 12-43, 12-180
양주(凉珠) 5-235
양주이물지(凉州異物志) 5-193, 10-247
양주자사(揚州刺史) 10-69
양죽기(養竹記) 8-241
양지법사(良志法師) 7-118
양지초[羊脂燭] 5-302
양진(梁震) 9-86
양진(楊震) 3-108, 3-138, 12-266, 12-302
양질호피(羊質虎皮) 10-273
양천(陽川) 2-40, 12-368
양천(陽天) 1-25
양천(楊泉) 4-138
양초(陽草) 11-271
양촌(陽村)➪권근(權近)
양춘백설(陽春百雪) 7-348
양치[養支] 10-128
양탕(梁宕) 3-111
양태성(羊胎星) 9-83
양파(陽坡)➪정태화(鄭太和)
양평군(陽平君) 6-175
양평집(陽平集) 6-175, 12-258
양표(楊彪) 2-255, 4-229
양풍(凉風) 1-58
양하거(楊遐擧) 10-229
양한(兩漢) 3-240, 8-234, 9-40
양한적(養漢的) 9-161
양해초(羊奚草) 7-288
양현고(養賢庫) 8-194
양형(楊炯) 6-142
양혜왕(梁惠王) 3-279, 7-220, 10-164
양호(羊祜) 5-47, 6-192, 7-166, 10-202
양호(楊鎬) 2-60, 3-43, 4-243, 6-81
양홍(梁鴻) 3-78
양화도(楊花渡) 1-215
양화록(養花錄) 5-226
양후(楊厚) 3-86
어(敔) 6-48
어(魚)씨 3-127
어가(御駕) 8-211, 8-269, 8-270
어거족의(於渠足矣) 10-270
어경(魚經) 8-160
어공어사(於公於私) 10-289
어과(魚果) 8-77
어교(魚膠) 12-258
어구(魚狗) 12-326
어기(魚磯) 4-203
어노막변(魚魯莫辨) 10-270
어니하(淤泥河) 1-256, 1-258

어대(魚岱) 5-87
어두귀면(魚頭鬼面) 10-273
어려진(魚麗陣) 4-115
어록(語錄) 5-318, 7-76, 8-94, 10-324
어류(語類) 3-235, 12-213
어림(語林) 5-316, 7-233
어망(魚網) 10-146
어면강(魚面江) 1-234
어무적(魚無迹) 3-273
어변성룡(魚變成龍) 10-154, 10-261
어병(御屛) 8-268
어복포(魚復浦) 4-107
어부(魚符) 5-88, 8-77
어부심(魚鳧淰) 6-207
어부한(漁夫干) 10-51
어불성설(語不成說) 10-308
어불택발(語不擇發) 10-311
어사(於邪) 9-141
어사관(御史冠) 5-55
어사본초(御史本草) 11-264
어사화(御賜花) 1-187, 3-28
어서각동(御書閣洞) 1-218
어소(御所) 9-108
어숙권(魚叔權) 8-163, 10-73
어압(御押) 3-218
어야상사(於邪相思) 6-84
어양(魚羊) 2-129
어양(漁陽)➪왕사진(王思眞)
어양참과(漁陽摻撾) 6-30, 6-48
어언간(於焉間) 10-279
어언지간(於焉之間) 10-279
어영(御營) 4-111
어영군(御營軍) 9-78
어영사(御營使) 4-111
어우당(於于堂)➪유몽인(柳夢寅)
어우야담(於于野譚) 6-81, 8-36, 8-163, 10-293
어원(籞苑) 7-292
어응(魚鷹) 12-348
어의(御衣) 5-65
어인(御印) 8-264
어자(魚子) 12-250
어장(御仗) 5-56
어저귀(䔊) 5-121
어전(魚篆) 3-225
어정(御井) 2-60
어정(魚鄭) 3-127
어정포(於停浦) 1-224
어제강(漁濟江) 1-251
어차어피(於此於彼) 10-297
어채(魚菜) 3-22
어청도(於青島) 2-98
어침(魚枕) 12-267
어침의(御針醫) 6-198
어혜(魚醯) 7-206
어호(魚虎) 12-326
어홍(魚弘) 11-50
어효첨(魚孝瞻) 6-278
언(鼴) 12-157
언감내이(焉敢乃爾) 10-292
언과기실(言過其實) 10-310
언기(彦機) 7-56
언릉(鄢陵) 6-235
언비천리(言飛千里) 10-269
언사(偃師) 6-139
언산(焉酸) 11-314
언정(言定) 2-268
언정(蝘蜓) 2-302, 12-71

언조(匽鼂) 12-220
언조(焉鳥) 12-382
언종(彦琮) 7-93
언즉시야(言則是也) 10-291
언지장야(言之長也) 10-271
언청계용(言聽計用) 10-262
언치[韉] 4-93
언파서(偃波書) 3-225
언필칭(言必稱) 10-313
얼(陧) 10-143
얼레빗(月梳) 5-295
얼룩소 11-142, 12-190, 12-192
얼올(臲卼) 10-143
얼음의 자식[氷子] 1-50
엄(嚴) 1-144
엄(俺) 9-116
엄(釅) 5-188
엄고(嚴鼓) 6-28
엄관부(嚴灌夫) 8-99
엄광(嚴光) 3-137, 9-46, 9-96
엄군평(嚴君平)➪엄준(嚴遵)
엄나무(嚴樹) 5-147
엄눌(嚴訥) 6-185
엄동설한(嚴冬雪寒) 10-290
엄목(嚴木) 3-125, 6-202
엄무(閹茂) 1-158
엄씨(嚴氏) 3-125, 3-131
엄연년(嚴延年) 7-229
엄옹어(鰜鰅魚) 12-220
언왕(偃王) 7-164
엄윤(玁狁) 7-313
엄이투령(掩耳偸鈴) 10-284
엄자(弇兹) 6-267
엄자릉(嚴子陵) 8-216
엄조(嚴助) 3-131
엄조전(嚴助傳) 7-279
엄주(弇州)➪왕세정(王世貞)
엄주산(弇州山) 12-303
엄주집(弇州集) 3-117, 3-266
엄준(嚴遵) 1-28, 6-164
엄찬(嚴粲) 11-275
엄표수(淹滮水) 4-236
업도(鄴都) 3-49
업원(業寃) 10-52
엉겅퀴 11-325
에분성(恚憤城) 3-59
여(梠) 4-144
여(蠡) 10-129
여(黎) 1-232, 2-170
여(閭) 12-81~82
여(輿) 4-48
여(旟) 4-27
여(蕷) 11-286
여(維) 12-378
여(鱮) 12-266
여(鴽) 1-103, 12-353
여(猴) 12-160
여간권(如干卷) 10-230
여강(驪江) 12-372
여개방차(餘皆倣此) 10-313
여건(蠡件) 10-129
여계(女誡) 2-252
여과조(如瓜棗) 11-237
여관(女寬) 7-302
여교(輿轎) 5-326
여구(驪駒) 7-326
여구(如舊) 10-320
여기(厲氣) 6-284

ㅇ

여뀌[蓼] 1-113, 5-196, 12-268
여남(汝南) 12-79
여노(黎老) 7-265
여노사환(如奴使喚) 10-269
여농(麗農) 2-216
여단(厲壇) 6-274
여단(呂端) 9-122
여대림(呂大臨) 7-235
여대방(呂大防) 9-24
여도(呂陶) 9-24
여동(黎洞) 11-185
여동빈(呂洞賓) 7-31, 7-180
여득천금(如得千金) 10-278
여라(女蘿) 11-217
여람(呂覽)⇨여씨춘추(呂氏春秋)
여래(如來) 1-107
여룡(驪龍) 4-268
여마(驪馬) 12-85
여마동(呂馬童) 7-225
여막(廬幕) 2-331~332, 2-346
여만(如滿) 6-115
여맥(驪貊) 7-57
여모(呂母) 2-308
여민락(與民樂) 6-53, 10-315
여반장(如反掌) 10-314
여발(女魃) 1-182
여보(輿釜) 12-59
여불위(呂不韋) 10-30
여빈(女嬪) 7-165
여사(女史) 7-247
여사(女肆) 9-162
여사룡(呂士隆) 8-110
여사이이(如斯而已) 10-268
여사제강(麗史提綱) 8-161
여산(廬山) 1-145, 2-43, 2-45~46, 2-59, 11-53
여산(驪山) 12-363
여산(礪山) 2-98, 4-261, 5-149, 5-229
여산기(廬山記) 2-60, 8-215
여산씨(厲山氏) 3-38
여산적치(如山積峙) 10-309
여상산(女牀山) 12-380
여서(閭胥) 5-150
여석(礐石) 5-178
여선문(余善文) 9-223
여성(驢城) 5-321
여세추이(與世推移) 10-302
여소무시(與蘇武詩) 3-266
여소위(呂少衛) 8-100
여송국(呂宋國) 4-38
여수(餘須) 2-276
여수(麗水) 5-214
여수(汝水) 5-283
여수동죄(與受同罪) 10-299
여씨촌(余氏村) 3-126
여씨춘추(呂氏春秋) 1-52, 1-133, 4-235, 5-208, 6-21, 7-240, 10-30, 10-205, 10-207, 12-113
여아산(餘峩山) 1-185
여악(女樂) 6-73
여안(呂安) 8-37
여암(呂嵒) 10-56
여양(驪陽) 9-55
여양(黎陽) 7-174
여어(蠡魚) 12-263
여연(閭延) 1-244
여연(輿輦) 5-327
여염가(閭閻家) 5-92, 10-228

여염즐비(閭閻櫛比) 10-264
여영(女英) 11-222
여옥(麗玉) 6-38
여온(呂溫) 3-159, 8-121
여와씨(女媧氏) 1-94, 2-142, 2-221, 2-274, 2-286, 4-162, 5-298, 6-37, 7-27, 7-215
여왕(厲王) 7-268
여우 7-183, 12-110, 12-127, 12-138, 12-144, 12-152, 12-161
여원(如願) 1-137
여원인(如願人) 1-137
여음(汝陰) 5-293
여음(餘音) 6-33, 6-72
여의(如意) 2-284, 5-322
여의(女儀) 2-289
여의군(如意君) 7-153
여인국(女人國) 2-171~172, 2-247, 3-93
여인동(黎人洞) 2-152
여인이앙(女人移秧) 4-133
여인일판(如印一板) 10-286
여일(如一) 10-224
여재공(呂才公) 2-260
여정(呂靜) 8-65~66
여정(女貞) 11-83, 11-210
여정(余靖) 10-254
여정집(麗情集) 3-205, 5-153
여제국(女祭國) 2-199
여조겸(呂祖謙) 4-181, 5-279
여족(黎族) 11-51
여주(汝州) 12-53
여주(驪州) 4-268
여주(女酒) 5-143
여주(女主) 5-260
여지(荔支) 1-128, 11-258
여지(餘蚳) 5-249
여직(女直) 2-150
여진(慮眞) 2-150
여진(女眞) 1-197, 1-244, 1-249, 2-109, 2-138, 2-150, 3-117~118, 4-108, 5-96, 5-160~161, 7-27, 7-313, 12-202
여차여차(如此如此) 10-295
여척국(女戚國) 2-199
여청(女青) 11-193
여초(戻草) 5-125
여춘영(呂春永) 3-273
여출일구(如出一口) 10-267
여태(呂泰) 5-278
여파(粄婆) 2-278
여편(女偏) 9-91
여포(呂布) 2-266
여풍과이(如風過耳) 10-304
여합부절(如合符節) 10-306
여해집(蠡海集) 12-61
여헌국(黎軒國) 6-138
여형(如馨) 7-286
여형(呂刑) 8-238, 8-285, 10-136
여형약제(如兄若弟) 10-307
여혜경(呂惠卿) 8-63, 10-237, 11-81
여호(鴽鶘) 12-319
여화월모국(女和月母國) 1-41
여황(鵹黃) 12-359
여후(呂后) 2-317, 8-56
여희(驪姬) 11-275
역(鬩) 2-207
역(櫟) 11-211, 12-288
역(譯) 8-249
역(蜮) 12-67

ㅇ

역(篗) 11-60
역가(曆家) 1-132, 1-157, 6-240
역경(易經) 3-99, 7-242, 7-241, 7-243, 7-254, 8-49, 8-165, 8-178
역관(譯官)➪홍순언(洪純彦)
역귀(疫鬼) 1-129
역귀[魑] 12-87
역나무 11-211
역년도(歷年圖) 2-144
역노(驛奴) 8-282
역녹(歷錄) 10-129
역녹연(歷錄然) 10-129
역대삼보기(歷代三寶記) 7-62
역도원(酈道元) 2-113
역동(易東) 8-177, 8-178
역략례(易畧例) 12-62
역련진반(亦憐眞班) 3-161
역림(易林) 1-174, 2-369, 6-166, 11-240
역망(逆鋩) 4-203
역미황제(力微皇帝) 7-167
역민국(蜮民國) 2-211
역법(曆法) 1-162
역보(驛保) 10-169
역보(曆譜) 8-159
역본명(易本命) 12-175
역비(驛婢) 8-282
역사(役事) 4-242
역사수(櫟社樹) 11-211
역서(譯書) 12-279
역서(曆書) 3-241, 6-234
역성(歷城) 6-51, 6-52
역세(役稅) 4-171
역실(櫟實) 11-245
역염(酈炎) 6-163
역위(易緯) 7-254
역이기(酈食其) 9-215
역이기전(酈食其傳) 9-248, 10-47
역자(鈠子) 5-91
역자이교(易子而教) 10-278
역작조(力作鳥) 12-297
역재축중(亦在逐中) 10-258
역전과(力田科) 3-166
역지이사(易地而思) 10-261
역치(鶂鶋) 12-307
역풍(逆風) 1-61
역학(易學) 8-177
연(鰱) 12-266
연(燕) 3-61, 3-107, 7-87, 7-217, 8-222, 12-365
연(硯) 3-215
연(輦) 5-327, 8-269
연(僆) 12-378
연(鷰) 5-208
연(驠) 12-193
연(萸) 11-289
연가(連枷) 4-167
연가행(燕歌行) 8-112
연각승(緣覺乘) 7-90
연감유함(淵鑑類函) 5-160
연개명(硯盖銘) 3-216
연개소문 7-174, 8-221
연객(淵客) 12-221
연경(燕京) 1-24, 2-109, 3-217, 8-205
연계(軟鷄) 12-378
연곡지하(輦轂之下) 10-258
연공도(演孔圖) 7-254
연관목(烟貫目) 12-243
연광정(練光亭) 4-289, 4-293

연교(連翹) 10-257
연구국(然丘國) 12-310
연금니(連金泥) 2-290
연급초(連及草) 2-214
연기(燕岐) 4-154
연기(連錣) 4-203
연기굴[煙窟] 4-220
연기대(連機碓) 5-322
연기신편(演機新編) 4-50
연길(涓吉) 2-268
연념(煉念) 8-56
연노(狿猱) 12-114
연노법(連弩法) 4-57
연단(鍊丹) 7-325
연단술(煉丹術) 8-57
연담(燕談) 7-206
연당지(緣橦枝) 6-135
연대(練帶) 5-199
연등(燃燈) 1-108, 7-78~79
연락(宴樂) 6-70~71
연려실기술(燃藜室記述) 8-161
연릉(延陵) 3-83
연리목(連理木) 11-126
연리수(連理樹) 11-95, 12-337
연리지(連理枝) 11-192
연만(蜒蠻) 6-258
연맥(燕麥) 11-295
연맥자(燕麥子) 11-318
연명(延命) 10-131
연목구어(緣木求魚) 10-281, 12-246
연무청(練武廳) 1-224
연문(衍文) 10-325
연미(燕尾) 3-206
연미정(燕尾亭) 1-237
연미향(燕尾香) 11-30
연방(蓮榜) 3-189
연번로(演繁露) 4-88, 5-136, 9-180
연복궁(延福宮) 4-259
연복자(燕覆子) 11-260
연부역강(年富力强) 10-262
연북(燕北) 9-87
연북잡기(燕北雜記) 6-120
연분법(年分法) 4-162
연사(蝡蛇) 12-69
연산(連山) 2-83, 5-270, 7-242
연산군(燕山君) 3-178, 4-253, 8-242, 8-271, 10-172, 12-74
연상(延祥) 2-138
연상약(年相若) 10-317
연석(連石) 1-143
연심세구(年深歲久) 10-298
연쌍비(燕雙飛) 2-303
연씨(烟氏) 3-132
연안(延安) 1-90, 2-33, 2-56, 3-102, 5-209, 10-67, 11-65, 12-332
연암(燕巖)➪박지원(朴趾源)
연암집(燕巖集) 12-78, 12-133, 12-140
연역(演繹) 3-240
연연(蠕蠕) 12-23
연연명(燕然銘) 4-105
연오(燕烏) 12-290
연오(延烏) 1-230
연옹지치(吮癰舐痔) 10-288
연왕(燕王) 1-257, 3-98
연운(燕雲) 9-202
연은전(延恩殿) 3-32
연의(演義) 6-92
연일(延日) 3-129, 5-229

ㅇ

연자총(硯子塚) 3-74
연전(連錢) 4-93
연정(蓮亭) 8-44
연제(攣鞮) 3-115
연주(延州) 2-306
연주(練主) 2-365
연주(連珠) 3-264
연주(演奏) 6-70
연주대(連珠對) 8-69
연주문(聯柱門) 4-235
연지(臙脂) 5-126, 9-201
연지상좌(延之上坐) 10-303
연진검(延津劍) 6-51
연진법(嚥津法) 7-325
연참(鉛槧) 3-209
연창위(延昌尉) 5-325, 9-94
연추문(延秋門) 3-107
연칭(連稱) 8-256
연탁(燕濯 / 鸑濯) 6-127, 6-139
연파조수가(煙波釣叟歌) 6-152
연포(連砲) 4-45
연풍(延豊) 2-45, 2-56, 11-63, 11-71, 12-167
연풍민락(年豐民樂) 10-303
연해(淵醢) 5-190, 12-278
연형(鍊形) 7-42
연호정(烟戶政) 8-226
연화(蓮花) 2-304
연화풍(楝花風) 1-59
연환전(綖環錢) 5-259
연희(演戱) 6-62
열녀전(列女傳) 12-95
열만신(烈萬莘) 2-138
열반(涅槃) 2-71, 7-66
열반경(涅槃經) 11-159
열산현(烈山縣) 2-37
열선전(列仙傳) 6-215, 7-28, 7-30, 7-32, 7-180
열수(洌水) 1-258, 10-223, 12-33, 12-378
열악(列嶽) 9-68
열옹(蠮螉) 12-39
열왕(烈王) 7-221
열이전(列異傳) 3-76
열자(列子) 6-159
열자(列子) 1-27, 2-26, 2-64, 2-196, 2-197, 2-209, 2-219, 2-221, 3-207, 5-59, 6-107, 7-163, 7-281, 9-111, 11-127, 11-284, 12-40, 12-94, 12-205, 12-313
열하(熱河) 2-114, 4-222
열하일기(熱河日記) 8-164
염(斂) 2-344
염(琰) 2-305
염(鹽) 5-177, 5-179, 6-30
염가산파(念家山破) 6-95
염간(冉駹) 2-146
염공(髯公) 12-121
염교(厭蕎) 11-133
염교(廉郊) 6-40
염교[薤] 11-132
염구산서 3-255
염기(鹽氣) 2-57
염독(焱犢) 8-70
염라왕전(閻羅王殿) 7-121
염락(濂洛) 5-43
염락관민(濂洛關閩) 3-280
염려(髯麗) 12-121
염맹(冉猛) 9-120

염몰(闇沒) 7-302
염백우(冉伯牛) 3-134, 4-136
염봉(袡縫) 5-329
염부수(閻浮樹) 11-201
염불급타(念不及他) 10-278
염불타령[念佛打詠] 6-95
염사(蚺蛇) 12-75
염소[羔] 5-64
염소[鹽牛] 12-140
염수주부(髥鬚主簿) 7-330
염압(髥狎) 12-121
염양(艶陽) 1-104
염예퇴(灩澦堆) 1-228
염요기문(炎徼記聞) 2-147
염우소재(廉隅所在) 10-298
염이(剡移) 4-231
염이(扊扅) 10-179
염이가(扊扅歌) 4-231
염인국(炎人國) 2-209
염장미부(鹽帳米簿) 10-287
염저(冉氏) 2-146
염정(廉貞) 6-279
염정(鹽井) 5-179
염제(炎帝) 3-222, 12-345
염족(冉族) 4-206
염주(念珠) 1-142, 5-52, 11-134
염주(廉州) 12-343
염주대(念主臺) 4-258
염지(鹽池) 5-179
염지지물(染指之物) 10-296
염창(鹽倉) 1-222
염체(奩體) 6-78
염체(艶體) 8-150
염추(拈秋) 6-165
염통(念桶) 6-178
염파(廉頗) 3-136
염표(廉豹) 12-95
염헌(恬軒)➪임상원(任相元)
염호기복(檿弧箕服) 6-232
염화국(厭火國) 2-214
염화산(炎火山) 2-55
염희검(廉希儉) 6-226
엽(曄) 3-148
엽(葉) 3-235
엽거(獵車) 4-194
엽귀(獵龜) 7-258
엽등(躐等) 10-326
엽발(葉餑) 5-155
엽서(葉書) 3-225
엽자(葉子) 6-107
엿(糖) 5-168
엿(餳) 5-168, 5-209
엿기름 5-166, 5-209
영(賏) 5-51
영(羚) 12-139
영(嬰) 5-51
영(郢) 8-75
영(楹) 11-242
영(羚) 2-148
영가(永嘉) 2-286, 8-119, 12-43
영가군기(永嘉郡記) 11-310
영감(令監) 9-71, 9-73
영감마누라[令監抹樓] 9-75
영갑(令甲) 9-173
영거(寗蘧) 7-232
영결국(永結國) 7-189
영계(英鷄) 12-371
영계기(榮啓期) 6-52

ㅇ

영계총(靈雞塚) 12-187
영고(迎鼓) 1-85
영고탑(靈固塔) 1-197, 1-251, 1-253, 1-256, 2-28, 2-109, 8-210, 10-48
영공(靈公) 3-217
영관(靈觀) 7-55, 7-58
영광(靈光) 5-239, 9-44
영구(靈龜) 7-184, 12-218
영구산(令丘山) 12-319
영구준행(永久遵行) 10-265
영국[英吉利] 2-183, 4-39
영군(靈君) 6-281
영규(英規) 3-56
영기(營妓) 2-304
영기후(靈夔吼) 6-32, 12-87
영남(嶺南) 2-118, 6-62, 6-82, 6-87, 9-36, 9-156, 10-118, 11-191, 12-30, 12-53, 12-77, 12-210
영남록(嶺南錄) 6-37
영남이물지(嶺南異物志) 7-203
영노(穎老) 5-199, 5-200
영뉵(盈朒) 3-249
영대(靈臺) 1-147
영덕(靈德) 10-126
영덕(永德) 2-138
영동 2-28
영동(永同) 12-198
영동(嶺東) 2-27, 2-37, 2-86
영동(永童) 6-280
영등(永登) 6-279
영락(零落) 10-319
영락(瓔珞) 7-88
영락(永樂) 1-176, 4-164
영락도정원(永樂道淨院) 11-249
영락전(纓絡篆) 3-226
영락제(永樂帝) 8-45
영락현(永樂縣) 11-237
영랑(永郎) 2-72, 4-275, 6-198, 7-31, 7-38
영랑호(永朗湖) 2-35
영량초(迎凉草) 11-325
영롱담(玲瓏餤) 5-154
영류왕(榮留王) 1-240, 7-133
영륜(伶倫) 7-284
영릉(零陵) 1-179
영릉성(零陵城) 12-209
영릉향(零陵香) 11-161
영리(伶俐) 10-160, 10-326
영리(靈狸) 7-160, 12-131
영매우(迎梅雨) 1-56
영명령(永明嶺) 1-202
영명사(永明寺) 4-289
영모산(嬴母山) 6-264
영목(影木) 11-200
영묘(迎猫) 12-179
영물복속(永勿復屬) 10-301
영민국(盈民國) 2-215
영변(寧邊) 1-203, 2-77, 2-116
영변부(寧邊府) 1-204
영병(令丙) 9-173
영보정(永保亭) 4-276
영복(令僕) 7-205
영봉(甯封) 12-249
영봉자(甯封子) 6-216
영분접(詠粉蝶) 12-43
영빈(暎嬪) 이씨(李氏) 7-107
영산(英山) 12-341
영산(靈山) 2-192~193, 6-89

영산(靈山) 도드리(到頭音) 6-90
영산강(靈山江) 9-44
영산홍(映山紅) 8-47
영상(靈爽) 2-339
영서연설(郢書燕說) 8-75
영선옹주(寧善翁主) 2-303
영성(零星) 6-269, 10-319
영성(靈星) 6-32
영수목(靈壽木) 11-189
영수선(詠水仙) 11-42
영수장(靈壽杖) 11-189
영순군(永順君)➪이부(李溥)
영실성(營室星) 1-117
영실어민(寧失於民) 10-286
영아지(影娥池) 11-187
영아초(鈴兒草) 11-316
영악(令嶽) 9-68
영안위(永安尉) 1-221
영암(靈巖) 2-43, 2-84, 2-97, 7-91, 7-104
영암사(靈岩寺) 11-58
영애승람(瀛涯勝覽) 10-254
영약(靈藥) 2-77
영양(羚羊) 12-139, 12-171
영양(麢羊) 12-82, 12-141
영양부(永良部) 2-153
영여(瓔如) 12-129
영영(英靈) 6-80
영영(嬴嬰) 8-114
영오(穎悟) 10-322
영왕(靈王) 2-356, 5-114, 5-244
영왕(寧王) 5-236
영요(鴒鷚) 12-293
영욱(蘡薁) 11-312
영원(寧遠) 2-87, 3-36, 12-369
영원현(寧遠縣) 1-232
영월(寧越) 3-125, 7-173, 12-72
영월(甯越) 3-195
영월엄씨보(寧越嚴氏譜) 3-125
영위(榮衛) 6-179, 7-287, 10-27
영유(甯俞) 7-232
영윤(令尹) 11-290
영은문(迎恩門) 4-235
영을(令乙) 9-173
영음후(潁陰候) 7-314
영의공(英毅公) 3-102
영이(纓耗) 4-92
영인(伶人) 6-182
영인(郢人) 7-348
영일현(迎日縣) 1-231
영자팔법(永字八法) 3-230
영장(營將) 5-273, 8-242
영전(影殿) 3-40
영전(營田) 4-86, 4-164
영제(靈帝) 4-174, 7-316, 12-202
영조(英祖) 1-237, 4-173, 4-218, 4-253, 7-181, 8-185, 8-194, 8-231, 8-233, 11-300
영종(寧宗) 2-346
영좌(靈座) 2-367
영주(瀛洲) 11-200
영주(營州) 4-54, 11-84
영주(永州) 2-85, 2-289, 8-128, 12-329
영주(寧州) 5-238
영주관(瀛洲館) 8-232
영주산(瀛洲山) 2-69, 2-83
영주승람(瀛州勝覽) 5-260
영주장사(瀛州長史) 9-221
영준시(英俊試) 3-182

ㅇ

영중백설(郢中白雪) 6-76
영지(靈池) 11-59
영지(靈芝) 11-93
영지류(靈芝類) 11-93
영창(永昌) 4-53
영척(甯戚) 3-134, 7-309, 8-160
영천(永川) 2-116, 4-43, 5-120, 5-252, 6-279
영천현(靈川縣) 3-55
영춘(永春) 2-46
영춘(迎春) 6-141
영춘현(永春縣) 2-49
영취산(靈鷲山) 7-70
영치(靈峙) 3-91
영태(永泰) 8-275
영통대왕(永通大王) 2-131
영통대왕릉(永通大王陵) 3-57
영파부(寧波府) 2-97
영평(永平) 1-225, 2-45, 2-143, 3-44, 12-101
영포(泠褒) 3-35
영포전(英布傳) 7-294
영표(嶺表) 6-209
영표록이(嶺表錄異) 5-296, 11-68, 11-196, 11-229, 12-277, 12-234
영표지(嶺表志) 1-63
영해(寧海) 2-51, 2-117, 3-102
영해시(詠蟹詩) 11-257
영헌(靈憲) 1-36, 1-146
영형(寧馨) 7-286
영호(領胡) 12-136
영호(令狐) 3-139
영호도(令狐綯) 3-119
영환지략(瀛環志略), 이탈리아열전(意大里亞列傳) 7-46
영환지략(瀛環志略) 2-170, 2-183, 2-184, 5-133, 7-45, 7-47
영흥(永興) 1-232, 1-243
예(麑) 12-132
예(鯢) 12-214
예(鷖) 12-350
예(翳) 7-218, 12-381
예(穢) 2-122
예(蘂) 2-122
예(薉) 2-122
예(芮) 3-133
예(倪) 3-92
예(羿) 9-110
예(羿) 9-105, 12-90, 12-170
예가(禮家) 3-29
예각서(蝌脚書) 3-226
예관(禮官) 3-24, 8-157, 8-274
예교(曳橋) 4-243
예국(濊國) 1-196, 1-232, 2-116, 12-194
예기(禮記), 간전(間傳) 2-332
예기(禮記), 곡례(曲禮) 2-325, 3-284, 9-72
예기(禮記), 교특생(郊特牲) 2-367
예기(禮記), 내칙(內則) 7-206, 11-275
예기(禮記), 단궁(檀弓) 1-182, 2-226, 2-280, 2-329, 2-365, 3-36, 3-73, 3-79
예기(禮記), 명당위(明堂位) 2-369, 7-266
예기(禮記), 문상(問喪) 2-332
예기(禮記), 문왕세자(文王世子) 9-197
예기(禮記), 빙례(聘禮) 2-268
예기(禮記), 삼년문(三年問) 2-326

예기(禮記), 상대기(喪大記) 2-327
예기(禮記), 상복기(喪服記) 2-337
예기(禮記), 악기(樂記) 8-190
예기(禮記), 왕제(王制) 2-245, 3-175, 4-126, 9-184
예기(禮記), 월령(月令) 1-78, 1-149
예기(禮記), 잡기(雜記) 2-268
예기(禮記), 제법(祭法) 2-367
예기(禮記), 증자문(曾子問) 2-291, 3-24
예기(禮記), 학기(學記) 2-354
예기(禮記)·관의(冠義) 2-261
예기(禮記) 1-92, 1-131, 1-140, 2-66, 2-226, 2-254, 2-267, 2-275, 2-291~292, 2-329~331, 2-333, 2-337~338, 2-342, 2-344, 2-354, 2-361, 3-30, 3-37~38, 3-82, 3-86, 3-149, 3-285, 4-64, 4-217~218, 4-224, 4-230, 4-249, 5-43, 5-45, 5-60, 5-68, 5-83, 5-98, 5-130, 5-133, 5-140, 5-196~197, 5-206, 6-44, 6-49, 6-70, 6-112, 6-199, 6-248, 6-273, 7-200, 7-241, 7-253, 7-261, 7-263, 7-269, 9-88, 9-98, 9-107, 9-113, 9-125, 9-235, 9-259, 10-26, 10-40, 10-57, 10-161, 10-187, 10-230, 10-236, 10-250, 11-165, 11-282, 11-294, 12-106, 12-342
예기삼례(禮記三禮) 3-285
예락하(曳落河) 2-124
예맥(濊貊) 1-197, 1-206, 5-97
예맥(薉貉) 12-275
예맥조선(濊貊朝鮮) 1-200
예목(翳木) 11-184
예문관(藝文館) 8-230, 8-232
예문류취(藝文類聚) 9-134
예문지(藝文志) 8-159
예백(曳白) 10-213, 10-325
예부(禮部) 5-285
예부운략(禮部韻略) 3-239
예부태상(禮部太臺) 7-221
예불(禮佛) 7-344
예불가폐(禮不可廢) 10-311
예상(翳桑) 6-161
예서(禮書) 11-152
예서(隷書) 3-220, 3-223~224, 3-229, 3-231, 4-89
예서(禮鼠) 7-249
예설(禮說) 3-76, 8-162
예성(禮成) 2-361
예성강곡(禮成江曲) 6-59
예수(隷首) 3-248
예수기독 7-46
예술전(藝術傳) 9-201
예씨(禮氏) 2-249
예악(禮樂) 1-194, 3-103
예악관(禮樂官) 7-221
예악지(禮樂志) 5-142
예안(禮安) 2-32, 4-283, 5-252
예야국(薉邪國) 12-257
예양(豫讓) 4-238, 8-53
예어(鯢魚) 12-237
예예(泄泄) 10-245
예용(禮容) 7-221
예원자황(藝苑雌黃) 5-159
예위(禮緯) 7-254, 7-349
예유(猰貐) 12-170
예장(豫章) 5-215, 7-173, 11-82, 11-177
예제(禮制) 8-157

ㅇ

예조(翳鳥) 12-350
예조(藝祖) 3-30, 6-157
예종(睿宗) 2-139, 3-32, 3-275, 6-52, 7-100, 7-195, 8-194
예주(豫州) 9-244, 11-50
예지자(預知子) 11-125
예찬(倪瓚) 8-120
예초사시(詣超師詩) 7-86
예형(禰衡) 5-47, 6-30, 6-48, 9-117
예황제(曳皇帝) 9-93
오(鎢) 5-270~271
오(獒) 12-187
오(熬) 5-206
오(澳) 5-209
오(鰲) 6-135
오(奧) 7-269
오(歇) 7-163
오(蔜) 11-311
오가(吳歌) 8-111
오가소립(吾家所立) 10-276
오가통(伍家統) 8-259
오각계(烏脚溪) 2-218, 2-245
오간(烏干) 2-125
오강(烏江) 7-318
오거(伍擧) 7-290
오건(烏巾) 8-215
오검자(五劍子) 11-229
오경(五京) 1-206
오경(五經) 3-172, 5-159, 5-285
오경(吳競) 6-26
오계(烏鷄) 12-377
오골계(烏骨鷄) 12-64
오곽(烏霍) 7-334
오관산(五冠山) 1-238, 1-199, 1-209, 2-80, 6-57
오관산곡(五冠山曲) 6-58
오관왕전(五官王殿) 7-121
오구(烏臼) 11-206~207, 12-291
오구수왕(吾丘壽王) 6-116
오국(五國) 9-234
오국성(五國城) 3-53
오귀(烏鬼) 12-323
오귀성(烏鬼聲) 10-222
오금(烏金) 10-128
오금사(五金寺) 3-57
오금희(五禽戱) 7-323
오기(吳起) 3-136
오기량(吳紀亮) 8-268
오나라 태제(太帝) 3-42
오나총관(烏喇總管) 1-246, 1-247
오내곡(欸乃曲) 8-87
오노(五奴) 9-162
오뇌가(懊惱歌) 8-97
오뇌곡(懊惱曲) 6-57, 7-168
오뇌택가(懊惱澤家) 12-371
오니(烏膩) 5-169
오달(午達) 5-60
오달제(吳達濟) 3-71
오대(五代) 1-117, 3-83, 3-219, 3-244, 7-43, 7-204, 8-260, 9-45
오대사(五代史) 1-69, 2-181, 2-182, 2-304, 3-201, 4-62, 4-150, 4-178, 5-49, 7-159, 7-188, 7-342, 8-260, 9-73, 9-214, 10-214, 10-224, 10-249, 11-50, 12-125, 12-176
오대산(五臺山) 1-232, 2-59, 2-70, 2-73, 11-75
오대승(吳大陞) 6-260

오대주(五大洲) 2-222
오덕(五德) 1-214
오덕구(五德丘) 1-214
오덕상승설(五德相勝說) 8-140
오도(五島) 2-153
오도(五道) 4-191
오도(吳刀) 5-185
오도부(吳都賦) 4-129, 5-130, 5-313, 7-291, 11-190, 11-204, 12-105, 12-221, 12-249, 12-250
오도시(悟道詩) 7-55
오도일(吳道一) 2-72, 9-32
오도현(吳道玄) 3-244
오동나무 관(桐棺) 11-181
오동나무(桐) 1-148,, 11-178, 11-208, 11-217
오동추(梧桐秋) 6-72
오두(烏頭) 4-228, 11-99, 11-275
오두벌열(烏頭閥閱) 4-227
오두상(遨頭床) 5-164
오두색건(烏頭色巾) 5-42
오두작설(烏頭綽楔) 4-228
오등(五等) 2-353
오디[葚] 11-213, 11-227, 11-228
오라관(烏羅冠) 5-37
오라사(於羅寺) 12-72
오락후(烏落侯) 1-250
오랑도(五浪島) 2-91
오랑캐[胡] 1-250
오래(烏來) 10-222
오량(五兩) 5-330
오렴매(烏蘞莓) 11-261
오렵송(五鬣松) 11-174
오례신의(五禮新義) 2-336
오례의(五禮儀) 8-162
오록(吳錄) 4-37, 8-268
오룡묘(五龍廟) 2-95
오류(烏鸓) 12-242
오류(五柳) 3-163
오류선생(五柳先生) 3-162
오륜(五倫) 8-281
오릉(於陵) 9-239
오릉(五陵) 3-58
오리 5-188, 12-321, 12-322, 12-328, 12-336
오리(梧里)➪이원익(李元翼)
오리나무 1-170, 11-199
오만(烏蠻) 2-145
오만계(烏蠻髻) 2-287
오만동(烏蠻銅) 12-233
오매(烏梅) 11-247
오매불망(寤寐不忘) 10-263
오매초(烏昧草) 11-295
오맹자(吳孟子) 8-49
오모(烏帽) 3-23
오목(五木) 6-111, 11-164
오목(烏木) 11-182
오묘(五廟) 3-29, 3-30
오문(吳門) 10-130
오문목(烏文木) 11-184
오미초(五味草) 11-314
오반수(烏飯樹) 5-141
오방(五方) 12-381
오방(午方) 4-22
오방여래(五方如來) 2-73
오방향상(五方香床) 8-269
오배자(五倍子) 11-47, 11-160
오백(五白) 6-111

ㅇ

오백전(五百錢) 5-256
오복(五服) 2-254, 2-352, 2-354
오봉(烏鳳) 12-379
오봉(五鳳) 2-142, 4-239
오봉(五峯)➪호굉(胡宏)
오봉(五峯)➪이호민(李好閔)
오봉루(五鳳樓) 6-229
오봉봉(五鳳峯) 7-111
오부(五部) 1-93, 4-109
오부산(鰲負山) 6-135
오붕(鰲棚) 6-135
오비(吳妃) 1-150, 5-99
오비삼척(吾鼻三尺) 10-304
오비이락(烏飛梨落) 10-303
오비팔릉(烏椑八稜) 11-243
오사(吳史) 3-89
오사(烏蛇) 11-119
오사란(烏絲欄) 3-204
오사정의(五祀精義) 10-47
오산(鰲山) 1-178
오산(奧山) 12-134
오산(五山)➪차천로(車天輅)
오산설림(五山說林) 6-159, 8-164
오삼(五蔘) 11-84
오삼계(吳三桂) 2-256
오상(五常) 1-155
오상(吳相) 7-138
오상현(烏傷縣) 3-94
오색과(五色瓜) 11-297
오색비단비름[五色錦莧] 11-320
오색앵무새 2-186
오색작(五色雀) 12-379
오색제(五色帝) 3-91
오색지(五色芝) 11-94
오색하(五色蝦) 12-235
오서(鼯鼠) 12-153
오선록(吳船錄) 4-151
오성(午星) 1-103
오성(鰲城)➪이항복(李恒福)
오세린(於世麟) 3-127
오소리 2-122, 12-100, 12-131, 12-167
오손(烏孫) 6-36
오손곤막(烏孫昆莫) 7-149
오손공주(烏孫公主) 7-316
오손국(烏孫國) 5-282
오수미(五須彌) 7-77
오수역(獒樹驛) 12-187
오수전(五銖錢) 5-256
오수정(烏水晶) 5-247
오승교 4-78
오시차(午時茶) 11-106
오신반(五辛盤) 1-79
오십정(五十井) 2-34
오씨(吳氏) 7-335
오악(五嶽) 2-352, 6-177, 9-68
오안산(敖岸山) 12-122
오암건(烏匼巾) 5-42
오얏[李] 1-189, 11-231, 11-241, 11-248~249, 11-299
오양(五羊) 1-68
오양(吳襄) 2-256
오역운운(吾亦云云) 10-275
오열(獥狚) 12-144~145
오오(烏烏) 6-41
오오(嗚嗚) 6-72
오옥(烏玉) 3-215
오왕(吳王) 2-345, 5-195, 7-230
오운(吳澐) 8-213

오운체(五雲體) 3-208
오울(烏鬱) 11-282
오원(烏圓) 12-179
오원자(烏圓子) 1-151
오월(吳越) 12-274
오월사(吳越史) 3-209, 5-105
오월왕(吳越王) 8-282
오월지간녹보(吳越之間獨步) 10-137
오월춘추(吳越春秋) 4-56, 11-263
오위(五衛) 4-109
오유(鼯鼬) 12-152
오유기(五斿旗) 4-26
오음(梧陰) 3-68, 3-69
오음(五音) 6-84, 6-86
오음액(五陰厄) 7-296
오음집운(五音集韻) 8-65, 10-126
오이 5-174, 5-182, 8-256, 11-297, 12-137
오익산(烏弋山) 5-262
오인택(吳仁澤) 7-61
오일경조(五日京兆) 10-301
오임신(吳任臣) 12-104, 12-189, 12-311
오입(誤入) 9-102
오자(吳子) 4-115
오자락서(誤字落書) 10-282
오자병법(吳子兵法) 4-104
오자서(伍子胥) 5-321, 9-54
오작가(烏鵲歌) 12-337
오장(五臟) 4-192, 6-176~177
오장강(吳長江) 1-255
오장곡(五臟穀) 6-180
오장국(烏萇國) 2-170
오장신(五臟神) 5-201
오장육부(五臟六腑) 6-195
오재(五裁) 5-212
오재공(寤齋公)➪조정만(趙正萬)
오적어(烏賊魚) 12-224
오정(五鼎) 11-77
오정(烏程) 7-28
오정방(吳定邦) 2-320
오정위(吳廷尉) 9-82
오제(五帝) 3-30, 7-215
오제본기(五帝本紀) 6-264
오조씨(烏曹氏) 6-105
오족(烏足) 12-43
오줌보[膀胱] 6-177
오즐(吳騭) 8-268
오징(吳澄) 7-298, 11-179
오채(五采) 6-111
오촉(吳蜀) 9-40
오칙(於則) 5-102
오침(吳忱) 8-187
오태자(吳太子) 10-150
오패(五覇) 7-216
오품직(五品職) 4-38
오피궤(烏皮几) 3-138
오하(吳下) 5-172
오학편(吾學篇) 2-86
오한(吳漢) 8-283
오행(五行) 2-352, 6-152, 6-157, 6-176, 8-48, 8-159, 11-89
오행서(五行書) 6-270
오행지(五行志) 1-36, 4-231, 6-142, 7-141, 12-180
오현(吳縣) 1-91, 1-197
오현금(五絃琴) 6-23
오현명(烏玄明) 2-116
오형(五刑) 8-283

오호(五胡) 2-145
오호(五皓) 6-111
오호(烏滸) 7-291
오호도(嗚呼島) 2-98
오호만의(嗚呼晩矣) 10-292
오화(五花) 11-88
오화당(五花糖) 5-169
오화판사(五花判事) 3-207, 8-252
오확(烏獲) 6-139
오환(烏桓) 2-150, 5-27
오환산(烏桓山) 2-150, 5-27
오후정(五侯鯖) 5-200, 5-218
오후한량(午後閑良) 10-263
오훈(五葷) 11-132
오훼(烏喙) 10-83, 11-99
오홍(吳興) 3-121, 7-195
오희(於戲) 7-333
옥각향(玉角香) 11-175
옥강(玉姜) 7-39
옥검(玉檢) 3-206
옥경대(玉鏡臺) 2-277
옥계(玉笄) 5-54
옥과(玉瓜) 11-227
옥교(屋轎) 8-243
옥구(沃溝) 1-178, 7-105
옥구(玉甌) 6-47
옥궤(玉几) 4-216
옥규(玉虯) 12-381
옥근전(玉筋篆) 6-203
옥기(玉器) 5-275
옥녀(玉女) 1-86, 1-208, 1-215
옥녀봉(玉女峰) 2-51
옥노(玉奴) 2-323~324
옥당인(玉堂人) 8-232
옥당지서(玉堂之署) 8-232
옥당한화(玉堂閑話) 1-167
옥동자(玉童子) 2-272
옥두(屋頭) 5-324
옥로부(玉鷺鳧) 5-53
옥룡(玉龍) 6-168
옥룡자(玉龍子)➪도선(導詵)
옥매(玉梅) 11-25, 11-31
옥문(玉門) 5-307
옥문관(玉門關) 2-177
옥문지(玉門池) 7-127
옥반우(玉盤盂) 11-76
옥백(玉帛) 8-45
옥법산(獄法山) 1-65
옥병(玉瓶) 5-54
옥봉(玉峯)➪백광훈(白光勳)
옥봉(玉峯) 이씨(李氏) 3-271
옥산(玉山) 1-188, 12-304
옥산인(玉山人) 6-156
옥삼갱(玉糝羹) 11-287
옥상(玉像) 2-209
옥서(屋書) 9-102
옥석(玉石) 9-252
옥수(屋獸) 4-228
옥수수 4-144, 5-169
옥순봉(玉筍峰) 2-47
옥승(玉勝) 7-240
옥식(玉食) 7-257
옥여의(玉如意) 5-289
옥연(屋椽) 4-213
옥연쇄(玉連鎖) 6-36
옥연환(玉連環) 6-110
옥엽리(玉葉李) 11-249
옥예화(玉蘂花) 11-42

옥요(玉珧) 12-278
옥율(玉律) 1-147
옥잠(獄箴) 10-209
옥장(玉帳) 4-21
옥장경(玉帳經) 4-21
옥저(沃沮) 1-206, 4-33, 4-170, 7-186
옥저전(玉筯篆) 3-226
옥서현(沃沮縣) 1-198
옥적(玉笛) 6-51
옥조(玉藻) 10-243
옥주[玉柱] 6-119
옥지(玉之) 2-167
옥지(玉池) 5-110
옥책(玉冊) 5-227
옥천(沃川) 3-130
옥천사(玉泉寺) 11-105
옥천자(玉川子)➪노동(盧仝)
옥첩검(玉牒檢) 3-206
옥초(沃焦) 2-219
옥초산(沃焦山) 3-242
옥촉보전(玉燭寶典) 1-159
옥촉서(玉蜀黍) 4-144
옥추경(玉樞經) 6-225
옥추단(玉樞丹) 11-123
옥추성(玉樞星) 1-151, 12-151
옥출(玉秫) 4-144
옥판(屋板) 4-215
옥편(玉篇) 1-61, 1-183, 2-207, 3-240, 4-90, 4-166, 4-196, 5-42, 5-65, 5-73, 5-169, 5-171, 5-175, 5-253, 5-271, 5-279, 6-187, 6-264~265, 7-257, 7-334, 8-25, 9-132, 9-245, 11-51, 11-69, 11-93, 11-114, 11-175, 11-310, 11-323, 12-65, 12-91, 12-96, 12-136, 12-155, 12-157~158, 12-188~189, 12-193, 12-196, 12-201, 12-318, 12-325, 12-362, 12-368
옥하(玉荷) 5-305
옥하사론(屋下私論) 10-308
옥형(玉衡) 5-72
옥형(玉泂) 7-95
옥형성(玉衡星) 1-78, 11-250
옥호(玉毫) 1-108
옥호청화(玉壺淸話) 12-42
온(蝹) 3-76
온공(溫公)➪사마광(司馬光)
온교(溫嶠) 2-277, 3-265, 5-299, 9-249, 12-215
온돌(熅突) 4-220
온성(穩城) 2-110, 2-111
온성왕후(溫成王后) 3-60, 11-255
온양(溫陽) 2-56, 3-180
온자(蘊藉) 10-321
온정균(溫庭筠) 3-118, 8-150
온조왕(溫祚王) 1-204, 1-228, 2-125, 2-143, 3-139
온주(溫州) 3-202
온중서(溫仲舒) 8-251
온해지(溫海志) 12-265
온혜릉(溫鞋陵) 3-61
올(杌) 10-143
올공금(兀孔金) 10-128
올공금팔자[兀孔金八字] 10-128
올눌제(膃肭臍) 11-138
올등(兀凳) 2-270
올랄산성(兀刺山城) 3-121
올량합(兀良哈) 2-158, 2-160
올말(嗢末) 9-95

ㅇ

올벼[早稻] 4-141, 10-114
올빼미 7-172, 12-163, 12-319, 12-338, 12-375
올아서(兀兒鼠) 12-290
올자(兀子) 2-270
올적(兀的) 10-230
올챙이 1-151, 12-47
올출(兀朮) 4-50
옴 11-215
옷깃(腋衽) 5-70
옹(瓮) 5-270
옹(蕹) 11-111
옹(鞸) 5-63
옹거(饔渠) 12-354
옹검(擁劍) 12-272
옹기탕관[泥湯罐] 5-270
옹노후(雍奴侯) 7-301
옹담(顒淡) 3-162
옹몽진(邕夢振) 3-129
옹문금(雍門琴) 6-77
옹문적(雍門狄) 7-305
옹방강(翁方綱) 3-222
옹산(甕筭) 10-117
옹수(雍樹) 7-308
옹수곤(翁守坤) 3-222
옹위(翁偉) 12-284, 12-285
옹유(甕牖) 4-218
옹정(雍正) 8-188, 12-78
옹정제(雍正帝) 3-162
옹주(雍州) 2-246, 2-303
옹중유(翁仲孺) 1-56
옹체(翁體) 3-222
옹치(雍齒) 9-149
옹희(雍姬) 2-251
옹희(雍熙) 6-202, 7-43, 7-54
옻나무[桼] 11-178, 11-212, 11-243
와(蛙) 2-124
와구(瓦溝) 4-211
와국(萵國) 11-291
와령(窩翎) 4-196
와롱(瓦壟) 12-236
와룡관(臥龍冠) 5-43
와룡선사(臥龍禪師) 5-104
와룡지(臥龍池) 1-90, 2-33
와류(臥柳) 11-190
와만두(臥饅頭) 5-162
와아(蝸兒) 12-49
와옥자(瓦屋子) 11-87, 12-277
와우(蝸牛) 12-56
와집(窩集) 1-249
와통(瓦筒) 4-228
와활태(窩濶台) 3-161
완(琬) 2-305
완계(緩髻) 2-287
완금(阮琴) 6-33
완두(豌豆) 11-304
완랑귀사(阮郎歸詞) 8-68
완릉(宛陵)➪사경초(謝景初)
완산(完山) 2-128, 7-55
완안(完顔) 2-130, 3-53, 3-117
완양(羱羊) 12-141
완어(鯇魚) 12-242
완왕(宛王) 7-241
완월회맹연(玩月會盟宴) 8-59
완위여편(宛委餘編) 1-61, 2-286, 2-307, 3-106, 5-294, 7-184, 8-156, 11-143
완자(完者) 8-225
완장(阮丈) 9-67

완적(阮籍) 6-88, 8-68, 8-117, 9-66
완탕(婉蕩) 4-263
완택(完澤) 3-161
완평(完平)➪이원익(李元翼)
완함(阮咸) 6-33, 9-66, 10-242
완화(芫華) 11-304
왈개국(曰介國) 1-251
왕가(王嘉) 2-190, 4-223
왕개(王愷) 5-183, 5-209, 5-290
왕개미[蚍蜉] 12-51
왕거(王莒) 5-241
왕거인(王巨仁) 3-275
왕건(王建) 1-197, 2-264, 7-330, 8-150, 11-298, 11-313, 12-194
왕검(王儉) 2-77, 5-93, 10-230
왕겨[米本衣] 4-144
왕경량(王景亮) 10-237
왕경지(王慶之) 2-273
왕경칙(王敬則) 6-109, 8-97
왕계(王季) 3-27
왕골[莞] 11-322
왕공(王恭) 10-200
왕과(王瓜) 11-289
왕광(王匡) 7-225
왕교(王喬) 6-212
왕구(王球) 8-254
왕군옥(王君玉) 8-116
왕군위(王君緯) 12-49
왕궤(王潰) 8-119
왕규(王珪) 6-235, 11-75
왕균(王筠) 10-159
왕금패철지변(王金覇鐵之辨) 7-280
왕기(王祺)➪공민왕(恭愍王)
왕기(王器) 10-122
왕기(王氣) 2-44
왕념(王恬) 7-286
왕대(王臺) 12-41
왕덕(王德) 6-157
왕덕조(王德祖) 7-174
왕도(王導) 5-47, 5-287, 10-209
왕도정치 9-202
왕돈(王敦) 5-322, 6-161
왕랑(王朗) 8-119
왕릉(王陵) 8-96
왕마구리(王摩句驪) 2-124
왕만(王卍)➪충숙왕(忠肅王)
왕망(王莽) 1-51, 2-125, 2-128, 2-348, 4-22, 4-117, 6-195, 6-223, 7-192, 7-225, 7-231, 7-313, 7-335, 8-80, 8-119, 8-251, 12-275
왕망전(王莽傳) 9-42, 9-129
왕맹(王猛) 10-103
왕면만(王面幕) 5-262
왕명론(王命論) 9-126
왕명학(王鳴鶴) 6-228
왕모(王母) 7-240, 12-307
왕모사자(王母使者) 12-307
왕무자(王武子) 12-204
왕미(王米) 10-122
왕미인(王美人) 3-144
왕민(王珉) 8-109
왕민도(王敏道) 12-234
왕민호(王民皥) 7-49
왕방(王雱) 12-134
왕배탕(王背湯) 12-211
왕백(王栢) 2-355
왕백대(王伯大) 4-23
왕범지(王梵志) 3-74

ㅇ

왕보(王寶) 7-38
왕복(往復) 10-325
왕부(王阜) 12-380
왕부(王符) 2-231, 2-243, 6-180
왕부인(王夫人) 3-95
왕사(王思) 10-152
왕사진(王思眞) 2-113
왕삼석(王三錫) 8-189
왕삼빈(王三賓) 5-293
왕상(王祥) 2-350
왕상국(王相國) 2-272
왕상령(王祥嶺) 2-62
왕석작(王錫爵) 1-161, 7-42, 9-186
왕성(王城) 1-200, 4-294
왕세(王稅) 4-184
왕세정(王世貞) 2-250, 2-307, 3-236, 3-258, 3-266, 4-134, 5-62, 6-120, 7-42, 7-240, 7-273~274, 12-113
왕소군(王昭君) 2-323, 3-68, 6-36
왕소현(王素玄) 2-248
왕손만(王孫滿) 9-145
왕수인(王守仁) 5-209, 7-166, 8-170
왕숙(王肅) 1-68, 11-107, 12-263
왕숙문(王叔文) 8-92
왕숙비(王淑妃) 3-84
왕숙화(王叔和) 6-196
왕순(王詢) 7-59
왕순례(王循禮) 3-46
왕순반(王筍班) 7-288
왕승(王承) 3-194, 7-137
왕승건(王僧虔) 5-296, 9-92
왕승작(王僧綽) 9-92
왕식(王式) 7-326
왕신(王神) 6-274
왕심리(枉尋里) 1-224
왕심지(王審知) 5-260
왕안석(王安石) 1-57, 3-278, 5-115, 5-276, 5-323, 7-289, 7-336, 8-48, 8-63, 8-73, 8-84, 8-127, 8-151, 8-256, 9-167, 9-196, 10-49, 12-291
왕애(王涯) 8-29
왕여(王璵) 5-265, 6-209
왕여어(王餘魚) 5-195, 12-238
왕연(王衍) 5-49, 10-149, 10-177
왕열(王悅) 10-209
왕예(王叡) 5-65, 5-90, 5-99, 10-237, 12-166
왕우칭(王禹偁) 4-224, 10-35, 12-41, 12-346
왕원경(王元景) 8-87
왕원보(王元寶) 6-96, 11-45
왕유(王鮪) 12-237, 12-249
왕유(王維) 2-89, 4-63, 7-70, 8-76, 8-132, 11-236, 12-302
왕융(王隆) 1-206
왕융(王戎) 7-202, 9-67
왕이손(王貽孫) 8-274
왕인유(王仁裕) 12-118
왕장(王章) 2-276, 4-206, 9-45
왕장(王璋) 2-135, 3-145, 3-174, 8-205, 8-230
왕장경(王章京) 2-299
왕저(王眡) 3-146
왕저(王雎) 12-356
왕저(王鴡) 12-348
왕적(王績) 3-163, 5-285, 8-160
왕적신(王積薪) 8-160
왕정(王禎) 1-209, 3-146, 7-143

왕정(王楨) 11-271
왕제(王濟) 5-191, 8-107
왕제(王制) 7-260, 8-249, 12-162
왕죽(王竹) 10-122
왕중웅(王仲雄) 8-97
왕증(王曾) 1-110
왕직방시화(王直方詩話) 8-141
왕징(王澄) 10-136
왕차중(王次仲) 3-223, 7-28
왕찬(王粲) 8-131
왕창(王敞) 12-195, 12-242
왕창(王昌) 8-81
왕창(王淐) 2-100
왕창근(王昌瑾) 6-227
왕창령(王昌齡) 12-243
왕촉(王蠋) 2-349
왕추(王帚) 11-316
왕춘(王春) 1-129
왕충(王充) 12-164
왕충봉(王蟲蜂) 12-40
왕충사(王忠嗣) 4-61
왕침(王忱) 10-200
왕태(王駘) 10-43
왕태(王泰) 8-151
왕통(王通) 3-86
왕파(王播) 7-64
왕팔(王八) 9-161
왕팔채(王八債) 9-162
왕표지(王彪之) 6-236
왕필(王弼) 8-165
왕헌지(王獻之) 3-142, 9-125
왕혁(王奕) 1-105
왕혜(王譓) 3-146
왕호(王胡) 7-286
왕황후(王皇后) 3-110
왕회(王會) 12-109
왕후랍(王侯臘) 1-131
왕휘(王徽) 7-345
왕흔(王昕) 3-146, 8-278
왕흠(王廞) 2-307
왕흡(王洽) 6-236
왕희지(王羲之) 2-276, 2-308, 3-142, 3-210, 3-220, 3-222, 3-229, 8-28, 10-25
왜(倭) 2-28, 2-74, 2-146, 3-102, 3-117, 3-239, 3-242, 4-56, 4-243, 5-53, 5-96, 5-299, 5-309, 6-54, 6-194, 7-220, 8-206, 9-44, 11-130, 11-188, 11-214, 11-232, 11-266
왜가리[倭鴰伊] 12-348
왜겨자[倭芥子] 11-265
왜계(矮鷄) 12-377
왜과(倭瓜) 11-300
왜관(倭館) 2-103, 2-118, 9-50
왜구 8-229
왜노(倭奴) 2-149
왜노국(倭奴國) 2-147
왜로(倭鑪) 5-316
왜료미(倭料米) 4-176
왜면(倭麪) 5-186
왜사(倭史) 2-36, 2-102, 4-294, 5-219, 5-260, 8-279, 12-257
왜선(倭扇) 5-299
왜소(矮小) 9-139
왜인(倭人) 1-222, 2-145, 3-139, 5-32, 8-222, 12-257
왜장(倭將) 8-279
왜철쭉 11-70

ㅇ

왜타작(倭打作) 4-149
왜학교수(倭學敎授) 8-249
외(瓜) 11-297, 12-59
외(偎) 2-119
외(嵬) 3-98
외(螝) 12-46
외가(外家) 2-231, 9-253
외간(外艱) 2-326
외고(外姑) 2-230, 9-68
외관설가법(外官挈家法) 8-253
외구(猥狗) 1-174
외구(外舅) 2-230
외국기(外國記) 2-186, 3-214
외금강 2-73
외기(外紀) 2-242
외다리정승[一脚相] 6-289
외도(外道) 10-65
외방(外方) 9-85
외방리(外方吏) 5-50
외번사(外藩使) 3-107
외빈내부(外貧內富) 10-287
외뿔소[兕] 12-124
외사도올(外史檮杌) 7-339
외산(嵬山) 12-293
외삼촌[舅] 2-228
외성(外城) 1-215
외손(外孫) 2-232
외신(外腎) 6-178
외암(畏巖)➪이식(李栻) 8-174
외자(桅子) 11-34
외제석원(外帝釋院) 7-100
외친내소(外親內疏) 10-284
외황(外黃) 10-44
요(繇) 7-218
요(鐃) 4-31
요(遼) 2-130, 3-117
요(獠) 5-123, 8-87
요(蕘) 3-134, 11-267
요(謠) 3-262
요(僚) 8-48
요(堯) 임금 1-156, 2-29, 2-243, 5-204, 6-158, 7-214, 9-106, 11-307, 11-305, 12-170
요(㘭) 12-160
요(袎) 5-100
요(鷂) 4-196
요가(鐃歌) 8-82
요간돌출(腰間突出) 10-258
요강(廖剛) 7-299
요객(繞客) 2-274
요관(姚寬) 1-98
요광(瑤光) 1-28
요광(姚光) 6-216
요광산(堯光山) 12-167
요구(堯韭) 11-305
요구금(腰鉤金) 4-64
요국(獠國) 2-196, 3-110
요금정옥(腰金頂玉) 10-300
요기(療飢) 5-184, 9-128
요대(瑤臺) 8-47
요덕리(了德里) 1-243
요동(遼東) 1-197, 1-199, 1-249, 1-256, 2-62, 2-87, 2-109, 2-124, 3-45, 3-107, 3-234, 4-45, 4-248, 12-202, 12-334
요동(妖童) 4-93
요동성(遼東城) 1-258
요동시(遼東豕) 9-165
요두전목(搖頭轉目) 10-278

요라(蓼螺) 12-268
요라개몰리(裊羅箇沒里) 1-255
요람(要覽) 7-84, 7-85
요로(猺狫) 6-32
요로원(要路院) 4-252
요료(了了) 10-326
요마(么麽) 9-126
요미(料米) 8-278
요봉(么鳳) 6-137, 12-344
요부(妖婦) 2-309
요부(堯夫) 6-172
요사(遼史) 4-88, 4-195, 7-66, 8-222, 11-321
요산당외기(堯山堂外記) 3-186, 4-133, 6-170, 8-145, 8-288, 12-64, 12-185
요서(遼西) 2-109, 2-115
요서(澆書) 8-72
요성(聊城) 4-66
요성(妖星) 7-128
요셉(Joseph) 7-46
요소(鬧掃) 2-263
요소(姚紹) 9-213
요수(瑤樹) 11-130
요수(妖獸) 12-137
요수(姚燧) 7-177, 8-206
요숭(姚嵩) 1-186, 3-78
요숭비(姚崇碑) 7-281
요습(腰褶) 5-97
요아(獠牙) 12-176
요아아(鬧蛾兒) 12-44
요양(遼陽) 2-87, 2-109, 12-377
요어(了語) 2-343, 10-173
요외수(徼外獸) 12-123
요요화주(遙遙華胄) 9-199
요욱(姚勖) 3-78
요원지(遼元志) 5-155
요융(廖瀜) 3-187
요의(了義) 3-233
요이(僥夷) 2-148
요익중(姚弋仲) 2-145
요인(蓼人) 7-149
요자혜(鞦子鞋) 5-102
요전(料錢) 5-184
요전(瑤田) 11-129
요족(獠族) 9-95
요좌(堯佐) 12-212
요주(饒州) 6-161
요주노포(姚州露布) 3-113
요지(瑤池) 11-201, 11-257
요초(蓍草) 11-88
요풍(撩風) 4-196
요피부득(要避不得) 10-289
요하(遼河) 1-255
요항(溺缸) 5-322
요행(僥倖) 10-167, 10-322
요홍사(搖紅詞) 8-75
요화상(了和尙) 4-38
요흥(姚興) 9-212~213
욕(褥) 5-114
욕계(慾界) 10-56
욕교반졸(欲巧反拙) 10-310
욕사무지(欲死無地) 10-289
욕속부달(欲速不達) 10-282
욕쉬산(辱倅山) 10-88
욕탁자(褥托子) 5-115
용(龍) 1-249, 3-134, 11-223, 12-207, 12-208, 12-209, 12-210, 12-213, 12-216, 12-226

ㅇ

용(舂) 12-375
용가(舂歌) 6-52
용간과(龍肝瓜) 11-297
용감수감(龍龕手鑑) 3-239
용강(龍崗) 2-115
용거(庸渠) 12-353
용거(容居) 2-329
용건(龍巾) 10-150
용건(龍建) 3-142
용겁승패(勇怯勝敗) 4-109
용경석(龍鏡石) 5-245
용골대(龍骨大) 1-225, 3-199, 4-67, 11-266
용구새(龍具塞) 4-207
용구축신(用舊蓄新) 10-308
용궁(龍宮) 2-32, 8-72
용기(舂箕) 12-36
용기성(龍忌星) 1-97
용녀(龍女) 3-61, 5-234, 7-147, 7-148, 8-72
용뇌(龍腦) 5-316, 11-144
용뇌수(龍腦樹) 11-153
용뇌향(龍腦香) 11-153
용단차(龍團茶) 11-106
용도(龍圖) 7-241
용도각(龍圖閣) 8-233
용두(龍斗) 4-42, 4-168
용두봉(龍頭峯) 1-215
용두사미(龍頭蛇尾) 10-292
용두산(龍頭山) 2-51
용루집(龍樓集) 8-206
용리(龍鯉) 12-313
용망상(龍罔象) 7-157
용면산장도(龍眠山莊圖) 3-245
용목(龍木) 11-154
용문(龍門) 8-178
용문산(龍門山) 4-268
용문석(龍文席) 5-251
용미(龍尾) 3-216
용백국(龍伯國) 2-197, 7-192
용비(冗費) 9-186
용비어천가(龍飛御天歌) 4-215, 6-66, 10-315
용사(用事) 9-33
용산(龍山) 1-215, 1-222, 3-58
용산(蓉山) 9-44
용산호(蓉山湖) 8-233
용서(舂鉏) 12-327
용서(龍書) 3-222
용성(容成) 1-162
용성(庸成) 2-200
용성(龍城) 6-208
용성록(龍城錄) 10-156
용성집(龍城集) 9-51
용수(龍脩) 11-322
용수(龍鬚) 1-149, 5-252, 11-322
용수(湧水) 5-317
용수(龍樹) 6-214
용수산(龍首山) 1-208
용슬(容膝) 10-326
용안사(龍眼寺) 7-174
용양(龍驤) 4-109
용양군(龍陽君) 2-317
용어하도(龍魚河圖) 7-185
용연(龍涎) 11-152, 11-287
용연사(龍淵寺) 4-259
용연연향(龍涎軟香) 11-153
용염(龍鹽) 11-136

용왕제(龍王祭) 6-208
용우(慵牛) 12-191
용의 간 5-207
용의 알 1-90
용이 밭가는 것[龍耕] 1-90
용이(容易) 10-320
용인(龍仁) 1-224, 3-67
용자(龍玆) 5-250
용자건(勇字巾) 5-59
용작(龍雀) 1-62
용잠(龍簪) 2-281
용장(冗長) 10-140
용재(容齋)➪서염(徐琰)
용재(容齋)➪이행(李荇)
용재수필(容齋隨筆) 6-240, 8-115
용재총화(慵齋叢話) 5-277, 8-163
용저(龍且) 9-171
용전여수(用錢如水) 10-287
용전지(龍箋紙) 3-203
용제(龍蹄) 11-297
용종(龍鐘) 8-124
용지(龍脂) 5-302
용천(龍川) 1-241, 4-56
용추(龍芻) 11-313
용추(龍湫) 2-96
용탑(茸闒) 10-140, 10-319
용태초(龍太初) 5-276
용퇴(龍堆) 8-121
용편(龍鞭) 11-197
용호(龍戶) 5-233
용호교(龍虎交) 7-325
용호방(龍虎榜) 3-192
용호전(龍虎篆) 3-225
용혹무괴(容或無怪) 10-290
용화향도(龍華香徒) 8-259
용화회(龍華會) 1-108
용흥사(龍興寺) 2-85
우(禺) 12-115
우(憂) 10-54
우(芋) 11-286
우(藕) 1-148
우(玗) 1-194
우(虞) 12-132
우(寓) 12-319
우(牛) 3-106
우(羽) 3-99, 6-85
우(耰) 4-166
우(盂) 5-280
우(竽) 6-37
우(雨) 9-240
우(禹) 임금 2-243, 3-38, 3-96, 3-134, 3-253, 5-58, 5-142, 6-232, 7-217, 7-285, 8-47, 11-86, 12-87, 12-333
우(芌) 11-286
우(耦) 11-217
우(芉) 11-79
우(鮏) 12-229
우(軀) 2-199
우가(尤家) 8-94
우각로(右閣老) 10-251
우강(禺彊) 6-267, 6-272
우거왕(右渠王) 1-201
우겸(于謙) 4-44
우경(虞卿) 5-103, 10-66
우경(牛耕) 4-136
우경법(牛耕法) 4-137
우계(牛溪)➪성혼(成渾)
우계지(牛繼志) 8-133

우공(禹貢) 2-85, 5-222, 5-229, 12-258
우교장(牛橋庄) 10-121
우극(牛棘) 11-39
우다장군(亏多將軍) 2-48
우대언(右代言) 2-295
우동(尤侗) 3-272
우두(牛肚) 11-270
우두(牛頭) 1-200
우두주(牛頭州) 7-130
우두촌(牛頭村) 3-54
우란분(盂蘭盆) 1-120
우람(愚濫) 10-319
우렁이[虆於伊] 12-269
우레 1-47
우로지은(雨露之恩) 10-306
우륵(牛勒) 11-39
우륵(于勒) 4-267
우릉도(羽陵島) 2-90
우리국(禑離國) 2-215
우림군(羽林軍) 4-223
우립(雨笠) 5-78
우막리지(右莫離支) 8-221
우모(雨母) 1-174
우무(憂無) 11-281
우문(宇文) 3-97
우문개(宇文愷) 4-223
우문씨(宇文氏) 3-97
우문태(宇文泰) 9-121
우물고누[井困五] 6-117
우미(牛尾) 11-237
우미리(牛尾貍 / 牛尾狸) 5-202~203, 12-126
우민국(羽民國) 2-204, 2-205, 12-97
우번(瑀璠) 9-142
우보(禹步) 12-87, 12-333
우보법(禹步法) 12-339
우빈(虞殯) 3-80
우사(雨師) 11-188
우사첩(雨師妾) 2-173, 2-199
우사포(藕絲布) 5-118
우산(牛山) 5-283, 11-248
우산(羽山) 12-384
우산(雨傘) 5-293, 5-294, 8-40
우산[簦] 5-79
우산국(于山國) 2-89, 2-91, 2-116
우살(右殺) 10-253
우삼동(雨森童) 2-155
우상(羽觴) 1-103, 5-282
우상경(虞尚卿) 2-299
우서(鼺鼠) 12-319
우성(牛星) 9-83
우수(牛酥) 5-191
우수(牛溲) 7-291
우수마발(牛溲馬勃) 10-286
우수주(牛首州) 1-200
우순풍조(雨順風調) 10-303
우슬(牛膝) 11-79, 11-89
우승(郵丞) 10-65
우승유(牛僧孺) 2-323, 6-47
우시산국(于尸山國) 2-117
우식곡(憂息曲) 6-54
우씨(虞氏) 6-107
우암(尤菴)➪송시열(宋時烈)
우어(牛魚) 12-125, 12-229
우여량(禹餘糧) 11-86
우역(郵驛) 4-95
우연(虞淵) 1-143, 3-159
우연(羽淵) 7-152, 12-210

우열난분(優劣難分) 10-260
우예(虞芮) 1-244
우오오성(于嗚嗚聲) 6-72
우왕(禑王) 2-335, 3-174, 3-178, 5-28, 5-50
우왕(禹王) 7-273
우왕(叉王)➪대이진(大彛震)
우우어(禺禺魚) 12-227
우유초(牛乳蕉) 11-36
우의(寓意) 10-322
우의(牛衣) 4-206
우이(于夷) 2-145
우이송경(牛耳誦經) 10-296
우재시화(迂齋詩話) 5-295
우저기(牛渚磯) 9-249
우적(禹跡) 12-87
우적(于逖) 12-98
우전국(于闐國) 2-176
우정(友貞) 2-143
우정(郵亭) 2-194, 4-248
우제(虞祭) 2-365
우제(虞帝) 3-40
우조(牛藻) 11-292
우주(虞主) 2-363, 2-365
우죽(雨竹) 3-244
우중(偶中) 10-321
우지(憂地) 3-152
우직(右職) 8-229
우직(牛織) 12-204
우집(虞集) 8-206
우첨산초(右詹山草) 11-319
우치(牛茥) 11-89
우치병(牛呞病) 12-199
우탁(禹倬) 8-177
우통(于筒) 2-59, 2-74
우파니(優婆尼) 7-122
우파리(優波離) 10-65
우파새(優婆塞) 7-122
우포도청(右捕盜廳) 5-272
우피실(右皮室) 8-222
우필흥(于必興) 5-33
우합(偶合) 10-321
우허(禺貜) 6-267
우호(雨虎) 1-180
우활(迂闊) 10-135, 10-318
우후(虞姁) 5-329
우후(虞侯) 2-320
우희지림(虞喜志林) 7-293
욱구려(郁久閭) 3-115
욱리(薁李) 11-259
욱발서타탈(頊勃黍佗頊) 11-170
욱질(郁郅) 1-256
운(芸) 1-128
운(運) 1-159
운(惲) 3-92
운(耘) 4-128
운강공(雲江公) 3-268, 3-271
운곡(雲谷)➪충휘(忠徽)
운곡(耘谷)➪원천석(元天錫)
운곡잡기(雲谷雜記) 4-130, 10-182
운곡정사(雲谷精舍) 3-40
운급칠참(雲笈七懺) 11-193
운급헌원기(雲笈軒轅記) 4-48
운남(雲南) 11-209, 11-246, 11-266
운남내각학사(雲南內閣學士) 7-50
운남은(雲南銀) 5-216
운남잡지(雲南雜志) 4-134
운남지(雲南志) 7-189

ㅇ

운납(雲衲) 5-76
운대(芸臺) 11-157
운두산성(雲頭山城) 3-53
운두추(運斗樞) 7-254
운뢰궁(雲雷宮) 4-223
운모(雲母) 5-242, 11-112
운모병풍(雲母屛風) 5-292
운몽(雲夢) 12-119
운물(雲物) 1-128, 1-170
운법(韻法) 3-240
운봉(雲峰)➪호병문(胡炳文)
운부군옥(韻府群玉) 1-142, 2-218, 4-97, 4-221, 5-103, 5-111, 5-215, 5-239, 5-241, 5-314, 6-47, 6-129, 6-240, 6-285, 7-224, 7-231, 7-246, 7-262, 7-289, 7-306, 8-28, 8-116, 8-156, 9-59, 9-89, 9-138, 9-190, 9-223, 10-170, 10-191, 11-39, 11-49, 11-151, 11-324, 12-37, 12-47, 12-82, 12-90, 12-356
운산(雲山) 1-241
운선잡기(雲仙雜記) 2-301, 5-185
운선잡지(雲僊雜志) 12-155
운수(運數) 2-30
운수(芸叟)➪장순민(張舜民)
운암(雲岩) 2-47
운양(雲陽) 7-31, 7-180
운옥(韻玉)➪운부군옥(韻府群玉)
운옥활투(韻玉活套) 1-104, 9-91, 9-124, 9-177, 9-194, 9-250
운우(韻友) 11-40
운우(雲雨) 1-52
운인(韗人) 7-232
운일(運日) 1-174
운장건(雲長巾) 5-43
운종도(雲從島) 2-102
운집(韻集) 8-65, 8-66
운찬(韻纂) 8-65
운초(雲梢) 8-149
운팔진(雲八陣) 4-106
운평(運平) 10-172
운한각(雲漢閣) 7-209
운행(運行) 1-98
운향(芸香) 11-158
운화(雲花) 3-72
운화국(雲和國) 2-214
운회(韻會) 1-174, 1-184, 2-126, 2-181, 3-76, 3-90, 3-106, 3-107, 3-112, 3-232, 3-239, 3-252, 4-54, 4-196, 5-167, 5-191, 5-243, 7-247, 9-72, 9-82, 9-107, 10-35, 10-50, 11-313, 12-49, 12-88, 12-225, 12-263
운회거요(韻會擧要) 11-42, 11-59, 11-131, 8-190
운회집요(韻會集要) 8-65
운휘당(芸暉堂) 2-176, 11-157
운휘초(芸暉草) 11-158
울(鬱) 1-80, 10-148
울(蔚) 11-278
울굴(鬱屈) 5-203
울도(鬱島) 2-89
울루(鬱壘) 1-80, 4-227, 6-206
울류(鬱律) 6-206
울릉(鬱陵) 1-192, 10-148
울릉도(鬱陵島) 2-89, 2-90, 2-116, 11-158, 11-250, 12-245
울림왕전(鬱林王傳) 6-127
울산(蔚山) 2-38, 2-163, 12-243
울수(鬱狩) 3-91

울지경덕(蔚遲敬德) 4-227
울진(蔚珍) 4-274
울창주(鬱鬯酒) 7-350
울합창(鬱合鬯) 11-165
울화자(鬱華子) 7-25
웅산(熊山) 3-111
웅소(熊蔬) 11-291
웅야주(熊野州) 6-279
웅어(雄魚) 12-266
웅어[葦魚] 12-239
웅역(熊繹) 3-141
웅이(熊栮) 11-291
웅의료(熊宜僚) 6-122
웅주거목(雄州巨牧) 10-302
웅진(熊津) 1-205, 2-31
웅창자화(雄唱雌和) 10-295
웅천하(熊川河) 2-31
웅천현(熊川縣) 1-177
웅호기(熊虎旗) 4-26
웅혼(雄渾) 2-35
웅화(熊化) 8-237, 11-173, 12-259
웅황(雄黃) 6-207, 11-108, 11-112
워낭 4-98
원(原) 12-131
원(黿) 12-210
원(鵷) 12-380
원(猿) 12-98, 12-117
원(圓) 3-91
원(沅) 4-130
원(院) 4-248
원(轅) 5-324
원(遠) 8-93
원(源)씨 2-153, 9-108
원(楾) 5-138
원(獂) 12-188
원(薳) 11-79
원(鶢) 12-322
원[畹] 4-127
원가(寃家) 10-52
원가(元嘉) 5-283, 11-66, 12-101
원가강(源家康) 2-155
원각경(圓覺經) 5-234, 8-172
원각요람(圓覺要覽) 7-64
원감(袁堪) 9-67
원강(元康) 2-161
원객사(袁客師) 6-225
원거(鶢鶋) 12-322
원검(爰劍) 3-112
원결(元結) 3-163, 7-310, 8-87
원고(文藁) 3-209
원곡(原穀) 2-344
원곡(原谷) 3-136
원교(圓嶠)➪이광사(李匡師)
원교산(員嶠山) 5-131
원구제죽(員丘帝竹) 11-220
원균(元均) 4-81
원나라 무종(武宗) 8-187
원나라 사곡(詞曲) 6-33
원나라 순제(順帝) 7-172
원나라 태조(太祖) 3-161
원당(願堂) 2-155, 4-258, 7-79
원덕수(元德秀) 7-179
원두(園頭) 11-297
원두간(園頭干) 10-51
원라요(圓羅曜) 9-59
원령(圓領) 5-68
원로(元老) 3-118
원릉(園陵) 3-132

ㅇ

원림(園林) 1-70
원만경(元萬頃) 1-256
원명(圓明) 8-173
원명포(元命包) 7-254
원반천(員半千) 4-114
원백(圓栢) 11-176
원병(援兵) 6-84
원보(袁甫) 7-226
원봉(元封) 2-142
원부(元傅) 8-226
원불봉(願不逢) 10-313
원사(元巳) 1-101
원사(爰辭) 3-229
원사(怨詞) 7-107
원사(元史) 1-64, 2-149, 2-165, 2-363, 3-22, 3-55, 3-199, 3-258, 12-102, 12-140
원사일(元巳日) 1-101
원삭(元朔) 2-122
원산(圓山) 2-142
원산(元山) 9-44
원산도(元山島) 9-44, 12-244
원삼(圓衫) 5-93
원삼(元蔘) 11-83
원서(爰書) 3-229
원석절(元夕節) 5-170
원섭(袁燮) 7-226
원성왕(元聖王) 3-220
원소전(袁紹傳) 4-70
원쇄(元殺) 8-119
원수(寃讐) 10-52
원수(元帥) 1-252
원수산(元帥山) 2-85
원숙(袁淑) 7-300
원술(袁術) 2-266
원숭이 12-112~113, 12-116~118, 12-128, 12-143, 12-146, 12-178, 12-182, 12-199, 12-214
원숭환(袁崇煥) 2-102, 4-45
원시천존(元始天尊) 1-119
원신계(援神契) 7-254
원십육위(原十六衛) 10-226
원씨(袁氏) 12-117
원안(袁安) 3-138
원앙(鴛鴦) 7-171, 7-199, 11-192, 12-210, 12-319, 12-336
원앙국(鴛鴦菊) 11-33
원앙매(鴛鴦梅) 11-23
원앙와(鴛鴦瓦) 3-216, 4-209, 8-116
원앙진(鴛鴦陣) 4-105
원언도(袁彦道) 2-334
원역(員役) 4-172
원우(元祐) 9-23, 10-237
원유(猿狖) 12-98
원응록(元應錄) 1-28
원의(垣衣) 11-308
원인손(元仁孫) 6-114
원인전(元人傳) 8-119
원자실(元自實) 9-151
원재(元載) 2-176, 11-157, 12-53, 12-135
원전(圓轉) 10-199
원전(院田) 4-248
원정(遠征) 4-118
원제(元帝) 2-142, 3-212, 5-61, 5-287, 6-28, 7-319, 11-309
원종(元宗) 2-108, 2-139, 2-293, 2-301, 3-36, 9-154, 11-244
원종(元從) 3-160

원주(原州) 1-206, 2-64, 2-81, 2-107, 2-144, 11-122
원주(袁州) 12-67
원주산(原州山) 2-78
원지(遠志) 8-25, 11-78~79
원지(元志) 1-232, 6-26
원진(元稹) 4-158, 6-209, 8-98, 8-126, 10-33, 10-137
원진살(怨嗔殺) 2-260
원찬(袁粲) 6-188
원찰(願刹) 7-111
원천강(袁天綱) 10-313
원천석(元天錫) 2-81, 8-216
원청(芫青) 12-57
원추(鵷雛) 11-206, 12-375
원추리 11-148
원추새 12-310
원충전(袁充傳) 1-27
원타교(黿鼉橋) 4-236
원택(圓澤) 7-166
원파(元播) 8-81
원포(園圃) 11-133
원풍(元豊) 4-260, 7-345
원함(苑咸) 3-145
원행충(元行沖) 6-34
원호(元昊) 4-270
원화(元和) 2-164, 10-46, 11-48, 11-94
원화기(原化記) 5-230, 11-108
원효(元曉) 7-57, 8-176
원효니(袁孝尼) 8-96
원후(元后) 8-246
원흥(元興) 2-102, 2-138, 6-55
원희(元熙) 11-39
월(越) 3-124, 3-132, 4-271, 4-56, 11-263, 12-372, 12-374
월(鉞) 7-293
월(粵) 12-280
월경(月經) 2-264
월계(月季) 1-149
월계(越鷄) 2-241, 12-374
월계꽃 1-188
월계천(月溪遷) 10-48, 12-117
월궁(月宮) 9-76
월금(月琴) 6-34
월길(月吉) 1-139
월녀(越女) 11-228
월단차(月團茶) 11-106
월령(月令) 1-96, 1-105, 1-128, 7-261, 8-191, 11-146, 11-289, 12-61, 12-127, 12-209, 12-297, 12-353, 12-360
월령광의(月令廣義) 1-94, 11-225
월령수편(月令粹編) 1-117, 7-221
월류봉(月留峯) 7-111
월만즉휴(月滿則虧) 10-277
월명항(月明巷) 6-62
월봉(月俸) 8-277
월사(月事) 2-265
월사(月沙)➪이정구(李廷龜)
월산대군(月山大君) 7-27
월서(月書) 3-225
월성(月城) 1-88, 1-203, 7-108, 7-127
월송(越松) 4-273
월아국(月兒羹) 5-185
월암(月巖)➪남종현(南鍾玄)
월암(月巖)➪이광려(李匡呂)
월언명(月彦明) 8-188
월연(越燕) 12-367
월왕(越王) 6-204, 11-196

ㅇ

월왕대(越王臺) 8-265
월왕죽(越王竹) 11-196
월절서(越絶書) 2-243, 9-149
월제대(越帝臺) 8-265
월조지혐(越俎之嫌) 10-307
월준(越雋) 7-189
월지(月氏) 12-79
월지(越志) 4-56
월지국(月氏國) 2-170, 12-376
월지국(月支國) 2-115
월진승선(越津乘船) 10-271
월천군(月川君)➪이정암(李廷馣)
월출산(月出山) 1-231, 2-43, 2-84
월토(月兎) 8-70
월포(越布) 5-118
월포(月浦) 7-341
월하노인(月下老人) 2-265, 2-268
월희(越姬) 3-205
위(葦) 11-224
위(蝟) 12-166
위(危) 1-30
위(緯) 1-30
위(魏) 2-54, 3-229
위(衛) 4-120
위(威) 5-312
위(熨) 5-312
위(魏) 5-53, 5-54, 5-87, 5-99
위(韡) 12-191
위(猬) 12-166
위(痿) 7-206
위강숙봉(衛康叔封) 7-239
위개(衛玠) 7-337, 10-136
위견소(韋見素) 1-35
위고(韋皐) 10-55
위고(韋固) 2-285
위골(威骨) 12-93
위공(衛公)➪이정(李靖)
위곽전(衛霍傳) 7-312
위관(衛瓘) 3-227
위교(魏校) 2-235
위궁(位宮) 3-143
위뇌모(危腦帽) 5-49
위도(葦島) 7-141
위도부(魏都賦) 4-215
위략(魏畧) 5-241, 6-138, 7-333
위력성당(威力成黨) 10-261
위령(韋逞) 2-308
위례성(慰禮城) 1-204
위료(尉繚) 4-104
위료옹(魏了翁) 3-155, 7-217
위료자(尉繚子) 4-104
위류(誘纍) 10-246
위만(衛滿) 1-201, 1-257, 2-120, 5-77
위만조선 2-142
위모(韋帽) 5-90
위무기(魏無忌) 8-42
위무대장군(威武大將軍) 4-112
위문후(魏文侯) 8-56
위박 절도사(魏博節度使) 10-249
위방불입(危邦不入) 10-309
위부인(衛夫人) 2-308
위사(偉士) 6-91
위사(魏史) 1-40
위사겸(韋思謙) 5-327
위상(魏尙) 12-284
위생(魏生) 5-230
위서(魏舒) 9-234
위서(緯書) 2-316

위서(魏書) 1-38, 3-117, 4-71, 4-222, 5-52, 5-320, 6-277, 7-72, 7-303, 9-49, 9-209, 10-181, 10-213, 12-327
위성(渭城) 11-189
위성(危星) 1-33
위성(魏成) 3-137
위성류(渭城柳) 11-189
위소(魏紹) 10-44
위소(韋昭) 4-246, 5-262, 12-25
위수(魏收) 1-83, 1-105, 10-141
위수(渭水) 7-97, 8-221, 9-252
위수(韋綬) 9-129
위숙유(韋叔裕) 4-165
위씨(威氏) 3-132
위야(魏野) 1-159, 7-298, 8-150, 9-159, 12-317
위양(渭陽) 9-67
위엄 있는 가루[威屑] 1-50
위여(偉如) 10-322
위열공(威烈公) 8-203
위오확(威汚蠖) 12-49
위왕(威王) 12-327
위왕(魏王) 3-100
위원(渭源) 1-242
위원(渭原) 2-111
위원(圍援) 7-292
위자(慰藉) 10-321
위자위(韋子威) 9-260
위장(衛將) 4-109
위장(韋莊) 6-109
위재(韋齋)➪주송(朱松) 7-343
위제(魏帝) 2-190, 8-172
위조(韋肇) 3-191
위주(魏主) 2-345
위지(魏志), 동이전(東夷傳) 8-222
위지(魏志) 5-167, 7-113, 8-222, 9-254, 11-244, 11-304, 12-377
위척(韋陟) 3-207
위청(衛青) 4-84, 6-47, 9-106
위타(尉佗) 5-32, 7-206, 8-265
위타전(尉佗傳) 2-232
위단(韋誕) 3-215, 7-189
위태시화(魏泰詩話) 8-110
위태후(韋太后) 9-233
위토(韋土) 3-131
위판(位版) 8-189
위화(魏花) 11-231
위화도(威化島) 7-197
위화도 회군(威化島 回軍) 8-216
위후(衛侯) 7-296
유(類) 1-126, 7-161, 12-120
유(榴) 11-241
유(劉) 3-115
유(柳) 1-30, 11-217, 11-241
유(楡) 11-275
유(猶) 12-114
유(鼬) 12-152
유(維) 12-203
유(酉) 1-30, 1-158, 8-53
유(兪) 6-136
유(窳) 9-139
유(狖) 12-98
유(蕕) 11-322
유(蜼) 12-97, 12-98, 12-351
유(貐) 1-177
유(愉) 12-192
유(鼬) 12-151
유가(遊街) 3-29, 3-180, 6-89

ㅇ

유가설야(猶可說也) 10-281
유가승(瑜伽僧) 7-73
유간(柳澗) 2-87
유강(劉綱) 6-214
유강(劉康) 6-28
유개(柳開) 3-243
유객(油客) 10-43
유건(儒巾) 2-262, 5-44
유견오(庾肩吾) 5-306, 8-117
유경(柳京) 1-202
유경생(劉更生) 8-51
유계(劉桂) 3-138
유계(兪棨) 3-282, 8-161
유고(遊蠱) 12-55
유곤(劉琨) 7-296
유공권(劉公權) 5-185
유공불급(惟恐不及) 10-312
유관(楡關) 12-92
유관(柳灌) 3-23, 3-24
유괴록(幽怪錄) 6-182, 6-280, 12-49
유구국(琉球國) 2-86, 2-167~168, 3-117, 3-107, 5-45, 5-283, 5-293, 7-97, 8-269, 11-285
유구무언(有口無言) 10-285
유구언(游九言) 11-54
유구왕 2-169
유구우(琉球芋) 11-285
유궁(留窮) 1-136
유궁포(由宮浦) 2-34, 9-44
유궐물보(有闕勿補) 10-283
유규(劉逵) 5-187
유근(柳根) 4-261, 4-267
유근(劉瑾) 3-209, 10-72
유금오록(遊金鰲錄) 7-114
유금필(庾黔弼) 8-228
유기(柳器) 5-319
유기(劉幾) 8-70
유기보(劉圻父) 11-72
유길(劉吉) 5-137
유내(流內) 8-247
유능제강(柔能制剛) 10-304
유달(柳達) 3-103
유담(劉惔) 7-286, 10-188
유대(流大) 1-114
유대(遊岱) 2-341
유대꾼[遊岱軍] 2-342
유대하(劉大夏) 2-88
유덕승(劉德昇) 3-227
유도(劉陶) 4-210
유도원(劉道源) 9-55
유두(流頭) 1-71, 1-113~114
유두연(流頭宴) 1-113
유득공(柳得恭) 2-303, 4-237, 5-200, 11-322, 12-358, 12-371
유락(乳酪) 2-315
유랑(劉郎) 5-160
유량(庾亮) 4-262
유량좌(劉良佐) 4-71
유령(劉伶) 4-167
유령시종(惟令是從) 10-261
유룡(游龍) 5-135
유룡성(遊龍星) 9-83
유류(榴榴) 12-108
유류(劉纍) 12-208
유리(流離) 12-338
유리(類利) 2-249
유리개걸(流離丐乞) 10-269
유리기와[琉璃瓦] 4-210

유리왕(琉璃王) 1-203
유리왕(儒理王) 2-131, 3-102, 4-174, 6-53, 7-124
유리지국(留利之國) 2-198
유리행전(琉璃行殿) 4-222
유림(柳琳) 2-101, 8-210
유림열전(儒林列傳) 9-122
유림전(儒林傳) 10-38
유마(流馬) 4-101, 4-103
유마(維摩) 11-249
유마경(維摩經) 2-219, 7-78, 7-327, 9-256, 10-53, 10-196, 11-64
유마힐(維摩詰) 7-68
유맹회(劉孟會) 11-129
유면화(劉綿花) 5-138
유명록(幽冥錄) 1-55, 12-286
유명무실(有名無實) 10-310
유모조(乳母鳥) 6-262
유목(櫾木) 11-127
유목소(油木梳) 5-295
유목지(劉穆之) 6-164
유목천(楡木川) 2-308
유몽(劉蒙) 11-31
유몽득(劉夢得) 3-157
유몽인(柳夢寅) 1-243, 3-156, 3-164, 3-277, 7-297, 8-163, 9-28, 10-293
유무명(劉無名) 11-108
유미(隃糜) 3-214
유민도(流民圖) 6-79
유반(劉攽) 8-48, 8-160
유방(劉邦) 8-56
유백옥(劉伯玉) 2-316
유벽(流碧) 11-197
유병(橘餠) 5-169
유병 이십사진(遊兵 二十四陣) 4-106
유보(遺補) 2-141
유부(猶父) 2-226
유부척유(劉斧摭遺) 7-79
유분(劉蕡) 3-182, 8-201
유불여무(有不如無) 10-285
유붕수(柳鵬壽) 4-59
유비(劉備) 11-268
유빈(柳玭) 5-180, 11-301
유사(流沙) 11-130, 12-97, 12-183
유사(流蛇) 2-166
유사(遺事) 7-246, 12-208
유사백(柳師伯) 2-319
유사영(劉士英) 11-41
유사하(流沙河) 2-189
유삼(油衫) 5-79, 11-180
유상(遺裳) 2-367
유새(游璽) 7-153
유서(鼬 鼠) 12-149
유석(乳石) 11-116
유석(鍮石) 5-221
유선단(劉仙壇) 11-224
유선침(游仙枕) 5-105
유설(類說) 1-150, 1-185, 2-180, 2-197, 2-206, 5-151, 5-202, 5-289, 6-119, 6-156, 6-279, 7-69, 7-174, 11-38, 11-98, 12-274
유섬해(劉蟾海) 7-166
유성(游聖) 12-77
유성룡(柳誠龍) 2-47, 2-164, 3-126, 4-110, 4-120, 4-292, 8-161, 8-206, 8-235, 8-264, 9-25, 9-28, 9-34
유성초(流星草) 11-317
유소(劉昭) 1-105

ㅇ

유소(流蘇) 5-291, 5-292
유소겸연(有所歉然) 10-270
유소사(有所思) 8-82
유소씨(有巢氏) 4-209
유소씨(有蘇氏) 7-238
유속(流俗) 7-336
유속헐후(猶屬歇後) 10-258
유송(劉頌) 2-292
유수(洧水) 1-102, 5-189
유수(留水) 12-252
유수(濡水) 2-113
유수불업(遊手不業) 10-283
유수지(劉秀之) 6-164
유숙(柳淑) 6-58, 8-148
유순도(庾順道) 3-130
유순선(柳順善) 5-288, 11-25
유숭조(柳崇祖) 3-285
유시(幽豉) 5-180
유신(庾信) 1-40, 1-57, 3-135, 3-149, 3-254, 4-92, 5-307, 8-79, 8-103, 11-193
유신(劉信) 7-234
유신객(有信客) 10-317
유신씨(有莘氏) 10-120
유심(劉諶) 8-213
유심(劉鄩) 2-304
유씨(游氏) 10-172
유씨(柳氏) 2-314
유씨(劉氏) 3-125
유씨국보(劉氏菊譜) 11-31
유아(孺兒) 4-230
유아이사(由我而死) 10-294
유안(劉晏) 5-252, 8-261
유안(劉安) 5-326, 8-83, 10-119
유안세(劉安世) 9-24
유양잡조(酉陽雜俎) 3-91, 3-189, 3-225, 4-69, 5-83, 5-131, 5-170, 5-195, 5-223, 5-275, 6-167, 6-238, 6-245, 6-246, 6-249, 6-250, 6-261, 6-270, 6-271, 7-88, 7-160, 11-50, 11-55, 11-64, 11-74, 11-155, 11-181, 11-184, 11-197, 11-201, 11-243, 12-29, 12-46, 12-61, 12-66, 12-70, 12-138, 12-162, 12-165, 12-179, 12-226, 12-247, 12-271, 12-277, 12-318
유언사(劉言史) 8-87
유엄(劉弇) 12-231
유여(猶與) 10-217
유여(劉輿) 10-61
유역(庾域) 4-78
유연(柔然) 10-253
유연(劉淵) 2-145
유연(有連) 2-232
유연(幽燕) 2-50
유연(柔然) 7-313
유연족(柔然族) 3-115, 12-23
유엽전(柳葉篆) 3-227
유엽전(柳葉箭) 3-41
유엽전(楡葉錢) 5-257
유영경(柳永慶) 8-275, 9-28
유예(猶豫) 10-217, 10-323, 12-114
유온(劉媼) 12-306
유옹(劉邕) 7-205
유왕(幽王) 7-237, 7-268
유왕유심(愈往愈甚) 10-279
유외(流外) 8-247, 8-249
유요(劉曜) 9-201,
유요(類要) 7-69

유용(劉用) 8-237
유우(留牛) 12-237
유우(劉虞) 9-131
유우석(劉禹錫) 1-77, 5-159, 6-198, 8-92, 8-132, 9-65, 11-303
유웅씨(有熊氏) 2-150, 7-241
유원(柳遠) 9-264
유원(類苑) 2-146, 3-111, 3-115, 3-116, 5-166, 6-199
유월(藟越) 5-118
유위(柚壁) 12-189
유유(劉柔) 6-166
유유(劉裕) 6-248
유유(崁崁) 12-110
유유도일(悠悠度日) 10-302
유유상종(類類相從) 10-101, 10-295
유은(劉殷) 7-211, 11-275
유응천(劉應天) 1-252
유의(劉毅) 3-255
유익(庾翼) 6-96
유익(劉杙) 11-229
유인(遺人) 4-247
유인(幽人) 7-42
유일(柔日) 6-248
유자(劉子) 9-216
유자[柚] 11-257
유자(猶子) 2-226
유자(鈕子) 5-70
유자광(柳子光) 2-295
유자남(劉子南) 4-60
유자입정지론(孺子入井之論) 7-280
유자휘(劉子輝) 11-268
유자휘(劉子翬) 1-129, 5-108, 11-263, 11-275, 11-288, 11-292, 11-294, 11-301
유장(劉章) 4-147, 5-282
유장(柳莊) 7-340
유전(柳巔) 9-264
유전(幼錢) 9-81
유점사(楡岾寺) 2-43, 2-71
유정(劉綎) 2-163, 2-165, 4-243, 9-215
유정(幽精) 2-339
유정(劉楨) 2-341
유정(惟政) 7-56, 7-94, 7-116
유정물(有情物) 11-186
유정유일(惟精惟一) 5-209
유제(酉際) 1-155
유조(柔兆) 1-158
유조(游兆) 1-158
유조(劉肇) 5-118
유조인(柳祖訒) 2-146
유종원(柳宗元) 1-47, 1-64, 1-180, 2-85, 3-136, 3-162, 3-259, 5-210, 6-102, 6-187, 6-278, 6-280, 7-86, 8-87, 8-89, 8-92, 8-128, 8-150, 11-84, 11-174, 11-198, 11-311, 12-67, 12-114, 12-172, 12-209, 12-234, 12-329
유주(幽州) 1-194, 12-36, 12-384
유주영준(有酒盈樽) 10-308
유준(劉峻) 7-122
유즙(乳汁) 5-191
유지(劉摯) 9-24
유지가야(猶之可也) 10-292
유지린(劉之遴) 3-177
유지미취(有志未就) 10-288
유차달(柳車達) 3-67, 3-103, 7-144
유차산(踰次山) 12-99, 12-304
유창(幽昌) 12-381

ㅇ

유창(劉敞) 7-233, 12-92
유창(劉昌) 3-71
유채[芸臺] 11-132
유채춘(劉采春) 8-98
유척기(兪拓基) 5-37, 5-38
유천(幽天) 1-26
유초(類抄) 3-185
유초(幽草) 8-84
유충(幼蟲) 12-39
유탑(乳塌) 11-156
유태(劉蛻) 8-87, 10-147
유파(流派) 10-321
유편(類編) 5-47, 5-97, 5-139, 5-146, 5-177, 7-247, 11-123, 11-314, 12-27, 12-247, 12-277,
유표(劉表) 5-286
유하(柳下)➪홍세태(洪世泰)
유하(劉賀) 7-229
유하계(柳下季) 3-79
유하공덕(有何功德) 10-306
유하집(柳下集), 백두산기(白頭山記) 1-246
유하혜(柳下惠) 5-169, 7-273, 9-146
유한고취(幽閒鼓吹) 10-114
유한준(兪漢雋) 2-129, 6-94
유한지(兪漢芝) 3-225
유한지물(有限之物) 10-267
유해무익(有害無益) 10-277
유행(柳杏) 11-248
유행(流杏) 11-248
유행(儒行) 9-225, 9-250
유향(乳香) 11-156
유향(劉向) 3-259, 6-101, 7-62, 11-321
유향소(留鄕所) 9-155
유향전(劉向傳) 5-311, 9-236
유현(劉炫) 4-87
유협(劉勰) 3-254, 8-58, 11-306
유협시(遊俠詩) 8-150
유협우(楡莢雨) 1-56
유협전(游俠傳) 10-135
유형원(柳馨遠) 1-24, 1-236, 2-261, 3-167, 3-178, 3-181, 3-185, 3-195, 3-283, 4-74, 4-83, 4-119~120, 4-123, 4-128, 4-152, 4-155, 4-157, 4-160, 4-168~169, 4-172, 4-176, 4-183, 4-185, 4-190, 4-245, 4-248, 5-50, 5-68, 5-92, 5-258, 5-268, 8-162, 8-219, 8-228, 8-230, 8-234, 8-237~9, 8-241, 8-251, 8-262, 9-36, 9-51, 9-80, 9-82, 10-168, 10-255, 11-214
유형진(柳亨進) 7-39
유혜(油鞋) 5-102
유호금(柳好金) 7-144~145
유홍(柳洪) 4-83
유홍거(流汞渠) 6-221
유홍훈(劉鴻訓) 2-87
유화복(油花卜) 1-102
유황(硫黃) 2-56, 2-167
유황석(硫黃石) 5-224
유효작(劉孝綽) 10-132
유흔기(劉欣期) 12-91, 12-294
유흠(劉歆) 3-254
유희분(柳希奮) 9-30
육(稑) 4-129
육(錥) 5-270
육(鯥) 12-237
육가(陸賈) 11-51, 12-34, 12-362
육가전(陸賈傳) 5-32

육각(肉角) 12-48
육갑대(六甲對) 8-69
육경(六庚) 12-85
육경(陸經) 9-91
육경언해(六經諺解) 3-285
육구몽(陸龜蒙) 1-99, 5-212, 8-133, 9-228, 11-90, 11-207, 12-326
육구연(陸九淵) 7-214, 8-170
육궐(陸厥) 10-131
육근(六根) 8-174
육기(六氣) 1-154
육기(陸璣) 5-122, 11-283, 11-292, 12-332
육기(陸機) 2-45, 3-135, 5-180, 6-63, 6-101, 8-65, 8-171, 9-110, 10-140, 11-33, 11-239, 12-207
육기(肉氣) 5-212
육대(六對) 8-69
육도(六韜) 4-104, 5-79, 5-99
육도(陸稻) 4-132
육도(六道) 7-49
육도사(陸道士) 5-199
육등(六等) 4-160
육랑(六郎) 2-304
육루(鵱鷜) 12-324
육리(陸離) 7-310
육리청산(六里青山) 10-259
육면(六面) 5-106
육묘(六畝) 4-199
육박(六簙) 6-103
육법언(陸法言) 8-65
육법화(陸法和) 12-74
육부(六部) 3-102
육부(六腑) 6-177
육부(六府) 8-262
육북(肉北) 9-30
육사탁(陸思鐸) 4-62
육사향(肉麝香) 11-167
육상선(陸象先) 9-39, 10-211
육서(六書) 3-230
육서고(六書故) 4-132, 4-211, 5-154, 9-129, 10-231
육선공(陸宣公)➪육지(陸贄)
육선공주의(陸宣公奏議) 9-176
육선루(六仙樓) 8-238
육성(六姓) 2-145
육세준(陸世俊) 3-130
육손(陸遜) 4-107
육수정(陸修靜) 8-93
육십사진(六十四陣) 4-105, 4-106
육안침명(六安枕銘) 5-106
육안현(六安縣) 3-49
육어(鯥魚) 12-237
육여경(陸餘慶) 9-231
육연(陸蓮) 7-209
육엽(六葉) 6-178
육예(六藝) 3-195, 3-230
육예략(六藝畧) 8-159
육요(六幺) 6-36, 9-126
육우(陸羽) 2-60, 3-99, 5-316, 8-160, 8-165
육운시(六韻詩) 3-171
육원(螓圓) 12-277
육위(六衛) 4-108
육유(陸游) 2-55, 3-155, 5-108, 5-197, 5-308, 6-246, 8-30, 8-72, 8-120, 9-69, 12-31
육을니(六乙泥) 11-112

ㅇ

육을시집(六乙詩集) 11-68
육이(六彝) 7-256
육임(六壬) 6-165, 6-225
육임식(六任式) 4-22
육적(六赤) 6-108
육전(陸佃) 5-237, 7-161, 7-260, 11-67, 12-273
육전(六典) 3-237
육조(六曹) 8-236, 8-237
육조대사(六祖大師) 9-203
육조목(六條目) 7-275
육종(陸終) 3-120, 7-165
육종(肉鬷) 12-193
육지(肉芝) 7-184, 11-94, 11-142
육지(陸贄) 3-135, 3-259, 8-240
육지(陸地) 9-223
육진(六鎭) 1-243, 2-151, 4-193, 4-194, 5-179, 5-252
육진(六塵) 8-174
육진병법(六陣兵法) 6-214
육진포(六鎭布) 5-119
육천(六天) 10-56
육체(六體) 3-231
육축(六畜) 12-197
육침(陸沈) 9-186
육포 5-204
육합일(六合日) 6-237
육항(陸抗) 6-192
육현(六絃) 6-23
육형(肉刑) 8-285
육혼산화(陸渾山火) 8-68
육화진(六花陣) 4-115
윤(蜦) 12-72
윤결(尹潔) 1-188
윤곤(尹坤) 3-85
윤공지타(尹公之他) 9-87
윤공타(尹公佗) 2-254
윤관(尹瓘) 1-248, 2-118, 4-94
윤광심(尹光心) 5-68
윤군평(尹君平) 7-38
윤근수(尹根壽) 9-26
윤길보(尹吉甫) 6-285
윤덕천(潤德泉) 2-52, 5-283
윤돈(尹焞) 10-135
윤동리(尹東里) 6-174
윤두수(尹斗壽) 3-68, 9-26
윤등(輪燈) 7-78
윤산(倫山) 12-136
윤산(綸山) 12-166
윤선거(尹宣擧) 3-282, 8-217
윤선도(尹善道) 6-174
윤소종(尹紹宗) 1-208
윤숙(尹熽) 5-232
윤순(尹淳) 5-46, 3-220
윤승훈(尹承勳) 9-28
윤안국(尹安國) 2-87
윤용무(尹龍武) 6-147
윤원형(尹元衡) 3-24
윤인함(尹仁涵) 9-180
윤장도(尹壯圖) 7-50
윤정현(尹定鉉) 1-212
윤주(潤州) 7-110, 7-111
윤증(尹拯) 5-46
윤지술(尹志述) 8-194
윤지완(尹趾完) 6-289, 9-32, 9-237
윤진인(尹眞人) 7-42
윤집(尹集) 3-71
윤창립(尹昌立) 2-87

윤충보(尹忠輔) 12-372
윤치린(尹致麟) 8-39
윤탁(尹倬) 8-192
윤편(輪扁) 10-180
윤포(綸布) 11-307
윤필료(潤筆料) 10-296
윤필지자(潤筆之資) 10-296
윤필채(潤筆債) 10-182
윤현(尹鉉) 8-146
윤화풍(潤花風) 1-59
윤황(尹煌) 2-269
윤회(尹淮) 6-68
윤회육도(輪回六道) 7-48
윤효손(尹孝孫) 8-144~145
윤훤(尹暄) 3-164
윤휴(尹鑴) 3-281
윤희(尹喜) 7-26, 11-63
율(律) 1-147
율(篥) 6-27
율・도・량(律度量) 9-51
율곡(栗谷)⇨이이(李珥)
율곡전서(栗谷全書) 10-219
율광(栗廣) 12-307
율도(律度) 9-52
율란(栗卵) 5-159
율력지(律曆志) 9-53
율류(膟 類) 12-120
율무[薏苡] 3-96, 5-184
율무가루 5-184
율반목(栗飯木) 11-122
율반초(栗飯草) 11-122
율상(溧商) 11-82
율서(栗鼠) 3-211
율씨(律氏) 3-132
율양(溧陽) 7-301
율옥사랑(栗屋四郎) 2-161
율천(栗川) 1-177
융(隆) 3-114, 3-142, 7-148
융(狨) 12-97
융(戎) 2-146
융경(隆景) 2-157~160, 2-162, 2-163, 2-164, 2-165
융관(戎冠) 9-88
융규(戎葵) 11-45
융단[罽] 5-124
융도공(隆道公) 8-187
융동성서(隆冬盛暑) 10-272
융모(戎帽) 5-39
융복(戎服) 5-53, 5-69
융복(戎僕) 9-81
융염(戎鹽) 11-112, 11-137
융이(戎夷) 2-148
윷[柶] 6-113
으름[禦陰] 11-260
은(銀) 2-124, 2-130, 4-177
은(鄞) 7-169
은(蔎) 10-177
은가시(銀茄詩) 11-303
은갑(銀甲) 6-24
은결(隱結) 8-278
은공(隱公) 7-346
은구유 7-93
은군자(隱君子) 10-315
은근(殷勤) 10-320
은낭(隱囊) 5-309, 5-310
은도태자(隱屠太子) 7-67
은루(銀鏤) 9-104
은문규(殷文圭) 6-155

은반위수(恩反爲讐) 10-285
은방(銀榜) 6-162
은병암(隱屛巖) 4-268
은비비시(殷匕匕詩) 10-205
은사조리(銀絲笊籬) 5-318
은선(殷羨) 8-26
은어(隱語) 6-148, 12-245
은어청포(銀魚靑袍) 5-88
은역(殷易) 7-241
은옥(銀屋) 8-47
은완(殷頑) 9-36
은요번(殷堯藩) 5-146
은운소설(殷芸小說) 7-189
은위병행(恩威幷行) 10-265
은이(銀耳) 5-55
은자(銀子) 4-171
은자장(殷子璋) 6-256
은정태길(銀定台吉) 2-112
은중감(殷仲堪) 10-173
은진(恩津) 7-99
은패(銀牌) 4-89
은평군보(恩平郡譜) 12-75
은폭(隱瀑) 2-44
은하수 1-28
은항(銀缸) 5-216
은해(銀海) 5-314
은행 7-161, 11-181
은현(鄞縣) 7-175
은호(殷浩) 6-251, 8-26, 10-133, 10-243
은후(殷昈) 5-35
을(鳦) 12-365
을(乙) 1-30, 1-158, 1-164, 1-167, 12-267
을골(乙骨) 12-93
을두지(乙豆智) 4-77
을을(乙乙) 12-365
을지문덕(乙支文德) 4-280, 8-200
음(吟) 3-262, 6-30
음(音) 8-66
음강씨(陰康氏) 6-21
음개(陰蜡) 1-174
음갱(陰鏗) 3-135
음경(陰莖) 6-178
음낭(陰囊) 7-173
음담패설(淫談悖說) 10-309
음려(陰蜧) 1-180
음문(陰文) 7-172
음문(陰門) 7-187
음물(淫物) 12-76
음방(陰方) 6-279
음사(蔭仕) 3-170
음사(淫祀) 6-275, 6-278
음사(陰事) 7-172
음산(陰山) 10-148, 12-107
음서(陰鼠) 12-158
음성(陰城) 3-129
음수(淫樹) 11-193
음수(陰水) 2-53
음수(淫水) 4-162
음수(陰燧) 5-244
음식여류(飮食如流) 10-288
음식투정[飮食飳飣] 10-123
음애일기(陰崖日記) 8-163
음양가(陰陽家) 1-189, 6-86, 8-157
음양곽(淫羊藿) 11-137
음양술(陰陽術) 6-213
음양술가지법(陰陽術家之法) 6-151
음양풍담(陰陽風痰) 11-75
음우(陰羽) 12-331

음위증(陰痿症) 11-272
음자방(陰子方) 1-133
음자호산(淫者好酸) 10-269
음장(飮章) 7-322
음저(飮儲) 5-151
음적(陰賊) 12-300
음정(陰精) 5-232
음주령(飮酒令) 5-280
음죽(陰竹) 2-68
음중팔선가(飮中八仙歌) 8-68
음즙벌국(音汁伐國) 2-116
음진군(陰眞君) 11-141
음천(淫泉) 2-61
음취(陰就) 5-327
음토(音吐) 3-237
음풍농월(吟風弄月) 10-36
음허(陰虛) 11-136
음화(陰火) 2-53, 2-57
읍(揖) 1-191, 8-272
읍각부동(邑各不同) 10-259
읍루(挹婁) 1-232, 2-150, 4-35, 11-198, 12-197
읍륵(邑勒) 1-229
읍비(泣碑) 4-238
읍손(揖遜) 9-43
읍요(邑謠) 7-29
읍재(邑宰) 9-207
읍취헌(挹翠軒)➪박은(朴誾)
읍취헌집(挹翠軒集) 2-229
응(鷹) 12-350, 12-359
응(凝) 6-33
응공(應供) 9-158
응구첩대(應口輒對) 10-297
응로대(凝露臺) 7-209
응룡(應龍) 1-182
응부승(應赴僧) 7-73
응소(應劭) 4-131, 7-224, 7-293, 9-56
응제시(應製詩) 2-141
응제체(應製體) 8-68
응주(鷹紂) 4-196
응향각(凝香閣) 10-110
의(猗) 12-176
의(義) 3-262
의(議) 3-262
의(醫) 6-173
의(撎) 8-273
의(艤) 12-268
의가(醫家) 10-37, 10-256, 11-116, 12-133
의간(椸杆) 5-330
의감(醫鑑) 11-137
의강(義康) 6-253
의경(醫經) 8-159
의고산(依軲山) 12-78
의공(懿公) 10-226
의관문물(衣冠文物) 1-194, 10-270
의관선명(衣冠鮮明) 10-264
의관지인(衣冠之人) 10-305
의구산(蟻丘山) 11-282
의구양(依舊樣) 10-314
의기(欹器) 5-284
의나무 11-178
의남(宜男) 11-79
의남(萱男) 11-79
의노복소(醫老卜少) 10-284
의단(疑團) 10-160
의도(宜都) 1-179, 11-243
의도군(宜都郡) 11-135

의동(義洞) 2-60
의량외생(宜良外甥) 2-230
의례(儀禮), 사혼례(士昏禮) 2-267
의례(儀禮), 소뢰궤식례(少牢饋食禮) 2-361
의례(儀禮), 향사례(鄕射禮) 12-81
의례(儀禮) 2-332, 2-335, 2-337, 4-216, 6-69, 7-259, 8-274, 9-60, 11-293
의례문해(疑禮問解) 2-262, 2-263, 2-327
의리소(宜利少) 5-170
의림(義林) 2-33
의림지(義林池) 2-33, 11-284, 12-264
의망(擬望) 8-254
의무려(醫巫閭) 1-195
의무려산(醫巫閭山) 1-197
의무산(醫巫山) 1-195
의문태자(懿文太子) 3-123
의박사(醫博士) 7-330
의방(醫方) 3-251, 6-261, 7-155
의복(義服) 2-353
의부(義部) 5-263
의부총(義婦塚) 7-169
의빈현(宜賓縣) 2-220
의산(義山)➪이상은(李商隱)
의상(義湘) 6-149, 6-227, 7-57, 11-56
의상남루(衣裳藍縷) 10-286
의상초초(衣裳髗髗) 7-250
의서(醫書) 1-150, 5-205, 8-174, 11-113, 11-118~119, 11-128, 11-133, 11-144, 11-147, 11-149, 11-160, 11-269, 11-273, 11-277, 11-281, 11-286, 11-299, 11-308, 11-311, 11-316, 12-150, 12-167, 12-213~214, 12-224, 12-263, 12-269, 12-353, 12-358, 12-375
의석(義釋) 7-312
의성(義城) 2-51, 5-134
의성(宜城) 8-44
의성위(宜城尉) 2-60
의슬가(倚瑟歌) 2-217
의식유여(衣食有餘) 10-281
의식지향(衣食之鄕) 10-263
의안(義安) 11-244
의안대군(義安大君) 4-233
의암(義巖) 7-94
의약(醫藥) 3-167, 7-48
의업(醫業) 3-168
의용(儀容) 9-239
의우도(義牛圖) 12-191
의운(依韻) 8-67
의원시행(依願施行) 10-261
의위(儀衛) 7-28
의자궐지(疑者闕之) 10-291
의자왕(義慈王) 1-227, 2-128, 2-143, 2-348, 7-135
의자장(蟻子醬) 5-190
의장(儀仗) 5-56
의적(儀狄) 5-142
의전례(依前例) 10-316
의전복(儀典服) 5-57
의전희(意錢戲) 6-123
의조(毅鳥) 4-50
응족산(應足山) 11-197
의종(毅宗) 1-107, 2-90, 3-34, 3-39, 3-40, 3-170, 3-189, 4-108, 4-161, 4-259, 7-77
의주(義州) 1-197, 1-203, 1-241~242,

2-116, 2-128, 2-158, 3-127, 4-45, 4-292, 8-263, 9-27
의주(儀注) 3-24
의죽도(礒竹島) 2-90
의찬(醫聵) 10-254
의창(義倉) 4-183
의천(義天) 1-26
의총(疑塚) 3-70
의춘(宜春) 1-82
의통(義統) 2-159
의학(醫學) 2-270, 6-177, 7-183
의흥(義興) 2-51, 4-109
의흥동(宜興洞) 12-248
의희(依俙) 10-326
의희(譩譆) 12-342
이(夷) 2-146, 4-58
이(李) 2-170, 3-99, 3-102, 3-115, 12-227
이(姨) 2-228
이(餌) 5-159
이(飴) 5-168
이(鮧) 2-149
이(粭) 5-209
이[齒] 2-132, 4-166
이가급(李可及) 6-29
이가환(李家煥) 7-48
이간(李柬) 9-34
이갈이 7-262
이강(李綱) 4-111, 5-146
이개(李塏) 11-44
이건(犁鞬) 2-195
이견지(夷堅志) 3-40
이경(李景) 7-330
이경석(李景奭) 3-85
이경양(李景讓) 3-33
이경여(李敬輿) 6-224
이계경(李季卿) 8-165
이고(李姑) 11-139
이고(李固) 3-189, 4-100, 8-129
이곡(李穀) 9-90, 3-150
이공린(李公麟) 3-245
이공온(李公蘊) 2-169
이관(理官) 8-157
이괄(李适) 4-30, 4-76, 4-111, 4-262, 6-282, 8-243, 12-159
이광(李廣) 6-151, 10-162
이광려(李匡呂) 2-358, 3-182, 3-273, 4-234, 4-273, 6-114, 11-24, 11-286, 12-138
이광리(李廣利) 8-103
이광문(李匡文) 7-292
이광사(李匡師) 2-344, 3-220, 3-230, 3-245
이광전(李廣傳) 4-69, 9-250, 10-162
이광정(李光庭) 9-28
이광좌(李光佐) 8-272
이광필(李光弼) 4-46, 7-179, 9-179
이괘(離卦) 12-273
이괴(里魁) 8-258
이교(李嶠) 1-84, 7-316
이구(姨舅) 2-230
이구(李覯) 3-280
이구국(離垢國) 5-241
이구당보살(離垢幢菩薩) 10-65
이구환(李九煥) 3-28~29
이궁(離宮) 6-232
이규보(李奎報) 2-25, 8-166, 12-52
이극용(李克用) 2-242
이근(二根) 7-173

ㅇ

이긍익(李肯益) 8-161
이기(李頎) 7-316
이기(李芑) 7-342, 9-150
이기씨(伊耆氏) 1-131, 6-45
이기축(李起築) 3-149
이기호발(理氣互發) 8-168
이길(李洁) 9-150
이길도(李吉道) 6-118
이끼[苔] 5-194, 11-309
이남(李南) 12-284
이남박[齒朴] 5-318
이노당잡지(二老堂雜誌) 5-267
이노재(李魯在) 9-156
이니(伊尼) 12-271
이단(異端) 5-43
이달(李達) 3-273, 4-246, 4-272, 7-115, 8-137, 12-29
이담(李談) 3-160
이당주(李唐柱) 4-259
이대(謻臺) 8-120
이대인(李戴仁) 6-234
이덕무(李德懋) 1-205, 1-208, 1-210, 1-235, 2-124, 3-119, 3-284, 4-255, 5-200, 5-246, 5-263, 8-33, 8-162, 9-220, 11-65, 12-332
이덕수(李德壽) 8-185
이덕유(李德裕) 5-222, 8-96, 10-215, 12-53, 12-343
이덕형(李德馨) 9-28
이도(李濤) 1-99
이도(李棹) 3-103
이도국(伊都國) 8-222
이동(李洞) 6-108
이동지(李同知) 10-67
이두(貍豆) 4-142
이두(吏讀) 3-235, 10-324
이등(李登) 8-65
이락(伊洛) 7-288, 12-367
이란(李蘭) 1-146
이래이거(移來移去) 10-270
이량조(伊凉操) 6-24
이력부족(履歷不足) 10-302
이령(李郢) 1-143
이령지시(犁靇之尸) 2-196
이료족(夷獠族) 12-169
이류(鸝鶹) 12-359
이류사(利類思) 6-190
이릉(李陵) 3-266, 5-191, 7-187
이리(李悝) 4-182
이리[狼] 5-189, 5-207, 12-145, 12-161, 12-162, 12-173
이리간(伊里干) 10-255
이리기름[狼膏] 5-189
이리필(移離畢) 8-222
이마두(利瑪竇)➪마테오 릿치
이만영(李晩榮) 2-87
이만주(李滿住) 2-109, 3-118
이매(魑魅) 6-264
이매망량(魑魅魍魎) 8-40
이매연(鯉埋淵) 1-178
이맥(耳麥) 4-145
이면구(李勉求) 2-92
이모(夷矛) 4-45
이모(毦毛) 2-348
이모록(貽謨錄) 8-254
이목(李穆) 5-312
이목번다(耳目煩多) 10-279
이몽양(李夢陽) 9-112

이몽학(李夢鶴) 3-156
이묘(二廟) 3-30
이무급의(已無及矣) 10-296
이무기 12-209
이무정(李茂貞) 2-291
이문(螭吻) 12-217
이문(吏文) 4-181, 8-61, 9-133
이문록(異聞錄) 7-97
이문원(李文源) 6-154, 8-190
이물지(異物志) 5-218, 7-186, 11-80, 11-215, 12-124, 12-140, 12-168, 12-223, 12-265, 12-290, 12-323, 12-346
이미(李米) 10-122
이미(李微) 6-28
이미아주(利未亞州) 2-222
이민구(李敏求) 5-34
이민환(李民寏) 1-241
이밀(李謐) 10-176
이밀(李密) 7-285, 9-182
이반룡(李攀龍) 3-267
이발(李渤) 3-44, 7-287, 7-338, 9-167
이발(李潑) 9-25, 9-150
이발지시(已發之矢) 10-288
이방실(李芳實) 8-205
이백(李白) 2-43, 3-77, 3-153, 3-159, 3-162, 3-254, 3-259, 4-257, 5-45, 5-281, 6-77, 8-71, 8-79, 8-105~106, 8-127, 8-130, 8-150, 10-38, 10-150, 10-154, 11-38, 11-62, 11-326, 12-285
이백로(李伯勞) 12-301
이백약(李百藥) 11-151
이번(李藩) 8-33
이번(李璠) 9-141
이법(李法) 9-114
이병(餌餅) 5-157
이보국(李輔國) 4-96, 11-325
이봉길(李逢吉) 9-195, 9-210
이부(二府) 1-198
이부(貳負) 2-206
이부(李溥) 2-309, 3-180
이부광(李溥光) 7-95
이부춘(李富春) 2-304, 9-90
이빙(李氷) 2-30, 6-215
이사(貍沙) 4-142
이사(李斯)➪소전(小篆)
이사관(李史館) 12-52
이사금(尼師今) 2-131, 9-60
이사부(異斯夫) 2-89, 10-148, 12-104
이사성(李思晟) 4-103
이사수(移徙樹) 11-236
이사전(李斯傳) 7-223, 9-87, 12-121
이산(鼇山) 12-122, 12-178
이산(理山) 1-241~242, 3-198
이산해(李山海) 7-176, 9-25, 9-28
이삼만(李三晩) 3-221
이상곡(履霜曲) 6-59
이상은(李商隱) 2-223, 4-74, 6-34, 6-123, 7-210, 8-77, 8-90, 10-225
이색(李穡) 2-255, 3-150, 4-268, 7-60, 8-41, 8-133, 8-180, 8-199, 8-205, 9-80
이서(耳鼠) 12-152, 12-153, 12-154
이서(李曙) 1-224
이서고국(伊西古國) 2-116, 3-59
이서구(李書九) 2-177, 4-257
이서당(李西塘) 3-269
이서찬(耳鼠贊) 12-153
이석추호(利析秋毫) 10-290

이성(利成) 2-361
이성(狸狌) 12-152
이성(李晟) 6-232
이성(異姓) 8-271
이성(李惺) 9-30
이성(犁星) 1-83, 4-137
이성량(李成樑) 3-105, 3-199
이성목(二姓木) 11-216
이성천(李聖天) 2-176
이세(李勢) 3-120
이세강(李勢降) 4-30
이세영(李世英) 3-182
이세적(李世勣) 9-130
이소경(離騷經) 4-217, 5-182, 7-352, 8-21~22, 9-206, 9-246, 10-124, 10-155, 11-15211-315, 12-381,
이소군(李少君) 12-201
이속(李續) 2-261
이손(耳孫) 2-230
이손(李巽) 5-40
이손(李遜) 6-249
이수(里數) 4-249
이수(貍首) 6-120~121
이수(伊水) 12-225
이수광(李睟光) 1-31, 1-37, 1-43, 1-49~50, 1-52~53, 1-85, 1-127, 1-142~143, 1-152, 1-157, 1-177, 1-184, 1-187, 1-208, 1-217~218, 1-236, 1-248, 1-255, 2-27, 2-40, 2-50, 2-56~57, 2-59, 2-61~62, 2-67, 2-75, 2-90, 2-105, 2-117, 2-149, 2-153, 2-172, 2-174~175, 2-183~185, 2-190, 2-192~193, 2-229, 2-236, 2-244, 2-246~247, 2-249, 2-270, 2-273, 2-277, 2-286, 2-291, 2-326, 2-341, 2-368, 3-22, 3-41, 3-48~49, 3-65, 3-99, 3-102, 3-104, 3-106, 3-109, 3-121, 3-123, 3-141, 3-147, 3-159~160, 3-175, 3-180, 3-200, 3-203, 3-206, 3-233, 3-235, 3-238~240, 3-246, 3-252, 3-281, 3-285, 4-38, 4-44, 4-58, 4-104, 4-124, 4-131, 4-134, 4-136~137, 4-194, 4-208, 4-230, 4-235, 5-50, 5-57, 5-62, 5-67, 5-86, 5-90, 5-109, 5-120, 5-142~143, 5-148, 5-152, 5-165, 5-177, 5-179, 5-214, 5-226, 5-235, 5-246~247, 5-254, 5-269, 5-284~285, 5-291, 5-294, 5-303, 5-310, 5-315, 6-22, 6-40~41, 6-49, 6-73, 6-84, 6-87, 6-130, 6-132, 6-136, 6-149, 6-172, 6-174, 6-189, 6-214, 6-235~236, 6-243, 6-251~252, 6-261, 6-278, 6-281, 7-25, 7-27, 7-29~30, 7-33, 7-42, 7-47, 7-56~57, 7-66, 7-83~84, 7-94~95, 7-101, 7-114, 7-120, 7-153, 7-155, 7-157, 7-159, 7-164~165, 7-176, 7-178, 7-183, 7-191, 7-197, 7-199, 7-204, 7-229, 7-236, 7-240, 7-242, 7-255~256, 7-272, 7-277, 7-282, 7-305, 7-342~343, 7-351, 8-24~25, 8-29, 8-36, 8-62, 8-79, 8-84, 8-118~119, 8-125, 8-130~131, 8-152, 8-155, 8-164~165, 8-189, 8-196, 8-227, 8-232~233, 8-259, 8-261, 8-263, 8-265, 8-269, 8-279, 9-28, 9-49, 9-60, 9-62, 9-79, 9-87, 9-89, 9-93~94, 9-97, 9-140, 9-148, 9-161, 9-217, 9-228,

10-41, 10-49, 10-51~52, 10-69, 10-127, 10-185, 10-187, 10-194, 10-204, 10-210, 10-228, 10-247, 11-29, 11-59, 11-77, 11-92, 11-117, 11-130, 11-133~134, 11-138, 11-144, 11-152, 11-159~160, 11-182, 11-187, 11-197, 11-207, 11-220, 11-227, 11-241, 11-255, 11-265, 12-48, 12-92, 12-112, 12-121, 12-125, 12-204, 12-206, 12-224, 12-284, 12-324, 12-368, 12-373, 12-64, 12-114, 12-242, 12-246, 12-249, 12-284, 12-333, 12-362
이수봉(李壽鳳) 6-221
이수우(李守愚) 6-180
이수전(二銖錢) 5-259
이수충(李守忠) 10-229
이숙(李翻) 9-75
이순신(李舜臣) 4-39, 4-79, 4-81, 4-113, 4-284, 7-95, 7-304, 8-162, 8-207
이스라엘 7-46
이슬 1-72
이승소(李承召) 2-58
이승진(李承璡) 7-142
이승휴(李承休) 2-81
이시진(李時珍) 4-197, 5-166, 5-205, 5-219, 11-140, 11-304, 12-41, 12-143, 12-149, 12-247, 12-278, 12-299, 12-350, 12-377
이식(李栻) 8-174
이식(李植) 3-260, 9-73
이식미(利息米) 4-179
이식위천(以食爲天) 10-289
이신(李紳) 9-195
이신의(李愼儀) 2-351
이실직고(以實直告) 10-282
이십사기(二十四氣) 7-69
이십팔변(二十八變) 4-109
이십사번화신풍(二十四番花信風) 1-97
이십사진(二十四陣) 4-106
이십팔수(二十八宿) 3-190
이쑤시개통[剔牙杖之室] 5-297
이아(李阿) 7-30
이아(爾雅), 석수(釋獸) 12-144
이아(爾雅), 석언(釋言) 10-246
이아(爾雅), 석조(釋鳥) 12-153, 12-304
이아(爾雅), 석초(釋草) 11-279, 11-316
이아(爾雅), 석축(釋畜) 12-92
이아(爾雅) 1-23, 1-28~29, 1-44, 1-65, 1-152, 1-158, 2-201, 2-220, 2-227~228, 2-230, 3-172, 3-184, 3-211, 3-240, 4-58, 4-99, 4-201, 4-244, 4-246, 5-77, 5-151, 5-165, 5-217, 5-248, 5-320, 6-28, 6-189, 7-150, 7-231, 7-257, 7-266, 7-277, 8-26, 8-30, 8-76, 9-68, 11-32, 11-45, 11-66, 11-89, 11-96, 11-135, 11-152, 11-176, 11-180, 11-195, 11-219, 11-229, 11-237, 11-250, 11-260, 11-289, 11-291, 11-293, 11-305, 11-309, 11-311, 11-318, 11-321, 11-324, 12-24, 12-27~28, 12-32~33, 12-39, 12-54~55, 12-59, 12-61, 12-73, 12-99, 12-109, 12-115, 12-119, 12-123, 12-131~132, 12-147, 12-151, 12-154, 12-156, 12-165, 12-177, 12-184, 12-186, 12-190, 12-192, 12-199, 12-210, 12-218, 12-221, 12-225, 12-227, 12-232, 12-235, 12-267, 12-270,

12-283, 12-289, 12-290, 12-306, 12-310, 12-368, 12-378
이아석문(爾雅釋文) 1-156, 5-126
이아익(爾雅翼) 1-149, 1-151, 4-226, 5-167, 11-59, 11-97, 11-99, 11-132, 11-188, 11-262~263, 11-271, 12-52, 12-104, 12-120, 12-250, 12-326
이아주소(爾雅注疏) 11-78, 11-240
이알(耳穵) 5-297
이알평(李閼平) 3-93
이알평(李謁平) 7-174
이앙(移秧) 4-132
이앙법(移秧法) 4-133
이애(鸝鶡) 12-157
이약(李約) 7-104, 7-325
이양(夷羊) 12-45, 12-89
이양빙(李陽氷) 3-226
이양선(異樣船) 2-183
이어도찬(異魚圖贊) 12-220
이언적(李彦迪) 7-276, 8-182
이엄(耳掩) 5-58
이여가(爾汝歌) 9-117
이여매(李如梅) 2-161
이여백(李如栢) 2-161
이여송(李如松) 2-159~2-161, 2-164, 3-105, 3-198, 4-110, 4-256, 6-211
이여이(易與耳) 10-314
이역부득(移易不得) 10-283
이연(鯉淵) 11-66
이연(李淵) 3-123
이연년(李延年) 3-80, 6-43
이영(李寗) 2-161
이영(李英) 3-105
이영간(李靈幹) 2-42
이영공적찬(李英公勣贊) 4-49
이예(夷隸) 12-284
이예(李預) 7-257
이옥봉(李玉峯) 4-272, 8-145, 10-69, 12-356
이와전와(以訛傳訛) 10-279
이왕지사(已往之事) 10-310
이용제(李容濟) 1-219
이용휴(李用休) 3-273
이우(李瑀) 9-141
이우(犛牛) 12-192
이욱(李煜) 6-95
이웅(李雄) 3-112
이원(李遠) 10-35, 10-123
이원(李黿) 12-211
이원(李瑗) 3-101
이원(異苑) 1-45, 1-91, 12-252
이원굉(李元紘) 3-263
이원량(李元諒) 4-41
이원익(李元翼) 2-254, 3-48, 3-72, 6-72, 8-208, 9-28
이위공문대(李衛公問對) 4-104
이유(夷由) 12-152, 12-153
이유(李濡) 1-224
이유(李愈) 8-44
이유렴(李幼廉) 9-221
이유승(李有昇) 2-161
이유태(李惟泰) 7-298
이윤(伊尹) 3-137, 4-147, 7-237, 10-120
이은(李溵) 4-218, 5-183, 9-226
이응(李膺) 6-222
이응남(李應男) 8-163
이응식(李應植) 4-112
이응전(李膺傳) 5-323

이의만(李宜萬) 8-209
이의부(李義府) 10-225
이의실록(二儀實錄) 5-58
이이(離異) 2-297
이이(李珥) 1-74, 2-295, 2-334, 3-24, 3-32, 3-158, 3-165, 4-169, 4-255, 8-48, 8-180, 8-182~183, 9-36, 9-39, 9-141, 12-94, 12-296
이이나하(夷伊那何) 6-72
이이안(李易安) 7-335
이이첨(李爾瞻) 9-28, 9-30
이익(李瀷) 1-195, 1-198, 1-200, 1-229, 1-241, 1-243, 1-245, 1-249, 1-251, 1-257, 2-28, 2-87, 2-89, 2-93, 2-100, 2-102, 2-104, 2-107, 2-109, 2-121, 2-128, 2-151, 2-156, 2-287, 2-358, 2-366, 3-47, 3-57, 3-118, 4-42, 4-44, 4-109~110, 4-194, 5-34, 5-82, 5-136, 6-106, 6-137, 6-226, 6-228, 6-230, 8-164, 8-206, 9-41, 11-146, 11-241, 12-243, 12-245
이인복(李仁復) 3-121, 3-122, 3-198
이인석(李寅奭) 6-51
이인임(李仁任) 8-226
이일신(李日新) 5-159
이임(里任) 6-172
이자(李耔) 8-163
이자겸(李資謙) 8-214
이자성(李自成) 2-256, 4-40, 4-41
이자연(李子淵) 7-110, 8-214
이자현(李資玄) 8-214
이잔(伊盞) 4-50
이장군전(李將軍傳) 10-32
이장사(李長史) 9-221
이장손(李長孫) 4-42
이재(李縡) 9-34
이재강(李齋江) 8-239
이저(李樗) 11-283
이적(李勣) 1-256, 6-226, 11-151
이적(夷狄) 3-113
이적전(李赤傳) 6-280
이전(李畋) 1-138
이절(二浙) 4-213
이점(李坫) 2-104
이정(蔆亭) 4-276
이정(李靖) 3-155, 4-104, 4-115, 4-123, 7-190
이정(李禎) 6-169
이정(李婷) 7-27
이정(李淨) 8-163
이정(李霆) 3-244, 4-275
이정구(李廷龜) 3-260, 7-346, 8-263
이정암(李廷馣) 1-221, 1-234~235
이정유서(二程遺書) 12-185
이정형(李廷馨) 8-164
이제현(李齊賢) 8-205~206
이조(二祖)➪혜가선사(慧可禪師)
이조(樲棗) 11-237
이조전랑(吏曹銓郎) 9-25
이조홍문록(吏曹弘文錄) 8-231
이족(夷族) 4-54, 10-245, 11-221
이존(伊存) 7-62
이종길(李宗吉) 12-372
이종남(李終南) 5-222
이종무(李從茂) 2-166
이종민(李宗閔) 7-288
이종성(李宗城) 5-37~38
이좌거(李左車) 5-71

ㅇ

이주(李舟) 7-120
이주(夷州) 2-152
이주(伊州) 6-95
이준(彝尊) 12-98
이준경(李浚慶) 3-32, 3-69
이중호(李仲虎) 3-274
이중환(李重煥) 8-161
이지(李至) 3-242
이지(李贄) 5-29, 5-54, 6-185
이지굉(李志宏) 2-39
이지란(李之蘭) 2-151
이지함(李之菡) 1-222, 6-168, 6-227, 7-39, 7-203, 8-212, 10-106
이진아고(伊珍阿鼓) 2-143
이집두(李集斗) 2-318
이차돈(異次頓) 7-156
이차이피(以此以彼) 10-289
이차전령(以次傳令) 10-267
이찰(吏札) 3-235
이창(鸝鶬) 12-359
이천(利川) 1-230
이천(伊川)➪정이(程頤) 2-56, 2-329, 5-29, 5-32, 7-219, 9-23~24
이철구(李鐵求) 7-206
이첨(李詹) 3-44, 3-164, 6-61
이청신(李淸臣) 8-145
이청조(李淸照) 6-102
이체지관(已遞之官) 10-307
이초(珥貂) 5-54
이최현(李最賢) 3-284
이춘엽(李春葉) 3-102
이춘제(李春躋) 7-161
이춘지(李春枝) 3-101
이춘함(移春檻) 4-223
이춘화(李春華) 3-102
이충(二蟲) 12-363
이충무공(李忠武公)➪이순신
이치(二緇) 12-228
이타인(異他人) 1-222
이탈리아[意大里亞] 2-222
이탕개(梨湯介) 2-109
이판령(伊板嶺) 10-189
이팔백(李八百) 7-30
이패랭이[李平凉子] 7-37
이포역포(以暴易暴) 10-287
이포진(李抱眞) 3-196
이표(李彪) 9-209
이피(爾皮) 8-222
이필(李泌) 1-95, 6-221
이필(珥筆) 8-287
이필민(珥筆民) 8-287
이하(李賀) 4-35, 4-98, 4-143, 4-197, 6-77, 7-211, 10-62, 12-201
이학(耳學) 10-154
이학(理學) 8-177
이합(李郃) 4-100
이항(李沆) 4-224
이항복(李恒福) 1-235, 3-164, 4-255, 5-181, 6-81, 6-276, 8-206, 9-29
이해(李諧) 10-151
이해고(李楷固) 4-55
이행(李行) 2-59
이행(李荇) 3-163, 8-44
이허중(離虛中) 10-313
이허중(李虛中) 6-152
이험일절(夷險一節) 10-311
이현보(李賢輔) 6-71, 6-83
이현욱(李顯旭) 6-275

이형(爾馨) 7-286
이호민(李好閔) 7-351, 8-42
이호연(李皓然) 8-239
이혼(離婚) 2-297
이화(李華) 5-151
이황(鸝鶬) 7-246
이황(李滉) 1-74, 2-359, 3-260, 7-225, 8-168, 8-178, 8-180, 8-182~184, 8-214, 9-34, 11-57
이회(李繪) 7-319
이후(里堠) 4-249
이후경(侯景) 7-318
이후백(李後白) 3-153
이후주(李後主) 5-93
이훈(伊訓) 9-131
이희사(李羲師) 3-273
이희조(李喜祚) 8-161
익(翼) 1-30
익(弋) 3-112
익(益) 7-218, 7-237
익(齸) 12-199
익가목(益佳木) 11-181
익랑(廙廊) 4-215
익망산(翼望山) 12-131, 12-289
익모초(益母草) 11-122
익봉전(翼奉傳) 1-155, 6-235, 10-163
익부(益符) 12-69
익산(益山) 11-245
익산군(益山郡) 1-201
익선관(翼善冠) 5-36
익성(翼成) 3-86
익성(翼星) 6-73
익재(益齋)➪이제현(李齊賢) 3-141, 6-58, 8-205, 10-51
익조(翼祖) 6-106, 11-71, 11-72
익종(翼宗) 5-289
익주(益州) 4-78, 7-196
익지보화(益智普化) 3-145
익호장군(翼虎將軍)➪김덕령(金德齡)
인(燐) 12-62
인(麟) 12-78
인(茵) 11-278
인(引) 3-261, 3-262, 6-30, 6-38
인(螾) 7-191
인(魜) 12-229
인(麐) 12-78
인(贇) 3-218
인각국사(麟覺國師) 7-55
인경산(引慶山) 1-215
인계(印契) 8-260
인관(人關) 7-262
인관(印觀) 9-43
인기(隣妓) 10-320
인도(印度) 2-170, 2-345, 5-134
인도성(引導聲) 7-76
인동(印童) 1-93
인동현(仁同縣) 2-69
인동화(忍冬花) 11-50
인루(蚓螻) 12-49
인마(引馬) 4-88
인마역동(人馬亦同) 10-259
인면수심(人面獸心) 10-292
인면조(人面鳥) 12-382
인명재천(人命在天) 10-272
인명지중(人命至重) 10-307
인묘(仁廟) 3-31
인물당상(人物堂上) 2-318
인물지(人物志) 10-39

ㅇ

인빙(茵憑) 5-310
인산(因山) 3-27, 8-212, 9-106
인산(磒山) 12-110
인삼(人蔘) 5-182, 11-83~85, 11-112, 11-268
인상(人相) 8-50
인상여(藺相如) 3-152, 8-42
인서(麟書) 12-311
인석(藺石) 4-51
인설(人偰) 3-104
인소국(因宵國) 2-210, 7-186
인수병(人獸餠) 5-154
인수원(仁壽院) 8-194
인순황후(仁順王后) 3-24
인습(因襲) 10-123
인승배흔(引繩排根) 9-195
인신(仁信) 2-126
인실(闉失) 10-326
인안(仁安) 2-138
인어(人魚) 12-221~222, 12-229
인어(鯽魚) 12-247
인어찬(人魚贊) 12-229
인왕산(仁王山) 1-216
인웅(人熊) 12-81
인의(引儀) 10-156
인일(人日) 6-86
인일응제(人日應製) 1-84
인자병(印子餠) 5-157
인재(忍齋)➪홍섬(洪暹)
인적(人籍) 6-163
인절병(引絶餠) 5-157
인정(人定) 1-143
인정(人正) 1-160
인정소재(人情所在) 10-270
인정전(人情錢) 10-183
인정종(人定鐘) 3-190
인조(仁祖) 1-224, 2-88, 2-102, 3-25, 3-36, 3-182, 4-111, 4-113, 4-262, 5-255, 7-197, 12-159
인종(仁宗) 1-73, 2-186, 3-32~33, 3-118, 3-161, 3-178, 4-115, 4-152, 4-163, 5-173, 5-258, 6-104, 6-238, 8-246, 11-95
인중승천(人衆勝天) 10-264
인지위덕(忍之爲德) 10-266
인진(人陣) 4-114
인천(仁川) 2-116, 3-129
인체(人彘) 2-315
인초(茵草) 11-323
인타지(印打紙) 3-207
인패(人牌) 6-115
인편(因便) 8-32
인평(仁平) 2-137
인함(人銜) 11-84
인행(芢荇) 11-320
인현왕후(仁顯王后) 8-59
인호(人戶) 4-173
인화록(因話錄) 7-325, 9-77
인황씨(人皇氏) 3-90, 7-184, 7-214
인후(咽喉) 8-82
일(鎰) 5-264
일각삼추(一刻三秋) 10-311
일각양(一角羊) 12-165
일거양득(一擧兩得) 10-306
일경정(一經程) 5-286
일관(日官) 1-87, 1-230
일광산(日光山) 2-155
일구(日晷) 1-145

일구난설(一口難說) 10-305
일군(逸羣) 3-91
일기도(壹岐島) 2-28, 2-102, 2-153, 2-165~166, 8-204
일기이창(一旗二槍) 11-106
일기주(壹岐州) 2-157
일남(日南) 2-61, 4-37, 7-39, 12-188, 12-268
일년상 2-351
일당백(一當百) 10-40, 10-316
일동일정(一動一靜) 10-290
일두(一蠹) 8-216
일등전(一等田) 4-156
일라(日羅) 6-279
일람첩기(一覽輒記) 10-299
일류봉(日留峯) 7-111
일림국(日林國) 2-281
일면여구(一面如舊) 10-263
일목국(一目國) 2-205
일발(一墢) 10-153
일발가(一鉢歌) 11-150
일백오일 한식우(一百五日 寒食雨) 1-97
일본(日本) 1-198, 5-278, 11-244
일본고(日本攷) 2-146
일본기어(日本寄語) 10-255
일본사(日本史) 2-153, 2-165
일본지세변(日本地勢辨) 2-156
일비국(一臂國) 2-214
일비지력(一臂之力) 10-260
일사(逸史) 6-275, 7-190
일사전(逸士傳) 2-347
일삭(日朔) 1-162
일산(日傘) 3-42, 5-294
일산(直盖) 5-328
일생행락(一生行樂) 10-303
일서(日書) 3-225
일선(一禪) 7-55
일섭청(一葉淸) 9-157
일성왕(逸聖王) 1-230
일수(日守) 10-169
일수왕(逸壽王) 2-135
일숙주(一宿酒) 5-142
일습(一襲) 10-177
일시(逸詩) 6-121
일식(日食) 1-40, 7-246
일신(一新) 10-320
일신양역(一身兩役) 10-268
일양(一様) 10-224
일양(泆陽) 6-266
일양금(一兩金) 11-27
일어탁수(一魚濁水) 10-287
일언가파(一言可破) 10-280
일언반사(一言半辭) 10-295
일월각(日月角) 5-56
일월병(日月屛) 8-268
일인(逸人) 7-42
일자(日者) 7-124
일자진(一字陣) 4-45
일장춘몽(一場春夢) 10-261
일장홍(一丈紅) 11-46
일정(日精) 11-32
일조편법(一條鞭法) 4-170
일주서(逸周書) 1-66, 12-177
일지매(一枝梅) 2-321
일척전사(一隻箭師) 2-70
일촌간장(一寸肝腸) 10-262
일치(一錙) 12-228

ㅇ

일통지(一統誌) 1-232
일패도지(一敗塗地) 10-290
일포식(一飽食) 10-317
일필휘쇄(一筆揮洒) 10-260
일필휘지(一筆揮之) 10-260
일행 선사(一行禪師)➪당 일행(唐一行)
일현금(一絃琴) 6-23
일화자(日華子) 11-157
일화지(日華志) 11-125
일희일비(一喜一悲) 10-290
임(荏) 11-261
임(壬) 1-30, 1-158, 1-164, 1-167
임갈굴정(臨渴掘井) 10-300
임강선사(臨江仙詞) 2-313
임경(林駉) 4-118
임경업(林慶業) 1-256, 2-49, 2-101, 4-45, 7-274, 8-210
임경희(林景熙) 11-210
임공현(臨邛縣) 2-53
임국(琳國) 11-249
임격정(林巨正) 9-144
임대책중(任大責重) 10-262
임두(饒頭) 5-159
임둔(臨屯) 1-198
임란(林蘭) 11-35
임려(棽麗) 7-310
임말(任末) 7-340
임맥(任脈) 7-178
임방(任昉) 3-177, 5-146
임백령(林百齡) 3-165
임법수(任法獸) 5-55
임상(任尙) 9-87
임상원(任相元) 6-193
임술옥사(壬戌獄事) 9-153
임시(壬市) 2-146
임시처변(臨時處變) 10-280
임식(林植) 3-268
임아국왕(臨兒國王) 7-67
임안(臨安) 11-246
임연(林衍) 2-100
임연(任延) 9-184
임영(林泳) 1-195, 9-27
임원(林願) 7-43
임유후(任有後) 6-79
임읍(林邑) 2-186, 7-155, 7-186, 11-209, 12-310
임읍은(林邑銀) 5-216
임자(任者) 9-85
임자순(林子順) 6-84
임정기(林貞杞) 5-87
임정소(任正召) 7-204
임제(臨濟) 2-316, 6-283
임제(林悌) 6-90, 8-105
임제록(臨濟錄) 10-324
임제법사(臨濟法師) 5-115, 7-55, 10-76
임진강 3-46, 4-255, 12-207
임진도(臨津渡) 1-210
임진록(壬辰錄) 2-321, 8-206
임진왜란 1-173, 1-216, 1-220, 1-222, 2-74, 2-166, 2-318, 3-39, 4-52, 4-77, 4-113, 4-243, 4-281, 4-284, 5-50, 6-51, 6-133, 7-112, 9-215, 9-216, 11-138, 11-172, 12-212
임천(林川) 3-101, 5-121, 5-252
임천(臨川) 8-256
임천왕(臨川王) 8-81
임천현(臨川縣) 1-169
임치(臨淄) 3-89

임포(林逋) 3-260, 7-68, 11-23, 12-271
임피현(臨陂縣) 7-92
임하부인(林下夫人) 11-259, 11-260
임해군(臨海君) 2-158, 2-165
임해이물지(臨海異物志) 11-252
임해지(臨海志) 11-138
임홍(林洪) 11-223
임희일(林希逸) 7-153
입락(入落) 10-323
입매(入梅) 1-56
입모(笠帽) 5-50
입미속신(粒米束薪) 10-297
입성(入聲) 3-234
입수지물(入手之物) 10-305
입정(入定) 7-92
입종(立宗) 2-240
입추지지(立錐之地) 10-298
입택(笠澤) 11-257
입파(入破) 6-95
입향순속(入鄕循俗) 10-301
잉구관(仍舊貫) 10-315
잉신(媵臣) 10-120
잉어[鯉] 12-226, 12-227, 12-258, 12-261, 12-263

ㅈ

자(孖) 12-250
자(玆) 7-239
자(柘) 11-213
자(觜) 1-30
자(子) 1-30, 1-141, 1-157, 1-158
자(滋) 3-120
자(刺) 3-208, 6-189
자(咨) 3-261
자(秄) 4-128
자(呰) 9-139
자[尺] 5-133
자(秭) 3-250
자(醡) 5-318
자가록(資暇錄) 3-158, 5-307, 9-167
사가사리[玆加斯伊] 12-267
자가집(資暇集) 5-169, 6-100, 9-183
자각봉(紫閣峯) 1-215
자강(子薑) 11-263
자개(紫介) 12-250
자고(慈姑) 1-148
자고(鷓鴣) 5-203, 9-237, 12-370
자고(蟖蛄) 12-37
자고반(鷓鴣班) 11-168
자곡자(炙轂子)➪왕예(王叡)
자곡자록(炙轂子錄) 3-76
자공(子貢) 3-51, 8-167
자과부지(自過不知) 10-290
자곽(子郭) 1-132, 6-270
자광(子光) 3-91
자괴(赭魁) 11-288
자구(字句) 9-122
자국(紫菊) 11-32
자궁(紫宮) 8-266
자귀(姊歸) 12-356
자규(子規) 8-23, 12-356
자금(子金) 7-351
자금위시(自今爲始) 10-296
자금장(子琴張) 9-117
자기(瓷器) 5-288
자기(磁芑) 9-150
자기뇨(自己溺) 10-317

자기라(紫其螺) 12-268
자녀(紫女) 1-92
자눈[尺眼] 5-312
자다철주(自多掣肘) 10-278
자단(紫檀) 11-158
자단목(紫檀木) 11-158
자단향(紫檀香) 11-158
자답(鮓答) 11-140
자당(蔗糖) 11-80
자당별론(自當別論) 10-274
자도(子稻) 4-140
자동(刺桐) 11-208
자동수(子桐水) 12-254
자두[紫桃] 11-248
자등(紫藤) 11-215
자라 7-171, 12-211, 12-221
자려(紫綟) 5-125
자로(子路) 3-215, 5-70, 5-313
자로(鶿鸕) 12-299
자루[子路] 5-313
자류(者流) 10-321
자릉(子陵) 10-243
자림(字林) 1-70
자마침(自磨針) 6-197
자명종(自鳴鐘) 10-313
자모만두(子母饅頭) 5-173
자모반절(子母反切) 3-233
자모성(慈母城) 1-241
자목지임(字牧之任) 10-275
자몽(紫濛) 2-150
자문[尺文] 4-180
자미(紫微) 6-151, 6-157, 11-39
자미도수(紫微度數) 6-150
자미랑(紫薇郎) 11-39
자미성(紫微星) 6-150, 11-39
자방충(虸蚄蟲) 1-186, 4-140
자벌레 12-29
자벽(子檗) 11-183
자벽(自辟) 10-325
자복사(資福寺) 11-75
자부(自負) 10-320
자부용(紫芙蓉) 11-64
자비(子騑) 2-290
자비령(慈悲嶺) 1-240, 2-101
자비왕(慈悲王) 6-52
자사(子思) 8-167
자산(子産) 2-292
자상호(子桑戶) 9-117
자새(紫塞) 11-324
자서제질(子婿弟姪) 10-284
자석(煮石) 11-110
자설(字說) 9-167
자성(慈城) 1-244
자성제인(子誠齊人) 10-276
자세(子細) 10-319
자소(紫蘇) 6-190, 11-206
자소엽(紫蘇葉) 11-83
자손계(子孫計) 10-314
자수(泚水) 12-239
자수(刺繡) 2-309
자수성가(自手成家) 10-304
자수원(慈壽院) 8-194
자순차(紫筍茶) 11-103
자신지책(資身之策) 10-305
자씨(慈氏) 3-132
자아(慈鴉) 12-377
자야(子夜) 8-88
자양어록(紫陽語錄) 10-257

자어(子魚) 10-50, 12-256
자어(刺魚) 12-214
자어(玼魚) 12-239
자어(鮓魚) 7-164, 12-251
자어(鮓魚) 12-256
자업(子業) 5-259
자연곡(自然穀) 11-86
자오(子午) 2-222
자옥채(紫玉菜) 11-281
자온대(自溫臺) 4-265
자원(子元) 3-90
자유(呰窳) 9-139
자유랑(榨油郎) 12-291
자윤(子潤) 3-90
자은사(慈恩寺) 3-191
자은사탑(慈恩寺塔) 3-189
자자(藉藉) 10-323
자자(紫紫) 12-137
자작나무횃불[樺燭] 5-302
자작지얼(自作之孽) 10-272
자장격지(自將擊之) 10-300
자장법사(慈藏法師) 7-119
자재물론(自在勿論) 10-290
자저(趑趄) 10-318
자적(紫的) 10-256
자제위(子弟衛) 2-311
자조(刺嘈) 10-156
자주(紫酒) 3-21
자주명주[紫紬] 5-127
자주색 가지[紫茄] 11-270
자주포(紫紬袍) 5-62
자죽(慈竹) 11-221
자죽(雌竹) 7-161, 11-221
자중지란(自中之亂) 10-269
자지무(柘枝舞) 3-194
자차(子嗟) 7-250
자채(自蔡) 4-133, 10-114
자채(紫菜) 11-273
자천(子賤) 9-207, 12-223
자천대(自天臺) 1-178
자초(紫草) 11-94
자초지종(自初至終) 10-260
자촉(刺促) 8-107
자최(齊縗) 2-336
자최복(齊衰服) 2-280
자충(慈充) 2-132
자치통감(資治通鑑), 당기(唐紀) 3-177
자치통감(資治通鑑) 4-39, 7-223, 7-226, 8-140, 8-141
자치통감강목(資治通鑑綱目) 4-168, 4-190, 5-171, 6-105, 8-141
자타니(紫駝尼) 5-112
자택(紫澤) 2-218
자통(字統) 1-176, 12-132
자패(紫貝) 12-250, 12-276
자평(自平) 3-127
자평(子平) 6-157
자하(子夏) 3-73, 3-240, 3-279, 9-36
자하거(紫河車) 11-141
자하달상(自下達上) 10-264
자하동(紫霞洞) 1-207, 8-178
자해(紫海) 2-218
자향(棘香) 11-164
자향(紫香) 11-215
자허부(子虛賦) 1-192, 4-221, 5-94, 8-126, 11-205, 12-250
자혈(滋穴) 2-64
자호(慈湖) 4-23

ㅈ

자홍(刺紅) 11-39
자화배추[紫花菘] 11-270
자황(雌黃) 3-203, 10-177, 11-108, 11-112
자효(紫礁) 12-275, 12-276
자휘(字彙) 1-86, 1-177, 1-183, 2-216, 2-365, 3-88, 3-112, 5-102, 5-113, 6-245, 7-290, 9-241, 10-59, 10-66, 10-126, 10-160, 12-85, 12-98, 12-155
자휘보(字彙補) 2-123, 3-49, 3-92, 5-120, 5-205, 5-323, 6-26, 6-102, 7-122, 7-235, 7-292, 7-329, 10-186, 12-132, 12-363
자휴(恣睢) 7-224
자휴(觜蠵) 12-211, 12-218
작(鵲) 12-362
작(爵) 5-284
작(犳) 6-264
작(鷟) 12-380
작(㚟) 12-166
작(䶂) 12-158
작교(筰橋) 4-78
작력(柞櫟) 11-211
작망(綽網) 4-203
작몽록(昨夢錄) 5-189
작변(爵弁) 2-261
작부(作夫) 4-159
작사도방(作舍道傍) 10-284
작삭(斫削) 11-156
작산(鵲山) 12-109
작살(斫殺) 4-201
작서(雀鼠) 12-157
작설차(雀舌茶) 11-106
작소화상(鵲巢和尙) 9-236
작악(作噩) 1-158
작약(芍藥) 11-75
작약보(芍藥譜) 8-160
작옥(鵲玉) 11-195
작용(作俑) 9-189
작우(牸牛) 12-189
작은 나귀[小驢] 12-156
작작유유(綽綽有裕) 10-300
작제건(作帝建) 3-142, 7-145~148
작청(作廳) 4-225
작취미성(昨醉未醒) 10-290
잔(驏) 12-176
잔(殘) 5-208
잔(棧) 6-134
잔(孱) 9-254
잔대(戔大) 11-146
잔도(棧道) 10-48
잔반(盞盤) 5-280
잔백(殘白) 5-208
잔산단록(殘山短麓) 10-267
잔왕(孱王) 9-254
잔향(棧香) 11-154
잠(簪) 5-296
잠(潛) 11-324
잠(箴) 3-253, 3-261, 4-277
잠견(蠶繭) 8-154
잠곡(潛谷)➪김육(金堉)
잠규(潛虯) 6-119
잠뇨(簪裹) 4-98
잠도(簪導) 5-296
잠두봉(蠶頭峯) 1-215
잠등갑군(熸藤甲軍) 4-45
잠마(蕣麻) 11-323
잠매(蠶莓) 11-261

잠부론(潛夫論) 2-243, 6-126, 6-180
잠삼(岑參) 4-93, 5-165, 5-290, 8-120, 10-142
잠소암삭(潛銷暗鑠) 10-303
잠수(涔水) 12-319
잠실(蠶室) 1-91, 1-215
잠어(箴魚) 12-234
잠업(蠶業) 1-170
잠영석(潛英石) 11-124
잠자(箴疵) 12-326
잠자리[蜻蜓] 12-50
잠장(簪裝) 4-93
잠총국(蠶叢國) 1-92
잠추(蠶槌) 5-139
잠팽(岑彭) 3-83
잡가(雜家) 8-158
잡공적(雜貢籍) 11-169
잡과떡[雜果餅] 5-155
잡색(雜色) 4-109
잡오행서(雜五行書) 1-132
잡점(雜占) 8-159
잡조(雜鳥) 12-354
잡지(雜志) 2-290, 12-44, 12-260
잡찬(雜纂) 10-225
잣나무 9-105, 11-171, 11-175, 11-181, 11-217
장(胖) 5-205
장(狀) 3-262, 12-168
장(蔣) 11-282
장(張) 1-30
장(瘴) 1-67
장(牆) 2-344
장(醬) 5-180, 5-181
장(漿) 5-182
장(獐) 6-113
장(場) 9-41
장(瓺) 5-308
장(牂) 12-140
장가정(張嘉貞) 4-97
장각(長脚) 2-205
장간(蔣幹) 7-331
장간사(長干寺) 8-105
장간행(長干行) 8-105
장갑(掌甲) 4-63
장강(長江) 1-256, 4-213, 6-269
장강(將疆) 8-113
장건(張騫) 2-176, 6-43, 11-234, 11-236, 11-239, 11-299
장건(張蹇) 11-262, 11-277
장건봉(張建封) 4-285
장결(掌訣) 6-151
장경(長慶) 3-197, 10-46
장경(長卿) 11-203
장경(葬經) 6-168
장경생(張更生) 8-50
장계(狀啓) 10-141, 12-196
장계취계(將計就計) 2-253
장고(長鼓) 6-45
장고국(長股國) 2-199, 2-205
장공(莊公) 12-71
장공(長恭) 6-141
장공근(張公謹) 6-239
장과(張果) 6-212, 7-30
장굉(張紘) 9-169
장교(張喬) 8-86
장교(莊蹻) 9-145
장구령(張九齡) 2-224, 8-81, 10-144, 12-334

ㅈ

장구벌레 12-46, 12-52
장군동(藏軍洞) 2-83
장군포(將軍礮) 4-70
장궤(長跪) 8-274
장기(長技) 10-200
장기(瘴氣) 2-59, 5-143, 10-215, 11-85, 11-134
장기(長鬐) 12-243
장기우(長崎芋) 11-285
장길산(張吉山) 6-137
장녕절(長寧節) 2-139
장니(障泥) 4-67, 4-93
장님중매쟁이[瞽媒] 2-261
장단(長湍) 7-86
장단의(張端義) 6-271
장달(張達) 9-146
장도(藏刀) 5-252
장도감(張都監) 9-149
장도악(張道渥) 3-213
장독저입서조(醬櫝底入鼠操) 6-23
장돈(章惇) 7-340
장동(長鮦) 12-232
장두은미(藏頭隱尾) 10-292
장득상(章得象) 1-109, 1-111
장딴지 9-227
장락궁(長樂宮) 1-77
장락왕(長樂王) 7-280
장량(張良) 1-196, 1-233, 3-256, 5-294, 6-168, 7-307, 8-40, 10-39, 11-321, 12-113
장량전(張良傳) 5-311
장려(長麗) 12-369
장렬(蔣冽) 3-138
장령(長嶺) 1-249
장로사(張路斯) 7-149
장록(張祿) 3-124
장뢰(張耒) 1-112, 7-236
장릉(莊陵) 12-356
장릉(張陵) 6-202
장릉지(莊陵志) 4-271
장리(長離) 2-216
장명(張明) 2-76
장명계(長鳴鷄) 12-377
장명등(長明燈) 5-303
장명자(將命者) 8-32
장몽계(張蒙溪) 1-56
장무소(張茂昭) 7-204
장무중(臧武仲) 12-159
장무환령(將無還令) 10-259
장문중(臧文仲) 3-32
장미(薔薇) 4-261, 8-85
장미계(長尾鷄) 12-377
장미수(薔薇水) 2-187, 11-163
장발군(長髮軍) 6-230
장방(張方) 10-242
장방(張放) 6-71
장백산(長白山) 1-234, 1-243~244, 1-246, 1-248
장백창(張伯昌) 3-104
장백해(張伯偕) 2-239
장보고(張保皐) 2-99
장보관(章甫冠) 3-134
장복(章服) 5-63, 5-68
장복(張復) 2-312
장본(張本) 10-199
장부(丈夫) 10-40
장부경(張孚敬) 8-187
장부국(丈夫國) 2-214

장불(章紱) 5-112
장붕익(張鵬翼) 4-236
장비(張斐) 8-285
장비(張飛) 9-146, 9-171
장비국(長臂國) 7-191
장빙(藏氷) 5-313
장산곶(長山串) 1-228, 9-44, 12-241
장신국(萇山國) 2-116
장삼(長衫) 1-216, 5-92
장삼중(張三中) 9-170
장생전(長生殿) 3-37
장석(張奭) 3-177, 10-213
장석(匠石) 4-211, 7-289, 11-211
장석지전(張釋之傳) 9-168
장선(張瑄) 1-229
장성(張成) 1-91, 6-222
장성길(蔣成吉) 3-128
장성우(蔣成祐) 3-128
장손무기(長孫無忌) 6-142, 8-42
장손평(長孫平) 4-183
장수(漳水) 6-268
장수국(長鬚國) 2-180
장수선무(長袖善舞) 10-282, 10-285
장수왕(長壽王) 1-203, 8-269
장숙야(張叔夜) 8-57
장순민(張舜民) 5-298, 11-302, 12-360
장승상전(張丞相傳) 8-60
장승요(張僧繇) 3-241
장시(張是) 3-120
장시랑(張侍郎) 7-158
장시연제(張是連提) 3-120
장식(張栻) 3-40
장신장의(將信將疑) 10-294
장신전(長信殿) 8-89
장아(臧兒) 9-61
장악위담(莊嶽委譚) 8-57
장안(長安) 1-200, 10-49, 5-175, 6-134, 11-274, 12-374
장안(張晏) 1-260, 4-23, 7-293
장안문(長安門) 7-197
장안사(長安寺) 11-92
장안성(長安城) 1-203, 12-369
장안세전(張安世傳) 10-125
장액(張掖) 11-252
장양(牂羊) 12-115
장양부(長楊賦) 4-73, 5-143, 12-90, 12-170
장억(張億) 4-285
장연(長淵) 1-228, 2-99, 7-109, 7-208, 11-38, 11-95, 12-240
장연(章淵) 1-176, 3-121
장연곶(長淵串) 7-114
장연상(張延賞) 10-114
장열(張說) 1-93, 2-224, 4-187, 5-235, 6-128, 7-281, 10-115, 10-144, 10-209
장영(張詠) 5-266
장오(張敖) 9-254
장왕(莊王) 7-199, 7-216, 12-119
장요창미(長腰鎗米) 4-143
장용위(將勇衛) 4-112
장우(長右) 1-175, 12-82
장우산(長右山) 1-175
장원시(張元始) 7-177
장월(壯月) 11-27
장유(張維) 3-260, 6-104, 9-158, 11-266
장유칙(張惟則) 11-94
장읍불배(長揖不拜) 10-312
장의(張倚) 10-213

장의(墻衣) 11-311
장의(張儀) 2-40, 3-137, 3-280
장의(長衣) 5-92
장의사(壯義寺) 1-219
장의산(章義山) 12-161
장의전(張儀傳) 6-143
장이(張耳) 7-338, 10-44, 10-183
장이전(張耳傳) 10-44
장인(醬人) 4-169
장인봉(丈人峯) 9-68
장인산(丈人山) 9-68
장일(張鎰) 7-168
장자(張鎡) 11-211
장자(莊子), 도척(盜跖) 9-231
장자(莊子), 서무귀(徐無鬼) 8-32
장자(莊子), 설검(說劍) 9-223
장자(莊子), 천하(天下) 10-119
장자(莊子) 1-60, 1-66, 2-54, 2-201, 2-219, 2-241, 2-283, 2-290, 3-259, 4-65, 4-232, 5-32, 5-83, 5-197, 5-270, 5-284, 6-122, 6-126, 6-143, 6-266, 6-272, 6-286, 7-152, 7-169, 7-204, 7-209, 7-216, 7-237, 7-281, 7-283, 7-284, 7-286, 7-288, 7-289, 7-290, 7-297, 7-323, 8-62, 8-73, 8-127, 8-183, 9-103, 9-106, 9-111, 9-114, 9-117, 9-123, 9-133, 9-136, 9-169, 9-201, 9-222, 9-230, 9-235, 9-251~253, 9-255~256, 10-43~44, 10-118, 10-124, 10-145, 10-228, 10-233, 11-33, 11-61, 11-181, 11-201, 11-211, 11-245, 11-279, 11-282, 12-56, 12-68~69, 12-73, 12-87, 12-120, 12-146, 12-152, 12-157, 12-199, 12-203, 12-237, 12-286, 12-288, 12-327, 12-364, 12-374~375
장자구의(莊子口義) 7-153
장자목(張自牧) 3-247
장자문(蔣子文) 3-42
장작(張鷟) 6-154, 7-315
장장평(莊莊坪) 1-199, 2-142, 3-43
장재(張載) 7-194, 7-218, 7-270, 8-169, 8-181
장적(張籍) 3-192
장전례(長箋禮) 1-108
장절공(壯節公)➪신숭겸(申崇謙)
장정(張鋌) 12-162
장정(長政) 2-159
장정(章程) 3-250
장정(壯丁) 4-158
장정(長亭) 4-249
장정(裝幀) 5-110
장정범(張廷範) 4-111
장정완(張淨琬) 6-65
장제(章帝) 3-223, 3-264, 7-267, 9-184, 12-380
장제묘(蔣帝廟) 3-42
장조(檣鳥) 5-331
장종간(張從簡) 7-204
장종숙위(長從宿衛) 4-187
장종윤(張宗尹) 9-258
장주(莊周)➪장자(莊子)
장중득실(場中得失) 10-264
장중해(張仲偕) 2-239
장지(葬地) 2-133, 9-76
장지(將指) 9-202
장지세(場地稅) 9-42
장지화(張志和) 1-57, 3-163, 6-152,

12-252
장직방(張直方) 12-186
장진주(將進酒) 6-71
장창(張敞) 7-349, 10-131, 10-301
장창(張蒼) 3-250
장창강미(長鎗江米) 4-143
장창전(張敞傳) 5-36, 5-301
장창종(張昌宗) 5-322
장채(章蔡) 7-268
장천사(張天師) 1-109, 6-230
장천석(張天錫) 2-315
장초(章草) 3-223
장초(章醮) 6-240
장초창(張初昌) 7-71
장총(張璁) 3-35, 8-187
장추관(藏椎冠) 5-42
장춘랑(長春郎) 1-219
장춘절(長春節) 2-140
장치기[杖打] 6-130
장쾌(駔儈) 9-47, 9-55
장탕(張湯) 7-317, 7-332, 9-186
장탕전(張湯傳) 7-332
장태화(張太和) 11-309
장평(張平) 5-329
장풍보(長風洑) 4-151
장한(張翰) 11-282
장한가(長恨歌) 8-118
장한상(張漢相) 2-90
장한웅(張漢雄) 7-39
장합(張郃) 4-57
장해(張楷) 6-213
장현(張炫) 6-113
장협(張協) 5-207
장형(張衡) 1-36, 1-68, 6-138, 8-100,
9-89, 10-219
장호(張祜) 12-363
장호(張淏) 4-21
장호원(長湖院) 4-252
장홍(萇弘) 4-238, 6-121
장홍(長紅) 8-250
장홍(長虹) 8-250
장홍정(張弘靖) 9-204
장홍홍(張弘弘) 6-47
장화(張華) 1-101, 1-260, 5-55, 6-255,
7-207, 11-309, 12-207, 12-216, 12-321
장화 5-62~63
장화대(章華臺) 4-226
장화전(張華傳) 12-287
장황(張皇) 10-318
장황(章潢) 3-197
장회관(張懷瓘) 3-228
장회숙(張懷肅) 7-204
장효표(章孝標) 1-173, 7-36
장후(蔣詡) 7-298
장흘(臧紇) 9-194
장흥고(長興庫) 7-140
장흥절(長興節) 2-139
장희백(臧僖伯) 9-135
재가승(在家僧) 7-122
재강(滓糠) 5-149
재계(齋戒) 10-228
재관궐장(材官蹶張) 4-61
재궁(梓宮) 11-178
재령(載寧) 1-199
재롱(再弄) 6-40
재비(齋費) 7-118
재생지인(再生之人) 10-276
재소난면(在所難免) 10-274

ㅈ

재소당개지론(在所當改之論) 7-268
재순(載滈) 3-162
재승덕박(才勝德薄) 10-310
재암혈(財岩穴) 11-115
재인(梓人) 6-29, 11-178, 12-268
재재개연(在在皆然) 10-270
재재법전(載在法典) 10-293
재차일거(在此一擧) 10-281
재초(載初) 3-177
재취(再娶) 2-233
재화(財貨) 6-211
재회(齋會) 7-75
쟁(狰) 12-161
쟁(錚) 4-31
쟁(箏) 6-24, 6-25, 6-35
쟁기[耒] 4-167
쟁반 수제비 5-186
쟁인(諍人) 2-196
저(楮) 11-214
저(藷) 11-286
저(狙) 7-291, 12-113, 12-176
저(羝) 12-140
저(氐) 1-30, 2-145, 2-146
저(儲) 4-74
저(苧) 5-121
저(雎) 7-224
저(諸) 7-247
저(筯) 12-233
저(偖) 7-247
저가(豬加) 8-222
저개(這箇) 10-230
저거몽손(沮渠蒙遜) 3-116
저격(狙擊) 12-113
저계(楮鷄) 11-289~290
저고승(苧姑僧) 7-73
저공(狙公) 10-145, 11-246
저구(雎鳩) 12-348
저구(杵臼) 2-232
저려불변(猪驢不辨) 10-125
저루불변(豬貗不辨) 10-125
저리자(樗里子) 3-65
저마(苴麻) 2-337
저미고(猪尾膏) 6-184
저민의(翥旻義) 7-146
저부(褚裒) 9-200
저사(褚師) 5-99
저산(柢山) 12-237
저서(儲胥) 4-75
저속다(底粟多) 9-245
저손(杵孫) 2-232
저수(沮水) 5-321
저시힐노(猪屎犵狫) 2-148
저신(豬神) 6-204
저씨(杵氏) 3-132
저아(豬牙) 11-246
저암(著庵)➪유한준(兪漢雋)
저어(齟齬) 10-324
저여(藷藇) 11-285
저옹(著雍) 1-158
저울[秤] 5-312
저자관(猪觜關) 10-237
저족(氐族) 4-206
저주(滁州) 3-40
저죽(苴竹) 2-337
저채(邸債) 10-72
저취(諸趣) 12-52
저탄(瀦灘) 1-242
저탄(猪灘) 1-255, 1-258

저태성(猪胎星) 9-83
저통(箸筩) 5-279
저폐(楮幣) 5-267
저포(樗蒲) 2-335, 5-304, 6-113, 11-97
저포경(樗蒲經) 6-111
저포마(樗蒲馬) 6-104
저호시화(樗湖詩話) 8-162
저화(楮貨) 8-277
적(狄) 2-146, 12-132, 12-184
적(籍) 6-147
적(賊) 7-187
적(鯖) 12-250
적견(啇堅) 1-249
적경(賊警) 2-295, 4-25
적경국(赤脛國) 2-215
적곡합(績穀蛤) 12-283
적곽(赤郭) 6-245
적근(荻芹) 11-284
적근(赤芹) 11-284
적년공부(積年工夫) 10-284
적당(的當) 9-124
적대(炙臺) 6-69
적동(赤銅) 2-167
적령부(赤靈符) 1-110
적멸(寂滅) 8-63, 8-173
적모(糴秏) 4-175
적모난측(賊謀難測) 10-276
적몽(驧朦) 12-202
적묘(荻苗) 1-57
적미(赤眉) 4-37
적반하장(賊反荷杖) 10-264
적벽(赤壁) 4-261
적벽부(赤壁賦) 10-202
적분단(滴粉團) 1-112
적분약(赤奮若) 1-158
적비심력(積費心力) 10-285
적산(狄山) 12-121
적서(嫡庶) 2-295
적석(積石) 1-255
적석(磧石) 4-86
적성(積城) 1-225
적성권축(積成卷軸) 10-304
적세법(糴稅法) 4-180
적손(嫡孫) 2-353, 7-55
적쇠[炙鐵] 5-319
적수(赤水) 12-97
적수(敵手) 9-208
적수공권(赤手空拳) 10-271
적신령(赤神靈) 12-381
적악(赤岳) 8-216
적안어(赤眼魚) 12-225
적여구산(積如邱山) 10-269
적영반(赤瑛盤) 5-241
적오(赤烏) 12-194
적우(赤芋) 11-285
적웅(赤熊) 12-165
적유(滴乳) 11-156
적육(赤肉) 7-204
적이(赤夷) 2-145
적인걸(狄仁傑) 3-48, 3-159, 6-278, 9-96
적자(赤子) 10-40
적자(嫡子) 2-240
적전과(籍田瓜) 11-289
적정경(赤霆經) 1-194, 6-168
적정자(赤丁子) 3-69
적정자(赤精子) 7-25
적제(狄鞮) 8-249
적제사(赤帝辭) 8-69

ㅈ

적죽(積竹) 11-224
적증(赤憎) 9-134
적천(赤天) 1-25
적천(赤泉) 2-210
적청(狄青) 4-49, 4-52
적출(嫡出) 11-81
적태길(赤太吉) 2-112
적통(嫡統) 2-135
적하거(赤河車) 11-141
적현(赤縣) 7-318
적현신주(赤縣神州) 2-218
적호(適呼) 6-286
적혼공(赤鯶公) 12-226
적황(翟璜) 3-137
전(駗) 1-64
전(箭) 1-144
전(鱣) 12-230
전(鑱) 3-120
전(傳) 3-261
전(箋) 3-261
전(畑) 4-131
전(畠) 4-131
전(餰) 5-192
전(佃) 5-328
전(顚) 6-188
전(荃) 7-352
전(田) 씨 3-132
전(岋) 5-97
전(旜) 4-27
전(絟) 5-121
전(饘) 5-192
전(鸇) 12-307
전가기(奠家基) 4-205
전가오행서(田家五行書) 12-362
전각(殿閣) 3-242, 4-221, 10-238
전갈(傳喝) 10-28, 12-66
전감(殿監) 3-46, 3-130
전감(錢監) 5-265
전감(殿官) 3-46
전갑(田甲) 9-186
전객령(典客令) 2-168
전갱(鑱鏗) 3-120, 6-273
전건(氈巾) 5-42
전검(滇黔) 11-120
전결(田結) 4-173, 4-177
전계(田鷄) 12-47
전계(氈罽) 5-112
전곤(錢昆) 12-274
전공(戰功) 7-94
전공가석(前功可惜) 10-312
전관(轉關) 6-36
전괄봉(箭括峯) 2-48
전광(碾光) 5-117
전교(箭郊) 4-255
전구(錢璆) 2-30, 4-61, 8-282
전구(田鉤) 4-165
전국책(戰國策) 1-39, 2-238, 3-79, 3-259, 5-85, 5-271, 7-321, 9-187, 9-215, 10-107, 11-130, 11-190
전군(靛裙) 5-93
전규(錢葵) 11-46
전금(展禽) 5-38
전기(錢起) 6-34
전기(傳奇) 8-159
전단(旃檀) 11-155, 11-169
전단(田單) 4-52, 4-115, 6-48
전단향(栴檀香) 7-86
전당(錢塘) 2-30

전당일섭청(錢塘一葉淸) 9-157
전당지(錢塘志) 1-211
전도(畑島) 4-131
전도면(剪刀麵) 5-185
전두(纏頭) 6-96
전두힐노(剪頭犵狫) 2-147
전등록(傳燈錄) 2-306, 2-314, 3-140, 5-115, 5-317, 6-137, 7-54, 7-65, 7-70, 7-80, 7-81, 7-85, 7-102, 7-164, 8-171, 9-136, 9-178, 9-185, 9-203, 9-59, 10-27, 10-76, 10-174, 10-196, 11-150, 12-200
전등산(傳燈山) 1-238
전등신화(剪燈新話) 5-299, 5-304, 7-339, 8-61, 8-95, 9-151, 9-200, 9-217, 9-223, 10-126
전라(田螺) 12-269
전라도 1-197, 1-236, 2-56, 4-190, 4-192, 9-44
전랑(田郎) 7-316
전래산(錢來山) 12-139
전량(錢糧) 10-256
전렴(全廉) 7-211
전례(典禮) 2-328
전례(前例) 9-198
전례소재(前例所在) 10-268
전루(田漏) 4-168
전류(錢鏐) 3-148, 3-209, 5-105
전륜왕전(轉輪王殿) 7-121
전률휘편(典律彙編) 10-169
전림(田霖) 2-104, 2-105
전립(氈笠) 5-61, 5-200
전말(纏末) 11-156
전모(氈帽) 5-90
전모(田母) 6-237
전목재집(錢牧齋集) 11-254
전몽(端蒙) 1-158
전몽(旃蒙) 1-158
전무향(荃蕪香) 11-161
전무후무(前無後無) 10-285
전문(篆文) 1-146
진법사문(傳法沙門) 8-63
전병(煎餠) 1-94, 5-157
전봉(田鳳) 7-316
전부(田父) 6-237, 12-47
전부(田賦) 3-283
전분(田蚡) 6-286, 10-41
전불고견(全不顧見) 10-260
전비(前妣) 7-238
전사(傳寫) 3-219
전사삭지(前仕削之) 10-279
전삭(前朔) 10-113
전산전(畠山殿) 4-131
전상(田常) 2-246
전상(轉相) 8-245
전서(田鼠) 12-353
전서(篆書) 2-177, 3-218, 3-223, 3-225, 3-227, 3-231, 4-23, 5-107, 12-247, 12-267
전설(剪舌) 12-314
전성(塡星) 9-84
전세(田稅) 4-173
전소도(錢昭度) 12-42
전소미문(前所未聞) 10-288
전술(典術) 11-213, 11-305
전습록(傳習錄) 10-324
전시(展翅) 5-41
전시(殿試) 3-173, 3-178

ㅈ

전시과(田柴科) 4-161
전시정(廛市井) 9-191
전신(錢臣) 7-175
전신론(錢神論) 10-115
전심치지(專心致志) 10-303
전씨(纒氏) 3-132
전안(奠雁) 2-274, 2-275
전야(田野) 5-315, 6-254
전약수(錢若水) 5-319
전어(鱣魚) 12-266
전어(鯿魚) 12-265
전여성(田汝成) 2-147, 9-116
전예(田豫) 1-143
전오(典午) 1-127
전옥서(傳獄書) 3-229
전왕수(葥王篲) 11-316
전요(戰腰) 4-64
전우(全翊) 7-211
전우치(田禹治) 6-220, 7-38
전욱(顓頊) 1-133, 2-215, 3-37, 3-223, 7-214~215
전의고주(典衣沽酒) 10-285
전인(滇人) 12-291
전인대덕(全人大德) 3-34
전자(輾子) 4-167
전자전손(傳子傳孫) 10-275
전저(箭豬) 12-175
전적(田籍) 4-156
전전(典錢) 5-267
전전긍긍(戰戰兢兢) 10-268
전조(田漕) 3-228
전조(田租) 6-237
전족(纒足) 2-309, 5-101
전좌(典座) 7-65
전주(全州) 2-82, 3-129, 5-252, 11-262
전주(轉注) 3-231
전주(篆籒) 6-202, 11-224
전중시사(殿中侍史) 2-81
전지도지(顚之倒之) 10-291
전천추(田千秋) 3-132, 5-328
전촉(前蜀) 12-101
전최법(殿最法) 8-255
전측수인(轉側須人) 10-276
전파인구(傳播人口) 10-285
전포(錢浦) 1-211
전포(戰袍) 1-252, 4-40
전한기(前漢紀) 8-240
전한서(前漢書), 고제기(高帝紀) 6-61
전한서(前漢書), 공손하전(公孫賀傳) 7-318
전한서(前漢書), 문제기(文帝紀) 2-347, 2-351, 5-192
전한서(前漢書), 서역전(西域傳) 2-191
전한서(前漢書), 선제기(宣帝紀) 7-292
전한서(前漢書), 식화지(食貨志) 3-89, 8-80
전한서(前漢書), 신도가전(申屠嘉傳) 4-61
전한서(前漢書), 영행전(佞倖傳) 2-317
전한서(前漢書), 장창전(張敞傳) 7-288
전한서(前漢書), 혜제기(惠帝紀) 2-230
전한서(前漢書), 화식전(貨殖傳) 7-320
전한서(前漢書) 2-137, 3-26, 3-250, 7-227, 7-279, 7-326, 8-83, 9-206, 10-198
전행군수(前行郡守) 9-78
전형(典型) 10-322
전혜(驒騱) 12-192

전화(田和) 3-142
전화위복(轉禍爲福) 10-300
전횡(田橫) 2-98, 3-80
전후신설(前後身說) 3-155
전흔일(田痕日) 6-237
전희(展喜) 5-37
전희백(錢希白) 10-229
절(蠽) 12-272
절간송(折簡送) 2-312
절강(浙江) 4-151, 4-170, 4-286, 9-157
절강성(浙江省) 1-197, 2-37, 11-54, 12-78
절대가인(絶代佳人) 10-276
절도(絶倒) 10-137
절도사(節度使) 4-33
절동(浙東) 10-33, 12-260
절람(竊藍) 12-304
절루(節樓) 4-33
절면(折麪) 5-185
절박(節拍) 10-134, 10-324
절서숙정렴방사(浙西肅政廉訪使) 4-279
절식복약(節食服藥) 10-303
절영도(絶影島) 12-194
절영마(絶影馬) 12-193
절운(切韻) 8-65
절일(節日) 2-140
절장보단(絶長補短) 10-279
절장쾌(節駔儈) 9-188
절조(節操) 4-28
절지(竊脂) 12-296
절진(節鎭) 1-249
절창(絶唱) 1-75, 10-33
절처봉생(絶處逢生) 10-266
절초점(折草占) 6-165
절치부심(切齒腐心) 10-279
절편(蠽扁) 12-273
절풍건(折風巾) 5-44
점개지자(沾漑之資) 10-295
점돈(占錢) 5-254
점방 12-334
점선(黏蟬) 2-113
점성국(占城國) 10-254, 11-165, 11-167
점술(占術) 1-189
점심참(點心站) 9-217
점입가경(漸入佳境) 10-267
점필시간(佔畢視簡) 8-27
점필재(佔畢齋)➪김종직(金宗直)
점화(點火) 10-321
접(鰈) 7-150, 12-214, 12-227
접각부(接脚夫) 2-294
접석(接淅) 5-210
접여(接余) 11-283
접역(鰈域) 12-228
접옥연장(接屋連墻) 10-263
접왕(褶王) 2-135
정(筳) 5-138
정(鼎) 5-272
정(亭) 6-85, 7-281
정(幀) 7-116
정(蟶) 12-280
정(䗴) 12-236
정가신(鄭可臣) 8-161
정각(淨覺) 7-72
정각(正覺) 7-87
정갑(定甲) 12-344
정강(靖康)의 난(亂) 3-101, 10-135
정개청(鄭介淸) 3-282, 7-95

ㅈ

정건(鄭虔) 9-179, 10-206
정건삼절(鄭虔三絶) 8-33
정건전(鄭虔傳) 9-179
정견(庭堅) 7-217
정경(鄭經) 2-104
정계(鄭綮) 9-261
정고(程高) 6-196
정곡(正鵠) 6-120
정곡(鄭谷) 8-150
정공(定公) 2-343
정공등(丁公藤) 11-135
정공저(丁公著) 2-169
정관(貞觀) 3-103, 3-191, 8-188, 8-232, 8-275
정관(程冠) 2-262
정광(鄭光) 9-103
정구(精駒) 12-158
정기록(正氣錄) 3-111
정남(貞男) 4-289
정납일(正臘日) 1-131
정녀(貞女) 4-289, 4-290, 5-233
정년격(停年格) 8-227
정녕(丁寧) 10-319
정녕(耵聹) 5-297
정녕도자(耵聹挑子) 5-297
정뉴(正紐) 8-64
정다(丁茶) 11-104
정단(井丹) 5-327
정당(政堂) 9-172
정당기시(正當其時) 10-290
정당매(政堂梅) 11-26
정대창(程大昌) 4-88
정덕(正德) 7-175
정도(程度) 12-95
정도(丁度) 8-65
정도전(鄭道傳) 1-216, 8-162
정동방(正東方) 1-120
정동행성(征東行省) 8-206
정란(丁蘭) 2-347
정랑(正郎) 8-231
정려(旌閭) 1-218, 2-349
정려문(旌閭門) 11-223
정력(正歷) 2-138
정렬(貞烈) 8-62
정렴(鄭磏) 6-175, 8-211
정령위(丁令威) 7-29
정로(鼎鑪) 5-226
정론(廷論) 3-44
정류(檉柳) 11-188
정릉동(貞陵洞) 1-218
정리(情理) 2-362
정막(程邈) 3-223, 3-229
정명(貞明) 2-143
정명공주(貞明公主) 1-221
정명대(正名對) 8-69
정몽주(鄭夢周) 2-155, 2-254~255, 3-67, 3-156, 4-238, 6-66, 8-179, 8-181, 8-202, 10-160, 12-117
정묘강화(丁卯講和) 8-217
정문(頂門) 2-235
정문(旌門) 2-349
정문해(程文海) 3-217
정미(精米) 6-203
정민수(鄭民秀) 2-42
정반(正班) 9-74
정반왕(淨飯王) 7-102
정방(政房) 8-32, 8-224, 8-227
정방성(定方城) 1-240

정방성(正方城) 1-242
정배걸(鄭倍傑) 8-179
정백(鄭伯) 7-296
정범왕자(淨梵王子) 7-66
정복(正服) 2-353
정복시(鄭復始) 12-266
정봉(鄭鳳) 12-158
정부(止負) 3-249
정부(貞婦) 7-158
정불식(程不識) 10-183
정붕(鄭鵬) 7-38
정사당(政事堂) 8-223
정사룡(鄭士龍) 12-353
정사암(政事巖) 8-220
정삭(正朔) 2-137
정산(鼎山)➪박형(朴泂)
정상오랑(井上五郎) 2-161
정상원(鄭祥遠) 7-149
정색(政色) 9-85
정색상서(政色尙書) 8-224
정색서제(政色書題) 8-32, 8-224
정색소경(政色少卿) 8-224
정색승선(政色承宣) 8-224
정서(頂犀) 12-124
정서(鄭敍) 6-58
정선(鄭敾) 3-245
정선(旌善) 5-309
정성(鄭珹) 3-276
정성(定性) 5-147
정성공(鄭成功) 2-104
정세운(鄭世雲) 8-205
정송(程松) 9-229
정수(井樹) 7-255
정수(精髓) 7-85
정수곤(丁壽崑) 7-38
정순붕(鄭順朋) 2-244
정습인(鄭習仁) 7-101
정시(庭試) 1-187, 3-28, 3-173, 3-181
정신소도(精神所到) 10-283
정심성의(正心誠意) 7-274
정씨유서(程氏遺書) 2-278
정안(政案) 8-224
정안국(定安國) 2-138
정암(靜菴)➪조광조(趙光祖)
정액(精液) 5-147, 12-279
정약(丁約) 9-260
정약용(丁若鏞) 11-104
정양문(正陽門) 4-124
정여립(鄭汝立) 9-150
정여창(鄭汝昌) 8-216
정역(鄭譯) 10-182
정역(征役) 10-44
정열장군(貞烈將軍) 2-307
정옥량(鄭玉良) 11-239
정완부인(貞完夫人) 4-261
정왕(定王)➪대원유(大元瑜)
정운(鄭雲) 4-282
정운(正韻) 3-231, 4-63, 7-73, 8-65, 12-132, 12-200
정원(貞元) 6-117
정원(政院) 9-27, 9-29
정원[池籞] 7-292
정월대보름날 1-107
정월묘일(正月卯日) 1-86
정위(精衛) 12-345
정위(程偉) 5-221
정위(丁謂) 6-118, 8-37, 9-205, 10-175
정위(鄭偉) 9-231

ㅈ

정유길(鄭惟吉) 9-25
정윤(正胤) 2-136
정윤론(正閏論) 8-140
정읍사(井邑詞) 8-104
정읍현(井邑縣) 8-104
정응두(鄭應斗) 2-87
정의(鄭漪) 3-150
정의공주(貞義公主) 9-94
정의총(旌義塚) 3-71
정이(程頤) 2-362~364, 2-366, 3-27, 3-134, 3-279, 4-108, 5-43, 9-24, 7-322, 10-36
정이대장군(征夷大將軍) 2-155
정이오(鄭以吾) 8-289
정인(靖人) 2-196
정인지(鄭麟趾) 6-66, 6-68, 8-161
정일(貞一) 7-277
정자(鋌子) 11-183
정자(程子)➪정이(程頤)
정자건(程子巾) 5-43
정자관(程子冠) 5-44
정자목(棖子木) 11-255
정자유서(程子遺書) 2-260
정자통(正字通) 1-56, 1-103, 1-125, 1-151, 2-32, 2-148, 2-167, 2-177, 2-187, 2-207, 3-252, 4-36, 4-38, 4-47, 4-83, 4-87, 4-90, 4-135, 4-142, 4-164, 4-209, 4-227, 5-113, 5-146, 5-154~156, 5-171, 5-172, 5-227, 5-246, 5-307, 6-33, 6-115, 6-181, 6-187, 6-261, 6-271, 7-244, 7-262, 7-291, 7-294, 7-333, 8-119, 8-122, 8-124, 9-131, 9-204, 10-124, 10-245, 11-71, 11-86, 11-123, 11-182, 11-246, 11-278, 11-316, 12-55, 12-78, 12-103, 12-115, 12-126, 12-128, 12-131, 12-144, 12-149, 12-167, 12-169, 12-171, 12-178, 12-187, 12-193, 12-202, 12-220, 12-228, 12-242, 12-258, 12-264, 12-275, 12-280, 12-324, 12-349, 12-357
정자향(丁子香) 11-156
정작(鄭碏) 1-123, 7-38
정잠요(鄭潛曜) 6-208
정장(亭長) 12-57
정재륜(鄭載崙) 11-233
정전(井田) 4-123, 4-124
정전(程傳) 8-177
정전(蟶田) 12-280
정전법(井田法) 4-158, 4-159, 4-186
정전설(井田說) 4-125
정정칙(鄭正則) 3-83
정조(鄭造) 11-57
정조(正祖) 1-224, 2-74, 3-99, 3-195, 4-112, 7-80, 8-46, 8-190, 8-233, 8-252, 9-102
정조(井竈) 7-329
정종(定宗) 2-137, 4-109
정종(正宗) 4-245
정종(靖宗) 4-245, 8-281
정종(鄭悰) 6-274
정좌리(釘坐梨) 10-123
정주(精酒) 10-326
정주(鄭注) 3-127
정주(靖州) 3-22
정준(鄭準) 3-124
정중(鄭重) 10-34
정중(鄭衆) 3-235

정중부(鄭仲夫) 4-62, 4-259
정즙(精汁) 7-184
정지(淀池) 11-50
정지독지(亭之毒之) 7-281
정지룡(鄭芝龍) 2-104
정지상(鄭知常) 2-41, 6-286~287, 7-144
정지승(鄭之升) 2-69
정지연(鄭芝衍) 9-25
정척(鄭陟) 3-37
정척(正脊) 6-69
정천(井泉) 7-66
정천익(鄭天益) 5-137
정철(鄭澈) 2-332, 3-150, 3-218, 6-72, 6-76, 9-26, 12-259
정철조(鄭喆祚) 3-217
정초(鄭樵) 7-245
정초(鄭礎) 7-38
정초부(鄭樵夫) 3-273, 5-80
정추(庭楸) 8-68
정충비(精忠碑) 4-238
정충신(鄭忠臣) 4-76
정치(精緻) 9-51, 11-214
정침(正寢) 4-216
정침(頂鍼) 5-117
정태화(鄭太和) 3-85, 7-207
정통(正統) 11-223
정평(定平) 1-243
정품(正品) 8-247
정풍(正豐) 2-138
정피(鄭皮) 12-202
정필조(鄭弼祚) 1-24, 3-217
정해현(定海縣) 2-97
정향(丁香) 11-103
정향(程珦) 2-363
정향모(丁香母) 11-157
정혁(鄭奕) 7-339
정현(鄭玄) 2-335, 2-357, 3-135, 5-144, 7-207, 7-215, 7-232, 7-245, 7-251, 7-253, 7-256, 7-260, 7-309, 8-165, 8-35, 9-81, 9-108, 11-318
정현조(鄭顯祖) 2-309
정협(鄭俠) 6-79
정호(程顥) 2-363, 3-279, 4-108, 5-43
정혼점(定婚店) 2-265
정홍(鄭弘) 5-292
정홍명(鄭弘溟) 8-43
정화(精華) 11-213
정화(鄭花) 11-42
정화수(井華水) 6-180
정황(情況) 9-91
정효(程曉) 1-115
정효(鄭曉) 3-278
정효준(鄭孝俊) 6-274
정후(鄭厚) 3-279
정훈(正訓) 1-34
정훈(鄭薰) 3-163
정희(程姬) 2-264
정희량(鄭希良) 7-38
정희왕비(貞熹王妃) 8-271
젓갈 5-180
젖소[乳牛] 12-192
제 경공(齊景公) 10-157
제 사성(第四聲) 8-102
제(鯷) 2-149
제갈각(諸葛恪) 2-240, 10-165
제갈거(諸葛擧) 2-240
제갈공명(諸葛孔明) ⇨ 제갈량(諸葛亮)
제갈교(諸葛喬) 2-240

ㅈ

제갈근(諸葛瑾) 2-240
제갈량(諸葛亮) 2-240, 3-283, 4-45, 4-57, 4-70, 4-105, 4-107, 5-90, 5-173, 6-77, 6-110, 6-160, 7-284, 7-285, 7-298, 7-343, 9-147, 10-73, 11-78, 11-176, 11-268
제갈채(諸葛菜) 11-268
제갈첨(諸葛瞻) 2-240
제갈회(諸葛恢) 2-259
제강화남문(題江華南門) 2-256
제거(提擧) 8-235
제건(諸犍) 12-122
제건(帝建) 3-61
제견(題肩) 7-261
제곡(帝嚳) 7-214~215
제곡대(帝嚳臺) 3-49
제구미비(諸具未備) 10-279
제구산(諸鉤山) 12-231
제구아(齊狗兒) 7-196
제궁(帝宮) 1-122
제규(鶗鴂) 8-23
제기(祭器) 5-26
제기(踶技) 6-129
제남(齊南) 11-248
제남(濟南) 12-37
제녀(帝女) 5-142, 11-88
제니(薺苨) 11-145
제당(齊黨) 3-126
제대(帝臺) 11-88
제도(制度) 6-26
제동야어(齊東野語) 6-262, 9-176
제리(綈裏) 5-117
제말(諸沫) 3-70
제명(制命) 7-330
제모(蝭母) 11-305
제문(祭文) 3-261, 7-333
제물(祭物) 2-340
제민요술(齊民要術) 4-130, 4-140, 5-157, 5-180, 12-59
제박국(諸薄國) 5-121
제반(祭飯) 5-140
제발(濟拔) 10-321
제발적선(濟拔積善) 10-67
제방(堤防) 4-182
제법(祭法) 6-274
제복(祭服) 2-261
제비[燕] 7-184, 12-48, 12-340
제비곰국 5-208
제비꼬리 고기 5-208
제비뽑기 6-165, 9-54
제비수(諸毗水) 12-254
제비의 넓적다리 5-208
제사(題辭) 3-263
제산(隄山) 12-160
제상여래(諸相如來) 8-50
제서(諸犀) 12-122
제서(制書) 3-225
제서(齊書) 8-151
제석(除夕) 1-134, 1-138
제석각화상초(題石恪畫嘗醋) 5-188
제선왕(齊宣王) 3-279, 6-126, 8-49
제성(提醒) 10-319
제수(祭需) 3-22
제수(祭需) 11-209
제수(濟水) 9-252, 12-314
제수(除授) 9-109
제수(淛水) 2-114
제술관(製述官) 7-183

제술업(製述業) 3-168
제시(祭詩) 1-135
제아고시(題衙鼓詩) 5-110
제악(祭樂) 6-69
제안대군(齊安大君) 7-179
제액(除厄) 1-89, 1-137
제액(題額) 4-220, 4-236
제야(除夜) 1-137
제어(鯷魚) 2-149
제여주(祭餘酒) 1-99
제예(提曳) 10-239
제오륜(第五倫) 5-149, 5-292, 3-132
제옥예화(題玉蕊花) 11-47
제왕기(帝王紀) 3-100
제왕세기(帝王世記) 1-68, 7-217~218
제요대(帝堯臺) 3-49
제요록(提要錄) 1-96, 1-99
제우(諸于) 5-66, 5-93
제용(除俑) 1-137
제월(提月) 1-141
제월대(霽月臺) 4-268
제위(諸衛) 8-247
제을(帝乙) 2-242
제의(祭儀) 7-302
제자략(諸子畧) 8-159
제자서(諸子書) 4-245
제자직(弟子職) 9-69
제잠(鯷岑) 2-149
제잡담(除雜談) 10-316
제장루(諸將樓) 4-294
제전횡문(祭田横文) 12-113
제조(諸曹) 5-52, 12-327
제조(提調) 8-235
제주(濟州) 2-116, 2-168, 5-281, 6-84, 6-87, 11-83, 11-107, 11-115, 11-132, 11-182, 11-259, 12-125, 12-192, 12-195
제중(祭仲) 2-251
제지(帝摯) 7-215
제지기(齊地記) 4-242
제천(堤川) 2-33, 2-46, 12-264
제청(祭廳) 2-331
제파(帝杷) 2-178
제하(第下) 9-83
제해기(齊諧記) 1-102
제해왕(齊海王) 4-235
제향(臍香) 11-167
제향(祭享) 4-139
제호(提壺) 5-147, 12-298
제호(霽湖) ➪ 양경우(梁慶遇)
제호(鵜鶘) 12-298
제호탕(醍醐湯) 5-148
제홍(帝鴻) 2-197
제화(題畵) 3-246
제환공(齊桓公) 3-279, 5-151, 7-216, 10-180
제황제사(祭黃帝辭) 8-69
제휴목(帝休木) 11-127
조(蔦) 12-132
조(祖) 1-132
조(組) 11-324
조(噪) 12-197
조(阜) 12-349
조(鵰) 12-349
조(蜩) 12-60
조(詔) 3-172, 3-261
조(鳥) 3-93, 6-113
조(糙) 4-144

ㅈ

조(租) 4-187, 4-188
조(調) 4-187, 4-188, 6-72
조(潮) 5-210
조(糙) 5-210
조(銚) 5-270
조(趙) 5-36, 5-85
조(竈) 7-269
조(徂) 7-291
조(幧) 5-42
조(旐) 4-27
조(罩) 4-202
조(鯈) 12-227
조(狢) 12-186
조[粟] 5-148
조가동(曺家洞) 1-221
조각(皂角) 12-57
조간(趙簡) 3-179
조간자(趙簡子) 3-74
조감(潮減) 6-248
조갑(祖甲) 2-238
조강(糟糠) 2-234
조강지처(糟糠之妻) 2-234, 10-283
조걸위학(助桀爲虐) 10-281
조경(趙㬌) 9-50
조경부(肇慶府) 12-58
조계(曹溪) 11-57
조계(祖溪) 7-81
조계(趙戒) 8-129
조계룡(曺繼龍) 7-144
조고(趙高) 3-229, 7-311
조고(棗餻) 5-159
조공(曹公) 2-299, 5-289
조공(潮空) 6-248
조과(趙過) 4-125, 4-128, 4-136
조관빈(趙觀彬) 3-81
조광정기(祖廣廷記) 3-52
조광조(趙光祖) 3-182, 8-180, 8-182~183, 10-228
조광한(趙廣漢) 3-100
조광한전(趙廣漢傳) 9-46
조구자(糟丘子) 5-203
조군(漕軍) 4-119, 10-169
조군(皁裙) 12-333
조군두(趙君頭) 5-60
조군언(祖君彦) 7-318
조궁(曹宮) 2-300
조귀(趙鬼) 6-243
조규(趙葵) 9-65
조기(朝起) 12-251
조기(趙岐) 3-78
조기[鰽] 12-265
조나국(藻那國) 2-117
조달(早達) 10-319
조당(曹唐) 2-53, 11-310
조당(趙當) 5-304
조대(釣臺) 4-203
조대(措大) 9-166
조대림(趙大臨) 9-94
조덕소(趙德昭) 3-100
조도(造道) 8-178
조도(調度) 9-127
조도신(祖道神) 2-340
조도제(祖道祭) 2-340
조돈(趙盾) 7-260
조돌(竈突) 4-219
조두(皁斗) 11-246
조두(刁斗) 5-318
조득모실(朝得暮失) 10-272

조라치(照羅赤) 10-45
조란(棗卵) 5-159
조량정(晁良貞) 3-263
조량주(照涼珠) 5-235
조량필(趙良弼) 11-244
조렴(趙廉) 3-198
조령(鳥嶺) 1-223, 1-227, 1-241, 2-45, 2-318
조령시(鳥嶺詩) 1-225
조례(皁隷) 10-169
조로인생(朝露人生) 10-265
조롱탈(鳥籠脫) 4-196
조룡대(釣龍臺) 10-194
조륜거(皁輪車) 5-328
조마(竈馬) 6-271
조맹부(趙孟頫) 3-222, 8-206
조명(釣名) 10-325
조명건(趙明健) 5-31
조명관(趙明觀) 8-162
조명숙(趙明叔) 8-75
조묘(祧廟) 3-31
조무상(曹無傷) 9-154
조문명(趙文明) 9-32
조미(調味) 11-77
조박(糟粕) 10-180, 10-321
조반(趙胖) 2-130
조반석죽(朝飯夕粥) 10-302
조발(調發) 4-164
조법아국(祖法兒國) 12-376
조변(趙抃) 8-63
조보(趙普) 4-232, 5-201, 8-274, 9-166
조보(朝報) 9-196
조복(弔服) 2-354
조복(朝服) 1-139, 2-261, 2-336, 5-27, 5-38, 5-62, 5-65, 5-73
조본(鰷鮷) 12-227
조봉(趙逢) 12-202
조불려석(朝不慮夕) 10-304
조비연(趙飛燕) 5-63
조비연외전(趙飛燕外傳) 6-92, 6-47, 11-139
조빙(朝聘) 8-269
조사(趙奢) 3-132
조사(祖師) 7-118, 8-180
조사(詔使) 8-237
조사(曹司) 9-179
조사(䲁 舍) 12-37
조사연(趙師淵) 3-282
조사웅(趙師雄) 8-115, 12-344
조사택(趙師羼) 9-229
조산(朝汕) 1-260
조산(祖山) 2-79, 3-50
조삼모사(朝三暮四) 10-295
조서(鳥書) 3-226
조서(鳥鼠) 7-121
조서산(鳥鼠山) 7-150
조서승(鳥鼠僧) 10-80, 12-353
조선(朝鮮) 1-197, 1-253, 1-260, 2-130, 2-167, 2-170, 3-130, 3-133, 4-25, 5-67, 5-272, 6-66, 6-68, 8-193, 8-231, 8-233, 8-241, 8-246, 8-252, 9-180, 12-33, 12-159 12-377
조선(曹善) 3-227
조선국지(朝鮮國志) 1-231
조선부(朝鮮賦) 4-72, 5-34, 5-154
조선중보(朝鮮重寶) 5-254
조선찬(朝鮮贊) 7-233
조선통보(朝鮮通寶) 5-254, 5-257

ㅈ

조섬(竈蟾) 12-64
조성기(趙聖期) 3-269, 6-23, 8-60, 8-168, 8-184~185, 9-27
조세배(照世盃) 5-283, 2-52
조속씨(鳥俗氏) 2-195
조송건곤(趙宋乾坤) 9-33
조송설(趙松雪) 7-95
조송은(趙松隱) 4-258
조수(洮水) 11-322
조수(潮水) 12-42
조수(鳥祟) 6-261
조수강(趙守康) 3-100
조수불급(措手不及) 10-312
조수삼(趙秀三) 4-247
조숭(晁崇) 1-38
조습불계(燥濕不計) 10-298
조승훈(祖承訓) 2-159, 2-160
조식(曺植) 2-77, 2-251, 3-260, 4-176, 5-35, 6-74, 6-105, 8-180, 8-215, 8-260, 10-166, 11-26
조식(曹植) 3-135, 5-181, 5-232, 6-40, 6-88, 6-105, 6-107, 8-83, 8-86, 11-46, 12-65, 12-255, 12-339, 12-352
조신(祖神) 3-38
조신(朝臣) 8-262
조심태(趙心泰) 4-266
조씨(鳥氏) 2-194
조아(曹娥) 2-350
조안(趙顔) 7-168
조야첨재(朝野僉載) 5-283, 7-198, 8-70, 9-231, 10-60, 10-199, 12-212, 12-360
조야회통(朝野會通) 8-161
조약(刁約) 8-222
조양(趙梁) 3-137
조양(棗陽) 4-51
조어(鱣魚) 12-223
조언약(趙彦若) 3-246
조연(趙涓) 3-154, 5-153
조연(奝然) 7-54
조열증(燥熱症) 11-75
조예(皂隷) 8-220
조와(爪蛙) 6-258
조완벽(趙完璧) 8-163, 12-125
조왕(竈王) 6-279
조왕망(曹王網) 4-202
조운(漕運) 1-229, 1-239, 4-176, 4-178
조운선(漕運船) 1-222, 1-229
조운흘(趙云仡) 2-106
조원(趙元) 3-86
조원기(趙元紀) 2-104
조원리(曹元理) 3-255
조원총(曹元寵) 8-152
조원호(趙元昊) 10-253
조위(曺偉) 3-238, 8-163
조위한(趙緯韓) 6-79
조유길(趙惟吉) 3-100
조융(條融) 5-297
조의경(趙義慶) 8-81
조의제문(早義祭文) 3-277
조이기(徂異記) 12-221
조익(趙翼) 3-27
조익진(鳥翼陣) 4-115
조인광좌(稠人廣坐) 10-285
조인국(佻人國) 2-197
조자(燥子) 5-163
조자(麈子) 8-76
조재례(趙在禮) 9-205
조적(祖逖) 1-152

조적(照寂) 7-83
조적법(糶糴法) 4-184, 4-189
조전(鳥篆) 3-225
조전(鳥戰) 7-162
조정(趙珵) 1-221
조정(祖珽) 11-269
조정(趙鼎) 6-66, 7-303, 12-213
조정(藻井) 4-214
조정(朝廷) 8-281
조정(趙整) 8-52
조정(調停) 9-33
조정강(趙正綱) 3-221
조정만(趙正萬) 7-194~195
조정철(趙貞喆) 5-60, 11-71
조정화(助精花) 11-139
조제(糶濟) 4-151
조조(曹操) 3-158, 3-283, 4-70, 4-117, 6-93, 9-146, 9-215, 11-111, 11-136
조조(趙眺) 3-158
조조(晁錯) 3-158, 3-259
조조(鱦鳥) 12-223
조족지혈(鳥足之血) 10-308
조종(祖宗) 3-23
조주(祖洲) 11-129
조주(造舟) 4-244, 4-245
조주묘비(潮州廟碑) 6-278
조준조(刁俊朝) 6-182
조중안면(稠中顔面) 10-262
조지겸(趙持謙) 9-32
조지국(條支國) 5-262, 12-287
조지서(趙之瑞) 8-216
조직(趙溭) 4-275
조진태(趙晉泰) 4-266~267
조집사(朝集使) 8-262
조착(晁錯) 2-245, 8-40
조착전(兆錯傳) 10-200
조참(篠驂) 8-70
조천(潮泉) 2-29
조천록(朝天錄) 2-65, 2-87
조천석(朝天石) 2-48
조천수(趙天壽) 3-101
조침(朦尖) 12-375
조총(鳥銃) 2-160, 2-185, 4-38
조충(趙沖) 8-203
조충국(趙充國) 4-185, 9-127
조충국전(趙充國傳) 9-81
조치(趙畤) 8-37
조타(趙佗) 9-113
조탁묘(鳥啄苗) 11-33
조포사(造泡寺) 5-177
조풍(嘲風) 12-217
조풍(條風) 1-59
조풍릉(趙豊陵) 5-52
조피산(朝避山) 1-226
조하(朝賀) 3-226
조하금(朝霞錦) 5-249
조하망(曺夏望) 4-271
조한영(曺漢英) 1-221
조해문자(粗解文字) 10-304
조허모(照虛耗) 1-136
조헌(趙憲) 1-234, 3-71, 3-100, 4-40, 5-41, 5-44, 5-91, 8-228, 8-253
조험(照驗) 9-175
조험시행(照驗施行) 9-175
조협(皂莢) 11-246
조호미(雕胡米) 11-282, 11-318
조호반(雕胡飯) 5-198
조홍(早紅) 11-242

ㅈ

조화분미(藻火粉米 7-250
조화중물(造化中物) 10-293
조환(趙煥) 3-126
조황후전(趙皇后傳) 2-300
조후(趙后) 6-47
조후(條侯) 7-233
조휘(趙暉) 1-232
조휘야(照暉夜) 12-61
조흘첩(照訖帖) 3-171
조희(曹喜) 3-227
조희곡(趙希鵠) 7-273~274, 10-129
조희정(趙希正) 1-218
조희철(趙希哲) 1-218
족과평생(足過平生) 10-265
족당(足堂)➪어숙권(魚叔權)
족보 2-224
족불리지(足不履地) 10-276
족의(足衣) 5-99
족자(足訾) 12-129
족자(簇子) 5-290
족제비 12-152, 12-167
족하(足下) 9-75, 9-77
존덕성(尊德性) 8-170
존림(尊臨) 9-68
존본취리(存本取利) 10-293
존비례(尊卑禮) 8-270
졸경전(卒更錢) 4-26
졸곡(卒哭) 2-358, 3-23
졸난변통(猝難變通) 10-260
졸본(卒本) 2-249
졸본부여(卒本扶餘) 1-203
졸수재(拙修齋)➪조성기(趙聖期)
좀벌레 12-347
종(鐘) 6-69, 10-146
종(樅) 11-176
종(種) 9-95
종(猣) 12-184
종(鯼) 12-251
종(騌) 12-154
종(騣) 12-154
종(鏦) 10-221
종가(從珂) 1-142, 2-142
종가화취[賨稼火毳] 5-119
종각(宗慤) 12-104
종각(鐘閣) 7-114
종거(鍾鐻) 5-273
종고시행(從古施行) 10-282
종고이래(從古以來) 10-296
종관(鬃冠) 5-44
종구(鍾馗) 6-275
종군(鯼裙) 5-67
종나락[種羅祿] 10-114
종남산(終南山) 7-35, 9-246, 11-63
종남산옹(終南山翁) 7-97
종남진사(終南進士) 6-275
종뉴(鍾紐) 12-216
종다래끼[樓斗] 4-168
종달새[鷚] 1-152~153
종동(鍾動) 1-143
종두(瘇痘) 6-183
종두지미(從頭至尾) 10-264
종등(鍾藤) 11-215
종려나무 2-214, 4-157, 11-231~232
종루(鐘樓) 4-235, 5-120, 7-143
종루전(鐘樓廛) 9-45
종리산(鍾離山) 3-111
종리촌(種李村) 1-218
종말강좌(從末降坐) 10-267

종모(從母) 2-228
종모법(從母法) 4-175, 9-37
종묘(宗廟) 10-156, 12-98
종문(從文) 7-74
종민국(種民國) 2-215
종박(縱撲) 12-174
종번(宗藩) 8-56
종사(種祠) 6-273
종산(鍾山) 3-42, 7-298
종성(鍾城) 9-44
종손생(從孫甥) 2-228
종승(從僧) 9-98
종신지질(終身之疾) 10-309
종야(宗爺) 9-69
종어경(種魚經) 4-199
종예(鍾隷) 3-225
종요(鍾繇) 3-228
종용(蓯蓉) 7-330
종유(鍾乳) 11-115
종유석(鐘乳石) 7-184, 12-238
종이(宗彝) 12-98
종이[造衣] 10-29
종자 뼈 9-227
종자(粽子) 1-112
종자(宗資) 12-86
종자원(從自願) 10-316
종장(終場) 9-71
종제양(種臍羊) 12-140
종종(縱縱) 12-188
종진(宗眞) 2-150
종천(從天) 1-26
종초객(宗楚客) 11-155
종침교(琮琛橋) 1-218
종풍이미(從風而靡) 10-310
종회(鍾會) 9-264
종횡(縱橫) 10-160
종횡가(縱橫家) 8-158
좋은 불전[好箇佛殿] 7-102
좌(痤) 6-189
좌각로(左閣老) 10-251
좌개(左魪) 12-228
좌관성패(坐觀成敗) 10-300
좌구명(左丘明) 3-259, 8-57
좌굴관개(坐屈冠蓋) 10-296
좌뉴회(左紐檜) 11-176
좌대지옥(剉碓地獄) 7-121
좌도금은(佐渡金銀) 5-219
좌도기왕(左屠耆王) 10-252
좌도주(佐渡州) 5-219
좌마(坐馬) 4-88
좌막리지(左莫離支) 8-221
좌반(佐飯) 5-152
좌반복무(佐飯覆舞) 6-66
좌백(左伯) 3-202
좌불안석(坐不安席) 10-291
좌사 전(左師展) 4-87
좌사(左思) 3-268, 11-179, 11-190, 12-25
좌살(左殺) 10-253
좌석미난(坐席未煖) 10-302
좌수우응(左酬右應) 10-268
좌우고시(左右顧視) 10-292
좌우사(左右絲) 5-135
좌이대사(坐而待死) 10-294
좌이식지(坐而食之) 10-291
좌자(左慈) 6-214
좌장(佐將) 8-198
좌정관천(坐井觀天) 10-301
좌주(座主) 9-210

ㅈ

좌천(左遷) 8-229
좌추욕(左追辱) 5-114
좌포도청(左捕盜廳) 5-272
좌포장(左捕將) 4-236
좌피실(左皮室) 8-222
좌화(坐化) 7-37
좨주(祭酒) 1-88
쬥이[楚王網] 12-258
죄인흔각(罪人痕却) 9-195
주(籒) 3-223
주(紂) 5-250, 6-235, 7-218, 7-259,
7-265, 9-111, 9-247
주(朱) 2-243
주(冑) 4-48
주(犨) 12-192
주(鵃) 12-325
주(麈) 12-134
주(鵃) 12-143
주(鼬) 12-155
주각해(麈角解) 11-147
주객전도(主客顚倒) 10-286
주거사묘(朱居士墓) 3-50
주경(酒經) 8-160
주계강(朱繼康) 3-62
주계우(朱季友) 3-280
주공(周公) 2-262, 3-30, 3-240, 5-70,
5-283, 7-336, 8-188, 11-179
주관무인(主管無人) 10-276
주관학(周官學) 2-308
주광정(朱光庭) 9-24
주교(舟橋) 4-245
주구(株駒) 12-203
주구(珠丘) 12-302
주국대부(柱國大夫) 2-307
주궁패궐(珠宮貝闕) 2-321
주규(酒糾) 6-73
주권(朱權) 12-176
주근(朱槿) 11-68
주기(周棄) 3-38
주기(周紀) 12-209
주누(侏儒) 12-144
주대전(朱大典) 4-71
주덕송(酒德頌) 11-307
주독(主櫝) 2-365
주돈(朱敦) 1-249
주돈이(周敦頤) 5-43, 8-183
주등(酒燈) 4-252
주락(珠絡) 3-205
주랑중(朱郎中) 10-49
주련(柱聯) 4-263, 6-229, 7-86, 10-170
주령(酒令) 5-151, 6-118, 8-50, 8-52,
8-54, 8-56
주령공(周令公) 3-75
주령장(朱靈杖) 1-46
주례(周禮), 동관(冬官), 고공기(考工記)
4-72
주례(周禮), 사구(司裘) 5-81
주례(周禮), 사의(司儀) 8-271
주례(周禮), 소재(小宰) 3-207
주례(周禮), 옥부(玉府) 7-257
주례(周禮), 천관(天官) 4-123, 8-265
주례(周禮), 추관(秋官) 10-136, 4-198
주례(周禮), 춘관(春官) 2-287, 2-331,
8-272
주례(周禮), 하관(夏官), 직방씨(職方氏)
1-194
주례(周禮), 해인(醢人) 5-194, 5-205
주례(周禮), 도인(稻人) 1-106

주례(周禮) 1-139, 1-144, 1-154, 2-246, 2-370, 2-340, 3-170, 3-230, 3-235, 3-285, 4-23, 4-27, 4-29, 4-31, 4-45, 4-100, 4-138, 4-163, 4-201, 4-247, 4-251, 5-71, 5-73, 5-143, 5-150, 5-152, 5-159, 5-189, 5-190, 5-196~197, 5-203, 5-207, 5-272, 5-313, 6-29, 6-32, 6-39, 6-46, 6-70, 6-244, 6-265, 7-214, 7-232, 7-242, 7-255, 7-258, 7-331, 8-35, 8-49, 8-252, 8-260, 8-268, 8-283, 9-48, 9-81, 9-108, 10-155, 11-246~247, 12-112, 12-190, 12-210, 12-284, 12-335, 12-337

주례(周禮), 대서(大胥) 8-191

주례, 향사(鄕士) 1-140

주례발명(周禮發明) 3-33

주루불변(邾婁不辨) 10-125

주류(州留) 12-193

주릉(走淩) 1-57

주리진(朱里眞) 2-150

주립(朱笠) 4-50, 5-53

주마가편(走馬加鞭) 10-271

주마간산(走馬看山) 10-287

주막(酒幕) 4-252

주만리(朱萬里) 9-78

주목(朱木) 11-210

주목(州牧) 7-310

주몽(朱蒙) 1-202, 2-124, 2-126, 2-128, 3-58, 3-96, 4-58, 4-236

주묘(周廟) 5-284

주묵(朱墨) 6-102

주묵(周默) 2-312

주묵사(朱墨史) 4-181

주문(奏文) 7-107

주문(朱門) 9-86

주문제(周文帝) 9-95

주밀(周密) 9-176, 10-320

주발(周勃) 4-189, 5-290

주발(酒鉢) 5-272

주발전(周勃傳) 10-202

주방(酒榜) 7-95

주방주(周防州) 3-139

주변(朱弁) 2-67, 4-239, 4-245

주별어(珠鱉魚) 12-281

주병명(酒甁銘) 5-286

주본기(周本紀) 12-45

주부(州府) 8-246

주부(主簿) 7-330, 8-288, 12-66

주부(朱浮) 9-165

주부득(做不得) 5-319

주부충(主簿蟲) 12-66

주비산경(周髀算經) 1-37

주사(朱砂) 6-207, 6-251, 11-112

주사(主事) 1-220

주사(周捨) 3-240

주사(籌司) 8-229

주사(州司) 9-182

주사(周史) 5-41

주사(麈史) 3-220, 8-150, 12-255

주사야탁(晝思夜度) 10-268

주사청루(酒肆靑樓) 10-259

주색지도(酒色之徒) 10-263

주서(朱薯) 11-285

주서(籒書) 3-225

주서(朱書), 답우연지서(答尤延之書) 3-282

주서(周書) 1-55, 4-74, 4-165, 4-245, 12-137

ㅈ

주석지신(柱石之臣) 10-276
주선왕(周宣王) 8-49
주세붕(周世鵬) 2-66, 8-177, 8-196
주소(周紹) 5-85
주송(朱松) 7-343
주수비기(朱壽秘記) 11-181
주식점(酒食店) 5-255
주신(周新) 9-157
주심원(朱深源) 7-75
주씨(朱氏) 3-124
주아부(周亞夫) 6-154
주애(朱崖) 8-96
주앵(朱櫻) 11-235
주어(周語) 12-89
주역(周易), 계사(繫辭) 1-51
주역(周易), 비괘(賁卦) 5-133
주역(周易), 사괘(師卦) 9-68~69
주역(周易), 수괘(需卦) 6-70
주역(周易) 1-152, 1-163, 2-127, 2-325, 3-250, 3-257, 3-286, 4-68, 4-108, 5-101, 5-253, 5-329, 6-44, 6-166, 6-168, 6-177, 7-213, 7-266, 7-329, 8-155, 9-58, 9-60, 9-187, 10-72, 10-112, 10-163, 10-208, 10-240, 10-313, 11-146, 12-273
주연(珠淵) 2-44
주연국(珠輦國) 2-211
주열(朱悅) 3-124
주영왕(周靈王) 7-220
주옥(珠玉) 12-249
주온(朱溫) 7-217
주왕(紂王) 2-277, 8-21, 10-150
주왕사(朱王絲) 4-65
주운(朱雲) 11-151
주위재(朱韋齋) 6-170
주유(周瑜) 7-331, 8-112
주유악(周維岳) 5-150
주유자(朱孺子) 11-91
주유희(朱有熺) 7-204
주은(蛛隱) 12-35
주읍전(朱邑傳) 9-66
주응(朱凝) 10-60
주의(奏議) 3-259, 3-266
주의(注擬) 8-223
주의(周顗) 10-25, 10-170
주의녀(朱衣女) 7-43
주이(周頤) 8-65
주이존(朱彛尊) 3-123
주익공기(周益公記) 12-248
주인(遒人) 7-79
주일용(周日用) 6-254
주자(周子) 10-124
주자(朱子) 1-82, 1-255, 2-35, 2-45, 2-232, 2-339, 2-362, 2-366, 3-40, 3-134, 3-283, 3-259, 3-279, 4-156, 4-179, 5-176, 6-171, 7-214, 7-215, 7-274, 7-280, 7-312, 7-322, 7-343, 8-167, 8-183, 8-193, 8-197, 9-128, 11-276, 11-294, 12-89, 12-296, 12-308
주자가례(朱子家禮) 2-270, 2-328, 2-333
주자대전(朱子大全) 2-67, 9-176
주자백(珠子柏) 11-177
주자사(州刺史) 8-245
주자어록(朱子語錄) 2-226, 2-228, 2-271, 2-340, 5-64, 7-327, 7-335, 8-92, 10-62, 10-324
주자어류(朱子語類) 2-312, 9-195

주작(朱雀) 2-138, 12-352
주작문(朱雀門) 4-233
주작부(朱雀符) 4-23
주잠(酒箴) 7-230
주장(主將) 2-156, 4-21
주장락토(走獐落兎) 10-283
주재(主宰) 7-49
주저(朱諸) 11-285
주저주저(躊躇躊躇) 10-282
주전부리[酒前喙] 9-263
주전자(酒煎子) 5-318
주전충(朱全忠) 4-111, 10-249, 12-84
주제(菹蒢) 11-120
주조(朱鳥) 1-105
주주(蛛珠) 5-237
주주(酒注) 5-318
주주(周犨) 10-116, 10-117
주지(周祗) 11-230
주지번(朱之蕃) 3-267, 4-267, 4-286, 6-53, 6-84, 8-193
주진행기(周秦行記) 2-323
주차(朱泚) 4-41, 6-232
주착(鑄錯) 10-250
주찬(朱粲) 7-204
주처(周處) 9-144
주척(周尺) 4-127, 4-155, 4-156, 9-52
주천(酒泉) 11-252
주천(朱天) 1-26
주천(周天) 8-57
주천(周燀) 5-148
주천군(酒泉郡) 2-64
주천석(酒泉石) 2-168, 5-283
주천현(酒泉縣) 2-64
주철(朱綴) 4-217
주청(奏請) 5-320
주청(朱淸) 1-229
주촌(舟村)➪신만(申曼)
주충(酒蟲) 6-188
주통촌(酒桶村) 3-145
주판(籌板) 9-54
주판지세(走坂之勢) 10-268
주평만(朱泙漫) 10-84
주폐(主閉) 12-69
주필대(周必大) 5-105, 5-267, 11-47
주하사(柱下史) 7-26
주해서(註解書) 3-257
주허후(朱虛侯)➪유장(劉章)
주현(朱弦) 12-30
주현(州縣) 3-201, 4-163, 4-171, 4-279
주협(周挾) 8-36
주호(州胡) 2-106
주호(朱戶) 7-350
주혼(晝昏) 7-140
주홍채(朱紅菜) 11-70
주후경(肘後經) 12-176
주후비급방(肘後備急方) 11-149, 12-45
주후혜문(柱後惠文) 5-36
주휴(蠨蠵) 12-275
주흘산(主屹山) 1-225
주흥(周興) 10-238
주흥사(周興嗣) 3-284, 8-62
주희(朱熹)➪주자(朱子)
죽(竹) 3-114, 12-322
죽간(竹簡) 3-202, 3-219
죽계(竹鷄) 7-152, 12-370
죽교(竹橋) 12-53
죽노(竹弩) 11-221
죽도(竹島) 2-90

ㅈ

죽돈(竹豚) 12-150
죽람(竹纜) 5-330
죽력(竹瀝) 11-116
죽령(竹嶺) 1-226, 6-50, 7-208
죽롱(竹籠) 5-306
죽루기(竹樓記) 10-35
죽마지교(竹馬之交) 10-284
죽미일(竹迷日) 11-223
죽보(竹譜) 11-220
죽산(竹山) 1-226, 3-102, 12-174
죽산마(竹山馬) 3-26
죽산산성(竹山山城) 4-77
죽서(竹書) 7-237
죽서기년(竹西紀年) 1-55
죽서루(竹西樓) 2-169, 4-274
죽선(竹扇) 5-301
죽소(竹所)➪김광욱(金光煜)
죽순 5-183, 5-193, 5-194, 11-221, 11-273, 11-309, 12-260
죽어(竹魚) 12-252
죽여(竹輿) 5-326
죽엽부적(竹葉符籍) 11-224
죽엽지(竹葉紙) 3-200
죽엽초(竹葉椒) 11-264
죽유(竹乳) 11-115
죽유(竹鼺) 12-149, 12-150
죽율(竹律) 1-147
죽자(竹子) 11-255
죽장(竹杖) 2-336, 2-338
죽장릉(竹長陵) 3-59
죽점(竹簟) 5-313
죽정(竹亭) 3-128
죽죽(竹竹) 1-226
죽지사(竹枝詞) 6-198
죽창(竹槍) 4-37
죽청(竹青) 11-310
죽취일(竹醉日) 11-223
준(隼) 12-350
준(鮻) 6-70
준(雋) 7-227
준(鶽) 12-367
준서(鼨鼠) 12-158
준수(踆首) 12-263
준순주(逡巡酒) 10-205
준어(鱒魚) 12-251
준영(雋永) 7-227
준오(踆烏) 7-201
준의(鵔鸃) 12-316
준의(縛衣) 5-97
준의(鵕鷫) 12-315
준의관(鵔鸃冠 / 鵕鷫冠) 5-57, 5-85, 12-315
준절(撙節) 10-326
준주(雋周) 12-356
준준무식(蠢蠢無識) 10-285
준치 12-251
준치(蹲鴟) 4-213, 11-276, 11-287
준화(濬鏵) 4-167
줄다리기[牽索] 6-128
중(中) 5-328, 8-280
중(衆) 9-98
중간인실(中間闖失) 10-264
중간조종(中間操縱) 10-262
중경(中京) 1-206, 1-213
중곡(重轂) 4-91
중곡산(中曲山) 12-91
중광(重光) 1-158
중구난방(衆口難防) 10-263

중궁(仲弓) 3-134
중규(中馗) 11-289
중니(仲尼)➪공자(孔子)
중단(中單) 5-71
중단한삼(中襌汗衫) 5-72
중대통(中大通) 7-280
중독(中瀆) 2-31
중동(仲冬) 7-78
중라면(重羅麪) 5-186
중명조(重明鳥) 1-80
중명침(重明枕) 5-105
중무소주(中無所主) 10-285
중방비보(重房裨補) 4-153
중배끼[粆] 5-158
중복(重服) 2-353
중봉(重峯)➪조헌(趙憲)
중부괘(中孚卦) 7-243
중산(中山) 2-167
중산시화(中山詩話) 9-55
중산왕(中山王) 2-167, 2-246
중생상(衆生相) 8-50
중서성(中書省) 3-84, 3-218, 8-277, 9-210, 11-39
중선(中仙) 2-47
중순(重唇) 12-266
중시(重試) 3-180, 3-182
중아(仲雅) 5-286
중악(中嶽) 2-31, 3-92
중양절(重陽節) 1-123, 10-159
중언부언(重言復言) 10-308
중연(仲衍) 2-195, 2-242
중옥(重屋) 3-29
중옹(仲雍) 7-238
중용(中庸) 3-281, 4-198, 6-212, 6-251, 7-42, 7-276, 8-142, 9-134, 10-167
중용국(中容國) 2-214
중우론(重友論) 7-48
중운(重韻) 8-68
중원(中元) 1-159, 7-280
중원(中原) 1-206
중원(衆園) 7-73
중월(中月) 2-357
중위(中尉) 9-209
중윤(中允) 10-234
중의(中衣) 5-98
중잠(重蠶) 5-130
중전(重錢) 11-309
중전(中田) 4-186
중전(中佃) 5-327
중종(中宗) 3-23, 3-161, , 4-54, 5-2456-128, 6-133, 6-163, 8-141, 8-239, 8-242, 10-228
중주(中主) 2-147
중주(重主) 2-365
중지(重池) 5-109
중천(中天) 1-26
중천령(重泉令) 12-380
중태국(中泰國) 2-210
중통원보초(中統元寶鈔) 5-261, 5-266
중학교(中學橋) 10-110
중향국(衆香國) 7-80
중향발(衆香鉢) 7-80
중향성(衆香城) 2-71
중화(中伙) 9-217
중화(中和) 3-58
중화당(中和堂) 6-59
중화절(中和節) 1-95
중흥국(中興國) 5-236

ㅈ

중흥사(中興寺) 7-59
쥐 5-178, 12-32, 12-44, 12-145, 12-148~151, 12-156, 12-159, 12-168, 12-182
쥐똥나무[鼠矢木] 5-302
쥐똥나무열매 11-82
쥐며느리[伊威] 12-32~33
쥐불[鼠火] 1-139
쥘부채[摺扇] 5-299
쥘부채[便面] 12-229
즉(卽) 12-50
즉(鯽) 12-263
즉(鰂) 12-224
즉묵(卽墨) 1-196
즉자(蒯子) 11-99
즉저(蝍蛆) 12-62, 12-73
즐(櫛) 5-295
즐불(櫛拂) 4-140
즐비(櫛枇) 10-326
증(罾) 4-202
증(橧) 12-176
증(鄫) 2-142
증감시(增監試) 3-182
증공(曾鞏) 1-70, 5-326, 7-77, 8-256, 10-35
증공량(曾公亮) 8-63
증광시(增廣試) 3-182
증립(甑笠) 2-335
증병(蒸餠) 5-174
증상(曾桑) 2-217
증선지(曾先之) 8-61
증신(曾臣) 7-264
증운(增韻) 4-219, 7-334, 8-78
증이파의(甑已破矣) 10-300
증자(曾子) 2-348, 5-138
증자구집(曾子椝集) 12-195
증저(潧浒) 3-91
증전장성(增田長盛) 2-158
증점(曾點) 8-193, 11-242
증조(曾慥) 11-40, 11-53
증심박사가(贈沈博士歌) 6-36
지(茿) 11-79
지(馶) 12-292
지(鼅) 12-39
지가(地家) 7-103
지가서(地家書) 6-171
지거치(地巨赤) 3-96, 12-50
지경(地鏡) 7-139
지골피(地骨皮) 11-90
지공(指空) 7-86, 7-87
지공(支供) 9-262
지공거(知貢擧) 9-210
지과(地科) 10-172
지과(地瓜) 11-289
지관(地關) 7-262
지난(持難) 10-320
지남석(指南石) 5-225
지남침(指南針) 5-226
지낭(智囊) 11-218
지네[蜈蚣] 7-203, 12-63, 12-182
지녕(指佞) 11-200
지눌(知訥) 7-55, 11-159
지담(地膽) 12-57
지대윤(池大奫) 8-226
지두간(枝頭乾) 11-253
지두우(地豆于) 1-250
지라[脾] 6-178
지랍(地臘) 1-131

지렁이[蚯蚓] 7-161, 12-32, 12-35, 12-49, 12-150, 12-224, 12-263
지로문행(知路問行) 10-312
지록위마(指鹿爲馬) 10-283
지뢰포 4-45
지룡(地龍) 12-49
지리(支離) 7-48, 10-322
지리국(智理國) 6-62
지리기(地理記) 12-290
지리다도도파(智理多逃都破) 6-62
지리산(智異山) 2-31, 2-68~69, 7-34, 7-111, 11-104, 12-246
지리서(地理書) 7-27
지리선인(智異仙人) 7-38
지리소(支離疏) 9-256
지리숙(支離叔) 8-73
지리업(地理業) 3-168
지리지(地理志) 7-301
지림(祗林) 7-105
지림(志林) 9-257
지마(芝痲) 11-261
지맥석(持麥石) 7-109
지모(知母) 11-79
지방(紙榜) 2-366, 5-176
지복건원(知福建院) 7-204
지본(知本) 10-320
지봉(芝峯)➪이수광(李睟光)
지봉유설(芝峯類說) 2-90, 3-251, 8-164
지부자초(地膚子草) 11-316
지부초(地膚草) 11-316
지사반(知事班) 8-248
지사위한(至死爲限) 10-270
지상(志常) 7-56
지상선(地上仙) 3-247
지선사(智禪師) 8-171
지설국(支舌國) 2-203
지성감천(至誠感天) 10-259
지성문선왕(至聖文宣王) 8-187
지성선사(至聖先師) 8-187
지속(遲速) 2-245
지수(泜水) 12-234
지신(地神) 1-91, 3-37
지심귀(知心鬼) 6-174
지암(智岩) 7-55
지암(止庵)➪김양행(金亮行)
지어(鮨魚) 12-253
지어지앙(池魚之殃) 10-277
지여부지(知與不知) 10-275
지여지(地輿志) 11-131
지우(摯虞) 1-102
지원(至元) 1-229, 5-261
지원극통(至冤極痛) 10-261
지유초(地楡草) 11-120
지은보은(知恩報恩) 10-279
지응(支應) 9-262
지인(知印) 8-260
지자(支子) 2-113, 3-101, 3-103
지자(地子) 8-275
지장(智藏) 7-57
지전(紙錢) 2-328, 3-83
지전록(芝田錄) 6-247, 7-317, 11-302
지전충육진(地前衝六陣) 4-106
지정(地正) 1-160
지정(紙幩) 2-366
지정집(止亭集) 7-343
지족당(知足堂) 8-216
지중어(池仲魚) 7-227
지중익(池重翼) 3-127, 9-164

ㅈ

지증왕(智證王) 2-89, 2-123, 2-352, 3-86, 4-137, 5-313
지지(地脂) 11-291
지지(地支) 1-157, 3-149
지지(枝指) 9-202
지지국(郅支國) 2-190
지지국(秖支國) 1-80
지지하천(至至下賤) 9-148
지진(地陣) 4-106, 4-114
지진국사(知盡國師) 1-46
지징무처(指徵無處) 10-299
지차불선(止此不羡) 10-271
지채문(智蔡文) 8-201
지천(遲川)➪최명길(崔鳴吉)
지천굴[遲川窟] 9-154
지축십이진(地軸 十二陣) 4-105, 4-106
지취(志趣) 9-235
지치[茈] 1-149
지탱(支撐) 7-306, 10-320
지팡이[執行] 5-311
지패(紙牌) 6-113, 6-115
지해(蚳醢) 5-190
지화(池和) 2-261
지황(地黃) 11-145
지황씨(地皇氏) 3-90, 7-184, 7-214
지후충육진(地後衝六陣) 4-106
직(稷) 3-38, 7-265
직(稙) 4-129
직공(職貢) 6-120
직관(職官) 4-161
직관기(職官記) 6-39
직관분기(職官分紀) 8-31
직금도(織錦圖) 3-271
직녀(織女) 2-173
직녀성(織女星) 1-120
직령(直領) 5-70
직류(直柳) 11-190
직문지가(直門之家) 10-113
직방(職房) 8-253
직분전(職分田) 8-276
직산(稷山) 1-204
직전(職田) 8-275~276
직지인심(直指人心) 8-180
직택(稷澤) 12-254
직표율사(直表律師) 7-55
진 목공(秦穆公) 10-157
진 문공(秦文公) 12-142
진 민제(晉愍帝) 9-218
진 회제(晉懷帝) 9-218
진(蓁) 7-246
진(蔯) 11-278
진(軫) 1-30
진(辰) 1-30, 1-158
진(震) 1-51
진(畛) 4-127
진(塵) 4-181, 9-260
진(荎) 7-290
진(籈) 6-48
진감(眞鑑) 7-57
진감(陳鑑) 8-269
진경(陳敬) 2-368
진경잡기(秦京雜記) 9-76
진계경(陳季卿) 7-97
진계아(陳季雅) 7-332
진고(眞誥) 1-86, 2-279, 5-221, 7-75
진골(眞骨) 2-231, 4-225, 9-199
진공(晉公) 2-232, 5-66, 10-124
진공(秦公) 2-232

진공석(陳孔碩) 7-218
진과(辰瓜) 11-297
진관(秦觀) 3-259
진관(鎭管) 5-273
진관(陳瓘) 5-311
진관(秦關) 3-267
진광왕전(秦廣王殿) 7-120
진광한(陳廣漢) 3-255, 10-206
진교(陳嶠) 2-292
진궁각명(晉宮閣銘) 11-259
진기(秦紀) 8-62
진길료(秦吉了) 7-200, 12-342, 12-343
진단(震旦) 2-127, 7-54
진단(陳摶) 3-257
진담누설(陳談陋說) 10-271
진대(賑貸) 4-175, 6-53
진덕(進德) 8-178
진덕공(秦德公) 1-115
진덕수(眞德秀) 3-131, 7-226
진덕왕(眞德王) 1-77, 2-123, 2-137, 2-307, 3-147, 3-169, 3-270
진도(珍島) 4-284
진동(陳東) 8-194
진동찰(陳同札) 11-69
진등(晉燈) 1-217
진등(陳登) 5-196
진랍국(眞臘國) 2-174, 5-142, 7-73, 9-95, 10-128, 11-303
진랍국풍토기(眞臘國風土記) 11-264
진량종(津梁種) 12-198
진령군(晉寧君) 7-111
진로(振鷺) 7-246
진료옹(陳了翁) 8-264
진류(陳留) 7-177
진린(陳璘) 8-207
진림(陳琳) 8-131, 9-169
진마(辰馬) 6-227
진맥(秦陌) 4-159
진명학(秦鳴鶴) 6-197
진목(楉 木) 5-146
진목공(秦繆公) 7-216
진무(鎭撫) 5-38
진문공(晉文公) 3-279, 7-216, 9-77
진박(陳搏) 3-87, 6-150, 6-158
진방씨(辰放氏) 5-78
진번(眞蕃) 1-198, 2-117
진법(陣法) 4-109
진법서(陳法書) 4-46
진복창(陳復昌) 6-74
진봉(進奉) 9-38
진봉산(進鳳山) 1-208
진비(晉鄙) 4-23, 7-308
진사(晉史) 1-102, 5-287, 9-139, 9-234
진사(秦史) 1-98, 8-245
진사개(陳師凱) 8-171
진사과(進士科) 3-172
진사도(陳師道) 5-172, 7-77~78, 9-66, 9-104, 9-183, 10-119, 10-179, 10-239
진사마누라[進賜抹樓] 9-75
진사석(陳師錫) 8-264
진사시(進士試) 8-68
진사왕(辰斯王) 1-225
진사왕(陳思王)⇨조식(曹植)
진산(鎭山) 1-244, 2-82
진삼미(鎭三昧) 10-63
진상(盡傷) 3-184
진상품(進上品) 11-228
진서(震書) 3-225

ㅈ

진서(晉書), 동이전(東夷傳) 11-199
진서(晉書), 석계룡전(石季龍傳) 7-156
진서(晉書), 악지(樂志) 6-43, 6-65, 11-301
진서(晉書), 여복지(輿服志) 2-285, 5-36, 5-300
진서(晉書), 오행지(五行志) 9-218
진서(晉書), 유원해전(劉元海傳) 3-115
진서(晉書), 율력지(律曆志) 8-65
진서(晉書), 장궤전(張軌傳) 5-124
진서(晉書), 천문지(天文志) 1-24, 2-221
진서(晉書), 하통(夏統) 5-92
진서(晉書), 혜기(惠紀) 7-278
진서(晉書), 환온전(桓溫傳) 4-30
진서(秦誓) 10-143
진서(晉書) 1-152, 1-192, 1-260, 2-292, 3-140, 3-258, 5-183, 5-209, 6-192, 6-236, 7-205, 7-237, 7-285~286, 7-299, 8-97, 8-107, 8-245, 9-249, 9-67, 9-76, 9-133, 9-177, 9-208, 9-212, 9-265, 10-61, 10-73, 10-103, 10-188, 10-202, 10-209, 10-234, 10-242, 11-282, 12-46, 12-47, 12-168, 12-197, 12-207, 12-340
진서(陳書) 5-296
진선정(進善旌) 9-56
진선진미(盡善盡美) 9-259, 10-292
진성(辰星) 1-29
진성(鎭星) 1-29, 3-148
진성(陳成) 6-260
진성왕(眞聖王) 3-147, 3-274, 6-198, 7-126
진소유(秦少游) 3-155
진수(陳邃) 10-149
진수(溱水) 1-102
진수(陳壽) 1-257, 2-115, 2-330, 7-343, 10-73
진시황(秦始皇)➪진시황제
진시황제 3-202, 3-254~255, 4-242, 7-192, 8-245, 11-130, 11-219, 11-228, 12-113
진식(陳寔) 10-252
진심갈력(盡心竭力) 10-276
진씨향보(陳氏香譜) 2-368
진안(鎭安) 5-252, 10-63
진안(眞贋) 9-193
진약란(秦蒻蘭) 10-55
진양(陳襄) 7-263
진여(陳與) 10-183
진여(陳餘) 7-338
진영(辰嬴) 1-196
진영(眞影) 3-56
진왕산(秦王山) 11-219
진왕준(秦王俊) 8-65
진외가(眞外家) 2-231
진외정(塵外亭) 4-242
진우량(陳友諒) 3-108
진유(陳遺) 4-64
진유경(秦有經) 3-130
진유서(鎭帷犀) 5-292
진은전(眞隱傳) 7-300
진의(辰義) 7-147
진이(陳理) 3-108
진이경(陳貽慶) 9-167
진인(眞人) 7-36, 7-42, 7-177, 7-324
진일조(陳日照) 2-169, 2-170
진자점(榛子店) 2-299
진장(鎭將) 6-214

진장기(陳藏器) 5-141, 5-228, 11-206, 12-354
진정서(陳情書) 3-229
진정소회(眞情所懷) 10-260
진정표(陳情表) 9-182
진조(陳慥) 2-314
진졸(津卒) 6-38
진종(眞宗) 5-266, 8-187
진주(秦州) 12-193
진주(榠 酒) 5-146
진주계(眞珠鷄) 12-315
진주묘(眞珠墓) 3-58
진주성(晉州城) 2-162
진주영(晋州營) 4-281
진죽(鎭竹) 10-94
진준(陳遵) 10-149
진중(珍重) 10-34
진중(鎭重) 10-34
진중(秦仲) 12-284
진중(陳重) 9-118
진중흥서(晉中興書) 1-70
진지(進支) 9-79
진지(珎支) 2-120
진지왕(眞智王) 4-240, 7-167
진지적견(眞知的見) 10-303
진지포(秦之鮑) 12-252
진진(眞眞) 7-168
진진상인(陳陳相因) 10-121, 10-309
진창(陳倉) 1-211, 3-76, 11-236, 12-142
진채도(盡菜圖) 11-295
진천뢰(震天雷) 4-42, 4-43
진체(晉體) 3-222
진총전(陳寵傳) 1-128
진토지중(塵土之中) 10-258
진퇴유곡(進退維谷) 10-301
진팽년(陳彭年) 8-65
진평(陳平) 6-141, 7-307, 9-66, 9-258
진평왕(眞平王) 2-137, 3-63, 4-241, 5-84, 7-108, 7-126
진평왕릉(眞平王陵) 7-128
진평전(陳平傳) 5-175
진풍(秦風) 5-70
진피(秦皮) 11-194
진한(辰韓) 1-195~197, 1-203, 2-108, 2-115, 2-120~121, 2-142, 2-234, 3-93, 5-26, 7-135, 9-254, 12-197
진한육부(辰韓六部) 2-120
진합태산(塵合太山) 10-269
진항(陳沆) 12-331
진현달(陳顯達) 5-310
진형중(陳瑩中) 3-155
진혜(陳惠) 6-28
진혜명(陳惠明) 7-71
진홍(眞弘) 7-115
진황(陳晄) 2-306, 4-232
진회(秦檜) 7-211, 9-233, 10-50, 12-256
진후주(陳後主) 5-144
진휴상(陳休尙) 5-310
진휼(晉遹) 2-260
진흙말 7-198
진흙탕 미꾸라지[泥鰍] 12-214
진흥왕(眞興王) 2-133, 2-137, 3-145, 7-54
질(絰) 2-337
질(鴂) 12-341
질(紩) 5-77
질곡(桎梏) 11-185
질국(载國) 2-207

질려(蒺藜) 12-62
질명(質明) 10-204
질병궁(疾病宮) 6-150
질보(郅輔) 10-242
질수(侄獸) 12-101
질일(疾日) 6-235
질일엄묘(疾日嚴卯) 1-86
질장구 6-44
질제(質劑) 8-35
질제(質帝) 9-240
질제법(質劑法) 5-266
질지이심(疾之已甚) 10-300
질휴(鴶鵂) 12-341
짐(朕) 10-181
짐[負] 4-156
짐바리[馱] 4-100
짐바리안장[馱鞍] 4-100
짐새[鴆鳥] 1-174, 2-274, 12-339
짐어(鱈魚) 12-233
집(什) 5-269
집(執) 9-119
집구(集句) 3-265
집금오(執金吾) 5-56
집략(輯畧) 8-159
집류(執溜) 12-184
집물(什物) 5-269
집비둘기 5-207, 12-334
집서(執徐) 1-158
집선전(集仙傳) 7-37
집오리[家鴨] 12-321, 12-373
집운(集韻) 2-32, 2-150, 2-203, 3-50, 3-95, 3-100, 3-113, 4-94, 4-147, 4-203, 4-210, 5-123, 5-140, 5-146, 5-148~149, 5-170, 5-211, 5-273, 5-297, 5-329, 6-35, 6-113, 6-190, 6-204, 7-74, 7-253, 7-290, 7-301, 7-333, 8-22, 8-65, 8-153, 8-271, 9-204, 9-240, 10-221, 10-237, 11-202, 11-212, 11-262, 11-311, 12-62, 12-69, 12-79, 12-94, 12-100, 12-136, 12-145, 12-184, 12-197, 12-199, 12-240, 12-269, 12-325, 12-356, 12-357
집이(執夷) 12-177
집현전 8-232
집화(執火) 12-272
징(澄) 3-91
징(徵) 9-48
징[錚] 4-31
징[鉦] 4-31
징강(澂江) 10-126
징갱취해(懲羹吹薤) 10-286
징군(徵君) 9-62
징비록(懲毖錄) 1-43, 4-78, 8-161
징사단자(澄沙糰子) 5-170
징일여백(懲一勵百) 10-305
징측(徵側) 2-308
짚단[藁段] 4-140, 4-141
짜다[醎] 5-177
짱뚱어 12-233
쪼끔별[朝飮星] 1-168
찐떡[糙] 5-158

ㅊ

차(車) 3-103
차(箚) 3-261
차(次) 9-108
차(叙) 2-281

차(鮺) 12-268
차가(車駕) 5-331
차거(車渠) 5-242
차곡전서(差穀全書) 6-233
차달(車達) 3-103
차대(次對) 8-254
차대관(次對官) 8-254
차두부(釵頭符) 1-110
차래지식(嗟來之食) 10-307
차력법(借力法) 6-142
차령 1-226
차목(叉木) 4-229
차복원(車復元) 7-183
차예(遮翳) 4-197
차오(車螯) 12-269
차우(車右) 7-305
차운(次韻) 8-67
차원보(車原普) 4-253
차인(差人) 4-172
차일(遮日) 2-274, 5-293
차일암(遮日巖) 1-207
차일피일(此日彼日) 10-310
차자(箚子) 5-301
차전초(車前草) 10-286, 11-124
차제(第次) 3-132
차제간사(次第間事) 10-293
차조(秫) 5-168~169
차조(鳶鳥) 2-199
차차웅(次次雄) 2-132
차천로(車天輅) 1-168, 6-78, 8-150, 8-164
차천추(車千秋) 3-132
차첩(差帖) 8-250
차탈피탈(此頉彼頉) 10-285
차한(車漢) 1-251
차한국(車漢國) 4-82
차한기(車漢記) 1-249
차한일기(車漢日記) 4-42
차한피한(此漢彼漢) 10-269
차화로[茗鑪] 5-317
착(錯) 12-80
칙(鑿) 5-208
착(穱) 4-143
착(皀) 12-147
착단(錯斷) 6-264
착도(錯刀) 8-80
착맥부(捉脉賦) 6-168
착목(斲木) 12-346
착박(窄迫) 10-324
착서(鋜鋤) 4-147
착실(着實) 10-326
착운(窄韻) 8-67
착제(着題) 10-33
착족무처(着足無處) 10-312
착진도(稏稅稻) 4-140
착치(鑿齒) 12-90
착해방수(捉蟹放水) 10-287
찬(弗) 5-319
찬(讚) 7-74
찬리채(鑽籬菜) 3-22, 12-378
찬보(贊普) 3-116
찬영(贊寧) 3-242, 12-150
찬요(纂要) 1-56
찬장[庋閣] 5-319
찬조(贊助) 10-319
찰(咱) 9-116
찰기장 7-350
찰도(察度) 2-167

ㅊ

찰슬(刹瑟) 7-101
참(蔘) 4-168
참(摻) 6-48
참(塹) 6-111
참(鼈) 6-266
참견(昝堅) 3-120
참단목(毚檀木) 11-180
참도(饞饕) 5-203
참등(饞燈) 5-304
참료(參寥) 10-53
참봉(參奉)➪이광려(李匡呂)
칠송거사(七松居士)➪조정(趙珵)
참빗[眞梳] 5-295
참새[饞雀] 12-309
참선(參禪) 11-187
참성(參星) 1-83, 1-95, 1-113, 1-122
참성단(塹星壇) 1-238
참시선인(昆始仙人) 2-84
참언(讖言) 4-137
참외[眞瓜] 11-200, 11-297
참위(讖緯) 8-39
참자(斬齊) 2-336
참정(讒鼎) 9-193
참죽나무[櫄] 11-212
참죽나무[眞僧木] 5-132
참죽나무[椿] 5-177
참창(攙搶) 1-33
참호(獑胡) 12-99
창(鎗) 4-36
창(鶬) 12-312, 12-313
창(昌) 9-247
창(倀) 9-98
창(淌) 12-197
창(裮) 9-247
창거(創鉅) 2-326
창격(窓隔) 4-218
창경(倉庚) 12-359
창계(鶬鷄) 12-312
창계(傖鷄) 12-377
창계(滄溪)➪임영(林泳)
창공(倉公) 6-202
창기(娼妓) 6-136
창남행(蒼柟行) 11-178
창녕국(昌寧國) 2-116
창녕절(昌寧節) 2-139
창두리(倉頭里) 5-228
창랑군(滄浪君) 12-162
창랑근(倉琅根) 4-231
창릉(昌陵) 3-60
창명(滄溟) 3-267, 12-281
창방(唱榜) 3-28, 3-181, 5-42
창벽(蒼壁) 4-262
창부(唱夫) 6-92
창서(蒼書) 12-165
창선감의록(彰善感義錄) 8-60
창성(昌城) 1-241, 1-242, 2-111, 4-45, 8-210
창씨(蒼氏) 3-139
창씨고씨(倉氏庫氏) 10-274
창아(唱喏) 6-72
창양(昌陽) 11-306
창오(蒼梧) 2-232, 11-222, 12-302
창오(蒼鷗) 12-312
창오산(蒼梧山) 6-90
창왕(昌王) 2-167, 2-168
창우(倡優) 6-92
창우(蒼鷗) 6-261
창원(昌原) 3-99, 11-244

창원암(倉元巖) 9-44
창읍왕(昌邑王)➪유하(劉賀)
창의(氅衣) 4-81, 5-68, 5-75
창의문(彰義門) 4-254
창졸(倉卒) 10-318
창졸지간(倉卒之間) 10-299
창주(昌州) 11-37
창주(滄洲) 11-65
창주정사(滄洲精舍) 7-102
창증(瘡症) 12-294
창출(蒼朮) 11-280
창택어수(滄澤漁叟) 3-163
창포(菖蒲) 1-110, 11-305
창포김치[昌歜] 1-111, 11-306
창피(昌披) 9-247
창합풍(閶闔風) 1-58
창해(滄海) 5-31
창해군(滄海君) 1-196, 1-233
창해군(滄海郡) 1-200, 2-122
창황(蒼黃) 10-318
창힐(倉頡) 3-219, 3-222, 3-231, 6-233, 7-216
창힐(蒼頡)➪창힐(倉頡)
채(蔡) 12-203
채(采) 6-105, 6-107
채(債) 9-66
채[捍撥] 6-35
채(蠆) 12-40
채경(蔡京) 5-198, 7-202
채단(采緞) 2-277, 10-297
채단(綵緞) 5-120
채담(蔡琰) 6-42
채득순(蔡得淳) 3-273
채란잡지(採蘭雜志) 11-193
채련(採蓮) 6-65
채륜(蔡倫) 3-202, 11-214
채릉가(采菱歌) 8-137
채리견국(采利堅國) 7-187
채모(蔡謨) 12-270
채번경(蔡繁卿) 11-76
채부(蔡孚) 6-129
채붕(彩棚) 7-79, 8-202
채비(采芘) 11-269
채숙(蔡叔) 7-211
채약록(採藥錄) 11-214
채양(蔡襄) 7-182
채어(鼂魚) 12-262
채염(蔡琰) 3-224
채옹(蔡邕) 1-156, 2-232, 3-223, 4-90, 4-91, 6-42
채옹전(蔡邕傳) 7-322
채요(彩鷂) 4-196
채운봉(彩雲峰) 2-47
채원정(蔡元定) 6-172
채제공(蔡濟恭) 8-252, 8-256, 9-34, 9-45
채조시화(蔡條詩話) 3-265
채지(采地) 4-158
채찍[鞭] 4-64
채초(茝草) 11-152
채팽윤(蔡彭胤) 7-119
채형(蔡衡) 12-380
채홍철(蔡洪哲) 6-59
책(磔) 1-65
책(策) 3-183, 3-187, 3-261
책(冊) 3-261
책(幘) 5-27, 5-56
책(茦) 6-190
책건(幘巾) 2-334

ㅊ

책구루(幘溝婁) 5-27
책맹(蚱蜢) 1-185, 12-36
책문(策問) 3-172, 3-177
책부원구(冊府元龜) 4-228
책비(責備) 9-259
책수(策簒) 4-64
책훈(策勳) 5-203
챙 5-49
처분적당(處分適當) 10-265
처사(處事) 3-231
처신불공(處身不恭) 10-271
처영(處英) 7-94
처용(處容) 6-62
처용가무(處容歌舞) 6-62
처처동(處處同) 10-313
척(碏) 7-255
척(鷉) 12-354
척(拓) 3-117
척(尺) 4-180, 9-41
척(㡿) 5-178
척계광(戚繼光) 4-31, 4-36, 4-83, 4-105, 4-110
척독(尺牘) 8-28
척령(鶺鴒) 12-354
척리(陟釐) 11-309
척리(戚里) 8-235, 9-196
척맥(尺脈) 6-197
척발(拓跋) 3-117
척발규(拓跋珪) 6-288
척발무(拓拔舞) 3-194
척발창서(拓拔蒼舒) 7-113
척봉(脊縫) 5-65
척비(戚妃) 2-323
척애독락(隻愛獨樂) 10-303
척전(滌篆) 8-31
척족씨(碏簇氏) 12-337
척촉화(躑躅花) 11-34
척확(尺蠖) 12-28
척후(斥候) 4-219
천(遷) 10-48
천(茜) 5-126
천(蒨) 5-126
천(穿) 5-69
천(荈) 11-103
천가(天嘉) 2-143
천가한(天可汗) 2-329
천강(天剛) 2-148
천개소문(泉蓋蘇文)➪연개소문
천거임고정(遷居臨皐亭) 10-235
천경(踐更) 4-25, 4-189
천경관(天慶觀) 6-202
천계(天鷄) 2-217, 7-266
천계(天啓) 5-261
천계(天癸) 7-264
천계성(天鷄星) 7-330
천과(天科) 10-172
천관(天關) 7-262
천관서(天官書) 1-32, 9-120
천구(天灸) 11-121
천구(天狗) 12-107
천구성(天狗星) 7-129
천궁(天宮) 3-219, 8-56
천궁(泉宮) 7-200
천균(天囷) 7-138
천금목(千金木) 11-161
천금인(天金人) 7-61
천기(天棄) 1-34
천기대요(天機大要) 2-260, 6-263, 9-83

천나저(川蘒苴) 9-102
천낭(倩娘) 7-168
천녀(天女) 7-88, 12-365
천노(遷怒) 10-107
천달방(泉達坊) 2-61
천당(天堂) 2-175, 7-73, 7-120
천도(天道) 2-351, 3-34, 3-170
천독(天毒) 2-119, 2-170
천둥[天動] 1-45
천등제(千燈祭) 7-75
천락(天樂) 6-286
천랍(天臘) 1-131
천력(天曆) 1-129
천렵(川獵) 12-255
천령(虫泠) 3-228
천령부(虫泠符) 3-228
천로(淺露) 10-322
천로(天老) 9-236
천록(天祿) 12-86
천록(天錄) 6-163
천록(天鹿) 12-86
천록각(天祿閣) 7-225, 12-86
천리를 밝히는 촛불[千里燭] 1-50
천리를 비추는 거울[千里鏡] 1-50
천리석구초[千里蓆具草] 11-313
천리직소(擅離直所) 10-268
천마(天馬) 12-71, 12-190
천마가(天馬歌) 12-195
천마산(天磨山) 2-42
천만리(千萬里) 3-105
천명(天命) 7-276
천명제(天命帝) 3-161
천문(天文) 7-48, 8-159
천문(天問) 1-39, 12-199
천문지(天文志) 1-42, 1-153, 1-168, 4-139, 6-86, 8-266
천반(賤班) 8-244
천방(天方) 2-175
천방국(天方國) 7-120
천방사(千房寺) 7-105
천법악(天法樂) 7-54
천보(天寶) 1-84, 3-102, 5-236, 6-126, 7-140, 11-167
천보산(天寶山) 7-110
천보유사(天寶遺事) 1-112, 3-179, 3-180
천보초(千步草) 11-169
천복(天福) 2-176, 7-43
천복비(薦福碑) 6-161
천부족(天不足) 1-41
천비(天鄙) 2-145
천사(穿沙) 12-221
천사(天使) 4-235
천사성(天使星) 6-150
천사예성국경(天賜禮盛國慶) 7-280
천산갑(穿山甲) 12-213
천상성(天傷星) 6-150
천생(天生) 10-319
천생배필(天生配匹) 10-298
천서(天書) 4-228, 12-216
천성(天成) 2-143, 8-254
천수(天授) 2-138, 3-176
천수벽(天水碧) 5-93
천수우(天水牛) 12-57
천신만고(千辛萬苦) 10-294
천심산(天心山) 11-318
천아(天阿) 6-266
천아성(天鵝聲) 4-32, 12-324

ㅊ

천야제[川藭苴] 9-255
천약(天鑰) 1-152
천양지차(天壤之差) 9-156, 10-275
천양지판(天壤之判) 10-275
천연(遷延) 10-205
천연(天然) 10-317
천연두(天然痘) 5-177, 6-183~184, 11-133, 11-144
천연세월(遷延歲月) 10-310
천연지(天淵池) 11-66
천엽(千葉) 5-205, 12-199
천예(賤隷) 4-109
천오(天吳) 6-258, 6-281
천옥산(泉玉山) 2-53
천왕봉(天王峰) 2-44, 2-77
천우(天虞) 2-198
천우위(天牛衛) 5-56, 12-191
천웅(天雄) 11-99
천은망극(天恩罔極) 10-307
천을(天乙) 7-264, 10-248
천읍(天揖) 8-271
천의난측(天意難測) 10-307
천인(千人) 6-288
천자문(千字文) 2-66, 3-284, 5-214, 8-62, 10-30~31, 11-293
천자선(天子扇) 4-92
천자성철(天子聖哲) 3-240
천자칠묘(天子七廟) 3-30
천장(遷葬) 3-27
천재일시(千載一時) 10-290
천전(千錢) 5-256
천전성(天田星) 1-82
천전충사진(天前衝四陣) 4-105, 4-106
천정(天正) 1-160
천제녀(天帝女) 6-261
천제산(天帝山) 12-173, 12-288
천주(泉州) 11-208
천주(天主) 7-46
천주녀도(天主女圖) 7-44
천주당(天主堂) 7-43, 7-44
천주봉(天柱峯) 1-122
천주실의(天主實義) 7-47
천주여도(天主女圖) 7-47
천죽(天竹) 5-141
천중왕(天中王) 12-383
천중절(天中節) 1-109~110
천지(泉志) 5-259
천진(天眞) 7-42, 10-248, 10-249
천진(天津) 12-114
천진(天陣) 4-106, 4-114
천진호손(天津胡孫) 6-212
천차만별 10-295
천착(穿鑿) 10-239
천창(天倡) 6-73
천천정(天泉亭) 1-87
천추(天樞) 1-28
천추절 2-140
천축(天竺)➪천축국(天竺國)
천축국(天竺國) 2-71, 2-119, 2-145, 2-170, 2-216, 3-219, 5-113, 5-134, 7-54, 7-58, 7-119, 10-187
천태만상(千態萬狀) 10-295
천태산(天台山) 7-65
천패(天牌) 6-115
천하보감(天下寶鑑) 6-175
천하성(天河星) 1-27
천하제일강산(天下第一江山) 4-286
천한(賤漢) 9-223

천혁(天赫) 3-101
천현주물부(天玄主物簿) 11-195
천형십육진(天衡十六陣) 4-105, 4-106
천호만환(千呼萬喚) 10-269
천호산(天護山) 2-83
천호후(千戶侯) 5-64
천혼(天閽) 7-178
천화(泉貨) 5-255
천화(天花) 7-88
천화판(天花板) 4-212
천환(天宦) 7-178
천황(天荒) 10-147
천황(天黃) 11-99
천황(天皇)➪천황씨(天皇氏)
천황씨(天皇氏) 2-137, 3-90, 5-260, 7-184, 7-214
천후(天后) 2-137, 8-274
천후충사진(天後衝四陣) 4-106
천흉(穿胸) 2-145
천흥(天興) 2-138
철감국사(哲鑑國師) 7-55
철갑(鐵甲) 9-219
철갑상어[鱣] 12-214, 12-226, 12-249
철개태길(鐵皆台吉) 2-112
철경록(輟耕錄) 5-113
철과(鐵窠) 4-94
철관(鐵罐) 4-43
철구(鐵毬) 4-44
철국(鐵國) 2-122
철기(鐵騎) 4-243, 4-244
철람(鐵纜) 5-330
철령(鐵嶺) 1-241, 1-245, 2-107, 2-117
철령위(鐵嶺衛) 3-199
철릉(鐵菱) 4-42
철릭[天翼] 5-53
철릭(貼裡) 5-68
철마(鐵馬) 4-221, 9-49
철망석(鐵網石) 2-96
철방(鐵榜) 6-163
철법(徹法) 4-159
철사(鐵絲) 6-100
철사선(鐵絲箭) 4-61
철산(鐵山) 1-241
철산자(鐵山觜) 2-88
철상지옥(鐵床地獄) 7-121
철성목인(鐵筬木人) 5-120
철실산(鐵室山) 5-224
철여의(鐵如意) 4-64
철염(鐵鹽) 5-179
철옹(鐵甕) 1-204
철원(鐵原) 1-206, 3-65
철원(鐵圓) 2-127, 2-128
철인(哲人) 7-46
철전(鐵箭) 4-61
철조(喆朝) 1-144
철종(哲宗) 7-268
철주(掣肘) 9-208
철중쟁쟁(鐵中錚錚) 10-275
철진(澈禛) 3-162
철총(鐵驄) 4-93
철파(鐵擺) 10-255
철파자(鐵杷子) 4-167
철판교(鐵板橋) 4-247, 6-230
철패(鐵牌) 4-89
철편(鐵片) 4-42
철현(鐵鉉) 2-149
첨(僉) 4-167
첨과(甛瓜) 11-296, 11-297

ㅊ

첨궐(尖厥) 4-167
첨령(簷鈴) 4-221
첨서(簽書) 3-208
첨서원사(簽書院事) 8-251
첨성대(瞻星臺) 1-145
첨유(襜褕) 5-98
첨의순동(僉意詢同) 10-259
첨첨(尖簷) 5-49
첨초(簷草) 11-319
첨해왕(沾解王) 2-132, 3-35
첩(帖) 3-171, 3-184
첩(輒) 6-289
첩(氎) 5-136
첩경(捷徑) 3-266
첩괄(帖括) 3-184
첩리(帖裡) 5-53, 10-256
첩목아(帖木兒) 5-283
첩산(疊山)➪사방득(謝枋得)
첩석교(黏石膠) 11-120
첩운(疊韻) 8-68
첩운대(疊韻對) 8-69
첩자(帖子) 1-110, 5-164, 10-256
첩자(輒子) 2-263
첩첩심산(疊疊深山) 10-262
첩첩이구(喋喋利口) 10-285
청 태조 2-109
청(鯖) 12-242
청(淸) 2-131
청각(靑角) 11-308
청간정(淸澗亭) 4-274
청개구리 12-47
청경(靑耕) 12-305
청계산(淸溪山) 4-258
청공(淸珙) 7-55
청광보살(靑光菩薩) 2-134
청구(靑丘) 12-170
청구국(靑丘國) 1-192, 2-214, 12-137
청구산(靑丘山) 11-113, 12-312
청근(菁根) 11-269
청금(聽琴) 6-86
청금수(靑金樹) 11-187
청기(請期) 2-267
청기반(靑飢飯) 5-112
청기와[靑瓦] 4-210
청남(淸南) 9-34
청녀(靑女) 5-219
청년과부(靑年寡婦) 10-295
청노(靑奴) 5-305
청노새 12-201
청니박(淸泥泊) 1-257
청니방(靑泥坊) 4-238
청니주(淸泥珠) 1-257
청당(靑棠) 11-126
청대(靑臺) 11-23
청대(靑黛) 12-224
청대꽃[靛花] 5-93
청대초(靑黛草) 5-127
청도(淸道) 1-178, 2-84, 2-116, 3-59
청도신(淸道神) 1-97
청동화로[靑銅鑪] 5-316
청둥오리[靑背鴨] 12-321
청등(靑燈) 5-303
청란(靑鸞) 2-313
청량산(淸凉山) 2-73, 2-83
청량전(淸凉傳) 2-70
청려(靑藜) 11-321
청려장(靑藜杖) 2-72, 5-311, 11-321
청련(靑蓮) 3-153, 8-155

정렴(鄭磏) 2-244, 6-174, 7-38, 8-211
청렴거(淸廉擧) 2-350
청령포(淸泠浦) 4-270, 4-271
청령현(蜻蛉縣) 7-158
청룡(靑龍) 1-166
청룡부(靑龍符) 4-23
청룡사(靑龍寺) 7-97
청릉대(靑陵臺) 11-191, 12-337
청릉화(靑菱花) 4-216
청맹(靑盲) 10-319
청명주(淸明酒) 5-149
청명풍(淸明風) 1-58
청목(靑木) 11-164
청목령(靑木嶺) 1-225~226
청묘(淸廟) 8-157
청묘법(靑苗法) 4-175, 7-268
청미(淸渼) 2-26
청미라(靑蘼蘿) 11-311
청부(靑鳧) 3-128
청부(靑蚨) 5-264
청부양가결(靑蚨兩家缺) 5-264
청북제군(淸北諸郡) 1-242
청사(淸祀) 1-130
청사(靑詞) 3-261
청사(廳事) 4-224~225
청사(淸史) 8-188
청사주(靑沙珠) 12-302
청산(靑山) 7-88, 7-94, 11-174
청산설월권(靑山雪月權) 7-92
청상(靑葙) 11-304
청상과부 2-319
청상잡록(靑箱雜錄) 4-95
청석(靑石) 4-35, 4-39
청석곡(靑石谷) 1-239
청석령 1-242
청설모[靑鼠毛] 12-158
청성(淸聖) 3-45
청성(淸城)➪김석주(金錫胄)
청성산(靑城山) 9-68
청성산기(靑城山記) 9-68
청송(靑松) 11-172
청송(聽松)➪성수침(成守琛)
청수(淸水) 12-69
청수(淸秀) 7-110
청수(淸修) 8-261
청순구(靑純龜) 12-219
청심루(淸心樓) 4-269
청심환(淸心丸) 6-138, 11-96
청안(淸安) 2-57, 7-181, 11-229
청야만집(靑野謾輯) 2-319, 8-161
청약불문(聽若不聞) 10-275
청양(靑羊) 11-173
청양사(靑羊肆) 7-26
청어(靑魚) 12-242~243, 12-252, 12-256
청예(靑裔) 2-143
청오경(靑烏經) 6-168
청오동[靑桐] 11-208
청옥채(靑玉菜) 11-281
청요산(靑要山) 5-273
청우(靑牛) 11-173, 12-31
청우선생(靑牛先生) 11-304
청운계(靑雲稧) 2-311
청운교(靑雲橋) 4-239
청유(靑油) 5-328
청음(淸陰)➪김상헌(金尙憲)
청의신(靑衣神) 1-92
청이록(淸異錄) 1-50, 1-59, 11-52, 11-175

ㅊ

청작산(青雀山) 7-150
청저(青氐) 2-146
청적(青鸐) 12-384
청전(青氈) 9-125
청전선생(青田先生) 7-226
청전핵(青田核) 5-282
청전현(青田縣) 11-310
청전호주(青田壺酒) 5-282
청정마니보주(清淨摩尼寶珠) 5-234
청정신반법(青精餵飯法) 5-140
청정자(青精子) 11-90
청제(青帝) 1-132
청제사(青帝辭) 8-69
청조(青鵰) 12-350
청조(青鳥) 2-179
청조(青曹) 4-199
청주(清州) 1-198, 1-206, 1-212, 2-58, 3-40, 3-108, 4-40, 4-239, 7-182, 8-146, 11-185, 12-63
청주(青州) 4-292, 5-270, 6-128, 7-139, 12-242
청주도독(菁州都督) 7-130
청천(聽天)➪심수경(沈守慶)
청천강(清川江) 1-242, 1-258, 4-292, 8-200, 9-44
청천집(青泉集) 3-234
청첩(青黏) 11-111
청첩미(青黏米) 11-112
청초장(青草瘴) 1-67
청초호(青草湖) 2-35, 4-274
청총(青塚) 3-68
청춘경노회(青春敬老會) 3-248
청출어람(青出於藍) 10-260
청태(青太) 10-122
청태(青苔) 11-308
청태(清泰) 2-142
청태극(青太極) 1-250,
청태극(清太極) 2-110, 2-112, 6-230
청태길(青台吉) 2-112, 6-230
청통전(清通典) 2-170
청파(青坡) 6-81
청파극담(青坡劇談) 8-163
청파잡지(清波雜志) 6-47
청평관(清平官) 8-234
청평산(清平山) 1-200, 8-214
청평악(清平樂) 6-59
청평처사(清平處士) 8-214
청포(青泡) 11-281
청포도 11-235
청표(青表) 3-262
청풍(清風) 2-46~47, 2-51, 5-222
청풍동(清風洞) 3-44
청하(清河) 7-301
청하(青霞)➪권극중(權克中)
청하거(青河車) 11-141
청하만인(清河萬人) 사건 6-288
청학(清學) 8-249
청학동(青鶴洞) 2-68
청한자(清寒子) 3-164
청해백보(青海伯譜) 3-107
청해진(清海鎭) 2-99
청허(清虛) 7-56, 8-157
청허당(清虛堂) 7-55
청호군(青湖君) 1-137
청화(清和) 1-104
청확(青臒) 11-113
청환(清宦) 8-243
청환현직(清宦顯職) 2-295

청훈향(靑薰香) 2-273
체(蔕) 5-83
체(屜) 5-102
체(彘) 4-144
체격(體格) 3-253
체려강(替戾岡) 10-255
체례(體例) 7-333
체죽(涕竹) 11-222
체증(滯症) 5-190
체직(遞職) 8-257
체천융운(體天隆運) 3-34
체첨법(掣籤法) 8-227
초 패왕 8-143
초(椒) 11-264
초(貂) 12-148, 12-168
초(楚) 3-115, 9-149
초(草) 3-97, 5-137
초(鍬) 4-167
초(哨) 4-38
초(醋) 5-163
초(酢) 5-182
초(鈔) 5-261
초(綃) 5-45
초(騲) 12-196
초(麨) 5-175
초가(初加) 2-262
초갈(蕉葛) 11-36
초강왕전(初江王殿) 7-120
초계(草溪) 2-116
초계(苕溪)➪호자(胡仔)
초계군(草溪郡) 10-118
초계어은총화(苕溪漁隱叢話) 5-293
초굉(焦竑) 7-48
초규(楚葵) 11-284
초당(焦糖) 1-124
초당(貂璫) 5-55
초당기(草堂記) 7-298
초당선생(草堂先生) 3-163
초도(椒島) 11-119
초도(椒圖) 4-226, 12-217
초두(初頭) 10-322
초두(綃頭) 5-45
초두(鐎斗) 4-68
초려(草廬) 7-298
초례(醮禮) 2-274
초로인생(草露人生) 10-265
초록(草綠) 10-176
초롱(初弄) 6-40
초료(草料) 9-181
초료(鷦鷯) 12-364
초룡주장(草龍珠帳) 11-234
초루(譙樓) 4-234, 4-277
초루관(草樓觀) 7-42
초릉(初陵) 3-50
초립동(草笠童) 2-275, 4-267
초면(草綿) 5-128, 5-134
초명(焦明) 12-381
초명(焦冥) 7-192
초명(鷦鵬) 12-381
초명산(譙明山) 12-100
초미금(焦尾琴) 8-97
초밀(草蜜) 5-165
초법(鈔法) 5-267
초복(初伏) 1-115
초복(草服) 5-118
초본(草本) 3-209
초불거론(初不擧論) 10-274
초사(楚辭) 1-25, 1-122, 5-86, 6-79,

ㅊ

6-103, 6-111, 6-203, 7-229, 7-293, 9-105, 11-62, 11-80, 12-300, 12-320~321
초사(楚辭), 초혼(招魂) 8-22
초생(初生) 1-140
초서(草書) 2-177, 3-220, 3-223, 3-225, 3-228, 5-259
초석(硝石) 11-112
초석(草螫) 12-37
초선(焦先) 7-158
초선(貂蟬) 9-92
초선관(貂蟬冠) 5-54
초설(草薛) 3-104
초성(初成) 7-29
초세(初歲) 1-130
초세가(楚世家) 7-165
초솔(草率) 10-195
초수(椒水) 2-58
초수령(招手令) 6-119
초씨대(焦氏臺) 7-149
초씨역림(焦氏易林) 6-227, 12-112
초여름[首夏] 1-104
초연수(焦延壽) 9-206
초오두(草烏頭) 12-270
초왕(楚王) 7-195
초요(僬僥) 2-145, 2-146
초요산(招搖山) 11-92
초은시서(招隱詩序) 8-83
초음(草音) 6-42
초일시(初日詩) 8-139
초자(楚子) 3-141, 4-226, 9-145
초작(楚雀) 12-359
초잠식지(稍蠶食之) 10-261
초장왕(楚莊王) 7-216
초저(蕉苧) 5-118
초정(椒井) 2-57
초정(楚亭)➪박제가(朴齊家)
초제(醮祭) 4-227
초제(招提) 7-104
초조(初祖) 7-54, 12-269
초조자(招潮子) 12-269
초종려(草棕櫚) 11-232
초종유(草鍾乳) 11-294
초종황(草螽蝗) 12-36
초주(譙周) 7-215
초주미(草珠米) 11-133
초중경(焦仲卿) 9-115
초지(草芝) 11-94
초지(抄紙) 3-209
초지인사(稍知人事) 10-264
초창(草窓)➪윤동리(尹東里)
초청색(草青色) 10-177
초초(草草) 10-318
초초(楚楚) 7-250
초토(草土) 2-332
초토사(招討使) 1-234
초파리 12-44
초파리[醯鷄] 7-192, 12-44
초팔국(草八國) 2-116
초하시(初夏詩) 8-84
초학기(初學記) 1-55, 1-179, 4-48, 9-123
초헌(軺軒) 5-328, 11-173
초현대사(招賢大師) 10-185
초혼(招魂) 4-230, 6-111, 12-40
초혼례(招魂禮) 1-102
초혼부(招魂賦) 2-338, 5-158
초회왕(楚懷王) 1-117
촉(蠋) 5-129

촉(襡) 5-92
촉각장중(燭刻場中) 8-151
촉계(蜀鷄) 12-374, 12-378
촉고(數罟) 4-203
촉공(蜀公) 11-320
촉국(鼄蝌) 12-235
촉규화(蜀葵花) 11-45
촉낭(蜀黨) 9-24
촉도난(蜀道難) 8-71
촉도부(蜀都賦) 2-53, 7-190, 11-179, 11-239, 12-238, 12-322
촉룡(燭龍) 1-41
촉산(蜀山) 12-112
촉씨국(觸氏國) 12-56
촉야(燭夜) 1-152
촉영요홍사(燭影撓紅詞) 8-74
촉음(燭陰) 1-41
촉이(屬耳) 10-322
촉인(蜀人) 5-69, 5-270
촉지(蜀志) 5-103, 10-139, 12-171
촉직(促織) 12-37
촉체(蜀體) 3-222
촌야(村野) 10-51
촌양(村釀) 10-188
촌학당도(村學堂圖) 8-152
총(銃) 4-39
총각(總角) 8-216
총관(摠管) 1-232, 2-101
총령(葱嶺) 2-176, 9-162
총롱(葱聾) 12-83
총명(聰明) 10-319
총백색(蔥白色) 7-73
총석정(叢石亭) 4-274, 6-59
총섭(摠攝) 7-94, 8-206
총수(總帥) 8-222
총수산(葱秀山) 1-170
총어(聽語) 1-132
총위영(摠衛營) 4-112
총융(摠戎) 5-58, 4-112
총장(總章) 2-143
총종(葱種) 6-37
총지(聰智) 8-176
총지(摠持) 8-64
총진(摠陳) 4-149
총총(匆匆) 10-318
총하(葱河) 2-127
총호사(總護使) 3-23
총화(叢話) 2-59
총환(銃丸) 4-39
좌(銼) 5-270
좌나(銼鑹) 5-271
최(衰) 2-336
최(崔) 3-102
최경성(崔慶成) 8-37
최계옥(崔啓沃) 1-187
최국봉(崔國奉) 11-249
최귀(催歸) 12-355
최규서(崔奎瑞) 1-218
최당(崔讜) 3-247
최덕부(崔德符) 12-327
최도(崔滆) 7-36
최량(崔亮) 5-320, 8-227
최립(崔岦) 3-66, 3-192, 3-246, 3-260, 3-266, 4-59, 7-239
최명길(崔鳴吉) 2-241, 3-261, 7-343, 8-210, 9-154
최범(最凡) 8-260
최복(衰服) 3-23

ㅊ

최부(崔溥) 2-311, 4-108, 4-260, 8-201
최부군묘(崔府君廟) 6-277
최분(衰分) 3-248
최상승선(最上乘禪) 7-91
최생(崔生) 6-148
최석정(崔錫鼎) 9-32
최선(崔詵) 3-247
최섬(崔暹) 3-167
최세진(崔世珍) 3-236, 3-238, 3-240
최소(崔沼) 2-346
최소(崔紹) 6-162
최소부(崔小府) 7-167
최승로(崔承老) 2-129, 8-200~201
최승우(崔承祐) 2-97, 7-34
최신명(崔信明) 10-142, 10-210
최액(崔液) 1-107
최앵앵(崔鶯鶯) 8-110
최앵앵(崔鸎鸎) 2-276
최언위(崔彦撝) 3-198
최영(崔瑩) 2-94, 3-68, 4-72, 6-147, 7-167
최영경(崔永慶) 2-345
최우(崔瑀) 6-130, 8-32, 8-224, 8-284, 9-84
최유해(崔有海) 3-36
최윤덕(崔潤德) 1-42
최인(崔駰) 5-106, 5-208
최전(崔澱) 4-274
최정빈(崔正份) 2-33
최지몽(崔知夢) 7-137
최창대(崔昌大) 4-53
최충(崔冲) 8-178
최충헌(崔忠獻) 8-215, 8-227
최치안(崔致安) 2-346
최치원(崔致遠) 1-178, 1-195, 1-209, 2-68, 2-143, 3-198, 4-283, 6-25, 6-35, 6-227, 7-33~35, 7-38, 7-57, 8-86, 8-162, 8-195
최탄(崔坦) 2-100
최표(崔豹) 12-238
최항(崔恒) 3-234
최항(崔沆) 3-276
최호(崔浩) 2-289, 7-303, 7-304
최호(崔顥) 8-105
최황(崔滉) 4-59
최흘(崔訖) 2-346
추(椎) 11-178
추(騶)씨 3-119
추(搊) 5-298
추(甀) 5-313
추(貙) 1-119, 12-163, 12-172, 12-173, 12-174
추(鯫) 12-155
추강(秋江) 8-217
추강(秋江)➪남효온(南孝溫)
추강냉화(秋江冷話) 8-163
추강집(秋江集) 11-171
추구(芻狗) 8-70
추국공(鄒國公) 8-186
추노(推奴) 6-83
추니(芻尼) 7-164
추득수(秋得秀) 3-129
추래(酋來) 12-265
추루(貙膢) 12-172
추맹자(鄒孟子)➪맹자(孟子)
추모(蝤蛑) 12-272
추모(酋矛) 4-45
추목(椎木) 11-178

추밀사(樞密司) 8-229
추밀사(樞密使) 8-277
추밀원(樞密院) 4-89, 8-251
추봉(追封) 2-132
추분(秋分) 1-128, 4-139
추사(秋社) 1-98, 1-99
추생(抽牲) 10-323
추식(鄒奭) 10-231
추석(秋夕) 1-121
추선(醜扇) 12-54
추쇄(推刷) 8-282
추수(溴水) 1-258
추수기(秋收記) 4-150
추신무로(抽身無路) 10-283
추아(騶牙) 12-80
추양부(秋陽賦) 8-36
추양전(鄒陽傳) 7-230
추연(鄒衍) 8-103, 10-208, 10-231
추오(騶吾) 12-101
추왕(皺王) 2-135
추우(騶虞) 6-121, 12-101, 12-256
추우부(騶虞符) 4-23
추우시(秋雨詩) 7-139
추원표(鄒元標) 7-44
추월(秋月) 12-370
추월춘풍(秋月春風) 10-259
추위[秋意] 10-148
추인(貙人) 7-190
추자(楸子) 11-237
추장천(鄒長倩) 5-288
추쟁(搊箏) 6-25
추조(鶖鳥) 9-101
추차가지(推此可知) 10-290
추창(趨蹌) 10-325
추축(鞦軸) 4-101
추탁(推托/推託) 10-321
추팔(椎捌) 4-166
추포(麤布) 5-267, 5-268
추풍낙엽(秋風落葉) 10-312
추하(醜罅) 12-39
추한(貙犴) 12-144
추향정기(秋香亭記) 8-61
추혁효(鄒奕孝) 7-50
추호(秋胡) 2-312
추호(秋扈) 12-304
추호(貙虎) 12-144
추호불범(秋毫不犯) 10-307
추호씨(秋扈氏) 12-296
추호지말(秋毫之末) 10-308
추화상(鄒和尙) 11-81
추황(秋黃) 4-195
추회(秋懷) 8-68
추후마련(追後磨鍊) 10-274
축(蹴) 12-28
축(逐) 12-81
축(丑) 1-30, 1-158, 1-171, 6-151
축(祝) 3-261
축가성(祝家聲) 6-42
축계옹(祝鷄翁) 10-221
축관(祝官) 10-228
축구(蹙驅) 6-101
축국(蹴鞠) 6-100~101, 6-129
축국(蹙踘) ➪축국(蹴鞠)
축국(蹴踘) ➪축국(蹴鞠)
축국보(蹴鞠譜) 6-109
축궁(丑宮) 6-151
축귀(逐鬼) 1-133
축릉(蹙凌) 1-57

ㅊ

축리(祝犂) 1-158
축목(祝牧) 2-321
축문(祝文) 3-237
축발(祝髮) 7-69
축법란(竺法蘭) 2-56
축법진(竺法眞) 12-294
축빈부(逐貧賦) 6-200
축수곡(逐水曲) 4-97
축영대(祝英臺) 7-169
축옹(祝雍) 2-262
축율(祝栗) 2-221
축융(祝融) 6-272, 7-215
축이(鮍鮧) 9-244, 12-252, 12-268
축일(丑日) 1-132
축자(筑紫) 2-147, 2-160~161
축전주(筑前州) 2-163
축제(逐除) 1-133
축타(祝鮀) 7-210
축판(祝板) 1-162
춘견(春繭) 5-162
춘나무[椿] 11-201
춘녀(春女) 6-253
춘당(春塘) 4-253
춘면가(春眠歌) 6-90
춘면곡(春眠曲) 6-71
춘명퇴조록(春明退朝錄) 1-107
춘몽여록(春夢餘錄) 5-30
춘반(春盤) 5-163
춘부(春賦) 3-254
춘분(春分) 1-128
춘사(春社) 1-98
춘신군전(春申君傳) 9-121
춘약(春藥) 7-171
춘왕정월변(春王正月辯) 1-161
춘유부벽루가(春遊浮碧樓歌) 4-289
춘주(春州) 2-96
춘천(春川) 1-200, 2-116, 2-122, 3-54, 11-92, 12-146, 12-257
춘천읍지(春川邑誌) 3-65
춘첩(春帖) 1-82
춘추(春秋) 1-48, 1-51, 3-39, 3-279, 3-285, 6-235, 7-319, 9-196, 12-67, 12-153, 12-314
춘추고이기(春秋考異記) 12-200
춘추곡량전(春秋穀梁傳) 7-265, 9-156
춘추공양전(春秋公羊傳) 1-140, 2-238, 2-356, 2-290, 2-331, 4-249, 5-326, 7-220, 7-290, 12-203, 12-219, 12-311
춘추관(春秋館) 8-230
춘추대의(春秋大義) 8-195
춘추번로(春秋繁露) 8-255
춘추삼전(春秋三傳) 3-285
춘추운두추(春秋運斗樞) 1-151, 7-215, 11-250, 11-256, 12-151
춘추위(春秋緯) 1-71, 2-144, 7-254
춘추전(春秋傳) 2-363, 2-365
춘추종주(春秋宗周) 8-139
춘추좌씨전(春秋左氏傳) 1-66, 1-141, 1-144, 1-182, 1-196, 2-133, 2-228, 2-338, 2-343, 2-251, 2-265~266, 2-269, 2-292, 2-331, 3-80, 3-286, 4-33, 4-63, 4-80, 4-87, 4-89, 4-95, 4-140, 4-146, 4-226, 4-249, 5-52, 5-79, 5-114, 5-207, 5-317, 5-327, 6-126, 6-143, 6-148, 6-154, 6-156, 6-201, 7-159, 7-200, 7-202, 7-260, 7-264, 7-302, 7-326, 8-255~256, 9-53, 9-80, 9-87, 9-90, 9-105, 9-114, 9-120, 9-131,

9-135, 9-145, 9-188, 9-197, 9-209, 9-230, 9-232, 9-251, 10-47~48, 10-85, 10-124, 10-138, 10-150, 10-162, 10-168, 10-178, 10-205, 10-207, 10-230, 11-46, 11-166, 11-306, 12-176, 12-203, 12-210, 12-296, 12-300, 12-376
춘치자명(春雉自鳴) 10-266
춘태(春太) 12-244
춘포(春布) 5-123
춘한노건(春寒老健) 10-273
춘향타령[春香打詠] 6-93
춘호씨(春扈氏) 12-296
춘환(春喚) 12-355
출(黜) 12-378
출류발췌(出類拔萃) 10-299
출매(出梅) 1-56
출목(杌木) 11-177
출몰경향(出沒京鄕) 10-310
출사표(出師表) 6-77
출신(出身) 3-168, 3-169
출어(絀魚) 12-247
출인의표(出人意表) 10-284
출장입상(出將入相) 10-298
출척(跊踢) 12-97
출척사(黜陟使) 8-240
출촉(秫薥) 4-144, 5-169
출출(朮朮) 12-248
충공(忠恭) 8-223
충렬왕(忠烈王) 2-81, 2-84, 2-93, 2-101, 2-135, 2-165, 2-294, 3-179, 4-210, 5-28, 5-33, 5-87, 7-142, 8-226, 8-241, 8-258, 9-181, 11-244
충마(衝馬) 4-37
충목왕(忠穆王)➪왕흔(王昕)
충무공(忠武公)➪이순신(李舜臣)
충무사(忠武祠) 7-95
충무전서(忠武全書) 8-162
충서(蟲書) 3-225, 3-231
충선왕(忠宣王)➪왕장(王璋)
충숙왕(忠肅王) 3-57, 3-145~146, 3-174, 4-292, 8-189, 9-101
충렬왕(忠烈王) 2-293
충원(忠原) 2-59
충은(充隱) 7-299, 9-246
충의위(忠義衛) 8-243, 8-244
충전(蟲篆) 3-225
충정왕(忠定王)➪왕저(王胝)
충주(忠州) 1-206, 1-212, 2-157, 3-220, 4-261, 5-224, 9-164, 10-174, 11-241
충주읍지(忠州邑誌) 4-267
충지(忠至) 3-56
충청도(忠淸道) 1-197, 1-236, 4-190, 4-192, 9-44
충협(衝狹) 6-108, 6-139
충혜왕(忠惠王)➪왕정(王禎)
충훈부(忠勳府) 8-242
충휘(忠徽) 7-56
취(鷲) 12-350
취(翠) 12-373
취(膵) 12-375
취굴국(聚屈國) 2-214
취굴주(聚窟州) 11-131
취독(醉毒) 11-81
취두어(吹肚魚) 12-260
취락(聚落) 8-78, 10-255
취모멱자(吹毛覓疵) 10-296
취목설(吹木屑) 9-112

ㅊ

취몽(醉夢) 10-294
취미(翠微) 7-56
취벽조(翠碧鳥) 12-326
취병(翠屛) 11-174
취병(炊餠) 5-155
취사(吹沙) 12-221
취사명(醉司命) 1-136
취생몽사(醉生夢死) 10-294
취송(翠松)➪이희사(李羲師)
취송(翠松)➪조수삼(趙秀三)
취시가(醉時歌) 6-81
취의(毳衣) 5-76, 5-242
취자거(取子車) 5-137
취재(取才) 10-318
취적교(吹笛橋) 4-237
취정(翠旌) 4-34
취조(聚藻) 11-292
취초(醉草) 11-314
취취(翠翠) 8-95
취타(吹打) 6-43
취풍형(醉豊亨) 6-59
취향일월기(醉鄕日月記) 5-148, 5-149
취화벽류풍(吹花擘柳風) 1-59
측리(側理) 3-203, 11-309
측백(側柏) 11-177
측영(仄影) 5-297
측주(厠籌) 3-233, 5-323
측천무후(則天武后) 2-309, 3-176~177, 3-196, 9-96, 9-104, 10-60, 12-179
측투(厠牏) 5-72
측특(仄慝) 1-36
츤의(櫬衣) 5-111
층암절벽(層巖絶壁) 10-284
층청(曾靑) 11-114
치(徵) 6-85
치(雉) 12-199
치(豸) 12-24
치(鴟) 12-341, 12-372
치(幟) 4-26
치(雉) 4-71, 6-111, 6-113
치(觶) 5-287
치(鶅) 12-367
치(帒) 5-77
치(黹) 5-102
치(薔) 11-79
치감(齒疳) 12-26
치격(絺綌) 11-110
치계(馳鷄) 12-376
치고(雉膏) 12-368
치골(癡骨) 9-213
치구루(置溝婁) 2-116
치기질방(治奇疾方) 6-186
치도(馳道) 4-245
치목(齒木) 10-128
치문(鴟吻) 4-228, 12-216
치문(蚩吻) 12-217
치미(鴟尾) 4-228, 12-216
치미선(雉尾扇) 5-297
치술령(鵄述嶺) 6-55
치시(餲膪) 5-172
치신무지(置身無地) 10-289
치씨(郗氏) 2-315
치아통(齒牙筒) 5-297
치악산(鴙嶽山) 2-31
치안책(治安策) 9-193
치양지(致良知) 8-170
치어(致語) 3-261
치언(巵言) 5-284

치우(蚩尤) 3-54, 4-29, 4-32, 4-48, 7-185, 7-205, 7-210, 11-185
치우성(蚩尤星) 1-31
치이(鴟夷) 7-230
치이골계(鴟夷滑稽) 7-230
치이자(鴟夷子) 7-231
치인다소(癡人多笑) 10-269
치일(致一) 7-277
치자(梔子) 11-103
치자(稺子) 12-150
치자(梔子) 5-127, 11-34
치저(茌藷) 11-89
치제(致祭) 3-23
치조(雉罍) 2-142
치주입학(齒冑入學) 8-196
치지(差池) 10-322
치지도외(置之度外) 10-289
치치국(蚩蚩國) 2-214
치치한천(恥恥漢川) 9-148
치평인(茌平人) 7-301
치포관(緇布冠) 2-261, 5-42, 5-132, 10-322
치포숙(鴙餔叔) 12-304
치호(癡虎) 9-146
치화평(致和平) 6-68
치흔왕(齒痕王) 2-131
칙령(勅令) 3-253
칙사(勅使) 4-235
친가(親家) 2-233
친영(親迎) 2-267, 9-82
친착(襯着) 10-326
친품(親品) 8-249
칠(桼) 1-231
칠(漆) 8-44
칠가령(七家嶺) 10-193
칠곡(漆谷) 8-244
칠과적(七科謫) 9-168
칠국(七國) 4-116
칠군원진(七軍圓陣) 4-115
칠렵송(七鬣松) 11-174
칠명(七命) 2-73, 5-207
칠반(七般) 3-25
칠반(七盤) 6-63
칠반천역(七般賤役) 10-169
칠백의사총(七百義士塚) 3-71
칠보(七寶) 2-263, 2-282
칠보산(七寶山) 11-229
칠보여의(七寶如意) 5-289
칠보족두리 5-91
칠봉루(七鳳樓) 2-177
칠불사(七佛寺) 4-292
칠산(七山) 2-27
칠서위(七書緯) 3-285
칠성(七星) 6-279
칠성포(七星浦) 9-44
칠송(七松) 3-163
칠송정(七松亭) 1-221
칠십 이후(七十二候) 7-69
칠애시(七哀詩) 6-88
칠엽(漆葉) 11-111
칠엽청첩산(漆葉青黏散) 11-111
칠원(漆原) 3-70
칠원군(漆原郡) 1-231
칠위(七緯) 7-254
칠재(七齋) 8-194
칠전(七鈿) 2-285
칠점선(七點仙) 2-303
칠정(七政) 1-26

ㅊ

칠정(七情) 8-167, 8-174
칠정산(七政算), 내외편(內外篇) 1-145
칠조의(七條衣) 7-70
칠주(桼珠) 8-56
칠중성(七重城) 7-127
칠현금(七絃琴) 4-278
칡[葛] 5-118, 5-145, 11-110, 11-216
칡가루 5-184
칡덩굴[葛藟] 11-198
칡신[葛屨] 5-104
침(梫) 11-96
침(綅) 5-123
침(葴) 11-228
침(忱) 12-191
침경(針經) 6-196
침계(枕鷄) 12-377
침구도(針灸圖) 6-195
침류왕(枕流王) 7-90
침목(梣木) 11-120
침번(莸藩) 11-305
침석(針石) 6-195
침수향(沈水香) 2-368, 8-90
침잠(針篸) 5-117
침절(針絶) 5-116
침찰(針札) 5-117
침천(沈天) 1-26
침철(針綴) 5-117
침체(沈滯) 10-317
침향석(沈香石) 5-226
침향정(沉香亭) 11-27
침현(沈峴) 1-227
침화(針畫) 5-117
칩(蟄) 1-96
칭성(秤星) 5-312

ㅋ

칸[可汗] 11-209
칸[汗] 4-289, 5-30
칼[枷] 11-194
칼치[刀魚] 12-266
칼코등이[刀環] 12-217
캄보디아[眞臘國] 11-163
코끼리 7-191, 12-171, 12-181, 12-182, 12-207, 12-218
코끼리 쓸개 1-150
콩[菽] 4-139, 5-176, 10-122
콩새 12-359
콩팥 6-178, 10-123
쾌자(夬子) 5-74
큰 노루[麂] 12-114
큰 마늘 11-262
큰 모자[大帽] 5-48
큰 고라니 12-134
큰 기러기 12-332
키[柁] 5-329

ㅌ

타(陀) 7-81
타(它) 12-218
타감사(朶甘思) 1-255
타고(打餻) 5-157
타구(唾口) 5-323
타구(拖鉤) 6-133
타나발저(陀那鉢底) 7-81
타니(駝尼) 5-112
타라니어(陀羅尼語) 6-33
타락(駝酪) 5-147, 5-191

타락죽(駝酪粥) 5-191
타령[打詠] 6-89, 6-92
타마(打馬) 6-102
타마(墮馬) 2-263
타마계(墮馬髻) 2-287, 2-305
타마도(打馬圖) 6-102
타발(駝鼥) 12-149
티발서(駝鼥鼠) 12-149
타백(拖白) 10-213, 10-325
타불가급(他不暇及) 10-313
타수(沱水) 2-295
타수가득(唾手可得) 10-297
타아힐노(打牙犵狫) 2-147
타위(疊 圍) 6-268
타작관(打作官) 9-163
타제담(駝蹄餤) 5-154
타첩(妥帖) 9-110
타첩(打疊) 9-138
타토(打兎) 10-150
타항(打夯) 9-141
타호(唾壺) 5-322
타호(打號) 9-140
탁(槖) 4-68
탁(飥) 5-176
탁광산(涿光山) 12-341
탁남(濁南) 9-34
탁라요(濯羅曜) 9-59
탁록(涿鹿) 6-32, 12-87
탁문군(卓文君) 2-305, 9-137
탁반(托盤) 5-274
탁발(拓拔) 2-283, 5-60
탁수(槖水) 12-257
탁신(卓愼) 3-128
탁오(卓吾)➪이지(李贄)
탁자(托子) 5-274
탁종립(卓宗立) 6-93
탁주(濁酒) 5-145
탁지우(濯枝雨) 1-56
탁치(鶇雉) 12-368
탁친(卓親) 6-121
탁타(槖駝) 4-237, 12-182, 12-376
탁타제(槖駝臍) 5-172
탁평(啄評) 1-229
탄(誕) 12-130
탄궁(彈弓) 4-56
탄기(彈碁) 6-101, 6-102
탄대(彈袋) 5-139
탄마(誕馬) 4-88
탄문(坦文) 7-60
탄문(彈文) 9-113
탄반(攤飯) 8-72
탄솔(坦率) 10-195
탄죽(彈竹) 5-138
탄지(彈指) 1-142
탄탄대로(坦坦大路) 10-283
탈골(脫骨) 2-64
탈속(脫俗) 10-168, 10-325
탈유완급(脫有緩急) 10-271
탈탈(脫脫) 7-111, 7-189
탈포고조(脫布袴鳥) 12-309
탈해(脫解) 2-132, 3-93
탈해왕(脫解王) 2-123, 3-94
탐관오리(貪官汚吏) 10-289
탐다무득(貪多務得) 10-307
탐라(耽羅) 1-25, 1-192, 2-69, 2-110, 2-136, 3-111, 6-147
탐라국(耽羅國) 2-116
탐라도(耽羅島) 2-93

탐라산(耽羅山) 7-137
탐라성(耽羅城) 4-72
탐시(昆始) 7-38
탐재귀(貪財鬼) 6-174
탐지(探支) 8-71
탐천(貪泉) 2-61
탐화사(探花使) 3-191
탐화연(探花宴) 3-191
탑국(蹋鞠) 6-129
탑등(毾㲪) 5-113
탑비(闒非) 2-207
탑사첩목아(塔思帖木兒) 3-146
탑씨(榻氏) 3-132
탑용(傝㑌) 10-140
탑용(闒茸) 10-139, 10-173
탑용(毾㲪) 10-140
탑전정탈(榻前定奪) 9-110, 10-113
탑지전(搨地錢) 9-42
탑탑(㹞㹞) 9-241
탑파(搭巴) 4-167
탑포(搭包) 5-101
탕(宕) 5-48
탕관(湯官) 4-149
탕목읍(湯沐邑) 2-118
탕병(湯餠) 5-173
탕약망(湯若望) 7-44
탕왕(湯王) 3-279, 7-335
탕장(蕩章) 9-129
탕창강(宕昌羌) 7-154
탕척(蕩滌) 10-324
탕파(湯婆) 5-275
탕평론(蕩平論) 9-33
탕평비(蕩平碑) 9-33
탕평채(蕩平菜) 5-195
태(太) 3-109, 10-122
태(鮐) 12-266
태(齝) 12-198
태갑(太甲) 3-31, 7-237
태강(太康) 1-188, 2-195
태강(太姜) 7-238
태강기(太康記) 12-142
태강즉절(太剛則折) 10-309
태고(太古)➪보우(普愚)
태곡(太谷) 11-175
태골(蛻骨) 8-214
태관(太官) 11-236
태광(台光) 2-339
태대서발한(太大舒發翰) 7-109
태독(胎毒) 6-183
태두남(太斗南) 3-128
태려(泰厲) 6-274
태령산(太嶺山) 11-256
태뢰(太牢) 10-120
태릉(泰陵) 8-212
태몽(太蒙) 1-23
태미령서(太微靈書) 2-339
태미원(太微垣) 1-35, 8-248
태배(鮐背) 12-266
태백(泰伯) 7-238
태백산(太白山) 2-32, 2-77, 2-79, 8-199, 8-216
태백성(太白星) 1-29, 1-32
태봉(泰封) 2-127, 2-138, 2-143
태봉왕(泰封王) 2-134
태부(太傅) 8-247
태부인(太夫人) 8-60
태사(太史) 1-144, 2-136, 2-243
태사(太師) 3-107, 8-187, 8-247

6-158, 6-182, 7-60, 7-79, 8-139, 8-229, 9-166, 9-199, 11-172, 12-102
태사공(太史公)➪사마천(司馬遷)
태사국(太史局) 1-132
태사지(太史紙) 3-203
태산(太山) 1-182, 2-341, 3-91
태산(泰山) 2-127, 2-216, 3-91, 9-68, 11-108, 12-108
태산부군(太山府君) 6-125, 6-277
태산왕진(泰山工殿) 7-121
태상노군(太上老君) 1-119
태새(台璽) 4-137
태세(太歲) 1-166, 6-222, 6-238, 12-305
태세(太世) 6-144
태손(太孫) 8-45
태수(泰水) 9-68
태시(泰始) 11-66
태안(泰安) 1-228
태양초(太陽草) 11-101
태연지(抬連紙) 3-203
태완(太緩) 10-320
태원(太元) 2-286
태원(泰遠) 2-221
태위왕 2-135
태을(太乙) 6-27
태을성(太乙星) 1-107
태을신선(太乙神仙) 2-68
태의승(太醫丞) 6-196
태장(太章) 2-222
태재(太宰) 6-290, 8-252
태제(太帝) 6-34
태조(太祖) 1-207, 1-215, 1-238, 2-31, 2-75, 2-130, 2-134, 2-143, 3-31, 3-39, 3-50, 3-61, 3-122, 3-143, 3-150, 3-168, 4-73, 4-108, 4-160, 4-222, 4-232, 5-84, 5-110, 5-156, 5-201, 6-67, 6-69,
태조계(太早計) 10-317
태종(太宗) 1-34, 1-217, 1-256, 2-82, 2-90, 2-140, 2-261, 3-22, 3-31, 3-161, 3-187, 3-242, 3-280, 4-25, 4-45, 4-173, 4-279, 5-30, 5-259, 6-39, 6-66, 7-127, 7-344, 7-345, 8-68, 8-199, 9-129, 11-219, 11-304
태종무열왕(太宗武烈王) 1-187, 1-219
태주(胎呪) 6-204, 6-211
태주(台州) 2-97
태지(苔紙) 3-203
태청기(太淸記) 11-176
태초력(太初曆) 1-163
태초원장(太初元將) 7-280
태축(太祝) 4-224, 8-33, 8-145
태평(太平) 1-21~23, 2-138, 12-383
태평(泰平) 12-383
태평(泰評) 3-128
태평계(太平髻) 2-285
태평공주(太平公主) 5-235
태평관(大平館) 3-43
태평광기(太平廣記) 2-60, 6-145, 6-218, 6-247, 6-281, 7-348, 12-138, 12-337
태평봉(太平鳳) 12-383
태평세계(太平世界) 10-298
태평송(太平頌) 3-270
태평어람(太平御覽) 6-187, 12-289
태평작(太平雀) 12-382
태평통보(太平通寶) 5-258
태평환우기(太平寰宇記) 1-169, 2-220, 11-183, 11-318
태평흥국(太平興國) 4-89, 5-258,

E

10-229
태학(太學) 8-190, 8-194, 1-100
태학사(太學士) 7-42
태항산(太行山) 12-129, 12-292
태현경(太玄經) 1-36, 3-29, 7-225, 8-175, 9-230
태형(笞刑) 3-281
태화(太和) 2-137
태화산(太華山) 1-183
태화오수(太和五銖) 5-258
태희산(泰戲山) 12-142
택구(澤龜) 12-218
택규(澤葵) 11-309
택농(澤農) 4-123
택당(澤堂)➪이식(李植)
택란(澤蘭) 11-164
택로절도부사(澤潞節度副使) 3-196
택루(澤漏) 2-220
택리지(擇里志) 1-178, 1-191, 1-194, 1-197, 1-199, 1-202, 1-204, 1-207, 1-210, 1-212, 1-214, 1-215, 1-222, 1-223, 1-226, 1-235, 1-236, 1-238, 2-26, 2-31, 2-34, 2-35, 2-36, 2-43, 2-44, 2-46, 2-58, 2-59, 2-69, 2-70, 2-76, 2-79, 2-83, 2-94, 2-96, 2-97, 2-99, 2-102, 2-168, 2-345, 3-39, 3-43, 3-45, 3-46, 3-53, 3-55, 3-60, 3-62, 3-67, 3-130, 3-142, 4-243, 4-262, 4-263, 4-267, 4-285, 4-293, 5-251, 7-34, 7-36, 7-86, 7-91, 7-97, 7-98, 7-105, 7-109, 7-112, 7-114, 7-115, 7-118, 7-119, 7-147, 8-162, 8-208, 8-210, 8-214, 8-230, 9-25, 9-44, 11-56, 11-85, 11-159, 12-133, 12-19512-240, 12-283
택사(澤瀉) 9-241
택상(宅相) 2-231
택승정(擇勝亭) 4-223, 5-293
택역(磔礔) 12-164
택호(宅號) 10-39
택홍(澤鴻) 4-184
탱리고도(撑犁孤途) 10-252
탱자[枳] 11-256
턱(乙)씨 3-126
턱찌끼[饐] 5-208
털방석[毛方席] 5-115
털요[毛褥] 5-114
털자리[毛席] 5-115, 5-124
토(吐) 3-237
토(鵵) 6-120
토각(吐穀) 10-150
토곡혼(吐谷渾) 2-246, 4-244, 7-313
토공(土空) 4-207
토공성(土公星) 9-83
토규법(土圭法) 1-154
토균(土菌) 11-289
토금(土禁) 12-365
토끼 7-172, 12-130, 12-147, 12-166, 12-171
토끼의 태반(兎胎) 5-207
토덕(土德) 1-214
토두(兎頭) 11-297
토란 1-148, 5-197, 11-287~288
토로번국(土魯番國) 2-193
토룡(土龍) 8-121
토루(土螻) 12-209
토루(土塿) 12-141
토목(兎目) 11-195

토목지역(土木之役) 10-308
토문(土門) 1-248
토문강(土門江) 1-247
토문조(吐蚊鳥) 12-52
토박이 홍씨[土洪] 3-103
토번(吐藩) 2-150, 3-116, 3-126, 5-59, 9-95
토번(土蕃)➪도번(吐藩)
토번(吐蕃)➪토번(吐藩)
토번전(吐藩傳) 7-186
토붕와해(土崩瓦解) 10-288
토사(兎絲) 11-88, 11-217
토사호비(兎死狐悲) 10-309
토산(兎山) 3-128
토서(兎書) 3-225
토수계(吐綬鷄) 5-199, 12-315
토신(土薪) 5-315
토아(土啞) 5-288
토압(土鴨) 12-47
토염(土鹽) 5-180
토왕방(土王邦) 1-156
토욕혼(吐谷渾) 2-124
토우(土芋) 11-288
토우(土偶) 6-141
토원책자(兎園冊子) 4-150
토육(土肉) 12-278
토읍(土揖) 8-271
토저(土猪) 12-166
토정(土精) 11-102, 12-279
토정(土亭)➪이지함(李之菡)
토지(土芝) 11-287
토지하(土只河) 2-31
토천(兎遷) 10-48
토청(土靑) 5-277
토청목향(土靑木香) 4-89
토좌(土銼) 5-270
토포사(討捕使) 4-113, 9-144
토포악발(吐哺握髮) 8-145
토풍기(土風記) 10-186
토함산(吐含山) 7-125, 7-127
토화주(吐花紬) 5-132
토황소격문(討黃巢檄文) 8-86
통(蓪) 11-79
통감(通鑑) 2-145, 4-75, 4-229, 7-72, 10-72
통감강목(通鑑綱目) 1-51, 6-131, 6-248, 10-58
통감강목집람(通鑑綱目集覽) 5-67
통감석의(通鑑釋義) 2-126
통감전편(通鑑前編) 2-152
통감총론서(通鑑總論序) 7-226
통감해(通鑑解) 1-108, 6-86, 7-225, 9-64
통고(通考) 1-250
통군(桶裙) 2-147
통군정(統軍亭) 2-111
통람(通覽) 1-200
통례의찬(通禮義纂) 4-32
통론(通論) 8-168, 9-64
통무(統茂) 2-160
통발[筌] 4-202~203
통사사인(通事舍人) 3-237
통신사(通信使) 2-92, 7-183, 8-270
통아(通雅) 5-237, 6-204, 8-98, 8-101, 12-229
통영(統營) 4-175
통영원(統營院) 4-235
통응사(通應祠) 12-256
통응어(通應魚) 12-256

통이계지(統以計之) 10-300
통인(通印) 12-256
통인(通引) 6-279, 8-260
통인자어(通印子魚) 12-256
통자(通刺) 8-144, 8-145
통전(通典) 2-120, 2-240, 3-80, 3-176, 4-152, 4-170, 5-328
통절(通節) 10-37
통정(通政) 4-262
통제사(統制使) 4-113, 8-257
통중세포(筒中細布) 5-118
통지(通志) 10-40, 11-264, 12-70
통창(通敞) 10-324
통천(通川) 4-274
통천관(通天冠) 5-43
통천서(通天犀) 12-123
통천서대(通天犀帶) 5-85
통청(通淸) 2-295
통초(通草) 5-274, 11-79
통촉(洞燭) 9-177
통통(猑猑) 12-108~109
통파정(通波亭) 4-260
통판(通判) 6-231, 12-274
통포(筒布) 5-252
통폭(全幅) 5-46
통합공신(統合功臣) 3-128~129
통헌(通幰) 5-328
퇴(推) 10-36
퇴(魋) 12-165
퇴(煺) 5-211
퇴거부(退居賦) 7-300
퇴계(退溪)➪이황(李滉)
퇴계집(退溪集) 8-181
퇴부후(退符候) 8-56
투고(套褲) 5-98
투곡오도(鬪穀於菟) 7-149
투녀(妬女) 7-198
투부진(妬婦津) 2-316, 6-283
투서(套書) 3-219
투수(偸修) 6-263
투자(投刺) 3-208, 10-323
투자(投子) 6-108
투자(骰子) 6-108
투전(鬪牋) 4-204
투척(投擲) 6-108
투필반무(投筆反武) 10-301
투호(投壺) 6-112
특계(特髻) 2-263
특기여사(特其餘事) 10-274
특내자(特乃子) 11-230
특위방송(特爲放送) 10-261

ㅍ

파 4-253, 5-172, 11-133, 11-293
파(杷) 4-166
파(巴) 3-111, 6-136, 7-191
파(琶) 6-35
파경(破鏡) 12-338
파고지(破古紙) 11-117
파곶(巴串) 2-44
파과(破瓜) 10-55
파과년(破瓜年) 10-56
파구(巴嫗) 6-182
파국(破國) 7-140
파군(巴郡) 7-192
파기상준(破器相準) 10-296
파동(巴東) 5-230

파두(巴豆) 4-60
파라(婆羅) 11-159
파라밀(波羅蜜) 5-165
파락호(破落戶) 10-316
파랑(罷郞) 1-219
파루(罷漏) 10-110
파루종(罷漏鐘) 3-190
파릉(灞陵) 9-106
파릉(菠薐) 11-303
파릉국(頗陵國) 11-303
파릉채(菠薐菜) 11-303
파리 12-25, 12-54
파리(笆籬) 4-225
파리(玻瓈) 5-238
파리국(婆利國) 11-154
파리똥 4-132
파리석(玻璃石) 5-247
파리채[蠅拂] 12-134
파리채[蠅策] 5-310
파마(把麻) 3-237
파몽산(嶓蒙山) 11-68
파무상(巴務相) 3-111
파발(擺撥) 4-95
파병초아(婆餠焦兒) 12-308
파사(婆娑) 10-321
파사(波斯) 11-170
파사(巴蛇) 12-75
파사국(波斯國) 2-186, 5-219, 10-254
파사닉왕(坡斯匿王) 7-68
파사성 4-268
파사은(波斯銀) 5-216
파서(巴西) 5-181
파아(罷亞) 4-143
파아(把兒) 4-168
파아(穲亞) 4-142
파야안(波若眼) 9-99
파양(鄱陽) 3-41
파양산(鄱陽山) 7-41
파연곡(罷宴曲) 6-91
파연곡(破宴曲) 6-95
파옥초(破屋草) 11-272
파월(巴越) 5-222
파유(巴兪) 6-136
파율(婆律) 11-169
파율고(婆律膏) 11-169
파율국(婆律國) 11-169
파율향(婆律香) 2-180
파이왕(巴夷王) 3-94
파익국(波弋國) 11-161
파저(芭苴) 11-36
파저(婆猪) 1-244
파적(葱炙) 5-172
파종(跛踵) 2-145
파종법(播種法) 4-133
파주(破酒) 2-289
파주(坡州) 1-225, 4-256, 7-99
파죽(巴竹) 5-193
파죽지세(破竹之勢) 10-267
파지(巴氏) 3-112
파천황(破天荒) 10-147
파초선(芭蕉扇) 5-328
파총서(破塚書) 3-225
파투희(巴渝戲) 6-128
파파[八八] 10-245
파파노옹(皤皤老翁) 10-260
파파파(破破破) 12-367
파평군(坡平君) 3-85
파혈(破血) 5-126

판(判) 3-263
판간(板間) 4-217, 8-86
판결사(判決事) 9-91
판문(判文) 3-172
판사(判事) 9-98
판서(判書) 8-231
판어(板魚) 12-228
판장(板章) 9-129
판적(版籍) 4-161
판적원(板籍院) 1-240
판전농시사(判典農寺事) 3-122
판탁지(判度支) 10-114
판탕(板蕩) 9-129
판탕말세(板蕩末世) 9-129
판향(瓣香) 7-76~77
팔(捌) 3-252, 4-166
팔각정(八角井) 2-60
팔개(八愷) 7-217
팔결작부(八結作夫) 4-126
팔고문(八股文) 3-173
팔곡구요(八曲九遙) 2-76
팔곤성(八坤城) 1-226
팔공(八公) 8-83
팔공산(八公山) 7-115
팔공산(八公山) 전투 8-200
팔관(八關) 7-79
팔관회(八關會) 7-79
팔괘(八卦) 5-204
팔괴(八怪) 7-209
팔굉(八紘) 2-219
팔대군일옹주(八大君一翁主) 9-94
팔도(八道) 8-246
팔량현(八良峴) 7-197
팔령산(八靈山) 7-97
팔만(八蠻) 2-145
팔만대장경(八萬大藏經) 7-84
팔물(八物) 7-82
팔법(八法) 3-230
팔별(八鼈) 12-211
팔보살(八菩薩) 7-80
팔복전(八福田) 4-239
팔분(八分) 3-223, 3-225
팔분체(八分體) 3-225
팔불취(八不就) 10-315
팔사마타아지(八思麻朶兒只) 3-146
팔석약(八石藥) 6-281
팔수서(八穗書) 3-222
팔싸개[臂褁] 4-63
팔요단(八瑤丹) 11-112
팔음석(八音石) 7-209
팔자(八字) 10-127
팔장(八丈) 2-153
팔조법금(八條法禁) 3-167
팔준마(八駿馬) 11-313
팔찌[拾] 4-63
팔찌[釧] 2-279
팔찌[韝] 4-63
팔체(八體) 3-231
팔초어(八梢魚) 12-241
팔탑(叭嗒) 5-210
팔파(捌杷) 4-166
팔합식(八合識) 10-45
팔황(八荒) 2-204, 12-121
팥 5-183
팥배나무(豆梨樹) 5-127
팥죽 5-183
패(牌) 10-110
패(狽) 12-147

패(貝) 12-250
패(孛) 1-33
패(牌) 2-320
패(沛) 4-151
패(貝) 5-136
패(唄) 7-74
패(貝) 11-79
패가대(覇家臺) 2-155
패가망신(敗家亡身) 10-277
패강(浿江) 6-214, 7-131
패공(沛公) 8-56, 9-154
패관(稗官) 8-159
패관잡기(稗官雜記) 8-163
패국공(沛國公) 10-182
패군지장(敗軍之將) 10-264
패기(牌記) 8-286
패다(貝多) 11-55
패다수(貝多樹) 5-175, 11-55
패대(浿帶) 1-260
패대(貝帶) 5-85
패도(佩刀) 5-83
패랭이[蔽陽笠] 1-120, 2-335, 5-51
패랭이꽃[平陽子花] 11-34
패륵(貝勒) 5-30, 6-191
패릉(霸陵) 3-26
패모(貝母) 11-79
패목(貝木) 7-87
패사(稗史) 1-142, 6-105, 6-172, 7-236, 8-61, 9-228, 11-171, 11-204, 11-226, 12-377
패수(浿水) 1-257, 1-258, 11-321~322
패수현(浿水縣) 1-258
패아지근(孛兒只斤) 3-117
패어(鮄魚) 12-220
패엽경(貝葉經) 7-86
패엽서(貝葉書) 7-86
패영(貝纓) 5-51
패하(覇夏) 12-217
패하(浿河) 1-255
패해(稗海) 6-236, 7-178
패흥(敗興) 10-159
팽(彭) 3-120, 12-270
팽강(彭綱) 11-208
팽기(蟛蜞) 12-270
팽나무[彭木] 11-178
팽두이숙(烹頭耳熟) 10-265
팽랑(彭郎) 6-283
팽망산(彭亡山) 4-282
팽배(彭排) 4-46
팽성왕(彭城王) 10-244
팽연재(彭淵材) 11-37, 11-284, 12-251
팽연촌(彭淵村) 12-331
팽오(彭吳) 1-200, 4-205
팽오비(彭吳碑) 1-200
팽월(彭越) 3-136, 12-270
팽조(彭祖) 3-120, 7-165, 7-170, 11-139
팽총(彭寵) 1-200, 9-165
팽호도(彭湖島) 2-86
팽활(彭蛸) 12-270
퍅개 1-252
퍅개국(愎介國) 1-251, 5-96
페르시아 11-117
편(篇) 3-262
편년사주(編年四柱) 6-153
편년통록(編年通錄) 7-146, 7-148
편달(猵狚) 12-114
편면(便面) 5-301
편복(蝙蝠) 12-353

ㅍ

편복지역(蝙蝠之役) 10-305
편액(扁額) 4-233
편양당(鞭羊堂) 7-56
편여(編輿) 5-326
편작(扁鵲) 6-175, 6-233, 9-143
편작전(扁鵲傳) 6-173
편저(猵狙) 12-146
편전(片箭) 3-201, 4-58, 4-59
편조(扁條) 5-164
편조(遍照)의 화 7-60
편지(片紙) 10-28
편차(片茶) 11-106
편청(扁青) 11-114
편해(篇海) 6-27, 6-266, 12-235, 12-338
폄(砭) 6-195
폄애주시(貶厓州詩) 10-215
평(蓱) 7-251
평(苹) 7-251, 11-278
평(萍) 7-251, 11-307
평・상・거・입(平上去入) 8-66
평교(平較) 4-100
평교(平橋) 9-56
평교자(平轎子) 5-300, 5-328
평구(平邱) 8-154
평나(平那) 1-198
평나산(平那山) 7-59
평년작(平年作) 4-176
평도공(平度公) 2-297
평두(平頭) 8-66
평등왕전(平等王殿) 7-121
평산(平山) 1-170, 1-238, 1-258, 2-56
평성(平城) 6-141
평성(平城) 공주 8-119
평수길(平秀吉) 2-156
평수뢰(平秀賴) 2-155
평승(平乘) 4-88
평안(平安) 10-29
평안도(平安道) 1-197, 1-204, 1-242, 2-117, 2-118, 4-190, 4-192, 6-75, 9-44
평안화(平安火) 4-70, 10-29
평양(平壤) 1-198~199, 1-201, 1-202, 1-207, 1-213, 2-305, 2-306, 3-46, 4-239, 8-263, 9-44
평양(平壤) 전투 8-198
평양강 2-31
평양냉면 5-185, 5-186
평양부(平壤府) 2-121
평양성 2-62, 4-75
평와(平窩)➪윤탁(尹倬)
평왕(平王) 7-268, 7-346
평원군(平原君) 9-61
평원왕(平原王) 1-203
평음(平陰) 11-236
평의사사(評議使司) 5-268
평전(枰錢) 11-185
평제(平帝) 8-186
평조신(平調信) 2-156
평좌소만두(平坐小饅頭) 5-162
평주(平州) 3-118
평준서(平準書) 10-121
평중와 군천[平中桾櫏 11-204
평지농(平地農) 4-123
평지풍파(平地風波) 10-119, 10-280
평진(平陳) 1-217
평천장(平泉莊) 11-177
평해(平海) 4-273
평해군(平海郡) 11-138
평호도(平壺島) 1-64, 2-165

평호도(平戶島) 2-153
평활(平闊) 4-263
평회서비(平淮西碑) 9-207, 10-182
폐(肺) 1-151, 6-178
폐(蔽) 6-103
폐(箄) 5-315
폐개년법(閉開年法) 2-260
폐대(廢敦) 5-272
폐모론(廢母論) 9-30
폐무존(敝無存) 5-328
폐병(肺病) 5-212
폐사군(廢四郡) 1-242, 2-109, 2-111, 2-117
폐석(肺石) 9-57
폐슬(蔽膝) 5-72~73, 5-98
폐안(狴犴) 12-217
폐폐(獙獙) 12-110
폐하(陛下) 9-77
포(虪) 7-255
포(匏) 11-300
포(蒲) 11-306
포(布) 11-324
포(抱) 12-378
포(炮) 5-139, 5-206
포(泡) 5-176
포(袍) 5-70
포(逋) 8-107
포(枹) 6-48
포(誉) 9-63
포(犦) 12-132
포(毦) 12-378
포(醭) 5-142
포가산(浦訶散) 2-187
포거(抛車) 4-70
포거(鮑車) 9-244
포고리옹순(布庫哩雍順) 12-306
포곡(布穀) 12-297
포굉(鮑宏) 6-116
포규(蒲葵) 11-272
포규선(蒲葵扇) 5-298, 11-272
포기범강(布機凡江) 12-269
포노(鮑老) 6-140
포단(蒲團) 5-115
포대(蒲臺) 2-309, 11-219
포도 11-234
포도청 4-65
포독(抱犢) 8-122
포로(蒲蘆) 7-277, 12-39
포뢰(蒲牢) 12-216
포리(逋吏) 9-242
포모(泡母) 4-261
포모(布母) 5-98
포모준(布母縛) 5-98
포박자(抱朴子) 1-110, 1-153, 2-29, 2-54, 5-100, 5-222, 6-265, 7-30~32, 7-180, 7-183, 7-200, 9-224, 9-228, 11-89, 11-94, 11-116, 11-133, 11-142, 11-175, 11-212, 12-64, 12-207, 12-264, 12-273, 12-279
포백척(布帛尺) 9-51
포복(抱腹) 5-81
포선(布扇) 5-300
포성성선니공(褒成聖宣尼公) 8-186
포약나물 5-193
포양(褒揚) 10-321
포어(泡魚) 12-175
포와(菢窩) 12-378
포욱(鮑昱) 7-267

ㅍ

포은(圃隱)➪정몽주(鄭夢周)
포인(庖人) 5-207
포자(蒲子) 12-313
포자(包子) 5-173
포장(鋪張) 10-319
포장(褒奬) 10-321
포장자(鮑莊子) 11-46
포전(蒲田) 12-256
포정(庖丁) 10-44
포조(鮑照) 8-135
포주(蒲州) 9-44
포증(包拯) 10-37
포천(抱川) 1-225
포천(鮑泉) 5-61
포판(蒲坂) 12-201
포필(布疋) 7-224
포홍(蒲洪) 3-97
포효(狍鴞) 12-100
포흠(逋欠) 4-177, 4-186
포회(蒲鯑) 2-145
포희씨(庖犧氏) 3-222, 6-34
폭건(幅巾) 5-41
폭리장(暴利長) 12-124
폭주병진(輻湊幷臻) 10-309
표(豹) 12-357
표(表) 3-91, 3-172, 3-261
표(標) 4-180
표(彪) 7-264
표(鰾) 1-28
표견(豹犬) 12-137
표고 11-291
표국(驃國) 4-210
표문(表文) 1-194, 12-114
표범 7-170, 12-137, 12-144, 12-146, 12-158, 12-160, 12-177, 12-178, 12-209
표범꼬리 11-84
표소모(螵蛸母) 12-71
표앵(表櫻) 11-237
표와(縹瓦) 4-210
표이출지(表而出之) 10-291
표주(表周) 8-120
표초(螵蛸) 12-224
표해록(漂海錄) 4-260
표훈(表訓) 7-117
표훈사(表訓寺) 2-73
푸른 꿀[碧蜜] 2-208
푸른 무지개 1-45
푸른 사슴[蒼鹿] 12-132
푸지개[籭] 4-197
풀 향기 1-67
풀가사리[蕁] 11-305
풀거미[草鼅鼄] 12-33
풀쇄기[蚝蟲] 12-26~37
풀요(草葽) 5-114
풍(楓) 11-185
풍(風) 6-188, 9-113, 12-23
풍(馮) 3-91
풍(豐) 11-267
풍(酆) 3-133
풍간선사(豊干禪師) 7-65
풍걸(豊乞) 10-86
풍경(風磬) 4-221
풍고(楓皐)➪김조순(金祖淳)
풍고집(楓皐集) 2-50, 3-44
풍금(風琴) 4-221
풍기(豊基) 3-126
풍기(豐基) 8-196

풍낭(風囊) 2-184
풍년화자(豊年化子) 10-86, 10-263
풍덕(豊德) 3-104, 7-111
풍도(馮道) 3-219, 4-150
풍등(馮登) 6-127
풍락목(風落木) 10-316
풍로(風鑪) 5-316
풍류(風流) 10-120
풍류랑(風流郎) 10-313
풍류산(風流山) 4-261
풍마우세(風磨雨洗) 10-298
풍모(風母) 12-91
풍문(風聞) 9-113
풍백(風伯) 7-236
풍본(豊本) 11-294
풍부(馮婦) 7-27
풍부인(馮夫人) 7-316
풍비(豊碑) 3-82
풍산(豊山) 2-80
풍상(風霜) 10-119
풍생수(風生獸) 7-184, 11-143, 12-90, 12-91
풍서(風書) 3-225
풍서(馮瑞) 3-243
풍서곡(豊西曲) 6-59
풍석(風席) 4-167
풍선(馮善) 2-359
풍성(豊城) 3-130, 5-316
풍소정(馮紹正) 3-242
풍속통(風俗通)➪풍속통의(風俗通義)
풍속통의(風俗通義) 1-62, 1-80, 1-100, 1-102, 1-118, 2-239, 3-38, 3-119, 3-250, 4-214, 4-249, 6-34, 6-140, 6-245, 6-249, 6-269, 7-152, 7-177, 7-215, 7-224, 8-24, 8-30, 9-77, 9-113, 10-130, 10-221, 10-223, 11-32, 12-373
풍수가(風水家) 2-26, 2-76, 3-51
풍수지감(風樹之感) 2-327
풍순(馮巡) 7-153
풍습(風濕) 5-115
풍신(楓宸) 11-186
풍신수길(豊臣秀吉) 2-157~158, 2-161, 2-163~164, 3-47, 6-193
풍악(楓嶽) 2-71
풍연(馮衍) 4-72
풍연사(馮延巳) 10-214
풍우(風牛) 8-70
풍월(風月) 10-36
풍윤현(豊潤縣) 11-219
풍이(風夷) 2-145
풍이(馮夷) 3-133, 6-281, 7-32
풍인(楓人) 11-186
풍자(楓子) 1-179
풍자도(馮子都) 9-97
풍접(風蝶) 12-43
풍정(風井) 2-51
풍종오(馮從吾) 7-44
풍죽(風竹) 3-245
풍질(風疾) 7-206
풍차(風遮) 5-59
풍창소독(楓窓小牘) 11-72
풍채(風采) 9-223
풍천(豊川) 2-110, 11-119
풍충(風蟲) 12-273
풍토기(風土記) 1-61, 1-79, 1-112, 1-130, 1-138, 6-44, 6-124, 9-95, 9-128
풍토록(風土錄) 2-93, 11-259
풍토병(風土病) 7-193

ㅍ

풍파(風波) 10-119
풍팔진(風八陣) 4-106
풍패(豊沛) 4-252, 9-35
풍패루(豊沛樓) 11-172
풍향수(楓香樹) 11-165
풍혈(風穴) 2-51
풍호(豊鎬) 1-21
풍화(風化) 12-120
풍흉(豊凶) 1-90, 1-166, 1-167
피(帔) 5-65
피(柀) 11-180
피[稊稗] 11-142
피[稷] 4-139
피가(披茄) 11-303
피견(披肩) 5-57
피골상연(皮骨相連) 10-271
피눈[稷雪] 1-72
피도(皮島) 2-100
피리 4-32, 6-42, 6-52
피마(皮麻) 11-82
피명(被銘) 5-109
피발(被髮) 2-328
피변(皮弁) 2-261
피북(皮北) 9-30
피불존언(皮不存焉) 10-300
피산약(皮山藥) 5-162
피서록화(避暑錄話) 9-132
피속대(避俗臺) 8-120
피수(皮樹) 12-81
피우(犤牛) 12-190
피일휴(皮日休) 3-265, 9-224, 11-323
피지(被池) 5-109
피차무간(彼此無間) 10-289
피촌(皮村) 10-44
피향전(披香殿) 5-124
피흉취길(避凶就吉) 10-311
필(魓) 1-28
필(筆) 8-44, 10-29
필(畢) 1-30, 8-107
필(匹) 5-133
필(疋) 5-137, 7-224
필(韠) 5-72~73
필거(卑居) 12-335
필능가(畢楞伽) 11-260
필라(饆饠) 5-169~170
필란(畢鸞) 7-201
필률(觱栗) 4-32, 6-33, 6-42
필률(篳篥) 4-32
필만(畢萬) 9-197
필문(篳門) 4-218
필방(畢方) 12-329, 12-330
필산(筆山) 1-208
필성(畢星) 1-52
필씨(畢氏) 5-169
필원잡기(筆苑雜記) 8-163
필유묘맥(必有苗脈) 10-306
필자치(必者赤) 8-224
필적(匹敵) 9-209
필점(筆占) 6-163
필조(匹鳥) 12-336
필지어서(筆之於書) 10-272
필탄(畢坦) 10-242
핍(偪) 5-98

ㅎ

하(夏) 3-138
하(騢) 1-183

하(蝦) 1-193
하(河) 1-255, 2-31
하(何) 6-85
하(遐) 9-105
하(霞) 9-105
하(苄) 11-98
하간(河間) 2-324, 6-123
하산선 2-310
하간헌왕(河間獻王) 3-137
하계(河界) 8-119
하고(夏枯) 1-149
하곡(荷谷)⇨허봉(許篈)
하공(夏貢) 4-159
하과(夏課) 8-179
하과국(蝦夸國) 2-180
하관(葭管) 1-168
하관(下官) 9-83
하관부고(夏官副辜) 1-115
하괴성(河魁星) 6-234
하굉(賀宏) 2-240
하구려(下句麗) 2-125, 2-128
하국(蝦國) 2-180
하기(何基) 2-355
하날 9-58
하남성(河南省) 12-78, 12-155
하납미(下納米) 2-103
하내(河內) 12-34
하눌타리[莨] 11-289
하늘소[天牛] 12-36
하늘의 술[天酒] 1-70
하늘의 조개[天蛤] 1-54
하단전(下丹田) 7-332
하도(河圖) 12-50
하도괄지상(河圖括地象) 2-221
하도괄지지(河圖括地志) 2-170
하도옥판(河圖玉版) 2-197
하돈(河豚) 7-243
하동(河東) 2-314, 5-179, 12-201
하란당(賀蘭唐) 7-232
하랑(何郎) 11-40, 12-43
하력(夏曆) 7-220, 7-221
하론업(何論業) 3-168
하루(何樓) 9-48
하루살이 12-35~36
하마비(下馬碑) 8-264
하마호(蝦蟆護) 12-318
하만자(河滿子) 8-95
하목차(蝦目茶) 11-103
하물(下物) 10-224
하반(賀班) 9-74
하발발(夏勃勃) 3-98
하백(河伯) 4-236, 6-215, 6-233, 9-169, 10-233
하번(何蕃) 8-194
하본기(夏本紀) 10-138
하비(何妃) 6-127
하삭(河朔) 5-202
하상(何尚) 7-300
하상공(河上公) 7-26
하상봉(夏祥鳳) 2-31
하상장인(河上丈人) 7-26
하서(河西) 8-217
하선(下仙) 2-47
하성위(河城尉) 2-309
하소정(夏小正) 1-94, 1-100, 1-104, 1-108, 1-113, 1-115, 1-120, 1-122, 1-124, 1-127, 1-129, 1-139
하손(何遜) 10-132

ㅎ

하송(夏竦) 3-183
하수(河水) 7-97, 7-241, 9-252
하수부(何水部) 3-138
하수서(下手書) 8-35
하수오(何首烏) 7-160
하순(下旬) 1-141
하순(賀循) 2-240
하슬라주(何瑟羅州) 2-89
하습(下習) 10-324
하습병(下濕病) 12-292
하신(河神) 5-184
하씨(河氏) 11-191
하암원(下岩院) 5-230
하앵(賀櫻) 11-236
하약(賀若) 6-34
하약필(賀若弼) 6-34
하옥(夏屋) 3-73, 7-250
하용(下舂) 1-143
하우불이(下愚不移) 10-292
하우씨(夏禹氏) 2-201
하원(下元) 1-159
하원(何遠) 7-327
하이(蝦夷) 2-28
하이(蝦鮧) 2-149
하자(瑕疵) 10-323
하자익(夏子益) 6-186
하제(鰕鯷) 12-257
하제(賀齊) 4-67
하주(夏州) 1-222
하주(下酒) 5-151
하주국(夏州國) 2-214
하중(河中) 8-262
하증(何曾) 5-157, 10-28
하지(夏至) 1-115, 1-128, 1-147, 2-51, 5-134, 11-146, 12-300
하지장(賀知章) 3-163, 7-232
하직(下稷) 7-265
하집(何戢) 5-156
하차(河車) 8-56
하창우(何昌寓) 9-199
하처(下處) 10-256
하충(何充) 10-188
하택거(下澤車) 10-203
하투(河套) 2-112
하포(荷包) 5-101
하풍(何諷) 12-29
하하(荷荷) 10-244
하하량(夏賀良) 7-254
하합(蝦蛤) 12-162
하해지택(河海之澤) 10-306
하호씨(夏扈氏) 12-296
하화만두(荷花饅頭) 5-162
하회(河回) 3-125, 7-162
하후단(夏侯亶) 5-291
하후씨(夏后氏) 2-344
하후영전(夏侯嬰傳) 7-307
하훈(夏塤) 8-52
하희(夏姬) 2-265, 7-170, 7-210
학(鶴) 2-171, 7-171, 7-184, 12-330, 12-334
학(貉) 12-148
학가산(鶴駕山) 2-80
학관(學館) 12-380
학관(鶴觀) 6-203
학구(學究) 9-167, 10-30~31
학기(學記) 8-191
학령(學令) 10-38
학림(學林) 5-322, 9-173

학림옥로(鶴林玉露) 1-172
학봉(鶴峯)➪김성일(金誠一)
학성(鶴城) 2-38, 6-62
학소(郝昭) 4-70
학슬(鶴膝) 8-66
학애(鶴厓) 9-34
학어(鶴魚) 5-86
학예강(學禮講) 3-171
학융(郝隆) 12-256
학자(學者) 10-39
학정(鶴頂) 12-169
학정금대(鶴頂金帶) 5-86
학정소(鶴頂梳) 5-86
학정초(鶴頂草) 11-277
학조대사(學祖大師) 7-96
학지도(鶴指島) 2-94
학창의(鶴氅衣) 8-215
학춤[鶴舞] 10-238
학포(鶴浦) 4-294
한 호군(韓護軍) 6-274
한(稈) 4-140
한(澣) 1-141
한(漢) 고조(高祖) 1-156, 3-115, 7-184, 8-200, 8-82
한(漢) 무제(武帝) 1-49, 1-53, 2-55, 2-122, 2-190, 4-209, 6-27, 6-42
한(漢) 은제(隱帝) 6-146
한(翰) 7-266
한(釬) 4-48
한(鷴) 12-372
한가언(韓嘉彦) 9-65
한강(漢江) 1-212, 1-222, 1-258, 1-260, 2-31, 2-74, 11-244, 12-239, 12-260
한강(韓絳) 8-63
한거부(閒居賦) 7-232, 11-237
한경시(漢京詩) 2-74
한계(寒鷄) 12-377
한계노승(寒溪老僧) 7-39
한계산(寒溪山) 2-46
한고(寒皐) 12-314
한고(韓皐) 8-96
한구(寒具) 5-158
한구(韓構) 8-46
한국(韓國) 11-244, 12-377
한금화(旱金花) 11-50
한기(韓琦) 8-145, 11-75
한기(漢紀) 7-347, 8-251
한기신(限己身) 10-316
한남군개국공(漢南郡開國公) 2-128
한단(邯鄲) 3-268
한단침(邯鄲枕) 5-105
한도소(韓道昭) 8-65
한라산(漢拏山) 1-32, 2-69, 2-70, 2-93, 2-168, 3-111, 11-109, 12-195
한라선옹(漢拏仙翁) 7-38
한량(閑良) 9-88
한량음식(閑良飮食) 10-263
한로(寒蘆) 11-313
한류(韓流) 12-79
한류지(漢柳池) 11-64
한림(寒林) 3-55
한림(翰林) 1-221, 5-76, 8-233
한림동의(翰林同衣) 5-76
한림별곡(翰林別曲) 6-59
한림원(翰林院) 6-59
한림지(翰林志) 3-84
한림학사(翰林學士) 8-234
한만(閑漫) 10-318

한명회(韓明澮) 4-257, 4-275
한무외(韓無畏) 7-37
한무제내전(漢武帝內傳) 11-201, 12-307
한무제외사(漢武帝外史) 2-303
한묵기(翰墨記) 1-96
한백겸(韓百謙) 4-124
한보승(韓保昇) 5-238
한보재(翰寶齋) 5-116
한복(韓復) 3-122
한봉(汗峯) 1-224
한북(漢北) 1-224
한붕(韓朋) 7-199, 12-337
한비(韓碑) 12-172
한비자(韓非子) 8-75
한비자(韓非子), 설림(說林) 9-193
한비자(韓非子) 3-283, 5-214, 5-245, 6-37, 6-189, 9-249
한빙(韓憑) 11-191, 11-192
한빙지옥(寒氷地獄) 7-120
한사(漢史) 3-115
한사결곤(限死決棍) 10-274
한사군(漢四郡) 1-212, 2-117, 11-88
한산(韓山) 5-121, 5-252
한산(寒山) 7-65
한산(寒散) 9-74
한산사(寒山寺) 8-93
한산습득(寒山拾得)➪습득(拾得)
한산주(漢山州) 1-219
한산하(漢山河) 2-31
한삼(汗衫) 5-71, 5-72, 6-90
한상(韓湘) 10-205
한서(漢書), 고제기(高帝記) 4-66
한서(漢書), 공우전(貢禹傳) 5-112
한서(漢書), 곽거병전(霍去病傳) 3-75
한서(漢書), 곽광전(霍光傳) 3-22, 9-223
한서(漢書), 관지(官志) 8-258
한서(漢書), 교사지(郊祀志) 1-115, 5-222, 7-63, 10-227, 11-217, 12-338
한서(漢書), 남월왕(南粵王), 조타전(趙佗傳) 5-96
한서(漢書), 남흉노전(南匈奴傳) 5-83
한서(漢書), 동관기(東觀記) 12-380
한서(漢書), 만석군전(萬石君傳) 5-72
한서(漢書), 명제기(明帝紀) 7-62
한서(漢書), 무제본기(武帝本記) 3-206, 9-47, 1-119
한서(漢書), 백관공경표(百官公卿表) 4-149
한서(漢書), 백관지(百官志) 5-300, 8-236
한서(漢書), 서역전(西域傳) 2-170, 2-213, 5-241, 5-262
한서(漢書), 선제기(宣帝紀) 9-139, 9-173, 9-177
한서(漢書), 성제기(成帝記) 10-224
한서(漢書), 소제기(昭帝記) 4-25
한서(漢書), 순우의전(淳于意傳) 6-197
한서(漢書), 식화지(食貨志) 4-128, 5-255, 9-81, 10-121
한서(漢書), 양웅전(揚雄傳) 4-211
한서(漢書), 여복지(輿服志) 12-315
한서(漢書), 영제기(靈帝記) 9-47
한서(漢書), 예문지(藝文志) 3-231, 3-253, 6-195
한서(漢書), 예악지(禮樂志) 4-34, 5-191, 6-264, 12-369
한서(漢書), 오행지(五行志) 7-142

한서(漢書), 왕릉전(王陵傳) 9-258
한서(漢書), 왕망전(王莽傳) 1-86
한서(漢書), 외척전(外戚傳) 5-96
한서(漢書), 원후전(元后傳) 5-93
한서(漢書), 위타전(尉佗傳) 12-198
한서(漢書), 유관전(劉寬傳) 6-165
한서(漢書), 유림전(儒林傳) 10-241
한서(漢書), 율력지(律曆志) 5-262, 7-284, 9-51
한서(漢書), 이역지(異域志) 2-245
한서(漢書), 임강왕전(臨江王傳) 2-340
한서(漢書), 장패전(張霸傳) 9-140
한서(漢書), 조왕팽조전(趙王彭祖傳) 9-188
한서(漢書), 조착전(晁錯傳) 4-51
한서(漢書), 조황후전(趙皇后傳) 2-174
한서(漢書), 종군전(終軍傳) 4-24
한서(漢書), 중산왕전(中山王傳) 3-82
한서(漢書), 지리지(地理志) 1-258, 2-64, 2-113, 2-124, 12-134
한서(漢書), 천문지(天文志) 1-31, 1-147
한서(漢書), 평당전(平當傳) 5-148
한서(漢書), 향허전(向栩傳) 5-45
한서(漢書), 형법지(刑法志) 10-204
한서(漢書), 화식전(貨殖傳) 9-188
한서(漢書), 환제기(桓帝記) 11-267
한서(漢書) 1-45, 1-77, 1-256, 1-258, 2-49, 2-53, 2-85, 2-125, 2-308, 2-317, 3-50, 3-82, 3-119, 3-144, 3-152, 3-166, 3-206, 4-28, 4-35, 4-46, 4-49, 4-69, 4-93, 4-129, 4-148, 4-159, 4-165, 4-187, 4-206, 4-207, 4-216, 4-221, 4-246, 5-74, 5-257, 5-262, 5-272, 5-288, 6-27, 6-123, 6-200, 6-273, 7-216, 7-226, 7-292, 7-301, 7-307, 7-310, 7-331, 8-245, 9-88, 9-113, 9-137, 9-165, 9-168, 9-186, 9-187, 9-195, 9-215, 9-222, 9-240, 9-241, 9-247, 9-260, 10-167, 10-217, 10-252, 11-188, 11-198, 12-53, 12-244, 12-275, 12-282, 12-28712-340, 12-383
한성(漢城) 1-216, 2-67, 7-209
한성부(漢城府) 8-263
한소(漢卲) 7-189
한소(寒素) 8-129
한수(漢水) 1-24, 12-231
한수(韓壽) 12-43
한수정후묘(漢壽亭侯廟) 3-41
한시(韓詩)➪한시외전(漢詩外傳)
한시외전(韓詩外傳) 2-326, 5-151, 7-244, 7-282, 10-151, 12-135, 12-312
한식(寒食) 3-83, 6-133, 6-208, 11-248
한식동풍백오절(寒食東風百五節) 1-97
한신(韓信) 3-131, 4-26, 4-115~116, 4-120, 6-146, 7-307, 8-48, 8-82, 8-204, 10-39
한씨보(韓氏譜) 12-63
한아(寒鴉) 12-377
한악(韓偓) 1-67, 4-90
한악보(漢樂譜) 6-38
한안국전(韓安國傳) 10-62
한양(漢陽) 1-210, 1-215, 1-223, 1-237, 1-239, 2-158, 9-44
한어(漢語) 10-127
한언공(韓彦恭) 5-267
한언직(韓彦直) 11-296
한연(旱蓮) 11-63
한연(漢燕) 12-367

ㅎ

한연수(韓延壽) 11-301
한옹(韓雍) 8-52
한왕(韓王) 5-283
한왕(漢王) 9-215
한우(旱藕) 11-63
한원(翰苑) 8-232
한원지(翰苑志) 9-178
한원진(韓元震) 9-34
한위공(漢魏公) 4-257
한유(韓愈) 1-39, 1-63, 1-136, 1-143, 2-342, 3-136, 3-142, 3-158, 3-162, 3-192, 3-193, 3-254, 3-259, 3-266, 4-143, 4-146, 4-157, 4-231, 5-97, 5-127, 5-227, 5-233, 5-235, 5-236, 5-319, 6-22, 6-47, 6-151, 6-152, 6-200, 6-278, 7-82, 7-139, 7-193, 7-249, 7-288, 7-291, 7-338, 8-68, 8-80, 8-114, 8-128, 8-150, 8-169, 9-50, 9-84, 9-110, 9-132, 9-189, 9-193, 9-207, 9-226, 9-248, 9-249, 9-258, 10-55, 10-124, 10-136, 10-178, 10-247, 11-71, 11-77, 11-270, 11-290, 11-306, 11-319, 12-29, 12-66, 12-151, 12-168, 12-212, 12-235, 12-278, 12-355, 12-374
한유한(韓惟漢) 8-215, 8-216
한율(漢律) 2-264
한음(翰音) 7-266
한의(漢儀) 9-175
한인(閑人) 4-160
한잡인(閑雜人) 10-316
한전(限田) 4-159~160
한전제(限田制) 4-189
한정(閑丁) 9-88
한정부(閑情賦) 8-151
한정사(韓定辭) 3-212
한제행(漢帝杏) 11-248
한족(漢族) 5-101
한종(韓終) 2-121, 11-249
한종리(韓終李) 11-249
한종신(限終身) 10-316
한준겸(韓浚謙) 4-95, 9-28
한중군(漢中郡) 11-273
한중다사(閑中多事) 10-266
한지화(韓志和) 6-145
한진서퇴(寒進暑退) 10-280
한착(漢浞) 7-210
한찬남(韓纘南) 9-30
한창려어해(韓昌黎語解) 7-266
한채(焯菜) 11-280
한천도정(漢川都正) 9-148
한철유(韓喆裕) 2-63
한총(漢葱) 11-294
한충언(韓忠彦) 9-65
한치(翰雉) 12-368
한탁주(韓侂冑) 6-141, 9-229
한태동(韓泰東) 9-32
한퇴지(韓退之)➪한유(韓愈)
한풍(汗風) 1-61
한학(漢學) 8-249
한해(瀚海) 2-182
한호(韓濩) 3-221, 8-62
한호조(寒號鳥) 12-358
한홍(韓弘) 10-182
한후(韓侯) 2-258
한훤당(寒暄堂)➪김굉필(金宏弼)
한흥(漢興) 5-257
할단(鶡鴠) 12-344
할어(鰪魚) 12-254

할육충복(割肉充腹) 10-300
함(餡) 5-171
함(㵝) 5-211
함(銜) 10-143
함(醎) 10-246
함(䶢) 5-313
함경도 1-197, 1-240, 2-118, 4-35, 4-190, 4-192, 9-44, 11-197
함곡관(函谷關) 4-47, 5-298, 7-26
함곡관가(函谷關歌) 8-113
함구문(含毬門) 4-124
함녕절(咸寧節) 2-139
함덕전(含德殿) 7-136
함도(含桃) 11-235
함보어(鮥父魚) 12-252
함부림(咸傅霖) 3-129
함산(函山) 12-307
함선(啣蟬) 12-179
함안(咸安) 2-116
함어(鮥魚) 12-253
함열(咸悅) 7-112
함운(陷運) 6-263
함접(啣蝶) 12-179
함정(檻穽) 4-198
함정(陷阱) 4-198
함지(咸池) 3-159, 6-177
함창(咸昌) 2-32, 2-33, 2-116, 7-174, 9-73
함창읍지(咸昌邑志) 7-143
함천(咸天) 1-26
함태화(含胎花) 11-52
함평(咸平) 1-180
함포고복(含哺鼓腹) 10-272
함풍(咸豊) 2-185, 6-206, 7-84, 12-27, 12-244
함풍제(咸豊帝) 2-348, 3-162
함하지물(頷下之物) 10-310
함함(顑頷) 10-123
함행(含杏) 11-248
함허당(涵虛堂)➪무준선사(無準禪師)
함화(咸和) 2-138
함흥(咸興) 1-198, 1-234, 1-243, 1-245, 3-61, 4-239, 4-252, 7-40, 11-88
합(合) 3-250
합계(合髻) 2-278
합구성(合口聲) 3-236
합구초(合口椒) 11-264
합근(合巹) 2-265, 2-274
합단(盍旦) 12-345
합단(哈丹) 2-84, 2-107
합덕지(合德池) 2-33
합동(蛤洞) 1-221
합등(榼藤) 11-215
합란부(哈蘭府) 1-232
합려(闔廬) 7-216
합리(蛤蜊) 12-279
합문(闔門) 2-362
합문(閤門) 9-77
합부(合祔) 2-362
합사(合祀) 3-31
합설(合設) 2-362
합어(蛤魚) 7-205
합이합(哈爾哈) 1-250, 2-113
합장례(合掌禮) 7-72
합팔구(哈叭狗) 12-184
합포(合浦) 6-110, 11-207
합하(閤下) 9-75, 9-77
합합어(鮯鮯魚) 12-262

ㅎ

합혈법(合血法) 2-248
합혼화(合昏花) 2-187
합환귤(合歡橘) 11-126
합환주(合歡酒) 2-265
합환죽(合歡竹) 11-126
합환채(合歡菜) 2-187, 11-126
합환초(合歡草) 11-148
합환화(合歡花) 11-126
항(亢) 1-30
항(迒) 12-147
항노복우(降奴服于) 7-313
항다반(恒茶飯) 10-315
항사세계(恒沙世界) 7-68
항산(恒山) 2-216, 3-91
항수(行首) 9-80
항아(姮娥) 2-173, 9-76
항아(嫦娥) 2-237
항안세(項安世) 11-279
항오(行伍) 4-36, 10-144
항우(項羽) 7-318, 8-40, 10-57, 10-83
항우본기(項羽本紀) 5-88, 7-225
항자불살(降者不殺) 10-302
항장(項莊) 6-61
항주(杭州) 8-110, 8-152
항통(缿筩) 5-288
해(駴) 7-255
해(楷) 11-179
해(垓) 3-250
해(奚) 6-33
해(該) 9-84
해(祴) 7-255
해(奚)씨 3-131
해경(海鏡) 12-236
해곡(嶰谷) 7-284
해구신(海狗腎) 11-139
해구주(海鷗舟) 11-38
해규(海規) 12-260
해남(海南) 2-110, 4-284, 11-104, 12-379
해남자(海男子) 12-240
해달(海獺) 12-127
해당(海棠) 8-22
해당화곡(海棠花曲) 6-72
해대(海帶) 11-273
해돈(海豚) 12-260
해동(解凍) 1-57
해동강목(海東綱目) 8-161
해동공자(海東孔子) 8-179
해동기(海東記) 7-88
해동야언(海東野言) 8-164
해동일기(海東日記) 2-155, 7-346
해동제국기(海東諸國記) 5-80, 5-278
해동중보(海東重寶) 5-254
해동청(海東靑) 4-194, 4-195, 12-350
해동통보(海東通寶) 5-254~255
해라(海蘿) 11-305
해랑(海浪) 2-104
해랑적(海浪賊) 2-105
해로(薤露) 11-133
해로가(薤露歌) 3-80
해록쇄사(海錄碎事) 2-342
해류(海榴) 11-239
해리(海貍) 12-126
해리(該吏) 9-85
해맥(海脉) 11-281
해모(海毛) 11-281
해모수(解慕漱) 6-215
해문록(該聞錄) 1-138
해물이명기(海物異名記) 12-322

해미(海美) 1-239
해미(蟹尾) 9-261
해박(該博) 10-326
해방(該房) 9-84
해보(蟹譜) 1-184, 12-269, 12-270, 12-273
해부(海鳧) 12-321
해부(海賦) 2-57
해부루(解夫婁) 1-201, 2-123, 2-141, 2-143, 5-236
해사록(海槎錄) 3-118
해삼(海蔘) 12-240
해상축취부(海上逐臭夫) 7-179
해생(解生) 4-243
해서(楷書) 2-177, 3-226, 3-228
해서(海西) 2-53, 6-87
해서국(海西國) 2-194
해석(海石) 11-116
해성(諧聲) 3-231, 8-38
해송자(海松子) 11-241
해수(咳首) 2-145
해수(咳嗽) 9-217
해숙겸(解叔謙) 11-134
해시(海市) 1-44, 12-282
해시(亥市) 9-40~41
해신(海蜃) 12-283
해씨(解氏) 2-124, 3-96
해오(海梧) 11-209
해오라기 7-171, 12-318
해옹(海翁) 11-281
해외기(海外記) 3-242
해용(海茸) 12-133
해월(海月) 2-322, 12-278
해월(蟹蚏) 12-274
해유(解由) 8-254, 10-111
해은가(偕隱歌) 2-321
해의(海衣) 11-273
해인(醢人) 4-169
해인사(海印寺) 4-282
해자(海子) 11-146
해자(垓子) 1-216, 12-212
헤지(楷宁) 3-229
해저리(海底里) 3-125
해제(亥際) 1-155
해제지동(孩提之童) 10-259
해조(海藻) 11-305
해조(諧曹) 9-84
해조음(海潮音) 8-50
해주(海州) 2-41, 2-48, 2-87, 3-44, 3-215, 6-69, 12-243
해중성점(海中星占) 7-330
해중장(海中胖) 7-204
해지(蟹志) 5-212
해지도(海地島) 2-185
해진(解搢) 2-366
해진(解縉) 1-176, 8-46, 10-99, 12-261
해채(鮭菜) 5-194
해추(海鰌) 12-213
해출(海朮) 12-248
해치(獬豸) 5-55
해태[獬豸] 12-165
해태(海苔) 3-203
해태(解廌) 12-164
해파리 12-234, 12-236
해편심경(海篇心鏡) 6-84
해폐(海蜌) 12-277
해표초(海螵蛸) 11-97, 12-224
해풍군(海豊郡) 4-153

해희(海狶) 12-249
행(魧) 1-28
행(杏) 11-248
행(荇) 11-283
행(行) 3-262, 6-30
행각승(行脚僧) 9-55
행동거지(行動擧止) 10-289
행등(行縢) 5-98
행률(行栗) 4-249
행리(行李) 9-114
행마(行馬) 4-229
행부득(行不得) 12-371~372, 9-237
행불행(幸不幸) 10-315
행색수상(行色殊常) 10-262
행서(行書) 3-220, 3-228
행선인사(行船人事) 10-261
행수(杏樹) 5-216
행시(行詩) 3-183
행압서(行押書) 3-226
행엽(荇葉) 5-259
행영잡록(行營雜錄) 9-65
행옥(行屋) 4-215
행운유수(行雲流水) 10-287
행인국(荇人國) 1-204, 2-116
행자(行者) 2-341, 5-324
행전(行錢) 10-146
행전(行殿) 11-274
행전(行纏) 5-98
행정(杏亭) 3-125
행제노(行祭奴) 2-341
행조(行竈) 5-320
행주(幸州) 3-122, 12-239
행주치마[行廚裙] 5-95
행중서성(行中書省) 8-246
행진(行眞) 3-229
행초(行草) 3-229
행침탁기(行踸踔其) 6-143
행탕(行盪) 5-77
행하(行下) 9-176
행호씨(行扈氏) 12-296
향(餉) 4-168
향(膷) 5-205
향곡(鄕曲) 9-260
향공법(鄕貢法) 4-189
향나무 11-185
향낭(香囊) 6-207, 11-166, 12-59
향낭(香娘) 6-72, 6-82
향낭끈[香纓] 2-282
향덕(向德) 2-349
향도(香徒) 8-259
향낭(香娘) 12-60
향리(香貍) 12-131
향리(鄕里) 8-78
향마(鄕馬) 12-194
향보(香譜) 1-146, 2-187, 2-282, 11-30, 11-152, 11-156, 11-158, 11-160, 11-162, 11-163, 11-165, 11-167
향산(香山)➪백거이(白居易)
향산거사(香山居士)➪백거이(白居易)
향산구로(香山九老) 3-247
향소(鄕所) 8-263
향안(鄕案) 8-264
향안리(香案吏) 8-266
향암(鄕闇) 10-51, 10-325
향우지탄(向隅之歎) 10-268
향원(鄕愿) 8-39
향유(香油) 5-163
향자(蠁子) 12-25

향장장점(鄕庄粧點) 10-121
향적여래(香積如來) 7-80
향청마(鄕廳馬) 9-155
향초(香草) 6-182, 11-263, 11-315
향판(響板) 6-46
향품반(鄕品班) 9-74
향화(香火) 7-344
허(噓) 1-63
허(魖) 6-265, 6-267
허격(許格) 5-31
허견(許堅) 2-295, 7-182
허경종(許敬宗) 10-132
허국(許國) 3-96
허균(許筠) 2-250, 3-271, 6-78, 8-57, 8-162, 9-30, 10-68
허난설헌(許蘭雪軒) 3-272
허누비(虛褸緋) 5-77
허다반(許多般) 10-313
허만석(許晩石) 4-154
허모(虛耗) 6-275
허목(許穆) 2-30, 2-72, 3-25, 3-225, 3-232, 3-244, 6-257, 8-164, 9-34
허봉(許篈) 4-289, 8-164, 9-25
허새궁동(許璽宮東) 9-153
허새허영(許璽許瑛) 9-153
허석노(許石老) 3-151
허성(虛星) 1-33, 11-195~196
허손(許遜) 6-215
허숙기(許叔冀) 2-307
허승(許乘) 9-156
허신(許愼) 2-118, 3-240
허실(栩實) 11-245
허실상몽(虛實相蒙) 10-260
허씨(許氏) 3-95, 9-116
허아(許我) 9-117
허암(虛菴)➪정희량(鄭希良)
허엽(許曄) 7-298
허예종(許裔宗) 6-173
허위(虛僞) 10-317
허유(許由) 8-40
허자(許磁) 9-150
허저(許褚) 9-146
허적(許積) 9-34
허정(許靖) 5-321
허조(許稠) 8-162
허종(許琮) 1-218
허준(許遵) 4-114
허준(許浚) 6-175
허침(許琛) 1-209
허통(許通) 2-295
허행(許行) 8-158
허허(詡詡) 10-244
허허실실(虛虛實實) 10-310
허형(許衡) 8-195
허혼(許渾) 8-149, 11-274
허황후(許皇后) 8-83
헌(軒) 5-195, 5-324
헌강왕(憲康王) 2-38, 6-62
헌덕왕(憲德王) 1-145, 7-130, 7-131, 7-181, 8-223
헌방조(獻芳鳥) 12-289
헌세(獻歲) 1-130
헌신통(獻神通) 3-214
헌안왕(憲安王) 7-59
헌우(軒于) 11-152, 11-321~322
헌우(蓒于) 11-321
헌원(軒轅) 7-215
헌원구(軒轅丘) 5-324, 7-216

ㅎ

헌원국(軒轅國) 2-214
헌원기(軒轅記) 12-102
헌원씨(軒轅氏) 5-324, 7-216
헌자(獻子) 7-302
헌작(獻爵) 10-156
헌적(軒適)➪여춘영(呂春永)
헌종(憲宗) 1-212, 2-87, 4-112, 5-58, 5-85, 7-181, 8-193
헌현(軒懸) 7-350
헐가방매(歇價放賣) 10-298
헐후정오(歇後鄭五) 9-261
험(杴) 4-167
험윤(獫狁) 7-313
혁(嚇) 12-375
혁(奕) 6-98
혁(虩) 12-55
혁거세(赫居世) 1-203, 3-58, 3-93, 3-143, 3-146, 7-38, 7-124
혁련씨(赫連氏) 3-98
혁사(革笥) 4-46
혁서씨(赫胥氏) 5-294
혁정(奕訂) 3-162
혁제(赫蹏) 10-28
현(蜆) 12-280
현(贒) 12-99
현격(懸隔) 10-132
현경(顯慶) 2-143
현경(玄經)➪태현경(太玄經)
현곡(玄谷)➪조위한(趙緯韓)
현구(玄駒) 12-51
현궁(玄宮) 11-178
현금(玄琴) 6-22
현녀(玄女) 7-27
현덕수(玄德秀) 3-247
현도(玄菟) 1-198, 2-145
현도(懸度) 2-180
현도관도(玄都觀桃) 8-92
현도군(玄菟郡) 5-27
현람(玄覽) 12-188, 12-298
현량과(賢良科) 3-182
현령(懸鈴) 4-65
현륙(莧陸) 1-128
현마(縣馬) 9-65
현무부(玄武符) 4-23
현무수(玄武宿) 12-73
현묵(玄默) 1-158
현비(賢妃) 2-303
현삼(玄蔘) 11-162
현석(玄錫) 5-244
현석(玄石)➪박세채(朴世采)
현소(玄蘇) 2-156, 3-47, 5-247
현손(玄孫) 2-229, 2-230
현순백결(懸鶉百結) 10-178, 10-309
현신송(賢臣頌) 5-229
현안선생(玄晏先生)➪황보밀(皇甫謐)
현엽(玄曄) 3-160, 3-162
현옥(玄玉) 3-216
현옹산(縣翁山) 12-82
현윤(縣尹) 8-146
현이(玄夷) 2-145
현장(玄藏) 8-56
현장법사(玄奘法師) 11-58
현재(玄齋)➪심사정(沈師正)
현조(玄祖) 2-229
현종(顯宗) 2-138, 2-186, 3-85, 4-83, 5-239, 7-59, 8-194, 11-238
현종(玄宗) 1-77, 2-137, 2-140, 2-143, 2-238, 3-177, 5-85, 5-156, 5-257, 6-95,

6-131, 6-275, 7-245, 7-319, 8-94, 8-187, 8-246, 9-130, 9-179, 12-83, 12-165, 12-181
현종기(玄宗紀) 8-249
현중기(玄中記) 2-29
현지부(顯志賦) 4-72
현진자(玄眞子) 3-163
현천(玄天) 1-26
현초송(懸軺松) 11-173
현침서(懸針書) 3-225
현토(玄菟) 11-88
현풍(玄風) 4-277
현하(懸河) 10-149
현학금(玄鶴琴) 6-22
현훈(玄纁) 2-267
혈구(絜矩) 3-250
혈기소재(血氣所在) 10-268
혈육지신(血肉之身) 10-273
혈징(血癥) 12-224
혈혈무의(孑孑無依) 10-300
협광(挾纊) 10-179
협농(峽農) 4-123
협사(挾斯) 10-178
협산(夾山) 9-185
협운(協韻) 7-242
협의(脅衣) 5-97
협일(浹日) 1-141
협주(峽州) 11-103
협진(浹辰) 1-141
협창회음(挾娼會飮) 10-269
협흡(協洽) 1-158
형(衡) 1-28
형가(荊軻) 3-134
형각도존(形殼徒存) 10-279
형강(荊江) 12-266
형개(邢玠) 2-60, 3-43
형계(荊鷄) 12-378
형곡(硎谷) 11-298
형공(荊公)➪왕안석(王安石)
형대(熒臺) 2-192
형배(荊拜) 11-219
형법(刑法) 2-353, 8 159
형법지(刑法志) 7-332, 8-51
형사도(邢似道) 11-55
형산(荊山) 12-190
형산(衡山) 2-216, 3-91
형석(衡石) 3-255
형세(形勢) 8-159
형씨(荊氏) 11-181
형암(炯菴)➪이덕무(李德懋)
형양(衡陽) 1-142
형양(滎陽) 5-71
형어(形語) 7-193
형어국(形語國) 7-193
형조(刑措) 8-284
형주(荊州) 2-51, 5-198, 7-81, 10-147, 11-105, 11-207
형주기(荊州記) 11-243
형주지(荊州志) 12-366
형주토풍기(荊州土風記) 1-126
형차포군(荊杈布裙) 2-234
형천(形天) 12-83
형초기(荊楚記) 1-81
형초세시기(荊楚歲時記) 1-90, 1-91, 1-96, 1-117, 1-119, 1-128, 1-129, 1-132, 1-134~135, 1-137
형치(邢峙) 11-278
형통(刑統) 1-143

형해(刑奚) 3-215
형호근사(荊湖近事) 3-187, 6-180, 10-42
형혹(熒惑) 1-29
형혹성(熒惑星) 3-148, 7-198, 7-320, 12-357
형화(荊花) 11-218
혜(蕙) 11-30
혜(彗) 1-33
혜(蟪) 5-36
혜(谿) 7-289
혜(鼷) 12-152
혜(雞) 12-275
혜가(慧可) 8-64
혜가선사(慧可禪師) 9-219
혜각존자(慧覺尊者) 7-55
혜강(嵇康) 3-131, 3-135, 6-33, 7-335, 8-37, 8-95, 9-264, 11-148
혜강전(嵇康傳) 8-95
혜거(惠居) 7-60
혜경(惠瓊) 2-157, 2-161
혜공(惠公) 12-203
혜공왕(惠恭王) 2-123, 3-64, 7-128
혜능(慧能) 7-71, 9-136
혜명(慧明) 7-99
혜문(惠文) 5-36, 5-57
혜문왕(惠文王) 5-36
혜서(鼷鼠) 12-153
혜성(慧性) 5-147
혜성왕(惠成王) 1-55
혜안수(慧眼水) 2-63
혜왕(惠王) 7-279, 10-208
혜원(惠遠) 1-145, 9-137
혜원(慧遠) 7-200, 8-93
혜자(惠子) 10-195
혜제(惠帝) 2-142, 12-47, 12-315
혜종(惠宗) 3-57, 7-280
혜초(蕙草) 1-102, 11-152, 11-161
혜초대(蕙草帶) 5-84
혜함(嵇含) 1-98
혜혜(盻盻) 4-285
혜희(嵇喜) 8-37
호 귀빈(胡貴嬪) 12-140
호 태후(胡太后) 8-89
호(鄗) 2-135
호(葫) 11-262, 11-264
호(蒿) 11-278
호(瓠) 11-301, 3-93
호(弧) 12-197
호(扈) 12-296
호(湖) 1-236
호(好) 2-131
호(胡) 3-99, 2-129
호(扈) 4-203, 9-107
호(蠔) 12-277
호(蘳) 12-268
호(鱯) 12-158
호가(胡笳) 6-27, 6-43
호각(胡角) 6-43
호각적(好脚跡) 9-210
호감(壺柑) 5-281
호강왕(虎康王) 2-131, 3-57
호계(虎溪) 8-93
호공(瓠公) 3-94
호공(壺公) 6-212, 5-289
호과(胡瓜) 11-297
호과(虎科) 3-192
호광(胡光) 3-90

호광(胡廣) 3-99, 5-57, 8-129
호굉(胡宏) 6-119, 8-169
호구별성(戶口別星) 6-184
호구지자(糊口之資) 10-296
호구판적(戶口板籍) 7-270
호군(犒軍) 10-317
호군(帍裙) 5-95
호궁(蒿宮) 4-235
호궤(犒饋) 4-224, 8-209
호근(胡芹) 11-284
호금(胡琴) 6-35
호금(好金) 2-124
호나복(胡蘿蔔) 11-269
호노한복(豪奴悍僕) 10-274
호단(胡旦) 6-99
호당(湖堂) 8-232
호대(胡帶) 5-85
호대(扈戴) 9-182
호대감(胡大監) 9-72
호덕휘잡지(胡德輝雜志) 5-65
호도(糊塗) 9-122
호동(好童) 4-33
호동루(胡桐淚) 11-209
호동미(胡洞微) 11-143
호두(虎豆) 4-142
호두(號頭) 9-140
호두침(虎頭枕) 5-107
호떡[胡餠] 5-156
호란(胡亂) 10-323
호랑(互郎) 9-55
호랑나비[虎狼蝶] 12-43
호랑이 7-170, 12-93, 12-111, 12-130, 12-137, 12-144, 12-158, 12-163, 12-167, 12-170~172, 12-174, 12-182, 12-191, 12-212, 12-217, 12-261
호래척거(呼來斥去) 10-294
호령생풍(號令生風) 10-259
호로새[壺盧鳥] 12-298
호로운(葫蘆韻) 8-67
호로표(葫蘆瓢) 11-163
호론(湖論) 8-169, 9-34
호리(虎貍) 12-131
호리가(蒿里歌) 3-80
호마(胡麻) 5-156, 4-141, 11-148, 11-149, 11-310
호마(胡馬) 12-192
호맥(胡貊) 2-245
호모(戶牡) 4-231
호모겸지(胡母謙之) 3-142
호모보지(胡母輔之) 3-142
호모필설(虎毛筆說) 3-210
호목(虎目) 11-212
호목(楛木) 4-229
호물(互物) 12-210
호미자루[鋤柄] 4-165
호박(胡朴) 11-300
호박(琥珀) 5-52
호박(虎魄) 11-185
호박사(琥珀詞) 6-26
호반(虎班) 3-192
호발부동(毫髮不動) 10-262
호백구(狐白裘) 5-82
호법선신(護法善神) ➪ 여혜경(呂惠卿)
호병문(胡炳文) 7-197, 8-179
호보(戶保) 4-120~121
호복(虎僕) 12-97
호복모(虎僕毛) 2-205
호부(戶部) 3-201, 4-184, 6-218, 8-280

ㅎ

호부(胡部) 6-39
호부낭중(戶部郎中) 3-36
호분(胡粉) 2-277
호분(虎賁) 3-57, 4-109, 7-350
호비자(胡韮子) 11-117
호사(虎沙) 4-142
호사다마(好事多魔) 10-65, 10-279
호산(豪山) 5-215
호산묘(虎山墓) 3-67
호산춘(壺山春) 5-149
호상(胡床) 5-306
호상(湖上) 8-22
호생오사(好生惡死) 10-294
호생지덕(好生之德) 10-311
호서(虎筮) 12-212
호선(虎扇) 11-205
호소(胡昭) 3-229
호손(胡孫) 7-306
호손(猢猻) 12-114
호손전다(胡孫碾茶) 10-238
호솔(戶率) 4-121
호수(虎鬚) 5-53
호수(胡荽) 11-262
호승(胡繩) 11-315
호승(胡僧) 2-306, 7-54
호승치(胡僧赤) 2-327
호시(互市) 9-55
호시(楛矢) 1-236
호안국(胡安國) 2-356
호안정(胡安定) 2-259
호암(虎巖) 4-259
호양(虎樣) 10-219
호양(胡羊) 2-150
호어(豪魚) 12-253
호연(胡燕) 12-257, 12-367
호연건(浩然巾) 5-43
호영(胡穎) 6-278
호우(豪右) 9-47
호원(胡瑗) 10-29
호월일가(胡越一家) 2-328
호유용(胡惟庸) 8-229
호유장단(互有長短) 10-312
호음(湖陰)➪정사룡(鄭士龍)
호의(狐疑) 10-217, 10-323
호의호식(好衣好食) 10-307
호이(鰗鮧) 12-259
호인(胡寅) 2-241
호인국(互人國) 2-179, 6-243
호일계(胡一桂) 7-214
호자(呼字) 10-320
호자(虎子) 5-322~323
호자(胡仔) 12-366
호자기(胡子祺) 8-46
호자로(胡鶿鸕) 12-299
호자하(瓠子河) 6-242
호장(虎掌) 11-297
호장(弧張) 4-198
호장(虎杖) 5-126
호재흥(扈再興) 4-51
호저(豪猪) 12-165, 12-177
호적(胡笛) 6-44
호접몽(胡蝶夢) 8-72
호제(虎帝) 3-57
호조(胡洮) 3-90
호조(壺棗) 11-237
호조(胡曹) 5-25
호조법(戶調法) 4-185
호조서(虎爪書) 3-225

호조체(虎爪體) 3-226
황신(黃愼) 8-237
호종록(扈從錄) 8-243
호주(湖州) 11-64, 11-103
호주교(湖州橋) 4-237
호주군(濠州郡) 7-181
호중애내가(湖中靄乃歌) 8-87
호중췌록(壺中贅錄) 5-158
호천(皞天) 1-25
호체(豪彘) 12-174
호초(胡椒) 11-264
호초(胡草) 11-324
호추(糊篘) 5-317
호타(滹沱) 7-197
호태(胡泰) 2-324
호파(瓠巴) 12-255
호패(號牌) 4-25
호포(戶布) 4-187
호포법(戶布法) 4-173
호한(好漢) 9-96
호협(豪俠) 9-101, 9-102
호호(濩濩) 12-312
호호(好好) 4-285
호화자제(豪華子弟) 10-291
호환(虎患) 6-231
호흡불통(呼吸不通) 10-276
혹(轂) 12-99, 12-177
혹세무민(惑世誣民) 10-277
혹정(鵠汀)➪왕민호(王民皞)
혼(棔) 11-277
혼(鯶) 12-226
혼담상충증(混痰上衝症) 11-265
혼돈(渾沌) 12-89
혼돈(餛飩) 1-125
혼돈씨(渾沌氏) 3-89
혼동(混同) 1-249
혼동강(混同江) 1-246, 1-247, 1-248, 2-151
혼백(魂帛) 2-365
혼비백산(魂飛魄散) 10-269
혼수(混修) 7-55~56
혼야왕(昆邪王) 12-80
혼약(菌 藥) 11-149
혼융합일(渾融合一) 8-168
혼의(渾儀) 1-145, 1-146
혼천의(渾天儀) 1-26
혼탈전모(渾脫氈帽) 6-142
홀(笏) 5-32, 5-62, 5-89
홀도독(忽都篤) 3-161
홀돈(忽敦) 8-204
홀로(忽魯) 8-222
홀치(忽赤) 2-301
홉(合) 9-53
홍가(鴻嘉) 2-143
홍각범(洪覺範) 4-195
홍건적(紅巾賊) 1-241, 2-108, 4-115, 6-284, 7-162, 12-51
홍게 12-236
홍경래(洪景來) 9-163
홍경사비(弘慶寺碑) 2-138
홍계(紅契) 3-207
홍계관(洪啓寬) 6-225
홍계희(洪啓禧) 3-257, 4-162, 4-173, 8-282
홍고낭(紅姑娘) 12-37
홍고랑(紅姑娘) 11-228
홍관인(紅官人) 2-264
홍교부침(洪喬浮沈) 8-27

ㅎ

홍귀달(洪貴達) 9-155
홍금담가(紅錦毯歌) 5-124
홍기섭(洪起燮) 2-350
홍낙성(洪樂性) 5-86
홍노경(鴻臚卿) 7-93
홍담(紅毯) 5-124
홍대(紅帶) 5-87
홍도(弘道) 12-180
홍도(紅桃) 2-319
홍도화(紅桃花) 11-71
홍두(紅豆) 11-191
홍두적(紅頭賊) 8-205
홍람(紅藍) 11-304
홍려시(鴻臚寺) 7-101
홍력(弘曆) 1-162, 3-162
홍렬전(鴻烈傳) 10-119
홍로점설(紅爐點雪) 10-311
홍로주(紅露酒) 2-319
홍루부몽(紅樓浮夢) 8-59
홍류동(紅流洞) 4-282
홍륵백(紅勒帛) 5-101
홍릉담(紅綾餤) 5-154
홍림(洪霖) 2-322
홍마목(紅馬木) 4-229
홍만종(洪萬宗) 8-43, 8-46, 8-48, 10-67
홍말(紅沫) 5-275
홍모국(紅毛國) 2-183
홍무(洪武) 2-31, 2-130, 2-144, 3-108, 5-28, 5-40, 8-65, 11-56
홍문(鴻門) 2-53
홍문관(弘文館) 3-32, 8-232
홍문도(弘文徒) 8-179
홍방로(紅氆氌) 5-124
홍범(洪範) 1-126, 2-66, 5-179
홍보원(鴻寶苑) 5-176
홍보침중서(鴻寶枕中書) 5-222
홍본(紅本) 3-209
홍봉한(洪鳳漢) 9-34
홍비름[紅莧] 11-320
홍사(鴻史) 7-104
홍사정(紅絲疔) 6-183
홍산약(紅山藥) 11-285
홍삼(紅蔘) 11-85
홍상(洪常) 3-85
홍서(鴻書) 7-211, 7-225
홍섬(洪暹) 6-74, 9-147
홍섭국사(洪涉國師) 7-55
홍세태(洪世泰) 1-246, 3-274, 8-202
홍소(紅消) 5-202
홍순언(洪純彦) 1-220~221
홍술해(洪述海) 7-80
홍시(烘柿) 11-242
홍신이(紅辛夷) 11-70
홍심(紅心) 4-63
홍씨보(洪氏譜) 3-103
홍안박명(紅顔薄命) 10-270
홍안백발(紅顔白髮) 10-273
홍애(洪厓) 5-265
홍약호로(烘藥葫蘆) 4-39
홍여순(洪汝諄) 9-28, 9-30
홍염(洪炎) 11-233
홍외자(紅桅子) 11-34
홍우정(洪宇定) 4-265
홍유손(洪裕孫) 7-38
홍의장군(紅衣將軍)➪곽재우(郭再祐)
홍이상(洪履祥) 8-196
홍익한(洪翼漢) 3-71
홍인(弘忍) 7-71, 9-136

홍잠(紅蠶) 5-131
홍장삼(紅長衫) 5-93
홍재전서(弘齋全書) 8-185
홍전(紅旃) 5-124
홍점(鴻漸) ➪ 육우(陸羽)
홍정(紅丁) 12-31
홍정(紅鞓) 5-87
홍제(鴻濟) 2-137
홍주(洪州) 2-33, 2-183, 6-128, 11-238
홍주로(洪州路) 1-201
홍주세(洪柱世) 8-149
홍주원(洪柱元) 1-221
홍주읍지(洪州邑誌) 2-98, 12-353
홍준(洪遵) 5-259
홍채(洪蔡) 9-34
홍천하(洪天夏) 3-103
홍초(紅蕉) 11-36
홍초(紅草) 5-126
홍촉옥동자(紅燭玉童子) 2-273
홍치(弘治) 2-324, 5-67
홍치중(洪致中) 9-32
홍타시(弘它時) 3-162
홍패(紅牌) 1-187, 3-193
홍행(紅杏) 8-192
홍호(洪皓) 2-67
홍화(紅花) 5-126
홍화수(紅花水) 2-285
홍환약(紅丸藥) 4-40
홍희문(洪希文) 10-249
홍희호(洪羲浩) 9-34
홍힐노(紅犵狫) 2-147
화(杹) 11-62
화(龢) 7-259
화(化) 9-59
화(樺) 11-197
화(華) 3-91, 7-294
화견수(花見羞) 2-304
화계(火鷄) 2-175, 2-188, 12-376
화공책(火攻策) 1-252
화관(花冠) 5-91
화교(和嶠) 8-107
화구(火狗) 12-184
화구(火龜) 12-218
화근(華瑾) 5-250
화기(畵記) 12-197
화남(和南) 7-72
화녕(和寧) 2-130
화녕군(和寧君) ➪ 태조(太祖)
화노(花奴) 6-45
화담(花潭) ➪ 서경덕(徐敬德)
화담집(花潭集) 8-181
화덕(火德) 1-132, 1-214
화도화(花桃花) 5-134
화동정음(華東正音) 3-238
화둔(火遁) 6-215
화등(花藤) 11-110
화란(花卵) 11-228
화랑(花郎) 2-275, 3-169, 6-198, 8-259
화령(化嶺) 7-209
화령부(和寧府) 6-55
화로(花露) 2-187
화로아(火老鴉) 12-346
화룡남(火龍潭) 2-44
화룡지(畵龍紙) 3-203
화림원(華林園) 11-259, 12-47
화만(花鬘) 7-88
화목록(花木錄) 11-200
화문서(花文犀) 12-123

ㅎ

화문석(花紋席) 3-201
화미(畵眉) 12-318
화반탁(和盤托) 10-151
화번석(和璠石) 5-243
화병(畵餠) 10-320
화보(花譜) 8-160, 11-43, 11-45, 11-69, 11-70
화복(華服) 3-28
화복길흉(禍福吉凶) 10-261
화불사(火不思) 6-26
화사(和舍) 3-113
화사(花史) 2-308
화사첨족(畵蛇添足) 10-293
화산(華山) 2-51, 2-216, 3-91, 7-158, 11-324
화산(花山) 6-150
화산군(火山軍) 2-55
화산기(華山畿) 6-57, 7-168, 12-76
화산기(華山記) 2-48
화산비결(華山秘訣) 6-150
화생(化生) 7-90, 8-51
화서(火鼠) 12-158
화서(花書) 3-207
화서(化書) 11-186
화석(火石) 5-140
화석강(花石綱) 11-30
화성(火城) 5-302, 11-197
화성(華城) 1-224, 4-245, 4-260, 5-227, 8-190, 8-278
화성(火星) 7-138
화소(花綀) 5-47
화속전(火粟田) 4-130
화수(花水) 6-221
화수모(花羞貌) 2-304
화숙(和叔)➪원섭(袁燮)
화순옹주(和順翁主) 2-303
화승(華勝) 5-91
화승작(火繩作) 8-151
화식열전(貨殖列傳) 4-131
화식전(貨殖傳) 5-215, 6-203, 9-139, 9-189, 10-116, 10-224, 11-214, 11-287, 11-294, 12-266
화신(華信) 1-211
화신풍(花信風) 1-99
화압(花押) 3-207
화양국지(華陽國志), 촉지(蜀志) 7-158
화양국지(華陽國志) 4-54
화양동(華陽洞) 2-45, 3-40
화양정(華陽亭) 8-95
화어아금(花魚牙錦) 5-249
화엄경(華嚴經) 2-70, 2-73, 2-274, 5-241, 7-111, 7-345, 9-120
화염산(火焰山) 2-189
화염홍해(火炎紅孩) 8-56
화영유(花英油) 11-281
화옥(火玉) 5-236
화완포(火浣布) 2-192, 5-63, 5-119
화용도타령(華容道打詠) 6-93
화우법(火牛法) 4-115
화운(和韻) 8-65
화원(華元) 4-49
화육(化育) 7-281
화은(花隱)➪조명건(趙明健)
화음(華陰) 7-32
화의쟁이[華衣長里] 11-319
화인(火印) 9-54
화자(化子) 10-86
화자(華子) 9-111

화자(火者) 9-160
화자(鏵子) 4-167
화장사(華藏寺) 7-86
화적(貨狄) 5-329
화전차(火前茶) 11-106
화전충화(花田衝火) 10-287
화정(和靖) 2-53, 10-135
화제(和帝) 1-115, 3-202, 6-196, 9-142
화제(火齊) 5-243
화조(花朝) 1-96
화주(華柱) 10-94
화주(火洲) 2-192
화주(化州) 2-96
화주승(化主僧) 7-116
화죽보(畵竹譜) 3-244
화창(火鎗) 4-44
화천(貨泉) 9-189
화천동(花川洞) 3-55
화천록(貨泉錄) 5-260
화철(火鐵) 5-140
화초(花椒) 6-203
화침(畵寢) 7-266
화타(華佗) 5-196, 11-111
화타전(華佗傳) 11-111
화택승(火宅僧) 7-122
화평나무(華平) 11-199
화포(花布) 2-147
화표(華表) 4-248, 7-207, 7-294
화표주(華表柱) 4-248, 6-135
화하(火河) 2-187
화한포(火澣布) 2-279
화호(火壺) 5-199
화호불성(畵虎不成) 10-266
화후(火候) 8-56
화힐노(花犵狫) 2-147
확(鸌) 12-362
확(玃) 7-183, 12-113, 12-143
확(籰) 5-138
확(蠖) 12-351
확(膗) 5-197
확고(榷酤) 9-47
확부(玃父) 12 111
확삭(濩索) 6-36
확삭(矍鑠) 10-322
확조(鸌鳥) 12-362
확탕지옥(鑊湯地獄) 7-120
환(鸛) 1-28
환(桓) 4-248
환(峘) 3-92
환(貛) 12-161
환(萱) 11-275
환(讙) 12-131
환(豲) 12-177
환(鳵) 7-235
환(貆) 12-139
환거산(讙擧山) 12-142
환경(桓景) 1-123
환골탈태(換骨脫胎) 2-64
환공(桓公) 5-286, 6-111, 7-216, 7-309, 12-91
환과고독(鰥寡孤獨) 8-24
환관(宦官) 8-248
환기(喚起) 12-355
환담(桓譚) 6-227
환도(丸都) 1-203~204
환두(驩兜) 2-202, 3-134, 7-235, 12-89
환두(驩頭)➪환두(驩兜)
환두(讙兜)➪환두(驩兜)

ㅎ

환두(鵳兜) 7-235
환렬(環列) 8-266
환모(還耗) 4-179
환사씨(歡斯氏) 2-167, 3-117
환산(桓山) 12-102, 12-285
환상(還上) 4-175, 4-184, 10-113
환선(紈扇) 5-298
환소(臛蔬) 12-80
환시위주(豢豕爲酒) 7-261
환암(幻菴)➪혼수(混修)
환야(幻爺) 새끼 10-193
환야산(幻爺山) 10-193
환양(羦羊) 7-164
환어(鰥魚) 12-230
환영(桓榮) 8-216
환영전(桓榮傳) 9-109
환옥국(環玉國) 2-181
환온(桓溫) 4-107, 9-96
환온전(桓溫傳) 3-120
환우기(寰宇記) 2-63
환운(換韻) 8-67
환웅(桓雄) 2-77, 3-43, 7-181
환인(桓因) 2-77, 3-43
환자(還上) 10-299
환장각(煥章閣) 8-233
환저(貆 豬) 12-174
환전표(換錢標) 3-207, 9-50
환조(桓祖) 8-259
환주국(讙朱國) 2-202
환춘조(喚春鳥) 12-355
환충(桓沖) 9-177
환표(豢豹) 11-276
환현(桓玄) 2-343, 5-158, 7-299, 8-97
활(猾) 12-167
활고자[弭] 4-64, 8-39
활구(濶口) 5-253
활규(滑葵) 11-272
활수(猾獸) 7-164
활유(蛞蝓) 12-56
활인서(活人署) 10-110
활인심방(活人心方) 6-70
활인지불(活人之佛) 10-296
활협(濶狹) 10-32
활호씨(猾狐氏) 7-210
활회(猾褢) 12-84, 12-167
황(簧) 11-301
황(蝗) 1-185
황(黃) 1-156, 3-99, 8-280
황(肓) 9-230
황각사(皇覺寺) 7-59
황각주문(黃閣朱門) 4-229
황간(黃榦) 2-354~355
황갑(黃甲) 12-31
황거난(黃居難) 3-152
황계타령(黃鷄打詠) 6-92
황고집(黃固執) 10-168
황공무지(惶恐無地) 10-289
황공소(黃公紹) 8-65
황과(黃瓜) 11-298
황관(黃觀) 8-104
황교(黃教) 2-114
황구(黃狗) 12-46, 12-109
황구(黃耉) 12-266
황구소아(黃口小兒) 10-295
황구작(黃口雀) 12-309
황권(黃權) 10-139
황권(黃卷) 3-203
황극달자(皇極撻子) 2-113

황극전(皇極殿) 6-229, 6-230
황근(黃斤) 11-110
황근(黃瑾) 2-303
황금산(黃金山) 5-224, 11-178
황단(黃檀) 5-113, 11-158
황단(皇壇) 1-162
황단색(黃段色) 11-47
황당(荒唐) 10-318
황대사(黃臺詞) 11-298
황도(黃桃) 11-250
황독(黃獨) 11-288
황두견(黃杜鵑) 11-71
황두실위(黃頭室韋) 7-187
황등제(黃登堤) 4-152
황람총기(皇覽冢記) 11-180
황랑(黃狼) 12-167
황력(黃礫) 11-34
황령어(黃靈魚) 12-265
황료(黃繚) 2-201
황룡(黃龍) 1-166, 7-108
황룡국(黃龍國) 2-115
황룡부(黃龍府) 2-115
황룡사(皇龍寺) 3-243, 7-132
황룡치(黃龍齒) 11-117
황룡현(黃龍縣) 2-115
황류(黃騮) 12-195
황률류(黃栗留) 12-359
황릉화(黃菱花) 4-216
황리(黃裏) 1-255
황매우(黃梅雨) 1-56, 1-60
황명록(皇明錄) 6-39
황명세법록(皇明世法錄) 2-167
황명소설(皇明小說) 6-158
황모시[黃苧] 5-252
황모장(黃茅瘴) 1-67
황모필(黃毛筆) 3-201, 12-168
황목(黃木) 5-136, 11-183
황문(黃門) 7-178
황문감(黃門監) 9-72
황문랑(黃門郎) 7-225
황미(況味) 10-322
황미꾸라지[黃尾屈] 12-213
황발사(黃撥沙) 6-169
황백(黃柏) 5-127
황백고(皇伯考) 2-227
황벽(黃蘗) 3-203, 6-155
황벽운(黃蘗運) 7-113
황보(皇甫) 3-139
황보밀(皇甫謐) 3-162, 7-299
황보희지(皇甫希之) 7-299, 9-246
황봉(黃鳳) 12-382
황비(黃扉) 5-300
황사(黃蛇) 7-141
황사(荒史) 1-92, 2-200
황산하(黃山河) 2-31
황삼(黃彡) 12-262
황새 7-171, 12-333, 12-334
황새머리[鬌] 5-60
황석공(黃石公) 4-22, 4-104
황석어(黃石魚) 12-265
황손무(黃孫茂) 5-34
황수(黃水) 2-172
황수양(黃水洋) 1-260
황신(黃愼) 2-87
황신이(黃辛夷) 11-70
황씨(黃氏) 3-99
황아(黃芽) 11-141
황양목(黃楊木) 11-186~187

ㅎ

황어(黃魚) 12-323
황어(鰉魚) 12-233
황연(黃蓮) 11-65
황연(黃連) 5-165
황옥거(黃屋車) 12-181
황옥부인(黃玉夫人) 3-95
황완(黃琬) 2-155
황왕기(皇王紀) 2-150
황왕대기(皇王大紀) 7-215
황요(黃腰) 12-177
황우(皇祐) 11-176
황윤길(黃允吉) 2-156
황윤포(黃潤布) 5-120
황이(黃夷) 2-145
황잡(荒雜) 10-326
황장목(黃腸木) 9-104
황장생(皇長生) 7-91
황장제주(黃腸題湊) 9-105, 11-181
황저(黃苧) 5-118, 5-120
황전(黃筌) 3-244
황정(黃精) 11-101, 11-143
황정견(黃庭堅) 1-38, 1-86, 2-230, 2-280, 2-285, 2-317, 3-187, 3-205, 3-251, 3-262, 4-134, 4-140, 4-200, 4-202, 4-279, 5-40, 5-79, 5-82, 5-112, 5-144, 5-188, 5-274, 5-279, 5-305, 5-330, 7-32, 7-74, 7-80, 7-94, 7-338, 8-33, 8-35, 8-51~52, 8-68, 8-87, 8-173~174, 8-287, 9-190, 9-196, 9-242, 9-254, 10-142, 10-176, 10-181, 10-245, 11-30, 11-40, 11-42, 11-61, 11-146, 11-168, 11-223, 11-247, 11-257, 11-275, 11-280, 11-290, 11-295, 11-303, 12-34, 12-40, 12-44, 12-107, 12-179, 12-200, 12-203, 12-216, 12-269, 12-271, 12-309, 12-355, 12-371
황정경(黃庭經) 4-232, 7-262, 7-331, 11-112
황정국(黃靖國) 12-66
황제(黃帝) 1-80, 1-157, 1-162, 3-134, 3-253, 4-29, 4-32, 4-55, 4-123, 5-102, 5-139, 5-188, 5-192, 6-216, 7-214, 7-284, 8-246, 9-114, 9-143, 11-185, 12-77, 12-87, 12-172, 12-248
황제내경소문(黃帝內經素問) 6-176, 6-178, 6-187, 7-264, 10-27, 10-248
황제내전(黃帝內傳) 7-41
황제릉(皇帝陵) 3-53
황제소문(黃帝素問) 1-36, 5-212
황제염(黃帝鹽) 6-30
황제총(皇帝塚) 3-53
황제헌원(黃帝軒轅) 7-216
황조(黃鳥) 12-359
황종(黃鐘) 7-284
황종관(黃鐘管) 9-53
황주(黃州) 1-240, 5-136, 6-91, 7-137
황주피(黃紬被) 5-111
황진(黃秦) 3-28
황진기(黃眞紀) 6-212
황진이(黃眞伊) 9-152
황차(黃茶) 11-104
황찬(黃瓚) 3-234
황찰(黃札) 3-204
황참의교(黃參議橋) 1-218
황창(黃昌) 6-155
황창랑(黃倡郎) 6-60
황창무(黃倡舞) 6-62

황초평(黃初平) 7-158
황충(蝗蟲) 1-185~186, 12-36
황태극(黃太極) 1-250, 2-110, 2-112~113, 6-230
황태길(黃台吉) 2-112, 6-230
황택(黃澤) 12-196
황택요(黃澤謠) 12-196
황토기사(黃兎記事) 8-164
황통(黃通) 3-194
황패(黃覇) 12-380
황패(黃牌) 3-179
황패전(黃覇傳) 10-196
황포(黃布) 10-157
황포(黃袍) 12-359
황피실(黃皮室) 8-222
황하(黃河) 1-24, 1-202, 1-255, 2-65, 4-244, 5-100, 8-44, 12-223
황함사(黃頷蛇) 5-197
황항(黃抗) 3-176
황해도(黃海道) 1-197, 1-199, 1-242, 2-85, 2-118, 4-190, 4-192, 9-44, 11-162, 12-368
황홀(恍惚) 10-262
황홀난측(恍惚難測) 10-262
황화(黃花) 11-32
황화어(黃花魚) 12-265
황화역(皇華驛) 8-37
황화정(皇華亭) 2-98, 4-261
황화집(皇華集) 8-152
황후(荒侯) 7-178
황흑색(黃黑色) 11-160
황희(黃喜) 3-86, 4-175, 5-177, 9-238
홰나무[槐] 1-113, 1-170, 1-189, 1-256, 5-185, 8-53, 11-195
회(檜) 11-176
회(晦) 1-140
회(會) 1-159
회(淮) 2-31
회(回) 3-92
회(膾) 5-163, 5-195
회(鱠) 5-195
회(蚘) 6-187
회(懷) 12-188
회계(會稽) 2-152, 4-152, 12-250
회계공(會稽公) 12-378
회계산비(會稽山碑) 3-254
회계해(會稽海) 2-149
회계현(會稽縣) 1-197
회곡(晦谷) ➪ 조한영(曺漢英)
회골(回鶻) 3-104
회과자책(悔過自責) 10-289
회교(回敎) 7-45
회구부(懷舊賦) 8-119
회근연(回巹宴) 2-265
회나무 11-177
회남만필술(淮南萬畢術) 11-114, 12-341
회남왕(淮南王) 5-326, 5-176, 8-83
회남자(淮南子), 남명훈(覽冥訓) 4-162
회남자(淮南子) 1-38, 1-39, 1-47, 1-50, 1-117, 1-142, 1-174, 1-179, 2-193, 2-202, 2-203, 2-217, 2-222, 2-245, 4-202, 4-203, 4-226, 5-116, 5-129, 5-130, 5-169, 5-176, 5-222, 5-231, 5-243, 5-244, 5-264, 6-87, 6-103, 6-136, 6-145, 6-266, 6-290, 7-189, 7-198, 7-227, 7-249, 7-282, 7-295, 7-323, 8-137, 8-210, 9-141, 9-241,

ㅎ

10-27, 10-154, 10-192, 11-179, 11-211, 11-212, 11-305, 12-40, 12-64, 12-88, 12-128, 12-261, 12-309, 12-331, 12-348, 12-352
회녕(會寧) 1-246, 9-44
회덕(懷德) 3-125, 11-285
회동(會洞) 1-221
회령(會嶺) 1-243
회례(會禮) 5-272
회룡(回龍) 3-63
회룡고조(回龍顧祖) 1-199, 1-239
회묘(淮廟) 1-256
회빈작주(回賓作主) 10-285
회소(懷素) 11-36
회소곡(會蘇曲) 1-121
회수(淮水) 1-24, 1-256, 2-114, 4-198, 8-82, 11-60, 11-256, 12-73
회시(會試) 3-172
회아(獪兒) 12-176
회암(悔菴)➪우동(尤侗)
회암(晦庵)➪주자(朱子)
회야산(灰野山) 2-217
회양(淮陽) 11-241, 12-368
회왕(懷王) 5-55, 7-222
회유(誨諭) 12-212
회융현(懷戎縣) 7-234
회음후(淮陰侯)➪한신(韓信)
회의(會意) 3-231
회자(膾炙) 10-321
회자(會子) 5-266
회잔어(鱠殘魚) 12-238
회재(晦齋)➪이언적(李彦迪)
회최(薈蕞) 10-206
회충(蛔蟲) 11-265, 12-150
회충총(懷忠塚) 3-71
회파사(回波詞) 5-62
회풍백설조(回風白雪操) 6-71
회해(詼諧) 10-324
회혼례(回婚禮) 2-265
회화장군(懷化將軍) 2-307
회회(回回) 2-146, 5-160
회회국(回回國) 7-45
회회청(回回靑) 5-277
회회풍(回回風) 1-61
회흘(回紇) 5-122, 7-158
획(獲) 3-90
획린해(獲麟解) 3-266
획책(劃策) 7-315
횡거(橫渠)➪장재(張載)
횡거선생화상찬(橫渠先生畵像贊) 9-135
횡목(橫木) 6-29
횡설수설(橫說竪說) 10-309
횡성(橫城) 2-253
횡애(橫艾) 1-158
횡액(橫厄) 10-146
횡장(橫帳) 3-117
횡장목(橫藏木) 4-231
횡적(橫笛) 6-43
효(梟) 6-111, 12-338
효(囂) 2-238, 12-99, 12-288
효(鴞) 12-341
효가리(孝家里) 2-349
효건(孝建) 9-83
효건사수(孝建四銖) 5-258
효경(孝經) 3-184, 3-285, 7-254, 10-77
효경(梟獍) 2-178
효경설(孝經說) 1-129

효경원신계(孝經援神契) 2-341
효경위(孝經緯) 7-254
효과(酵課) 5-155
효덕천황(孝德天皇) 2-138
효렴(孝廉) 8-129
효령대군(孝寧大君) 9-156
효령대군고피(孝寧大君鼓皮) 9-156
효무제(孝武帝) 1-117
효무후(孝武后) 5-278
효문제(孝文帝) 2-348, 5-258
효복(枵腹) 10-124
효불효교(孝不孝橋) 4-240
효빈(效顰) 10-111
효사(爻辭) 7-181
효성조황후전(孝成趙皇后傳) 10-28
효소왕(孝昭王) 2-137, 7-128
효수(囂水) 12-223, 12-253
효순(孝笋) 8-103
효씨(梟氏) 3-110
효연(枵然) 10-124
효왕(孝王) 4-150
효자정려(孝子旌閭) 2-349
효제(孝悌) 3-169
효제과(孝悌科) 3-166
효조(孝鳥) 2-178
효종(孝宗) 1-251, 2-227, 3-25, 3-34, 4-113, 4-136, 4-171, 9-158, 11-285
효태세(孝太世) 7-38
효혜제(孝惠帝) 7-307
후(候) 1-154
후(朽) 9-244
후(鱟) 12-229, 12-230
후강(侯岡) 7-216
후경(侯景) 4-51, 6-146, 7-228, 10-244
후관(候館) 4-248
후도화(侯道華) 11-249
후등(後蹬) 12-378
후래삼배(後來三盃) 10-312
후량말제(後梁末帝) 2-143
후림새 12-341
후미(鱟媚) 12-229
후박(厚薄) 8-130
후백(侯白) 9-243
후비(糇糒) 5-184
후사보(後史補) 3-152
후사지(侯思止) 5-55, 5-172, 11-194
후산(后山)➪진사도(陳師道)
후산담총(後山談叢) 6-169, 11-75
후산시화(後山詩話) 7-223
후살이[後舍利] 9-101
후생가외(後生可畏) 10-299
후수미(後水尾) 5-260
후시지탄(後時之嘆) 10-268
후씨(侯氏) 2-307, 3-93
후씨(郈氏) 6-126
후어(厚魚) 5-185, 12-266
후예(后羿) 10-222
후우조(厚又鳥) 12-299
후위사(後魏史) 1-175, 7-150
후이(鯸鮧) 12-259
후자광(侯子光) 7-156
후자탈(猴刺脫) 11-39
후재극(後載剋) 4-102
후전(後殿) 2-159
후청쇄어(侯鯖瑣語) 8-164
후정화(後庭花) 4-276
후조(侯調) 6-38
후조당동(後凋堂洞) 1-219

ㅎ

후주(後主) 9-65
후주사(後周史) 9-230
후직(后稷) 4-125, 4-137, 6-237, 7-217
후청록(侯鯖錄) 1-177, 5-109, 5-259, 5-285, 8-138, 10-176, 12-235
후촌시화(後村詩話) 8-74, 10-142
후추 11-264
후축(詡畜) 7-288
후토(后土) 3-38, 6-27
후토신(后土神) 11-49
후통강(厚通江) 1-251
후폐소관(後弊所關) 10-268
후표(候表) 4-69
후한서(後漢書), 고구려전(高句驪傳) 6-269
후한서(後漢書), 곽태전(郭太傳) 3-208
후한서(後漢書), 광무제기(光武帝記) 3-78, 5-66, 5-131, 10-134
후한서(後漢書), 동이전(東夷傳) 1-85, 2-152, 2-120, 12-197
후한서(後漢書), 두시전(杜詩傳) 7-311
후한서(後漢書), 서역전(西域傳) 2-194
후한서(後漢書), 양절왕창전(梁節王暢傳) 6-216
후한서(後漢書), 양진전(楊震傳) 5-63
후한서(後漢書), 여복지(輿服志) 2-334, 5-35, 5-56, 5-70
후한서(後漢書), 예의지(禮儀志) 1-102, 1-105
후한서(後漢書), 오환전(烏桓傳) 5-113
후한서(後漢書), 위지(魏志) 3-94
후한서(後漢書), 위항전(衛恒傳) 3-228
후한서(後漢書), 유우전(劉虞傳) 9-131
후한서(後漢書), 장제본기(章帝本紀) 2-180, 10-138
후한서(後漢書), 장환전(張奐傳) 5-273
후한서(後漢書), 정왕전(靖王傳) 7-338
후한서(後漢書), 천축국전(天竺國傳) 7-67
후한서(後漢書), 청하왕전(淸河王傳) 9-174
후한서(後漢書), 풍연전(馮衍傳) 4-179
후한서(後漢書) 2-106, 2-123, 2-231, 3-26, 4-198, 5-108, 5-118, 5-121, 5-149, 5-292, 6-125, 6-196, 7-153, 7-191, 7-254, 7-278, 7-308, 8-248, 9-104, 9-115, 9-175, 9-184, 9-253, 10-145, 10-232, 10-239, 10-243, 12-86, 12-302, 12-372
후한서, 공융전(孔融傳) 9-61
후한서, 예악지(禮樂志) 1-133
후한서, 율력지(律曆志) 1-145
후홀여시(後忽如是) 10-288
후회막급(後悔莫及) 10-312
후휘(侯暉) 6-27
훈(葷) 11-293
훈관(勳官) 8-247, 10-44
훈련도감(訓練都監) 4-110
훈련원(訓練院) 4-155
훈련제조(訓鍊提調) 8-235
훈륙향(薰陸香) 12-294
훈몽자회(訓蒙字會) 3-238, 6-113
훈민정음(訓民正音) 3-234
훈요십조(訓要十條) 7-79
훈육(薰陸) 11-155
훈육(薰鬻) 7-312~313
훈육향(薰陸香) 12-145
훈조(薰造) 5-180

훈채(葷菜) 11-132, 11-293
훈척(勳戚) 9-27
훈초(薰草) 11-162
훈호(訓狐) 12-340
훼(虺) 7-218, 12-73
훼가출송(毁家出送) 10-297
훼견(卉犬) 8-70
훼복(卉服) 5-118
훼장삼척(喙長三尺) 10-265
훼차론(毁茶論) 8-165
훼척(虺蜴) 12-71
휘(斛) 4-128, 4-176, 5-167
휘(翬) 12-367
휘건(揮巾) 5-74
휘변(諱辨) 3-158
휘예(揮曳) 10-239
휘종(徽宗) 2-98, 3-53, 4-259, 6-52, 6-115, 12-382
휘항(揮項) 5-59
휘황(輝煌) 10-318
휴(睢) 7-224
휴(畦) 4-127, 4-135
휴도(休屠) 7-61
휴류(鵂鶹) 12-295, 12-338, 12-340
휴수(睢水) 6-268
휴와(休窩)➪임유후(任有後)
휴왕(攜王) 12-266
휴정(休靜) 4-113, 7-55, 7-93, 7-94
휼(獝) 6-265
휼광(獝狂) 6-265
흉노(匈奴) 1-258, 2-145, 3-115, 4-46, 4-219, 5-112, 5-281, 6-272, 7-313, 10-162, 10-252
흉노전(匈奴傳) 1-37, 5-278, 7-314, 8-121, 10-143, 12-192
흉배(凶拜) 8-272
흉배(胸褙) 5-63
흑각(黑角) 12-125
흑견이(黑牽夷) 11-75
흑고(黑尻) 12-333
흑귀자(黑鬼子) 7-186
흑노(黑奴) 2-185
흑두재상(黑頭宰相) 10-266
흑두타(黑頭陀) 7-57
흑려(黑蜧) 1-179
흑룡(黑龍) 1-166
흑룡강(黑龍江) 1-251, 2-28, 2-110, 2-151, 12-206
흑루국(黑婁國) 5-179
흑백(黑白) 9-252
흑산도(黑山島) 2-95, 2-97
흑상(黑祥) 7-142
흑생(黑眚) 7-142
흑소(黑牢) 12-125
흑수(黑水) 1-248, 2-151, 4-144, 8-56, 11-130, 12-69
흑수말갈(黑水靺鞨) 2-150
흑암지옥(黑闇地獄) 7-121
흑앵(黑鶯) 12-360
흑월(黑月) 1-37
흑임(黑荏) 11-310
흑제(黑帝) 1-132
흑제사(黑帝辭) 8-69
흑조(黑鳥) 1-64
흑책정사(黑冊政事) 8-225
흑충(黑蟲) 12-241
흑탑(黑塌) 11-156
흑표범[玄豹] 12-95

ㅎ

흔격(掀挌) 9-195
흘(紇) 5-176
흘(麧) 5-176
흘(𪎭) 5-176
흘가휴의(迄可休矣) 10-291
흘간(紇干) 3-97
흘간산(紇干山) 12-358
흘간씨(紇干氏) 3-97
흘속다(吃粟多) 9-245
흘해왕(訖解王) 4-152
흠경각(欽敬閣) 1-145
흠산(欽山) 12-164
흠선이이(歆羨而已) 10-292
흠원(欽原) 12-304
흠종(欽宗) 2-98, 3-53, 9-233
흡곡(歙谷) 2-35, 2-36, 4-274, 11-117
흡독석(吸毒石) 11-118
흡문기(洽聞記) 2-176
흡족(洽足) 10-325
흡태길(恰台吉) 2-112
흡후(翕侯) 10-253
흥경(興京) 1-249, 2-109, 2-152
흥경지(興慶池) 11-325
흥덕(興德) 9-44
흥덕왕(興德王) 11-104
흥선사(興善寺) 12-280
흥양(興陽) 2-183, 6-75, 7-97
흥옹풍입(興甕風入) 10-287
흥원(興元) 9-44
흥이항이(興伊恒伊) 9-157
흥종(興宗) 2-150
흥청(興靑) 10-172
흥해(興海) 2-116
흥헌제(興獻帝) 2-227
흥황(興況) 9-91
희(曦) 5-150
희(凞) 7-217
희(鵗) 12-367
희공(僖公) 1-128, 3-32
희공망상(希功望賞) 10-311
희녕(熙寧) 2-211, 8-63
희모(蟢母) 12-34
희백(羲伯) 6-257
희신(喜信) 3-180
희연(喜筵) 5-162
희완(希完) 7-226
희왕(僖王)➪대언의(大言義)
희유(希有) 12-285
희유조(希有鳥) 12-285
희이(希夷) 3-87
희자(喜子) 12-34
희작(喜鵲) 12-306
희종(熙宗) 3-247
희종(僖宗) 6-129, 9-210
희진(姬晉) 7-199
희창(姬昌) 3-148
희화(羲和) 3-133, 8-157
희화국(羲和國) 2-214
희희희(噫嘻囈) 8-71
흰 귤 11-257
흰 기운 1-43, 1-155
흰 낙타 4-247
흰 능금 11-252
흰 대추나무[白棗] 11-238
흰 모시[白紵] 8-108
흰 비름[白莧] 11-270
흰 사슴[白鹿] 12-132
흰 소 12-192

기타